Z 19780

Paris
1824-1826

Descartes, René

Œuvres de Descartes, précédées de l'éloge de René Descartes par Thomas

janvier   Tome 9

Z 19780

Paris
1824-1826

Descartes, René

Œuvres de Descartes, précédées de l'éloge de René Descartes par Thomas

janvier　　　Tome 9

Z. 2130
B. 9.
(

à conserver

1970

OEUVRES
DE DESCARTES.
TOME NEUVIÈME.

DE L'IMPRIMERIE DE LACHEVARDIERE FILS,
RUE DU COLOMBIER, N° 30, A PARIS.

ŒUVRES

DE DESCARTES,

PUBLIÉES

PAR VICTOR COUSIN.

TOME NEUVIÈME.

A PARIS,

CHEZ F. G. LEVRAULT, LIBRAIRE,

RUE DES FOSSÉS-MONSIEUR-LE-PRINCE, N° 31;
ET A STRASBOURG, RUE DES JUIFS, N° 33.

M. DCCC. XXV.

LETTRES.

ANNÉE 1642.

(SUITE.)

AU R. P. DINET,

PROVINCIAL DES JÉSUITES, ÉCRITE A L'OCCASION DES SEPTIÈMES OBJECTIONS.

(Version.)

MON RÉVÉREND PÈRE,

Ayant témoigné au R. P. Mersenne, par la lettre que je me donnai l'honneur de lui écrire ces jours passés, que j'aurois fort souhaité que le R. P.[1] eût fait imprimer la dissertation que j'avois appris qu'il avoit faite contre mes Méditations, ou du moins qu'il me l'eût envoyée pour la joindre avec les objections que j'avois déjà reçues d'ailleurs, afin de faire imprimer le tout ensemble; et l'ayant prié qu'il tâchât d'obtenir cela de lui, ou, en cas qu'il le refusât, de s'adresser à votre révérence, il me fit réponse qu'il vous avoit mis ma lettre entre les mains, et que non seulement vous l'aviez favorablement reçue, mais que vous aviez même témoigné avoir pour moi beaucoup de bienveillance et de bonté, ce que j'ai fort bien reconnu en cette rencontre-ci même, par le soin que vous avez eu de

---

[1] « Le P. Bourdin. »

me faire tenir aussitôt après ces nouvelles objections. Ce qui m'oblige non seulement à de grands remerciments envers votre R., mais même cela m'invite à lui dire ici librement ce que j'en pense, et à vous demander avis touchant le dessein de mes études. Et à dire le vrai, je vous avoue que je n'eus pas plus tôt cette dissertation entre les mains, que je ne m'en réjouissois pas moins que si j'eusse possédé quelque riche trésor; car, comme je ne souhaite rien tant que d'éprouver la certitude de mes opinions, et de me confirmer dans leur vérité, si, après avoir été examinées par tous les savants, elles se trouvent à l'épreuve de leurs atteintes, ou d'être averti de mes erreurs, afin de m'en corriger, je croyois y trouver de quoi contenter une si juste attente, m'imaginant qu'elle ne contiendroit autre chose qu'un examen très fidèle des choses que j'ai écrites, ou du moins un avertissement charitable des fautes que mon insuffisance y auroit laissé glisser. Et comme dans les corps bien disposés il y a une telle union et communication de toutes les parties entre elles, que jamais pas une n'agit simplement avec les forces qui lui sont propres et particulières, mais que la force qui est commune à tout le corps se joint et s'unit pour concourir ensemble à son action; ainsi, sachant l'étroite union qui a coutume d'être entre tous les membres de votre société, je ne croyois pas, lorsque je reçus l'écrit du R. P., recevoir le sentiment d'un seul, mais je m'attendois que ce seroit un jugement exact et équitable de tout le corps de votre société touchant mes opinions : néanmoins, après l'avoir lu, je fus fort étonné que mon attente étoit déçue, et je commençai dès lors à reconnoître qu'il en falloit juger tout autrement que je ne m'étois imaginé jusques ici ; car sans doute que si cet écrit étoit venu de la part d'une personne qui fût animée du même esprit que toute votre société, on n'y remarqueroit pas moins de bonté, de douceur et de modestie que dans ceux des particuliers qui m'ont écrit sur la même matière; mais, bien loin de cela, si vous le comparez avec leurs objections, il n'y a personne qui ne juge que celles-ci viennent plutôt de la part de quelques personnes religieuses que non pas le sien ; car il est conçu en termes si pleins d'aigreur, qu'un particulier même, et qui ne seroit tenu par aucun vœu solennel de pratiquer la vertu plus que le commun des hommes, ne pourroit avec bienséance se donner la licence d'écrire de la sorte. On y remarqueroit aussi un amour de Dieu et un zèle ardent pour l'avancement de sa gloire; mais tout au contraire il semble qu'il ait pris plaisir à impugner, contre toute sorte de raison et de vérité, par de pures fictions et des autorités mal fondées, les principes dont je me suis servi pour prouver l'existence de Dieu, et la réelle distinction de l'âme de l'homme d'avec le corps. On y remarqueroit outre cela de la science, de la raison et de l'esprit; mais, à moins de vouloir mettre au rang de la science une médiocre connoissance de la langue latine, telle que l'avoit autrefois la populace dans Rome, je n'en ai vu aucune marque dans son écrit, non plus que de raisonnement qui ne fût, ou mal déduit, ou mal fondé, ni enfin aucune pointe d'esprit qui ne fût plutôt digne d'un artisan que d'un père de la société. Je ne parle point de la prudence, ni de tant d'autres vertus qui sont si admirables et si communes parmi vous, dont néanmoins cette dissertation ne fait voir non plus aucune marque; mais du moins y remarqueroit-on du respect pour la vérité, de la probité et de la candeur. Et tout au contraire l'on verra manifestement, par les notes que j'ai faites dessus, qu'on ne sauroit rien inventer qui soit plus éloigné de toute apparence de vérité que tout ce qu'il m'impute dans cet écrit. Et partant, comme lorsqu'une des parties de notre corps est dans une telle disposition qu'elle est quasi dans l'impuissance de pouvoir suivre la loi qui est commune à son tout, nous jugeons qu'elle est atteinte de quelque maladie qui lui est particulière, ainsi la dissertation du R. P. fait voir très manifestement qu'il ne jouit pas de cette louable santé et vigueur qui est répandue dans tout le reste du corps de votre société. Ce qui toutefois ne diminue en rien l'estime et le respect que j'ai pour votre R.; car, comme nous ne faisons pas moins d'état de la tête d'un homme, ou même d'un homme tout entier, de ce que quelques mauvaises humeurs sont coulées par hasard, ou dans son pied, ou ailleurs, malgré lui et contre sa volonté, mais plutôt que nous louons la constance et la générosité avec laquelle il se présente pour souffrir les douleurs de sa cure : et comme personne ne s'est jamais avisé de mépriser Caius Marius pour avoir des varices aux jambes, mais qu'au contraire il est souvent plus loué par les auteurs, pour avoir souffert courageusement qu'on lui en coupât une seule, que pour avoir obtenu, par ses triomphes, sept fois le consulat, et pour avoir remporté plusieurs victoires sur ses ennemis; de même, n'ignorant pas avec quelle pieuse et paternelle affection vous chérissez tous les vôtres, plus la dissertation du R. P. me semble mauvaise, d'autant plus fais-je d'estime de votre intégrité et de votre prudence d'avoir bien voulu qu'elle me fût envoyée, et d'autant plus aussi ai-je de vénération et de respect pour toute votre compagnie. Mais d'autant que le R. P. a pris le soin de m'envoyer sa dissertation, de peur qu'il ne semble que ce soit témérairement que je juge qu'il ne l'a pas fait de lui-même, mais par un commandement exprès qu'il en a reçu de la part de votre R., vous me permettrez de déduire ici les raisons qui me portent à le croire; et pour cela je vous ferai le narré de tout ce qui s'est passé entre lui et moi jusqu'ici.

Il écrivit en l'année 1640 quelques traités contre moi, touchant l'optique, dont j'ai appris qu'il avoit fait des leçons à ses disciples, et même qu'il les avoit prêtés pour en prendre copie, non pas peut-être à tous, car je ne le sais point, mais du moins à quelques uns, et, comme il est croyable, à ceux qui lui étoient les plus chers et les plus affidés : car, en ayant fait demander la copie à quelqu'un d'eux, entre les mains de qui on l'avoit vue, il fut tout-à-fait impossible de l'obtenir. Après cela il en composa des thèses qu'il fit imprimer, et qu'il soutint pendant trois jours, avec une pompe et un appareil extraordinaires, dans votre collége de Paris, où, entre autres choses dont on disputa, l'on combattit fort et ferme contre mes opinions, et remporta par ce moyen sans beaucoup de peine plusieurs victoires sur un absent. De plus, j'ai vu la vélitation ou la déclamation qui fut récitée à l'ouverture de ces disputes, enrichie de l'explication du R. P., dont tout le but n'étoit autre que d'impugner mes opinions; mais néanmoins il n'y reprenoit pas un seul mot comme mien, que j'aie jamais écrit ou pensé, et qui ne soit si visiblement absurde, qu'il est aussi peu vraisemblable que cela puisse jamais tomber dans l'esprit d'un homme un peu sensé, que l'est tout ce qu'il m'impute dans sa nouvelle dissertation : comme je fis voir pour lors par les notes que je fis dessus, lesquelles j'envoyai sous main à l'auteur, que je ne savois pas encore être du nombre de votre société. Or il est à remarquer que dans ces thèses il ne condamnoit pas seulement comme fausses quelques unes de mes opinions, ce qu'il est permis à un chacun de faire, principalement lorsqu'il a en main des raisons toutes prêtes pour le prouver; mais aussi, pour agir toujours avec sa candeur ordinaire, il changeoit la signification de quelques termes : par exemple, il appeloit angle de réfraction, *angulum refractionis*, celui qui a toujours été appelé par les dioptriciens, angle rompu, *angulus refractus;* usant en ceci d'une subtilité toute pareille à celle dont il se sert dans sa dissertation, lorsqu'il dit que par le corps il entend ce qui pense, et par l'âme ce qui est étendu. Et par cet artifice il avançoit comme venant de lui (mais en termes bien éloignés de ma façon ordinaire de parler) plusieurs de mes inventions, et me reprenoit comme si j'eusse eu touchant cela d'autres pensées fort mauvaises et fort étranges. De quoi étant averti, j'écrivis aussitôt au R. P. recteur, et le priai que, *puisque mes opinions avoient été jugées dignes d'être examinées chez eux en public, il ne me jugeât pas aussi indigne, moi qui pouvois encore être censé au nombre de ses disciples, de voir les arguments qu'on avoit employés pour les réfuter. J'ajoutois encore plusieurs autres raisons qui me sembloient suffire pour le porter à m'accorder ce que je lui demandois, comme entre autres, que j'aimois beaucoup mieux être enseigné par ceux de votre compagnie, que par tout autre que ce pût être, pourceque je les honorois tous et respectois encore comme mes maîtres, et comme les seuls directeurs de ma jeunesse, et de plus, que j'avois prié en termes si exprès, dans mon discours de la Méthode, tous ceux qui liront mes écrits, de prendre la peine de m'avertir des erreurs qu'ils verroient s'y être glissées, et qu'ils me trouveroient toujours disposé à m'en corriger, que je ne croyois pas après cela qu'il se dût rencontrer personne (surtout parmi une compagnie qui fait profession de piété et de religion) qui aimât mieux me condamner d'erreur devant les autres que de me montrer à moi-même mes fautes, de la charité duquel il ne me fût au moins permis de douter.* A quoi le R. P. recteur ne me fit point de réponse; mais le R. P. m'écrivit une lettre par laquelle il me mandoit qu'il m'enverroit dans huit jours ses traités, c'est-à-dire les raisons dont il s'étoit servi pour impugner mes opinions. A quelque temps de là je reçus des lettres de quelques autres pères de la société, qui me pro-

mettoient de sa part, dans six mois, la même chose ;
peut-être pourceque, n'approuvant pas ces traités
(car ils n'avouoient pas ouvertement qu'ils sussent
rien de ce qu'il avoit fait contre moi), ils deman-
doient ce terme pour le corriger.

Enfin le R. P. m'envoya des lettres, non seulement écrites de sa main, mais scellées même du
sceau de la compagnie, ce qui me faisoit voir que
c'avoit été par l'ordre de ses supérieurs qu'il
m'avoit écrit. La première chose dont il me parloit dans ses lettres, étoit *que le R. P. recteur,
voyant que celles que je lui avois adressées ne re-
gardoient que lui seul, lui avoit commandé de me
faire lui-même réponse, et de me rendre raison de
son procédé. 2. Qu'il n'avoit jamais entrepris ni
même qu'il n'entreprendroit jamais aucun combat
particulier contre mes opinions. 3. Que s'il n'avoit
rien accordé à la prière que j'ai faite dans la Méthode, il n'en falloit accuser que son ignorance, pourcequ'il ne l'avoit jamais lue. 4. Que pour ce qui
étoit des notes que j'avois faites sur le discours qui
fut récité à l'ouverture de ses thèses, il n'avoit rien à
ajouter à ce qu'il m'en avoit déjà fait savoir, et qu'il
n'auroit même aussi écrit si ses amis ne lui eussent
conseillé de n'en rien faire :* c'est-à-dire, pour parler sainement, qu'il n'avoit rien du tout à me
dire sur mes notes, pourcequ'il ne m'avoit fait
savoir autre chose, sinon qu'il m'enverroit les

raisons qu'il avoit pour combattre mes opinions; si bien qu'il me déclaroit seulement par là qu'il ne me les enverroit jamais, pourceque ses amis l'en avoient dissuadé. Et bien que toutes ces choses donnassent assez à connoître qu'il n'avoit pas eu grande envie de parler de moi avantageusement, et que c'avoit été de son chef, et sans le consentement des autres pères de la société, qu'il avoit entrepris tout ce qu'il avoit fait, et partant qu'il agissoit par un autre esprit que celui de la compagnie; et enfin qu'il ne vouloit rien moins que je visse ce qu'il avoit écrit contre moi; encore aussi qu'il me semblât que c'étoit une chose tout-à-fait indigne de voir qu'un homme de sa robe, avec qui je n'avois jamais eu aucun démêlé, et qui même m'étoit tout-à-fait inconnu, s'étoit si publiquement, si ouvertement, si extraordinairement emporté contre moi, n'alléguant pour toute excuse rien autre chose, sinon qu'il n'avoit pas encore lu mon discours de la Méthode; ce qui néanmoins paroissoit si peu véritable, que même il m'avoit souvent repris de mon analyse, soit dans ses thèses, soit dans tout ce discours qui fut récité à leur ouverture, quoique je n'en eusse traité nulle part ailleurs, non pas même seulement parlé du nom d'analyse, que dans ce discours de la Méthode qu'il disoit n'avoir point lu. Et toutefois, pourcequ'il promettoit qu'à l'avenir il cesseroit de m'inquiéter, je dissimulois très volontiers le passé et ne m'étonnois pas de ce que le R. P. recteur ne lui avoit rien ordonné de plus rude, que de me rendre lui-même raison de son procédé, et de confesser ainsi ingénument et ouvertement qu'il ne pouvoit soutenir en ma présence pas une des choses qu'il avoit avancées contre moi, soit dans ses thèses, ou pendant ses disputes, ou même dans ses traités, et qu'il n'avoit aussi rien à repartir aux notes que j'avois écrites sur sa vélitation. Mais certes je m'étonne grandement que le R. P. ait eu un si grand désir de m'attaquer, qu'après avoir vu combien cette première vélitation lui avoit peu heureusement succédé, et que depuis le temps qu'il m'avoit promis de n'entreprendre plus aucun combat particulier contre mes opinions, il ne s'étoit rien passé de nouveau entre lui et moi, ni même entre pas un des vôtres, n'ait pas laissé cependant d'écrire après cela sa dissertation : car s'il n'y livre un combat particulier contre mes opinions, j'ignore tout-à-fait ce que c'est que de combattre les opinions d'autrui, si peut-être il ne s'excuse de le faire, en disant qu'en effet il n'impugne pas mes opinions, mais d'autres qui en sont tout-à-fait éloignées, et que l'erreur où il est lui fait prendre pour miennes, ou bien qu'il n'auroit jamais cru que sa dissertation eût pu me tomber entre les mains ; car il est aisé à juger par le style dont elle est écrite qu'elle n'a jamais été conçue à dessein d'être mise au nombre des objections qui ont été faites sur mes Méditations : ce que l'on peut aussi assez manifestement reconnoître en ce qu'il n'a pas voulu que je visse ses autres traités, car qu'ont-ils pu contenir de moins obligeant que ce qu'elle contient. Enfin il est très manifeste par l'admirable licence qu'il se donne de m'attribuer des opinions tout-à-fait différentes des miennes, qu'il ne l'a jamais écrite à ce dessein ; car il se fut montré un peu plus retenu qu'il n'a été, s'il eût jamais cru que je lui en eusse dû faire publiquement des reproches ; c'est pourquoi je ne lui ai aucune obligation de me l'avoir envoyée, mais j'en suis redevable à V. R. en particulier, et en général à toute votre compagnie. Et l'une des choses que je souhaiterois le plus dans cette occasion où je me trouve obligé à un remercîment, ce seroit de pouvoir m'en acquitter, en dissimulant plutôt les injures que j'ai reçues de lui, qu'en vous en témoignant le moins du monde de ressentiment, de peur qu'il ne semble que je ne l'ai recherchée que pour me satisfaire. Mais je vous puis assurer que je me serois même dispensé de m'acquitter de ce devoir, si je n'avois cru qu'il n'y alloit de votre honneur et de celui de toute la société ; et que je pouvois par ce moyen faire l'ouverture de plusieurs choses qu'il n'est peut-être pas inutile que l'on sache, pour le bien des lettres, et pour la découverte de la vérité. Mais, d'autant que le R. P. enseigne les mathématiques dans votre collége de Paris, que l'on peut dire être un des plus célèbres de l'Europe, et que les mathématiques sont les principaux fondements sur lesquels j'appuie tous mes raisonnements, comme il n'y a personne dans toute votre société de qui l'autorité seule puisse plus combattre mes opinions que la sienne, de même aussi n'y en a-t-il point de qui l'on pourroit plus facilement vous attribuer les fautes qu'il auroit commises en cette matière, si je les passois ici sous silence. Car plusieurs se persuaderoient aisément qu'il auroit été choisi seul entre tous pour juger de mes opinions, et ainsi qu'on pourroit là-dessus s'en rapporter autant à lui seul qu'au jugement de toute la société; ce qui pourroit donner lieu de croire que vos sentiments ne seroient point en cela différents du sien. Et de plus, comme le conseil qu'il a en cela suivi est fort propre pour empêcher et retarder pour quelque temps la connoissance de la vérité, aussi n'est-il pas suffisant pour la supprimer tout-à-fait, et vous ne pourriez jamais en recevoir que du blâme, s'il venoit jamais à être découvert.

Car il ne s'est pas donné la peine de réfuter par raison mes opinions, mais il s'est contenté d'en proposer d'autres pour miennes, fort étranges et peu croyables, conçues en termes assez approchants des miens, et s'en est simplement moqué comme indignes d'être réfutées; et par cet artifice il auroit facilement détourné de la lecture de mes écrits tous ceux qui ne me connoissent pas, ou qui ne les ont jamais vus; et peut-être aussi qu'il auroit empêché par ce moyen ceux qui les ayant vus ne les entendent pas encore assez, c'est-à-dire en un mot la plupart de ceux qui les ont vus, de les examiner davantage; car en effet ils ne se seroient jamais doutés qu'une personne comme lui eût osé avec tant d'assurance proposer des opinions comme miennes qui en effet ne le seroient pas, et s'en moquer. Et à cela eût beaucoup servi que la dissertation n'eût pas été vue de tout le monde, mais qu'il l'eût seulement communiquée en particulier à quelques uns de ses amis; car par ce moyen il lui auroit été facile de faire en sorte qu'elle ne fût vue de pas un de ceux qui auroient pu reconnoître ses fictions, et les autres lui auroient encore ajouté d'autant plus de foi, qu'ils se seroient persuadés qu'il ne l'auroit pas voulu mettre en lumière, de peur qu'elle ne portât préjudice à ma réputation, et ainsi qu'en cela même il me rendoit un service d'ami. Et cependant il ne se seroit pas fort soucié qu'elle eût été vue par beaucoup de personnes : car s'il eût pu seulement persuader cela, comme il espéroit, aux amis qu'il

avoit dans votre collége de Paris, cette opinion auroit de là facilement passé chez tous les autres pères de la société qui sont répandus par toute la
terre, et ensuite auroit pris créance en l'esprit de
la plupart des hommes qui auroient ajouté foi à
l'autorité de votre compagnie. Et quand cela seroit
arrivé, je ne m'en étonnerois pas beaucoup : car
chacun de vous étant presque incessamment occupé
à ses études particulières, il est impossible que tous
puissent examiner tous les livres nouveaux qui se
mettent en lumière tous les jours en grand nombre ; mais je m'imagine que pour le jugement d'un
livre, on s'en rapporte au sentiment de celui de la
compagnie qui le premier en entreprend la lecture;
et ainsi que selon le jugement qu'il en fait, les autres puis après ou le lisent, ou s'en abstiennent.
Il me semble avoir déjà éprouvé ceci à l'égard du
traité que j'ai fait imprimer touchant les météores :
car y traitant là d'une matiere de philosophie, que
j'y explique, si je ne me trompe, d'une manière
plus exacte et plus vraisemblable que pas un des
auteurs qui en ont écrit avant moi, je ne vois point
qu'il y ait de raison pourquoi vos maitres de philosophie qui enseignent tous les ans les météores
dans vos colléges, n'en parlent point, sinon pourceque, s'en rapportant peut-être aux mauvais jugements que le R. P. en a fait, ils n'ont jamais
voulu se donner la peine de le lire. Et certes, tan-

dis qu'il n'a fait qu'impugner ceux de mes écrits qui regardent la physique ou les mathématiques, je me suis fort peu soucié de ses jugements; mais voyant que dans sa dissertation il a entrepris de détruire, non par des raisons, mais par des cavillations, les principes métaphysiques desquels je me suis servi pour démontrer l'existence de Dieu, et la distinction réelle de l'âme de l'homme d'avec le corps, j'ai jugé la connoissance de ces vérités si importante, que j'ai cru que pas un homme de bien ne pourroit trouver à redire si j'entreprenois de défendre de tout mon pouvoir ce que j'en ai écrit.

Et il ne me sera pas difficile de le faire; car, ne m'ayant rien objecté autre chose qu'un doute trop grand et trop général, il n'est pas besoin, pour montrer combien c'est à tort qu'il me blâme de l'avoir proposé, que je rapporte ici tous les endroits de mes Méditations où j'ai tâché avec tout le soin possible, et, si je ne me trompe, avec plus de solidité que pas un autre de qui nous ayons les écrits, de l'ôter et de le réfuter; mais il suffit que je vous avertisse ici de ce que j'ai écrit en termes exprès au commencement de ma réponse aux troisièmes objections, c'est à savoir, que je n'avois proposé aucunes raisons de douter à dessein de les persuader aux autres, mais au contraire pour les réfuter; ayant en cela suivi entièrement l'exemple des médecins, qui décrivent les maladies dont leur dessein est d'enseigner la cure. Et dites-moi, je vous prie, qui a jamais été si osé et si impudent que de blâmer Hippocrate ou Galien pour avoir exposé les causes qui ont coutume d'engendrer les maladies ? Et qui est-ce qui a jamais tiré de là cette mauvaise conséquence, qu'ils n'enseignoient tous deux rien autre chose que la manière de devenir malades : certainement ceux qui savent que le R. P. a eu cette audace, auroient assez de peine à se persuader qu'il n'auroit en cela agi que de sa tête et suivi son propre conseil, si je ne le témoignois moi-même, et si je ne faisois connoître que ce qu'il avoit écrit auparavant contre moi n'a point été approuvé par les vôtres, et qu'il a fallu que votre R. ait interposé son autorité pour l'obliger à m'envoyer sa dernière dissertation. Ce que ne pouvant faire plus commodément que dans cette lettre, je crois qu'il ne sera pas hors de propos que je la fasse imprimer avec les notes que j'ai faites sur sa dissertation [1].

Mais aussi, afin que j'en puisse tirer moi-même quelque profit, je veux vous dire ici quelque chose touchant la philosophie que je médite, et que j'ai dessein, s'il ne survient rien qui m'en empêche, de mettre en lumière dans un an ou deux. Ayant fait imprimer en l'année 1637 quelques uns de ces essais, je fis tout ce que je pus pour me mettre à

---

[1] Ce sont les septièmes objections avec les réponses.

couvert de l'envie que je prévoyois bien, tout indigne que je suis, qu'ils attireroient sur moi. Ce qui fut la cause pourquoi je ne voulus point y mettre mon nom; non pas comme il a peut-être semblé à quelques uns, pourceque je me défiois de la vérité des raisons qui y sont contenues, et que j'eusse quelque honte, ou que je me repentisse de les avoir faits. Ce fut aussi pour le même sujet que je déclarai en termes exprès dans mon discours de la Méthode, qu'il me sembloit que je ne devois aucunement consentir que ma philosophie fût publiée pendant ma vie; et je serois encore dans la même résolution si, comme j'espérois, et que la raison sembloit me promettre, j'eusse été par ce moyen délivré de mes envieux. Mais il en est arrivé tout autrement. Car telle a été la fortune de mes Essais, que bien qu'ils n'aient pu être entendus de plusieurs, néanmoins parcequ'ils l'ont été de quelques uns, et même de personnes très doctes et très ingénieuses, qui ont daigné les examiner avec plus de soin que les autres, on n'a pas laissé de reconnoître qu'ils contenoient plusieurs vérités qui n'avoient point ci-devant été découvertes, et ce bruit s'étant incontinent répandu partout, a tout aussitôt fait croire à plusieurs que je savois quelque chose de certain et d'assuré en la philosophie, et qui n'étoit sujet à aucune dispute; ce qui fut cause ensuite que la plus grande partie,

non seulement de ceux qui, étant hors des écoles,
ont la liberté de philosopher comme il leur plaît,
mais même la plupart de ceux qui font profession
d'enseigner, et surtout les plus jeunes, et qui se
fondent plus sur la force de leur esprit que sur une
fausse réputation de science et de doctrine, et en
un mot tous ceux qui aiment la vérité me sollici-
tèrent de mettre au jour ma philosophie. Mais pour
les autres, c'est-à-dire ceux qui aiment mieux paroître savants que l'être en effet, et qui s'imaginent
déjà avoir acquis quelque renom parmi les doctes
pour cela seul qu'ils savent disputer fortement de
toutes les controverses de l'école, comme ils
craignent que si la vérité venoit une fois à être
découverte toutes ces controverses ne fussent abo-
lies, et que par même moyen toute leur doctrine
ne devint méprisable; et d'ailleurs, ayant quelque
opinion que la vérité se pourroit découvrir si je
publiois ma philosophie, ils n'ont pas à la vérité
osé déclarer ouvertement qu'ils ne souhaitoient
point qu'elle fût imprimée, mais ils ont fait paroître une grande animosité contre moi. Or, il m'a
été très facile de reconnoître et distinguer les uns
d'avec les autres; car ceux qui souhaitoient de
voir ma philosophie imprimée se ressouvenoient
fort bien que j'avois fait dessein de ne la point publier de mon vivant, et même plusieurs se sont
plaints à moi de ce que j'aimois mieux la laisser à

nos neveux que de la donner à mes contemporains; bien que tous les gens d'esprit qui en savoient la raison, et qui voyoient que ce n'étoit point que je manquasse de volonté de servir le public, ne m'en aient pas pour cela moins aimé; mais pour ceux qui appréhendoient qu'elle ne vît le jour, ils ne se sont point du tout ressouvenus de ce dessein que j'avois pris, ou du moins ils n'ont pas voulu le croire, mais au contraire ils ont supposé que j'en avois promis la publication; ce qui faisoit que ces gens m'appeloient quelquefois *célèbre prometteur*, et qu'ils me comparoient à certains étourdis et ambitieux qui s'étoient vantés pendant plusieurs années de faire imprimer des livres auxquels ils n'avoient pas mis la première main. Ce qui fait dire aussi au R. P. *que je diffère si long-temps de publier ma Philosophie, que désormais il ne faut plus espérer que jamais je la publie.* Mais où est son esprit et son jugement, s'il s'imagine qu'on puisse dire d'un homme qui n'est pas encore vieil, qu'il ait pu différer long-temps l'exécution d'une chose qui n'a pu encore jusques ici être exécutée par personne pendant plusieurs siècles? Et ne témoigne-t-il pas aussi de l'imprudence, puisqu'en pensant me blâmer il avoue néanmoins que je suis tel, que peu d'années ont suffi pour faire qu'on ait pu long-temps attendre de moi une chose que je ne me promettrois pas de lui en des siècles entiers, quand nous aurions tous deux autant à vivre. Ces messieurs donc, ne doutant point que je n'eusse résolu de mettre au jour cette malheureuse philosophie qui leur donnoit tant d'appréhension sitôt qu'elle seroit en état de le pouvoir souffrir, commencèrent à décrier par des calomnies et médisances, tant cachées que découvertes, non seulement les opinions qui sont expliquées dans les écrits que j'avois déjà publiés, mais principalement aussi cette philosophie encore tout inconnue, à dessein ou de me détourner de la faire imprimer, ou de la détruire sitôt qu'elle verroit le jour, et de l'étouffer pour ainsi dire dès son berceau. Je ne faisois que rire au commencement de la vanité de tous leurs desseins, et plus je les voyois portés à combattre avec chaleur mes écrits, plus aussi faisoient-ils paroître qu'ils faisoient cas de moi. Mais quand je vis que leur nombre croissoit de jour en jour, et qu'il s'en trouvoit beaucoup plus qui n'oublioient rien pour chercher les occasions de me nuire qu'il n'y en avoit d'autres qui fussent portés à me protéger, j'appréhendai que par leurs secrètes pratiques ils ne s'acquissent du pouvoir et de l'autorité, et qu'ils ne troublassent davantage mon loisir si je demeurois toujours dans le dessein de ne point faire imprimer ma philosophie, que si je m'opposois à eux ouvertement. C'est pourquoi, pour leur ôter désormais tout sujet de crainte, j'ai résolu de donner au public tout ce peu que j'ai médité sur la philosophie, et de travailler de tout mon possible pour faire que mes opinions soient reçues de tout le monde si elles se trouvent conformes à la vérité. Ce qui sera cause que je ne les proposerai pas dans le même ordre, ni du même style que j'ai déjà fait ci-devant la plus grande partie, dans le traité dont j'ai expliqué l'argument dans le discours de la méthode; mais je me servirai d'une regle et d'une façon d'écrire plus accommodée à l'usage des écoles, en traitant par petits articles chaque question dans un tel ordre, que pas une ne dépende pour sa preuve que de celles qui l'auront précédée, afin que toutes ayant de la connexion et du rapport les unes avec les autres, elles ne composent toutes ensemble qu'un même corps. Et par ce moyen j'espere de faire voir si clairement la vérité de toutes les choses dont on a coutume de disputer en philosophie, que tous ceux qui voudront la chercher la trouveront sans beaucoup de peine dans les écrits que je prépare.

Or tous les jeunes gens la cherchent sans difficulté lorsqu'ils commencent à s'adonner à l'étude de la philosophie; tous les autres aussi, de quelque âge qu'ils soient, la cherchent pareillement, lorsqu'ils méditent seuls en eux-mêmes touchant les matières de la philosophie, et qu'ils les examinent afin d'en tirer quelque utilité pour eux. Les princes même et les magistrats, et tous ceux qui établissent des académies ou des colléges, et qui fournissent de grandes sommes de deniers pour y faire enseigner la philosophie, veulent tous unanimement qu'autant que faire se peut on n'y enseigne que la vraie. Et si les princes souffrent qu'on y agite questions douteuses et controversées, ce n'est pas afin que leurs sujets, par cette habitude de disputer et de contester, apprennent à devenir plus contentieux, plus réfractaires et plus opiniâtres, et ainsi à être moins obéissants à leurs supérieurs, et plus propres à émouvoir des séditions, mais bien seulement sous l'espérance qu'ils ont que par ces disputes la vérité se pourra enfin découvrir; et bien qu'une longue expérience leur ait déjà assez fait connoître que très rarement on la découvre par ce moyen, ils en sont toutefois si jaloux, qu'ils croient qu'on ne doit pas même negliger ce peu d'espérance qu'on en peut avoir; car il n'y a jamais eu de nation si sauvage ou si barbare, et qui eût tellement en horreur le bon usage de la raison, qui ait voulu ou permis qu'on enseignât chez elle des opinions contraires à la vérité connue; et partant il n'y a point de doute qu'on ne doive préférer la vérité à toutes les opinions qui lui sont opposées, pour anciennes et communes qu'elles puissent être, et que tous ceux qui enseignent les autres ne soient obligés de la rechercher de tout leur possible, et de l'enseigner après l'avoir trouvée.

Mais on dira peut-être, et cela non sans apparence de raison, qu'on ne doit pas se promettre que la vérité se rencontre dans cette nouvelle philosophie que je prépare; qu'il n'est pas vraisemblable que j'aie vu moi seul plus clair qu'une infinité de personnes des plus habiles du monde, qui ont tous suivi les opinions communément reçues dans les écoles; que les chemins fréquentés et connus sont toujours plus sûrs que les nouveaux et inconnus, principalement à cause de notre théologie, avec laquelle une expérience de plusieurs années a déjà fait voir que s'accorde fort bien l'ancienne et commune philosophie, ce qui est encore incertain d'une nouvelle. Et c'est pour cela que quelques uns soutiennent qu'il faut de bonne heure en empêcher la publication, et l'éteindre avant qu'elle paroisse, de peur qu'en attirant à soi, par les charmes de la nouveauté, une multitude ignorante, elle ne croisse et ne se fortifie peu à peu avec le temps, ou qu'elle ne trouble la paix et le repos des écoles, ou même qu'elle n'apporte avec soi de nouvelles hérésies dans l'église.

A quoi je réponds qu'à la vérité je ne me vante de rien, et que je ne crois pas voir plus clair que les autres, mais que peut-être cela m'a beaucoup servi, de ce que, ne me fiant pas trop à mon propre génie, j'ai suivi seulement les voies les plus simples et les plus faciles; car il ne se faut pas beaucoup étonner si j'ai peut-être plus avancé en suivant ces routes faciles et ouvertes à tout le monde, que peut-être d'autres n'ont fait avec tout leur esprit en suivant des chemins difficiles et impénétrables. J'ajoute de plus que je ne veux pas que l'on en croie à ma simple parole touchant la vérité des choses que je promets, mais que je désire que l'on en juge par les essais que j'ai déjà publiés; car je n'y ai pas traité pour une question ou deux seulement, mais j'en ai traité plus de six cents qui n'avoient point encore été ainsi expliquées par personne avant moi. Et quoique jusques ici plusieurs aient regardé mes écrits de travers, et qu'ils aient essayé par toutes sortes de moyens de les réfuter, personne toutefois, que je sache, n'y a encore pu rien trouver que de vrai. Que l'on fasse le dénombrement de toutes les questions qui, depuis tant de siècles que les autres philosophies ont eu cours, ont été résolues par leur moyen, et peut-être s'étonnera-t-on de voir qu'elles ne sont pas en si grand nombre, ni si célèbres que celles qui sont contenues dans mes essais.

Mais bien davantage je dis hardiment que l'on n'a jamais donné la solution d'aucune question suivant les principes de la philosophie péripaté-

cienne, que je ne puisse démontrer être fausse
ou non recevable. Qu'on en fasse l'épreuve; qu'on
me les propose, non pas toutes, car je n'estime
pas qu'elles vaillent la peine qu'on y emploie beaucoup de temps, mais quelques unes des plus
belles et des plus célèbres, et j'ose me promettre
qu'il n'y aura personne qui ne demeure d'accord
de la vérité que j'avance. J'avertis seulement ici,
pour ôter tout sujet de caption et de dispute, que
quand je parle des principes particuliers à la philosophie péripatéticienne, je n'entends pas parler de ces questions dont les solutions sont tirées,
ou de la seule expérience qui est commune à tous
les hommes, ou de la considération des figures et
des mouvements qui est propre aux mathématiciens, ou des notions communes de la métaphysique qui sont communément reçues de toutes
les personnes de bon sens, et que j'admets, aussi
bien que tout ce qui dépend de l'expérience, des
figures et des mouvements, comme il paroît par
mes méditations.

Je dis de plus, ce qui peut-être pourra sembler
paradoxe, qu'il n'y a rien en toute cette philosophie, en tant que péripatéticienne et différente des
autres, qui ne soit nouveau, et qu'au contraire il
n'y a rien dans la mienne qui ne soit ancien : car
pour ce qui est des principes, je ne reçois que
ceux qui jusques ici ont été connus et admis gé-

néralement de tous les philosophes, et qui pour cela même sont les plus anciens de tous : et ce qu'ensuite j'en déduis paroit si manifestement (ainsi que je fais voir) être contenu et renfermé dans ces principes, qu'il paroit aussi en même temps que cela est très ancien, puisque c'est la nature même qui l'a gravé et imprimé dans nos esprits. Mais tout au contraire, les principes de la philosophie vulgaire, du moins à le prendre du temps qu'ils ont été inventés par Aristote, ou par d'autres, étoient nouveaux, et ils ne doivent pas à présent être estimés meilleurs qu'ils étoient alors; or l'on n'en a encore rien déduit jusques ici qui ne soit contesté, et qui, selon l'usage ordinaire des écoles, ne soit sujet à être changé tous les ans par ceux qui se mêlent d'enseigner la philosophie, et qui par conséquent ne soit aussi fort nouveau, puisque tous les jours on le renouvelle.

Pour ce qui est de la théologie, comme une vérité ne peut jamais être contraire à une autre vérité, ce seroit une espèce d'impiété d'appréhender que les vérités découvertes en la philosophie fussent contraires à celles de la foi. Et même j'avance hardiment que notre religion ne nous enseigne rien qui ne se puisse expliquer aussi facilement, ou même avec plus de facilité, suivant mes principes, que suivant ceux qui sont communément reçus : et il me semble avoir déjà donné une assez belle preuve de cela, sur la fin de ma réponse aux quatrièmes objections, touchant une question où l'on a pour l'ordinaire le plus de peine à faire accorder la philosophie avec la théologie.

Et je serois encore prêt de faire la même chose sur toutes les autres questions, s'il en étoit besoin; même aussi de faire voir qu'il y a au contraire plusieurs choses dans la philosophie vulgaire qui en effet ne s'accordent pas avec celles qui en théologie sont certaines, quoique ses sectateurs ordinairement le dissimulent, ou qu'on ne s'en aperçoive pas, à cause de la longue habitude qu'on a de les croire. Il ne faut pas aussi appréhender que mes opinions prennent trop d'accroissement, en attirant après soi, par leurs nouveautés, une multitude ignorante, puisque l'expérience nous montre, au contraire, qu'il n'y a que les plus habiles qui les approuvent; lesquels ne pouvant être attirés à les suivre par les charmes de la nouveauté, mais par la seule force de la vérité, doivent faire cesser l'appréhension qu'on pourroit avoir qu'elles ne prissent un trop grand accroissement.

Enfin, il ne faut pas non plus appréhender qu'elles troublent la paix des écoles : mais tout au contraire, la guerre étant maintenant autant allumée entre les philosophes qu'elle le sauroit être, il n'y a point de meilleur moyen pour établir la paix entre eux et pour retrancher toutes les hérésies jusqu'à la racine, qui renaissent tous les jours de leurs controverses, que de les obliger à recevoir dans leurs écoles des opinions qui soient vraies, telles que j'ai déjà prouvé que sont les miennes. Car la facilité qu'on aura à les concevoir, et la certitude qui naîtra de leur évidence, ôtera tout sujet de contestation et de dispute.

Or de tout ceci l'on voit clairement qu'il n'y a point d'autre raison pourquoi il y en a qui s'étudient avec tant de soin de détourner les autres de la connoissance de mes opinions, sinon que, les estimant trop évidentes et trop certaines, ils craignent qu'elles ne diminuent cette vaine réputation de gens savants qu'ils se sont acquise par la connoissance d'autres opinions moins probables. En sorte que cette envie même qu'ils témoignent n'est pas une petite preuve de la vérité et de la certitude de ma philosophie. Mais de peur qu'il ne semble peut-être ici que c'est à tort que je me vante de l'envie que l'on me porte, et que je n'en aie point d'autre témoignage que la dissertation du R. P., je vous dirai ici ce qui s'est passé il n'y a pas long-temps dans une des plus nouvelles académies de ces provinces.

Un certain docteur en médecine, homme d'un esprit subtil et clairvoyant, et du nombre de ceux qui, bien qu'ils aient fort bien appris la philosophie de l'école, néanmoins, pourcequ'ils y croient fort peu et qu'ils ont de l'esprit et de l'ingénuité, ne s'en enorgueillissent pas pour cela beaucoup, et ne s'imaginent pas être savants, comme font quelques autres qui en sont, pour ainsi dire, comme enivrés, prit la peine de lire ma Dioptrique et mes Météores sitôt qu'ils furent mis en lumière, et jugea d'abord qu'ils contenoient et renfermoient en eux les principes d'une philosophie plus vraie que la vulgaire; et les ayant tous ramassés le plus diligemment qu'il lui fut possible, et en ayant même déduit quelques autres, il se les mit si avant dans l'esprit et travailla si heureusement, avec tant d'adresse et de vivacité, qu'en peu de temps il composa un traité entier de physiologie, lequel ayant fait voir à quelques uns de ses amis, ils le trouvèrent si beau, et leur agréa de telle sorte, qu'ils furent eux-mêmes demander pour lui au magistrat, et obtinrent de lui une chaire de médecine, qui pour lors se trouvoit vacante, et qu'avant cela il n'avoit point recherchée. Ainsi, étant devenu professeur, il jugea qu'il étoit de son devoir de s'attacher principalement à enseigner ces choses qui lui avoient mérité la chaire qu'il possédoit; et cela d'autant plus qu'il les croyoit être vraies, et qu'il tenoit pour faux tout ce qui leur étoit contraire: mais comme il arriva que par ce moyen il attiroit à lui un très grand nombre d'auditeurs, et que cela désertoit les classes des autres, quelques uns de ses collègues voyant qu'on le préféroit à eux, commencèrent à lui porter envie, et formèrent souvent contre lui des plaintes au magistrat, requérant qu'on lui défendît cette nouvelle façon d'enseigner. Et toutefois ils ne purent en trois années rien obtenir de lui, sinon qu'on le prieroit d'enseigner en même temps et conjointement avec ses principes ceux de la philosophie et de la médecine vulgaire, afin que par ce moyen il rendît aussi ses auditeurs capables de lire les écrits des autres. Car ce magistrat, qui étoit prudent, jugeoit fort bien que si ces nouvelles opinions étoient vraies, il ne devoit pas en défendre la publication; et que si elles étoient fausses, il n'en étoit pas de besoin, pourcequ'en peu de temps elles se détruiroient d'elles-mêmes. Mais voyant qu'au contraire elles croissoient de jour en jour, et se fortifioient avec le temps, et qu'elles étoient suivies et embrassées principalement par les gens d'honneur et d'esprit, beaucoup plus que par les plus jeunes ou par les personnes de basse condition, qui en étoient plus facilement détournées par le conseil et l'autorité de ses envieux, le magistrat donna à ce médecin un nouvel emploi, qui fut d'expliquer certains jours de la semaine, hors les leçons ordinaires, les problèmes physiques, tant d'Aristote que des autres philosophes, et par ce moyen lui donna une nouvelle et plus belle occasion de traiter de toutes les parties de la physique qu'il n'avoit fait auparavant en lui donnant la chaire de médecine. Et peut-être que ses autres collègues en seroient pour jamais demeurés là, si un d'entre eux [1], qui pour lors étoit recteur de cette académie, n'eût résolu de dresser contre lui toutes ses machines pour le débusquer.

Or, afin que l'on sache de quelle qualité sont mes adversaires, je veux vous en faire ici en peu de mots le portrait. C'est un homme qui passe dans le monde pour théologien, pour prédicateur, et pour un homme de controverse et de dispute, lequel s'est acquis un grand crédit parmi la populace, de ce que déclamant tantôt contre la religion romaine, tantôt contre les autres qui sont différentes de la sienne, et tantôt invectivant contre les puissances du siècle, il fait éclater un zèle ardent et libre pour la religion, entremêlant aussi quelquefois dans ses discours des paroles de raillerie qui gagnent l'oreille du menu peuple; et de ce que mettant tous les jours en lumière plusieurs petits livrets, mais qui ne méritent pas d'être lus; et que citant divers auteurs, mais qui font plus souvent contre lui que pour lui, et que peut-être il ne connoît que par les tables; et enfin que, parlant très hardiment, mais aussi très impertinemment, de toutes les sciences,

[1] Voetius.

comme s'il y étoit fort savant, il passe pour docte devant les ignorants. Mais les personnes qui ont un peu d'esprit, et qui savent combien il s'est toujours montré importun à faire querelle à tout le monde, et combien de fois dans la dispute il a apporté des injures au lieu de raisons, et s'est honteusement retiré après avoir été vaincu, s'ils sont d'une religion différente de la sienne, ils se moquent ouvertement de lui et le méprisent, et quelques uns même l'ont déjà publiquement si maltraité, qu'il semble qu'il ne reste plus rien désormais à écrire contre lui ; et s'ils sont d'une même religion, encore qu'ils l'excusent et le supportent autant qu'ils peuvent, ils ne l'approuvent pas toutefois en eux-mêmes.

Après que ce personnage eut été quelque temps recteur, il arriva que ce médecin faisant soutenir des thèses par quelques uns de ses disciples, auxquelles il présidoit, on ne leur donna pas le loisir de répondre aux arguments qui leur étoient proposés, et qu'on les troubla continuellement par des bruits scolastiques et importuns, lesquels je ne dis pas avoir été excités par les amis de ce théologien, car je n'en sais rien, mais seulement je dis qu'ils n'avoient pas coutume de se faire auparavant. Et j'ai su même depuis de quelques personnes dignes de foi, qui étoient présentes à ces disputes, qu'ils n'ont pu avoir été excités par la faute du président ou des répondants, puisque ces bruits commençoient toujours avant qu'ils se fussent mis en devoir d'expliquer leurs pensées ; et cependant le bruit couroit que la philosophie nouvelle s'y défendoit mal, afin de faire conclure à un chacun qu'elle ne méritoit pas qu'on l'enseignât publiquement.

Il arriva aussi que comme il se faisoit souvent des disputes où ce médecin présidoit, et que les thèses étoient remplies de diverses questions qui n'avoient point de rapport ni de liaison entre elles, selon la fantaisie de ceux qui les soutenoient, que quelqu'un d'eux mit inconsidérément dans l'une de leur assertion, *que de l'union de l'âme et du corps il ne se faisoit pas un être par soi, mais seulement par accident;* appelant être par accident tout ce qui étoit composé de deux substances tout-à-fait différentes, sans pour cela nier l'union substantielle, par laquelle l'âme est jointe avec le corps, ni cette aptitude ou inclination naturelle que l'une et l'autre de ces parties ont pour cette union ; comme l'on voyoit de ce qu'ils avoient ajouté aussitôt ensuite, *que ces substances étoient dites incomplètes, eu égard au composé qui résultoit de leur union :* si bien que l'on ne pouvoit trouver rien à reprendre dans l'une ou dans l'autre de ces deux positions, sinon peut-être la manière de parler, qui n'étoit pas en tout conforme à celle de l'école.

Mais cette occasion sembla assez grande à ce recteur théologien pour faire niche au médecin et le condamner d'hérésie, et pour lui ôter par ce moyen sa chaire, si la chose eût réussi comme il espéroit, même malgré le magistrat. Et il ne servit de rien à ce médecin, sitôt qu'il eut reconnu que le recteur n'approuvoit pas cette thèse, de l'avoir été lui-même trouver, et tous les autres professeurs de théologie, et leur ayant expliqué sa pensée, de les avoir assurés qu'il n'avoit jamais eu intention de rien faire ni dire qui choquât leur théologie ou la sienne; car, nonobstant cela, ce recteur ne laissa pas, peu de jours après, de faire imprimer des thèses auxquelles (comme l'on m'a assuré) il avoit dessein de mettre ce titre, *Corollaires proposés par l'autorité de la sacrée faculté de théologie à tous les étudiants, pour leur servir d'avertissement et d'instruction; avec cette addition, que l'opinion de Taurellus, que les théologiens d'Heidelberg appellent le médecin athée, et du jeune étourdi Gorlœus, qui dit que l'homme est un être par accident, choque en plusieurs manières la physique, la métaphysique, la pneumatique et la théologie*, etc.: afin qu'après les avoir fait signer à tous les autres professeurs en théologie, et même à tous les prédicateurs (si toutefois il eût pu les y porter, dont je doute fort), il députât aussitôt quelques uns de ses collègues vers le magistrat, pour l'avertir que ce médecin avoit été condamné d'hérésie par un concile ecclésiastique, et mis au rang de Taurellus et de Gorlæus, auteurs que peut-être il n'a jamais lus, et qui pour moi me sont tout-à-fait inconnus, et que par ce moyen le magistrat ne pût plus de bonne grâce lui laisser plus long-temps la chaire. Mais comme ces thèses étoient encore sous la presse, elles tombèrent par hasard entre les mains de quelques uns des magistrats, qui, ayant fait venir le théologien, l'avertirent de son devoir, et lui enchargèrent qu'il eût du moins à changer le titre, et à ne pas abuser ainsi publiquement de l'autorité de la faculté de théologie pour appuyer ses calomnies.

Mais, nonobstant cela, il continua de faire imprimer ses thèses, et, à l'imitation du R. P., il les fit soutenir durant trois jours. Et pourcequ'elles auroient été trop stériles s'il n'y eût traité que cette question de nom, savoir, *Si un composé de deux substances doit être appelé un être par accident*, il en ajouta à celle-ci quelques autres, dont la plus considérable étoit *touchant les formes substantielles des choses matérielles*, que ce médecin avoit niées, excepté *l'âme raisonnable*, mais que lui au contraire avoit tâché d'appuyer et de défendre par toutes les raisons qu'il avoit pu, comme le *palladium* et le bouclier de l'école péripatéticienne. Et afin qu'on ne croie pas ici que c'est à tort que je m'intéresse dans toutes ces disputes, outre que ce théologien avoit mis mon nom dans ses thèses, comme avoit fait aussi souvent le médecin dans les siennes, il me nommoit encore dans la chaleur de sa dispute, et demandoit à son opposant si ce n'étoit point moi qui lui avois fourni et suggéré ses arguments; et, se servant d'une comparaison tout-à-fait odieuse, il disoit que ceux à qui la manière commune de philosopher déplaisoit, en attendoient de moi une autre, comme les juifs font leur Élie, qui leur devoit enseigner toute vérité.

Ayant donc ainsi triomphé pendant trois jours, le médecin, qui prévoyoit bien que s'il ne disoit mot plusieurs s'imagineroient qu'il auroit été vaincu, et, d'un autre côté, que s'il entreprenoit de se défendre par des disputes publiques on ne manqueroit pas, comme auparavant, de faire du bruit pour empêcher qu'il ne fût entendu, prit résolution de faire réponse par écrit aux thèses de ce théologien, dans laquelle, quoiqu'il réfutât par de bonnes et de solides raisons tout ce qui avoit été dit contre lui ou contre ses opinions, il ne laissoit pas cependant de traiter leur auteur si doucement et avec tant d'honneur, qu'il faisoit bien voir que son dessein étoit de se le rendre favorable, ou du moins de ne le pas aigrir. Et en effet, sa réponse étoit telle, que plusieurs de ceux qui l'ont lue ont jugé qu'elle ne contenoit rien dont le théologien eût sujet de se plaindre, sinon, peut-être, de ce qu'il l'avoit appelé homme de bien et ennemi de toute sorte de médisance.

Mais encore qu'il n'y eût point été maltraité de paroles, il crut néanmoins que ce médecin lui avoit fait une fort grande injure, pourcequ'il l'avoit vaincu à force de raisons, et même de raisons qui lui faisoient voir clairement qu'il étoit un calomniateur et un ignorant; et, pour remédier à ce mal, il crut ne pouvoir mieux faire que d'user de son pouvoir, et de défendre dans sa ville la vente d'une réponse qui lui étoit si odieuse. Peut-être avoit-il ouï dire ce que quelques uns reprochent à Aristote, que n'ayant point d'assez bonnes raisons pour réfuter les opinions des philosophes qui l'avoient précédé, il leur en avoit attribué quelques autres fort absurdes, à savoir, celles qui se voient dans ses écrits; et que, pour empêcher que ceux qui viendroient après lui ne découvrissent sa fourbe, il avoit fait jeter dans le feu tous leurs livres qu'il avoit fait auparavant soigneusement rechercher. Ce que notre théologien, comme fidèle sectateur de son maître, tâchant d'imiter, il convoqua l'assemblée générale de son académie, où il se plaignit du libelle qui avoit été fait contre lui par un de ses collègues, et dit qu'il falloit le supprimer, et exterminer en même temps toute cette philosophie qui troubloit le repos de l'académie. Plusieurs souscrivirent à cet avis, et trois d'entre eux furent députés vers le magistrat, qui lui firent les mêmes plaintes. Le magistrat, pour les satisfaire en quelque façon, fit enlever de chez le libraire quelques uns des exemplaires, ce qui fit que les autres qui restèrent se vendirent plus cher, qu'on les rechercha avec plus d'empressement, et qu'on les lut avec plus de soin. Mais comme personne n'y trouva rien dont le théologien eût droit de se plaindre, que la seule force des raisons qu'il ne pouvoit éviter, il fut moqué de tout le monde.

Cependant il ne se donnoit point de repos, et assembloit tous les jours son sénat académique, pour lui faire part de cette infamie. Il avoit une grande affaire sur les bras, il lui falloit rendre raison pourquoi il vouloit que la réponse du médecin et toute sa philosophie fût condamnée, et il n'en avoit point. Mais néanmoins il parut enfin un jugement rendu au nom de toute l'académie; mais que l'on doit plutôt attribuer au recteur seul : car, comme dans toutes assemblées qu'il convoquoit, il y prenoit séance en qualité de juge, et tout ensemble d'accusateur très sévère, et que le médecin au contraire n'y étoit ni ouï pour se défendre, ni pas même reçu pour y assister, qui doute qu'il n'ait facilement entraîné la plus grande partie de ses collègues du côté où il a voulu, et que le grand nombre des suffrages qu'il avoit pour lui n'ait prévalu sur le petit nombre des autres, vu principalement qu'il y en avoit parmi eux quelques uns qui avoient autant et même plus de sujet de vouloir mal au médecin, et que les autres qui étoient paisibles et pacifiques, sachant de quelle humeur étoit leur recteur, ne lui contredisoient pas volontiers. Et il y eut ceci de remarquable, que pas un d'eux ne voulut être nommé comme approbateur de ce jugement, et même qu'il y en eut un, qui n'étoit ni ami du médecin, ni de ma connoissance, lequel, prévoyant bien l'infamie que l'académie en recevroit un jour, voulut expressément, pour s'en garantir, que son nom y fût mis comme ne l'approuvant pas; et je mettrai ici la copie de ce jugement, tant parceque peut-être V. R. sera bien aise d'apprendre ce qui se passe en ces quartiers entre les gens de lettres, comme aussi pour empêcher, autant qu'il me sera possible, que dans quelques années, quand les exemplaires auront été tous distribués, quelques malveillants ne se servent de son autorité, et ne fassent accroire qu'il contenoit des raisons assez justes et valables pour condamner ma philosophie. Je tairai seulement le nom de l'académie, de peur que ce qui est arrivé depuis peu par l'imprudence d'un recteur turbulent, et qu'un autre pourra peut-être changer et réparer dans peu de temps, ne la rende méprisable chez les étrangers.

JUGEMENT

IMPRIMÉ SOUS LE NOM DU SÉNAT ACADÉMIQUE DE ***.

Les professeurs de l'académie de ***, n'ayant pu voir sans grande douleur le libelle qui parut au jour du mois de février de l'année 1642, qui portoit ce titre, Responsio seu notæ ad corollaria theologico-philosophica, *etc., et ayant reconnu qu'il ne tendoit qu'à la ruine et à la honte de l'académie, et qu'il n'étoit propre qu'à faire naître de mauvais soupçons dans les esprits des autres, ont jugé à propos de certifier tous et un chacun de ceux qu'il appartiendra :*

Premièrement, qu'ils n'approuvent point ce procédé qu'un collègue se donne la licence de faire imprimer publiquement contre un autre de ses collègues des livres ou des libelles qui portent le nom de celui contre qui ils sont faits, et cela à l'occasion seulement de quelques thèses ou corollaires qui ont été faits et imprimés sans aucun nom, touchant des matières controversées dans l'académie;

2. Qu'ils n'approuvent pas non plus cette façon superbe de défendre la nouvelle et prétendue philosophie dont l'auteur se sert dans le susdit libelle, pourceque'étant insolente en ses termes, elle charge de honte et d'opprobre ceux qui ici ou ailleurs enseignent une philosophie contraire à celle-là, et qui s'attachent à la vulgaire, *comme la plus vraie et celle qui est la plus universellement reçue; comme lorsque l'auteur du susdit libelle, page* 6, *dit :* Car il y a déjà long-temps que je m'aperçois que les grands progrès que font sous moi mes auditeurs en fort peu de temps font jalousie à quelques uns. *Page* 7: Que les termes dont les autres se servent d'ordinaire pour résoudre les difficultés ne satisfont jamais pleinement des esprits tant soit peu éclairés et clairvoyants; mais au contraire ils les obscurcissent et les remplissent de ténèbres et nuages. *Et au même endroit :* L'on apprend chez moi bien plus aisément et plus promptement à concevoir le vrai sens d'une difficulté, que l'on ne fait ordinairement chez les autres; ce que l'expérience fait voir très clairement. car il est constant que plusieurs de mes disciples ont déjà fort souvent paru avec honneur dans les disputes publiques, sans avoir donné sous moi à l'étude que quelques mois de leur temps. Et je ne fais point de doute que toute personne qui aura l'esprit bien fait ne juge qu'il n'y a rien du tout à reprendre en ceci, mais qu'au contraire tout y est digne de louange. *Page* 9: Nous avons reconnu que ces misérables êtres (savoir est les formes substantielles, et les qualités réelles) ne sont propres à rien du tout, sinon peut-être à aveugler les esprits de ceux qui étudient, et à faire qu'au lieu de cette docte ignorance que vous estimez et vantez tant, leur esprit ne se remplisse que d'une certaine autre ignorance toute bouffie d'orgueil et de vanité. *Page* 15 : Mais au contraire de l'opinion de ceux qui admettent et établissent les formes substantielles, l'on tombe facilement dans l'opinion de ceux qui disent que l'âme est corporelle et mortelle. *Pag.* 20 : On pourroit demander si cette façon de philosopher, qui a coutume de réduire toutes choses à un seul principe actif, à savoir à la forme substantielle, n'est point plutôt digne de quelque malotru maître à danser qui ne sait qu'un air ou qu'une chanson. *Page* 25 : D'où il suit clairement que ce ne sont pas ceux qui nient les formes substantielles, mais bien plutôt ceux qui les établissent, qu'on peut par de bonnes conséquences réduire à un tel point, qu'ils auroient de la peine à se défendre de n'être pas des bêtes ou des athées. *Page* 39 : Pourceque les principes qui ont été jusqu'ici établis par les autres pour rendre raison des moindres effets de la nature sont pour la plupart très stériles et peu vraisemblables, et ne satisfont point un esprit qui recherche la vérité :

1. *Qu'ils rejettent et condamnent cette nouvelle philosophie, premièrement, parcequ'elle est contraire*

à l'ancienne, laquelle, avec beaucoup de raison, a été jusques ici enseignée dans toutes les académies du monde, et qu'elle renverse ses fondements. Secondement, parcequ'elle détourne la jeunesse de l'étude de l'ancienne et de la vraie philosophie, et qu'elle l'empêche de parvenir au comble de l'érudition, à cause qu'étant une fois imbue des principes de cette prétendue philosophie, elle n'est plus capable d'entendre les termes qui sont usités chez les auteurs, et dont les professeurs se servent dans leurs leçons et disputes. Et enfin, parceque non seulement plusieurs fausses et absurdes opinions suivent de cette philosophie; mais même qu'une jeunesse imprudente en peut aisément déduire quelques unes qui soient opposées aux autres disciplines et facultés, et principalement à la vraie théologie;

Que pour ces causes ils veulent et entendent que tous ceux qui enseignent la philosophie dans cette académie s'abstiennent dorénavant d'un pareil dessein et d'une telle entreprise; se contentant de cette médiocre liberté que chacun a de contredire sur quelques points particuliers les opinions des autres, ainsi qu'il se pratique dans les académies les plus célèbres; sans pour cela choquer ou ruiner les fondements de la philosophie communément reçue, travaillant de tout leur pouvoir à conserver en toutes choses le repos et la tranquillité de l'académie. Rendu cejourd'hui 16 mars 1642.

Or, c'est une chose digne de remarque, que ce jugement ne parut que quelque temps après qu'on s'étoit déjà moqué de ce que le recteur avoit mieux aimé faire supprimer le livre du médecin que d'y répondre. Et partant, qu'il ne faut point douter qu'il n'y ait mis, sinon toutes les raisons possibles, du moins toutes celles qu'il avoit pu inventer pour excuser son procédé. Parcourons-les donc toutes, s'il vous plaît, les unes après les autres.

1. Ce jugement porte. *Que le livre du médecin tend à la ruine et à la honte de l'académie, et à faire naître de mauvais soupçons dans les esprits des autres :* ce que je ne puis interpréter autrement, sinon que de là on prendra occasion de soupçonner, ou plutôt que l'on reconnoîtra que le recteur de l'académie a été imprudent de s'opposer à la vérité connue, ou même malicieux, de ce qu'ayant été vaincu par raison, il tâchoit de vaincre par autorité. Mais cette honte et ignominie a maintenant cessé, parcequ'il n'est plus recteur, et que l'académie souffre moins de déshonneur d'avouer encore celui-ci pour l'un de ses maîtres, qu'elle ne reçoit d'honneur d'avoir aussi le médecin, pourvu toutefois qu'elle ne s'en rende pas indigne.

2. *Qu'on trouve mauvais qu'un collègue fasse imprimer contre un autre de ses collègues des livres qui portent le nom de celui contre qui ils sont faits.*

Mais, pour cette raison, le recteur même, qui dans ce jugement étoit accusateur et président tout ensemble, devoit être le seul coupable, et le seul qui devoit être condamné. Car lui-même auparavant, sans qu'on l'y eût provoqué, avoit fait imprimer contre son collègue deux petits livrets en forme de thèses, et même avoit tâché de les appuyer et fortifier de la faculté de théologie, afin de circonvenir un innocent et de l'opprimer par calomnie. Et il est ridicule s'il s'excuse sur ce qu'il ne l'a pas nommé, puisqu'il a cité les mêmes paroles que ce médecin avoit fait imprimer auparavant, et qu'il l'a tellement dépeint, que personne ne pouvoit douter que ce ne fût lui à qui il en vouloit. Mais le médecin au contraire lui a répondu si modestement, et a parlé de lui avec tant d'éloges, qu'on pouvoit plutôt croire qu'il lui avoit écrit en ami, et comme à une personne de qui le nom même lui étoit en vénération, que non pas comme un adversaire : ce qu'en effet tout le monde auroit cru, si le théologien, au lieu d'user de son autorité, se fût servi de raisons tant soit peu probables pour réfuter celles que le médecin avoit apportées. Mais qu'y a-t-il de plus injuste que de voir un recteur accuser un de ses collègues d'avoir dit des injures à un autre de ses confrères, pour cela seul qu'il a apporté des raisons si manifestes et si véritables pour se purger du crime d'hérésie et d'athéisme, dont il l'avoit chargé, qu'il a par ce moyen empêché qu'il n'ait été par lui circonvenu.

3. Mais le théologien *n'approuve pas cette façon de défendre la nouvelle et prétendue philosophie*, dont se sert le médecin dans le susdit libelle, *parcequ'étant insolente en ses termes, elle charge de honte et d'opprobre ceux qui enseignent la philosophie vulgaire comme la plus vraie.* Mais cet homme très modeste ne prend pas garde qu'il reprend dans un autre l'insolence des paroles, dont je suis assuré néanmoins que personne ne pourra voir la moindre marque, pourvu seulement qu'on veuille considérer les lieux qui sont ici cités, et qui ont été triés de côté et d'autre du livre du médecin, comme les plus insolents et les plus propres à attirer sur lui l'envie d'un chacun; principalement si l'on veut aussi prendre garde qu'il n'y a rien de plus usité dans les écoles des philosophes que de voir un chacun dire librement, et sans aucun déguisement ou adoucissement de paroles, ce qu'il pense; d'où vient qu'on ne s'étonne point de voir un philosophe soutenir hardiment que toutes les opinions des autres sont fausses, et que les siennes seules sont véritables; car l'habitude qu'ils ont contractée par leurs fréquentes disputes les a insensiblement accoutumés à cette liberté, qui peut-être pourroit sembler un peu rude à ceux qui mènent une vie plus civile. Comme aussi que la plupart des choses qui sont ici

rapportées comme ayant été dites par une espèce d'envie contre tous ceux qui professent la philosophie ne doivent être entendues que du seul théologien, ainsi qu'il est manifeste par le livre du médecin; et qu'il n'a parlé au pluriel et à la troisième personne qu'afin de l'épargner. Et, enfin, que s'il a fait cette injurieuse comparaison d'un maître à danser, et s'il a parlé de bêtes et d'athées, etc., ce n'a point été de gaieté de cœur, mais après avoir été honoré de ces beaux titres par le théologien, dont il n'a pu rejeter l'opprobre qu'en faisant voir par de bonnes et évidentes raisons qu'ils ne lui convenoient point du tout, mais plutôt à son adversaire. Et, je vous prie, qui pourroit souffrir l'humeur d'un homme qui prétendroit qu'il lui fût permis d'appeler les autres par calomnie, athées, ou bêtes, et qui cependant ne pourroit souffrir que par de bonnes et convaincantes raisons on repoussât modestement ces outrages?

Mais je viens aux choses qui me regardent le plus. Il allègue trois raisons pour lesquelles il condamne ma nouvelle philosophie. La première est pourcequ'elle est opposée à l'ancienne. Je ne répète point ici ce que j'ai déjà dit ci-dessus, à savoir que ma philosophie est la plus ancienne de toutes, et qu'il n'y a rien dans le vulgaire qui lui soit contraire qui ne soit nouveau. Mais seulement je demande s'il est croyable qu'un homme entende bien cette philosophie qu'il condamne, qui est si impertinent, ou, si vous voulez, si malicieux que d'avoir voulu la rendre suspecte de magie à cause qu'elle considère les figures. Je demande outre cela quelle est la fin de toutes ces disputes qui se font dans les écoles; sans doute, me dira-t-on, qu'elles ne se font que pour découvrir par leur moyen la vérité : car si on l'avoit une fois découverte, toutes ces disputes cesseroient, et n'auroient plus de lieu, comme l'on voit dans la géométrie, de laquelle pour l'ordinaire on ne dispute point. Mais si cette évidente vérité, si long-temps recherchée et attendue, nous étoit enfin proposée par un ange, ne faudroit-il point aussi la rejeter, pour cela même qu'elle sembleroit nouvelle à ceux qui sont accoutumés aux disputes de l'école? Mais peut-être me dira-t-il que dans les écoles on ne dispute point des principes, lesquels cependant sont renversés par notre prétendue philosophie : mais pourquoi les souffre-t-il ainsi abattre sans les relever? pourquoi ne les soutient-il pas par de bonnes raisons? Et ne reconnoît-on pas assez leur incertitude, puisque, depuis tant de siècles qu'on les cultive, on n'a encore pu rien bâtir dessus de certain et d'assuré.

L'autre raison est pourceque la jeunesse étant une fois imbue des principes de cette prétendue philosophie, elle n'est plus après cela capable d'entendre *les termes de l'art* qui sont en usage chez les auteurs. Comme si c'étoit une chose nécessaire que la philosophie, qui n'est instituée que pour connoître la vérité, enseignât aucuns termes dont elle-même n'a point de besoin. Pourquoi ne condamne-t-il pas plutôt pour cela la grammaire et la rhétorique, puisque leur principal office est de traiter des mots, et que cependant, bien loin de les enseigner, elles les rejettent comme étant impropres et barbares. Qu'il se plaigne donc *que ce sont elles qui détournent la jeunesse de l'étude de la vraie philosophie, et qui empêchent qu'elle ne puisse parvenir au comble de l'érudition.* Il le peut faire sans craindre que pour cela il se rende plus digne de risée que lorsqu'il forme les mêmes plaintes contre ma philosophie; car ce n'est pas d'elle qu'on doit attendre l'explication de ces termes, mais de ceux qui s'en sont servis, ou de leurs livres.

La troisième et dernière raison contient deux parties, dont l'une est tout-à-fait ridicule, et l'autre injurieuse et fausse : car qu'y a-t-il de si vrai et de si clair *dont une jeunesse mal avisée ne puisse aisément déduire plusieurs opinions fausses et absurdes.* Mais de dire *que de ma philosophie il s'ensuive en effet aucunes opinions qui soient contraires à la vraie théologie,* c'est une chose entièrement fausse et injurieuse. Et je ne veux point me servir ici de cette exception, que je ne tiens pas sa théologie pour vraie et pour orthodoxe : je n'ai jamais méprisé personne pour n'être pas de même sentiment que moi, principalement touchant les choses de la foi, car je sais que la foi est un don de Dieu; bien au contraire, je chéris même et honore plusieurs théologiens et prédicateurs qui professent la même religion que lui. Mais j'ai déjà souvent protesté que je ne voulois point me mêler d'aucunes controverses de théologie : et d'autant que je ne traite aussi dans ma philosophie que des choses qui sont connues clairement par la lumière naturelle, elles ne sauroient être contraires à la théologie de personne, à moins que cette théologie ne fût elle-même manifestement opposée à la lumière de la raison ; ce que je sais que personne n'avouera de la théologie dont il fait profession.

Au reste, de peur que l'on ne croie que c'est sans fondement que je juge que le théologien n'a pu réfuter aucune des raisons dont le médecin s'est servi, j'apporterai ici deux ou trois exemples qui semblent le confirmer clairement: car il y a déjà eu deux ou trois petits livrets qui ont été imprimés pour ce sujet, non pas à la vérité par le théologien, mais pour lui, et par des personnes telles, que s'ils eussent contenu quelque chose de bon, elles lui en auroient fort volontiers attribué la gloire; et ainsi il est à croire qu'il n'auroit pas voulu permettre, en se couvrant comme il fait de leur nom, qu'ils eussent dit des choses impertinentes, s'il en eût eu de meilleures à dire.

Le premier de ces libelles fut imprimé en forme de thèses, par son fils, qui étoit professeur en la même académie, dans lequel n'y ayant fait que répéter les mauvais arguments dont son père s'étoit servi pour prouver et établir les formes substantielles, ou même y en ayant ajouté d'autres encore plus vains et inutiles, et n'y ayant du tout fait aucune mention des raisons du médecin, par lesquelles il avoit déjà réfuté tous ces mauvais arguments, on ne peut rien de là conclure, sinon que son auteur ne les comprenoit pas, ou du moins qu'il n'étoit pas docile et traitable.

L'autre libelle, et qui en comprend deux, parut sous le nom de cet étudiant qui avoit répondu dans cette séditieuse dispute, qui dura trois jours, à laquelle le recteur présidoit, dont voici le titre : *Prodromus, sive examen tutelare orthodoxæ philosophiæ principiorum : Examen ou défense des principes de la vraie et orthodoxe philosophie*. Il est vrai que dans ce libelle on y mit toutes les raisons qui jusques ici avoient pu être inventées par son auteur, ou par ses auteurs, pour réfuter celles du médecin; car même on y ajouta une seconde partie, ou une nouvelle défense, afin de ne rien omettre de tout ce qui pouvoit être venu en pensée à l'auteur, pendant qu'on faisoit imprimer le premier.

Mais néanmoins on ne verra point que dans pas un de ces deux libelles la moindre raison apportée par le médecin ait été, je ne dirai pas solidement, mais même vraisemblablement réfutée. Et ainsi il semble que leur auteur n'ait point eu d'autre dessein, en composant ce gros volume de pures inepties, et l'intitulant *Prodromus*, afin d'en faire encore attendre quelque autre, sinon d'empêcher que personne se voulût donner la peine d'y répondre; et par ce moyen de triompher devant une populace ignorante qui croit que les livres sont d'autant meilleurs qu'ils sont plus gros, et que ceux qui parlent le plus haut et le plus longtemps ont toujours gain de cause.

Mais pour moi qui ne recherche point les bonnes grâces de la populace, et qui n'ai point d'autre but que de contenter les honnêtes gens et satisfaire à ma propre conscience en défendant autant qu'il m'est possible la vérité, j'espère de faire voir si à découvert toutes ces finesses et menées extraordinaires dont nos adversaires ont coutume de se servir, que personne dorénavant n'osera les mettre en pratique, à moins qu'il n'ait assez d'effronterie pour ne point rougir d'être connu de tout le monde pour un calomniateur et pour une personne qui n'aime pas la vérité. Et à vrai dire, cela n'a pas peu servi jusques ici pour retenir les moins effrontés, de ce que dès le commencement de mes ouvrages j'ai prié tous ceux qui trouveroient quelque chose à reprendre dans mes écrits de me faire la faveur de m'en avertir, et qu'en même temps j'ai promis que je ne manquerois pas de leur répondre; car ils ont fort bien vu qu'ils ne pouvoient rien dire de moi devant le monde qu'ils ne m'eussent point auparavant fait savoir, sans se mettre en danger de passer pour des calomniateurs.

Mais il est arrivé néanmoins que plusieurs s'en sont moqués, et qu'ils n'ont pas laissé de censurer secrètement mes écrits, bien qu'en effet ils n'y trouvassent rien qu'ils pussent convaincre de fausseté, ou même que peut-être ils ne les eussent jamais lus; jusque là même que quelques uns ont composé des livres entiers, non pas à dessein de les publier, mais qui pis est à dessein de les communiquer en particulier à des personnes crédules, et ils les ont remplis en partie de fausses raisons, mais couvertes du voile et de l'embarras des paroles, et en partie aussi de vraies, mais dont ils combattoient seulement des opinions qu'ils m'avoient faussement attribuées.

Or, je les prie tous maintenant, et les exhorte de vouloir mettre leurs écrits en lumière; car l'expérience m'a fait connoître que cela sera beaucoup mieux que s'ils me les adressoient à moi-même, comme je les en avois priés auparavant; afin que si peut-être je ne les jugeois pas dignes de réponse, ils n'eussent pas lieu de se plaindre que je les aurois méprisés, ou de se vanter faussement que je n'aurois pu les satisfaire; et même pour empêcher que d'autres de qui je publierois les écrits ne s'allassent imaginer que je leur ferois injure d'y joindre en même temps mes réponses, parceque, comme j'entendois dire dernièrement à quelqu'un qui paroissoit en cela intéressé, ils seroient privés par ce moyen du fruit qui leur en pourroit revenir s'ils les faisoient imprimer eux-mêmes, qui seroit de les faire courir pendant quelques mois parmi le monde, et de prévenir ainsi, préoccuper les esprits de plusieurs avant que j'eusse le temps d'y répondre. Je ne veux donc point leur envier ce fruit qu'ils espèrent de recueillir : au contraire, je ne promets point de leur répondre, si je ne trouve que leurs raisons soient telles, que je craigne qu'elles ne puissent que difficilement être résolues par ceux qui viendront à les lire; car pour ce qui est des cavillations, ou des médisances, et de toutes les autres choses dites hors du sujet, je croirai qu'elles sont plutôt pour moi que contre moi, pourceque je ne pense pas qu'aucun s'en veuille servir dans une rencontre pareille à celle-ci, sinon celui qui voudra persuader plus de choses qu'il n'en pourra prouver, et qui par cela même donnera manifestement à connoître qu'il ne cherche pas la vérité, mais que tout son but n'est que de l'impugner ; et partant qu'il n'est pas homme d'honneur.

Je ne doute point aussi que plusieurs honnêtes gens ne puissent avoir mes opinions pour suspectes, tant parcequ'ils voient que plusieurs les rejettent, que parcequ'on les fait passer pour nouvelles, et que peu de personnes jusqu'ici les ont bien entendues. Et même difficilement se pourroit-il rencontrer aucune compagnie dans laquelle, si on venoit à délibérer sur mes opinions, il ne s'en rencontrât beaucoup plus qui jugeroient qu'on doit les rejeter, que d'autres qui osassent les approuver : car la prudence et la raison veulent qu'ayant à dire notre avis sur une chose qui ne nous est pas tout-à-fait connue, nous en jugions suivant ce qui a coutume d'arriver dans une semblable rencontre. Or, il est tant de fois arrivé que l'on a voulu introduire de nouvelles opinions en philosophie lesquelles on a reconnu par après n'être pas meilleures, voire même être plus dangereuses que celles qui sont communément reçues, que ce ne seroit pas sans raison, si ceux qui ne conçoivent pas encore assez clairement les miennes jugeoient qu'il les faut rejeter, et en empêcher la publication. Et partant, pour vraies qu'elles soient, je croirois néanmoins avoir sujet d'appréhender qu'à l'exemple de cette académie dont je vous ai parlé ci-dessus, elles ne fussent peut-être condamnées de votre société, et généralement de tous ceux qui font profession d'enseigner, si je ne me promettois de votre bonté et prudence que vous les prendrez en votre protection.

Mais d'autant que vous êtes le supérieur d'une compagnie qui peut plus facilement que beaucoup d'autres lire mes essais, dont la plus grande partie est écrite en françois, je ne doute point que vous ne puissiez seul beaucoup en cela. Et je ne vous demande point ici d'autres grâces, sinon que vous preniez vous-même la peine de les examiner, ou si vos affaires ne vous le permettent pas, que vous n'en donniez pas le soin et la charge au R. P. seul, mais à d'autres plus sincères, ou moins préoccupés que lui. Et comme dans les jugements qui se rendent au barreau, lorsque deux ou trois témoins dignes de foi disent avoir vu quelque chose, on les en croit plus que toute une multitude qui, portée peut-être par de simples conjectures, s'imagine le contraire; de même je vous prie d'ajouter foi seulement à ceux qui se feront fort d'entendre parfaitement les choses sur lesquelles ils porteront leur jugement. Enfin, la dernière grâce que je vous demande est que, si vous avez quelques raisons pour lesquelles vous jugiez que je doive changer le dessein que j'ai pris de publier ma Philosophie, vous daigniez prendre la peine de me les faire savoir.

Car ce petit nombre de méditations que j'ai mises au jour contient tous les principes de cette philosophie que je prépare; et la Dioptrique et les Météores, où j'ai déduit de ces principes les raisons de plusieurs choses particulières qui arrivent tous les jours dans le monde, font voir quelle est ma manière de raisonner sur les effets de la nature. C'est pourquoi, bien que je ne fasse pas encore paroître toute cette philosophie, j'estime néanmoins que ce peu que j'en ai déjà fait voir est suffisant pour faire juger quelle elle doit être. Et je pense n'avoir pas eu mauvaise raison d'avoir mieux aimé faire voir d'abord quelques uns de ses essais, que de la donner tout entière, avant qu'elle fût souhaitée et attendue; car, pour en parler franchement, quoique je ne doute point de la vérité de ma philosophie, néanmoins pourceque je sais que très aisément la vérité même, pour être impugnée par quelques envieux sous prétexte de nouveauté, peut être condamnée par des personnes sages et avisées, je ne suis pas entièrement assuré qu'elle soit désirée de tout le monde, et je ne veux point la donner à ceux qui ne la souhaitent point, ni contraindre personne à la recevoir. C'est pourquoi j'avertis long-temps auparavant un chacun que je la prépare; plusieurs particuliers la souhaitent et l'attendent, une seule académie a jugé à la vérité qu'il la falloit rejeter : mais pource que je sais qu'elle ne l'a fait qu'à la sollicitation de son recteur, homme turbulent et peu judicieux, je ne fais pas grand compte de son jugement. Mais si plusieurs autres célèbres compagnies ne la vouloient pas non plus, et qu'elles eussent des raisons plus justes de ne la pas vouloir que ces particuliers n'en ont de la vouloir, je ne fais point de doute que ne dusse plutôt les satisfaire que ceux-ci.

Et enfin je déclare sincèrement que je ne ferai jamais rien de propos délibéré, ni contre le conseil des sages, contre l'autorité ou la volonté des puissants. Et comme je ne doute point que le parti où votre société se rangera ne doive l'emporter par-dessus tous les autres, vous m'obligerez infiniment de me mander quel est en cela votre avis, et celui des vôtres; afin que, comme ci-devant je vous ai toujours principalement honorés et respectés, je n'entreprenne encore maintenant rien dans cette affaire, que je pense être de quelque importance, sans vous avoir en même temps pour conseillers et pour protecteurs. Je suis, etc.

A UN R. P. JÉSUITE[1].

(Lettre 116 du tome 1.)

MON RÉVÉREND PÈRE,

Je ne me souviens point que jamais personne m'ait dit que vous aviez dessein de censurer mes écrits, et je n'en ai eu aussi aucune opinion; car je ne suis pas d'humeur à m'imaginer des choses dont je n'ai point de preuves, principalement de celles qui me pourroient être déplaisantes, comme je vous avoue que ce seroit celle-là, pourceque vous ayant en très grande estime, je ne pourrois penser que vous eussiez dessein de me blâmer, que je ne crusse par même moyen le mériter; et bien que je ne doute point que ce que j'ai écrit ne contienne plusieurs fautes, je me suis toutefois

---

[1] « La 116ᵉ lettre du 1ᵉʳ volume, p. 526, est de M. Descartes. Elle est adressée à un jésuite; ce jésuite est le P. Vatier, comme on peut voir évidemment par les dix premières lignes de la lettre 113 du 3ᵉ vol., pag. 607, comparée avec les dix premières lignes de cette lettre. Celle 116 n'est point datée; mais comme M. Descartes, p. 607 de la 113ᵉ lettre du 3ᵉ volume, ligne 9, dit en parlant de cette lettre 116 au P. Vatier, *Je lui réponds*, etc., cela fait voir évidemment que cette lettre 116 est datée du 17 novembre 1642. »

persuadé qu'il contenoit aussi quelques vérités, qui donneroient sujet aux esprits de la trempe du vôtre, et qui auroient autant de franchise que vous, d'en excuser les défauts. Ce que je me suis persuadé de telle sorte, qu'en écrivant, il y a quatre ou cinq mois, au R. P. Charlet, touchant les objections du P. Bourdin, je le priai, si ses occupations le lui permettoient, qu'il examinât lui-même les pièces de mon procès, qu'il vous en voulût croire, vous et vos semblables, plutôt que les semblables de mon adversaire, et ne nommant que vous en ce lieu-là, il me semble que je montrois assez que vous êtes celui de tous ceux de votre compagnie que j'ai l'honneur de connoître, duquel j'ai espéré le plus favorable jugement. Il y a quatre ou cinq ans que vous me fîtes l'honneur de m'écrire une lettre qui me donna cette espérance, et j'ai été maintenant ravi d'en recevoir une seconde qui me la confirme. Je vous supplie très humblement de croire que ce n'a été qu'avec une très grande répugnance que j'ai répondu à ces septièmes objections qui précèdent ma lettre au R. P. Dinet, laquelle vous avez vue; et il m'y a fallu employer la même résolution qu'à me faire couper un bras ou une jambe, si j'y avois quelque mal auquel je ne susse point de remède plus doux; car j'ai toujours eu une grande vénération et affection pour votre compagnie; mais ayant su le peu d'estime qu'on avoit fait de mes écrits, en des disputes publiques à Paris, il y a deux ans; et voyant que nonobstant les très humbles prières que j'avois faites, qu'on me voulût avertir de mes fautes, si on les connoissoit, afin que je les corrigeasse, plutôt que de les blâmer en mon absence, et sans m'ouïr, on continuoit à les mépriser d'une façon qui pourroit me rendre ridicule auprès de ceux qui ne me connoissent pas, je n'ai pu imaginer de meilleur remède que celui dont je me suis servi. Je me tiens extrêmement obligé au R. P. Dinet de la franchise et de la prudence qu'il a témoignées en cette occasion, et je ne me promets pas moins de faveur du R. P. Filleau, qui lui a succédé, bien que je n'aie point eu ci-devant l'honneur de le connoître; car je sais que ce ne sont que les plus éminents en prudence et en vertu qu'on a coutume de choisir pour la charge qu'il a : je crains seulement que mon adversaire n'ait des amis à Paris qui fassent entendre la chose aux supérieurs d'autre façon qu'elle n'est. Je souhaiterois pour ce sujet que vous y fussiez plutôt qu'à Orléans, car je m'assure que vous me les rendriez favorables. Je ne saurois trouver étrange que plusieurs n'entendent pas mes Méditations, puisque même M. de Beaune y a de la difficulté; car j'estime extrêmement son esprit : et encore qu'on les entendît, je croirois être injuste si je désirois qu'on les approuvât, avant qu'on sache comment elles seront reçues du public ; ou bien qu'on se déclarât pour ma philosophie, avant que de l'avoir toute vue et entendue. Ce n'est pas cette faveur-là que je demande, mais seulement qu'on s'abstienne de blâmer ce qu'on n'entend pas, et si on a quelque chose à dire contre mes écrits, ou contre moi, qu'on me le veuille dire à moi-même, plutôt que d'en médire en mon absence, et y employer des moyens qui ne peuvent tourner qu'à la honte et à la confusion de ceux qui s'en servent.

¹ Pour ce qui est de la distinction entre l'essence et l'existence, je ne me souviens pas du lieu où j'en ai parlé ; mais je distingue *inter modos proprie dictos, et attributa sine quibus res quarum sunt attributa esse non possunt; sive inter modos rerum ipsarum et modos cogitandi.* Pardonnez-moi si je change ici de langue pour tâcher de m'exprimer mieux. *Ita figura et motus sunt modi proprie dicti substantiæ corporeæ, quia idem corpus potest existere, nunc cum hac figura, nunc cum alia; nunc cum motu, nunc sine motu, quamvis ex adverso neque hæc figura, neque hic motus possint esse sine*

---

¹ « Le reste n'est pas de la lettre 116ᵉ, puisque cette lettre est certainement datée de l'an 1642, et que dans cette suite M. Descartes cite une figure de ses principes qui n'ont été imprimés qu'en 1644 ; marque évidente que cet alinéa est un fragment détaché qu'on ne peut fixer en aucune manière. »

hoc corpore; ita amor, odium, affirmatio, dubitatio, etc., sunt veri modi in mente; existentia autem, duratio, magnitudo, numerus, et universalia omnia, non mihi videntur esse modi proprie dicti, ut neque etiam in Deo justitia, misericordia, etc. Sed latiori vocabulo dicuntur attributa, sive modi cogitandi, quia intelligimus quidem alio modo rei alicujus essentiam, abstrahendo ab hoc, quod existat, vel non existat, et alio, considerando ipsam ut existentem; sed res ipsa sine existentia sua esse non potest extra nostram cogitationem, ut neque etiam sine sua duratione, vel sua magnitudine, etc. Atque ideo dico quidem figuram, et alios similes modos, distingui proprie modaliter a substantia cujus sunt modi, sed inter alia attributa esse minorem distinctionem, quæ, non nisi late usurpando nomen modi, vocari potest modalis, ut illam vocavi in fine meæ responsionis ad primas objectiones, et melius forte dicetur formalis; sed ad confusionem evitandam, in prima parte meæ philosophiæ, articulo 60, in qua de ipsa expresse ago, illam voco distinctionem rationis (nempe rationis ratiocinatæ); et quia nullam agnosco rationis ratiocinantis, hoc est, quæ non habeat fundamentum in rebus (neque enim quicquam possumus cogitare absque fundamento), idcirco in illo articulo verbum ratiocinatæ *non addo. Nihil autem aliud mihi videtur in hac materia parere difficultatem, nisi quod non satis distinguamus res extra co-*

gitationem nostram existentes, a rerum ideis quæ sunt in nostræ cogitatione : ita cum cogito essentiam trianguli, et existentiam ejusdem trianguli, duæ istæ cogitationes, quatenus sunt cogitationes, etiam objective sumptæ, modaliter differunt, stricte sumendo nomen modi; sed non idem est de triangulo extra cogitationem existente, in quo manifestum mihi videtur, essentiam et existentiam nullo modo distingui; et idem est de omnibus universalibus; ut cum dico, Petrus est homo, cogitatio quidem qua cogito Petrum, differt modaliter ab ea qua cogito hominem, sed in ipso Petro nihil aliud est esse hominem, quam esse Petrum, etc. Sic igitur pono tantum tres distinctiones: realem, quæ est inter duas substantias; modalem et formalem, sive rationis ratiocinatæ; quæ tamen res, si opponuntur distinctioni rationis ratiocinantis, dici possunt reales, et hoc sensu, dici poterit essentia realiter distingui ab existentia; ut etiam, cum per essentiam intelligimus rem prout objective intellectu, per existentiam vero rem eandem, prout est extra intellectum, manifestum est illa duo realiter distingui. « Ainsi [1] la figure et le mouvement sont des modes proprement dits de la substance corporelle, parceque le même corps peut exister tantôt sous une figure, et tantôt sous une autre; tantôt avec du mouvement, tantôt sans mouvement; au lieu que ni cette figure

---

[1] Version.

ni ce mouvement ne sauroient être sans corps. De même l'amour, la haine, l'affirmation, le doute, etc., sont de véritables modes dans l'âme : mais je ne crois pas que l'existence, la durée, la grandeur, le nombre, et tous les universaux soient proprement des modes; non plus que la justice, la miséricorde, etc., en Dieu; mais on les appelle d'un nom plus général attributs, ou manière de penser : car il y a de la différence entre connoître l'essence de quelque chose, sans considérer si elle existe ou non, et connoître ce même être comme existant; mais cette même chose ne sauroit être hors de notre pensée sans existence, non plus que sans durée ou grandeur, etc. C'est pourquoi je dis que la figure et les autres modes sont proprement distingués modalement de la substance dont ils sont modes, et qu'entre les autres attributs il y a une moindre distinction qui ne sauroit être appelée modale, qu'en prenant le nom de mode d'une manière plus générale, comme je l'ai appelée à la fin de ma réponse sur les premières objections, et qui mériteroient peut-être mieux le nom de formelles : mais pour éviter la confusion dans la première partie de ma philosophie, art. 60, où je traite expressément cette question, je l'appelle distinction de raison, c'est-à-dire raisonnée; et comme je ne connois aucune distinction de raison raisonnante, c'est-à-dire qui n'ait aucun fondement dans les choses, car nous ne saurions rien penser sans fondement, c'est pourquoi je n'ajoute point dans cet article le nom de raisonnée, et la seule chose qui me paroît faire une difficulté sur cette matière est que nous ne distinguons pas assez les choses qui existent hors de notre pensée, des idées des choses qui sont dans notre pensée; ainsi lorsque je pense à l'essence d'un triangle et à son existence, ces deux pensées, en tant que pensées, même prises objectivement, diffèrent modalement en prenant le nom de mode d'une manière moins générale; mais il n'en est pas de même du triangle qui existe hors de la pensée, dans lequel il me paroît clairement que l'essence et l'existence ne sont distinguées en aucune façon: disons la même chose de tous les universaux; comme lorsque je dis que Pierre est homme, la pensée par laquelle je pense à Pierre diffère modalement de celle par laquelle je pense à un homme : mais dans Pierre, homme et Pierre sont la même chose, etc. Ainsi je n'admets que trois distinctions, la réelle qui est entre deux substances, la modale et la formelle ou de raison raisonnée, qui toutes trois néanmoins, en tant qu'opposées à la distinction de raison raisonnante, peuvent être appelées réelles, et en ce sens on pourra dire que l'essence est réellement distinguée de l'existence; en sorte que lorsque par l'essence nous entendons une chose en tant qu'elle est objectivement dans l'intellect, et que par existence nous entendons la même chose en tant qu'elle est hors de l'intellect, il est certain que ces deux choses sont réellement distinctes. » Ainsi quasi toutes les controverses de la philosophie ne viennent que de ce qu'on ne s'entend pas bien les uns les autres. Excusez si ce discours est trop confus, le messager va partir, et ne me donne le temps que d'ajouter ici que je me tiens extrêmement votre obligé de la souvenance que vous avez de moi, et que je suis, etc.

AU R. P. MERSENNE[1].

(Lettre 113 du tome III.)

Mon révérend père,

La lettre du père Vatier n'est que pour m'obliger, car il y témoigne fort être de mon parti, et dit qu'il a désavoué de cœur et de bouche ce qu'on avoit fait contre moi, et ajoute encore ces mots : *Je ne saurois m'empêcher de vous confesser que suivant vos principes vous expliquez fort clairement le mystère du saint sacrement de l'autel, sans aucune*

---

[1] « Conforme à l'original qui est la 45.ᵉ des manuscrits de Lahire ; cette lettre dans l'original est datée du 17 novembre 1642. »

entité d'accidents. Le sujet de sa lettre est sur ce qu'il suppose qu'on m'a dit qu'il avoit eu dessein de censurer mes écrits, à quoi je lui réponds que je n'en ai jamais ouï parler, ni n'en ai eu aucune opinion.

Pour la raison qui fait que l'eau descend et le vin monte en deux bouteilles posées l'une sur l'autre, elle ne vient que de ce que l'eau est un peu plus pesante, et que ses parties sont de telle nature qu'elles coulent facilement contre celles du vin, sans toutefois se mêler entièrement avec elles, ainsi qu'on voit en jetant une goutte de vin clairet dans de l'eau, car on voit qu'elle se sépare en plusieurs petits filets qui se répandent çà et là avant que de se confondre entièrement avec l'eau; mais le même n'est pas de l'air, dont les parties sont de nature si différente de celles de l'eau qu'elles ne peuvent pas ainsi se mêler ensemble; mais quand il y a de l'air sous de l'eau, il s'assemble en rond et fait une boule assez grosse, comme fait aussi l'eau quand elle est sur l'air, et pourceque ces deux boules ne peuvent passer en même temps par le goulet d'une bouteille, lorsqu'il est fort étroit, de là vient que l'eau qui est dedans n'en peut sortir.

Je ne vois rien de meilleur pour convaincre ceux qui soutiennent qu'un corps passe par tous les degrés de vitesse lorsqu'il commence à se mouvoir, que de leur proposer deux corps extrêmement durs, l'un fort grand qui se meuve par la force qu'on a imprimée en lui en le poussant, en sorte que la cause qui a commencé à le mouvoir n'agisse plus, comme un boulet de canon vole en l'air après avoir été chassé par la poudre, et un autre fort petit qui soit suspendu en l'air dans le chemin par où passe ce plus grand, et leur demander s'ils pensent que ce grand corps, par exemple le boulet de canon A étant poussé avec grande violence vers B, doit chasser devant soi ce corps B, qui ne tient à rien qui l'empêche de se mouvoir; car s'ils disent que ce boulet de canon se doit arrêter contre B, ou réfléchir de l'autre côté, à cause que je suppose ces deux corps extrêmement durs, ils se rendront ridicules, pourcequ'il n'y a aucune apparence que leur dureté empêche que le plus gros ne pousse le plus petit, et s'ils avouent qu'A doit pousser B, ils doivent avouer par même moyen qu'il se meut, dès le premier moment qu'il est poussé, de même vitesse que fait A, et ainsi qu'il ne passe point par plusieurs degrés de vitesse; car s'ils disent qu'il se doit mouvoir fort lentement au premier moment qu'il est poussé, il faudra que A, qui lui sera joint, se meuve aussi lentement que lui; car étant tous deux fort durs, et se touchant l'un l'autre, celui qui suit ne peut aller plus vite que celui qui précède. Mais si celui qui suit va fort lentement pendant un seul moment, il n'y aura point de raison qui lui fasse par après reprendre sa première vitesse, à cause que la poudre à canon qui l'avoit poussé n'agit plus; et quand un corps a été un moment sans se mouvoir, ou à se mouvoir fort lentement, c'est autant que s'il y avoit été plus long-temps.

Où j'ai calculé la force du mail, j'ai supposé que la première fois il étoit mû de certaine vitesse, qui diminuoit au moment qu'il touchoit la boule, et qu'à la seconde fois il étoit mû de même vitesse que la première, avant de toucher la boule, et qu'en la touchant son mouvement diminuoit moins, à cause qu'il trouvoit moins de résistance; mais il faut aussi supposer que l'air n'aide ni ne nuit point à ces mouvements. Je n'ai plus de loisir que pour vous dire que je suis, etc.

AU R. P. MERSENNE [1].

(Lettre 109 du tome II.)

Mon révérend père.

Je ne suis pas marri d'avoir appris des nouvelles

[1] « Cette lettre est datée du 7 décembre 1642, d'Endegeest. Voy. la 48ᵉ des manuscrits de Lahire. »

de celui dont vous m'avez envoyé un mot de lettre ; c'est un homme fort curieux [1] qui savoit quantité de ces petits secrets de chimie qui se débitent entre gens de ce métier, dès lors qu'il étoit avec moi : s'il a continué, comme il semble, il en doit savoir maintenant beaucoup davantage ; mais vous savez que je ne fais aucun état de tous ces secrets : ce que j'estime en lui est qu'il a des mains pour mettre en pratique ce qu'on lui pourroit prescrire en cela, et que je le crois d'assez bon naturel. Il m'offre de venir ici, ce que je ne voudrois pas maintenant, à cause que je ne me veux point arrêter à faire aucunes expériences que ma philosophie ne soit imprimée ; mais après cela, si tant est qu'il soit entièrement libre, et qu'il n'ait point de meilleure fortune, je ne serois pas marri de l'avoir pour quelque temps avec moi. Ce que je vous prie pourtant de ne lui dire point, car il peut arriver mille choses avant ce temps-là qui le pourroient empêcher, et je ne voudrois pas lui donner sujet de se tromper en son compte, qui est la faute des chimistes la plus ordinaire ; mais si vous savez l'état de sa fortune, et ce qu'il fait maintenant, je ne serai pas marri de le savoir de vous.

---

[1] Voici comme parle Borel dans cet endroit, p. 41 : *Credo hunc de quo sermonem facit esse D. Bressiacum, Gratianopolitanum, medicum chimicum qui ejus philosophiæ amasius, eum accessit et diu cum eo ad experimenta facienda remensit ; ingeniosissimus enim est et optimus artifex.*

Le livre de N. Voetius contre moi est sur la presse: j'en ai vu les premières feuilles; il l'intitule *Philosophia Cartesiana;* il est environ aussi bien fait qu'un certain πενταλογος que vous avez vu il y a deux ans; et je ne daignerois y répondre un seul mot, si je ne regardois que mon propre intérêt : mais parcequ'il gouverne le menu peuple en une ville où il y a quantité d'honnêtes gens qui me veulent du bien, et qui seront bien aises que son autorité diminue, je serai contraint de lui répondre en leur faveur, et j'espère faire imprimer ma réponse aussitôt que lui son livre; car elle sera courte, et son livre fort gros et si peu croyable, qu'après en avoir examiné les premières feuilles, et avoir pris occasion de là de lui dire tout ce que je crois lui devoir dire, je négligerai tout le reste comme indigne même que je le lise. En la quarante-quatrième page, où il parle des vaines espérances dont il dit que j'entretiens le monde, il a ces mots : *Ut vero animose sperare hominem liqueat, alicubi etiam sperare audet sua deliria locum inventura esse circa doctrinam de transsubstantiatione; cujus occasione se romano-catholicæ religioni favere profitetur, in gratiam scilicet patrum societatis Jesu, ad quorum asylum fugit, quo ab iis defendi possit contra doctissimum Mersennum, aliosque theologos ac philosophos gallos, a quibus inflictas plagas perti-*

[1] Voetius.

nactus persentiscit, quam ut dissimulare queat. Où vous voyez qu'il persiste en ce que vous avez vu dans les thèses qu'il a faites touchant *les formes substantielles*, où il disoit que vous écriviez contre moi, nonobstant que vous m'ayez, ce me semble, mandé que vous lui en avez fait des reproches. Je ne voudrois pas vous prier de vous mêler ici en ma querelle, si ce n'est que vous y soyez entièrement disposé de vous-même; car j'ai tant d'autres choses à lui dire pour montrer qu'il a tort en ce qu'il avance, que je n'en suis pas à cela près; mais si vous y êtes disposé, j'aurois un moyen très efficace pour le confondre, si par exemple vous lui écriviez une lettre fort courte [1], où vous lui mandassiez qu'on vous a écrit qu'il y a un livre contre moi sous la presse, en la 44e page duquel sont ces mots, etc. Ce qui vous a fort étonné, pourceque, ayant su ci-devant qu'il avoit mis quelque chose de semblable en ses thèses, vous lui aviez écrit pour le désabuser, etc.; et aussi que vous fissiez mention en cette lettre qu'il vous avoit déjà écrit il y a deux ou trois ans, pour vous inciter à écrire contre moi; mais que vous lui ayant répondu que vous le feriez très volontiers si vous en aviez sujet, et s'il vous vouloit envoyer des mémoires de ce que lui ou les siens auroient pu trouver à reprendre en mes écrits, et que lui ne vous ayant rien

---

[1] « Voyez la lettre du P. Mersenne à Voëtius. »

répondu à cela, d'où vous aviez jugé que c'étoit seulement par animosité qu'il vouloit vous irriter contre moi, vous avez voulu lui écrire encore cette lettre et me l'envoyer ouverte pour lui adresser, et me témoigner que vous désavouez ce qu'il écrit de vous, etc. Si vous m'envoyez une telle lettre, et que je la fasse imprimer, cela lui ôteroit tout son crédit. Mais je serois très marri de vous rien prescrire, ou que vous fissiez aucune chose contre votre inclination; et vous pouvez faire mille autres choses, car cette pensée d'une telle lettre ne m'est venue en l'esprit que depuis que je commence à vous en écrire.

Ce que j'ai dit d'un boulet de canon parfaitement dur, qui rencontre un autre corps plus petit, et aussi parfaitement dur, ce n'étoit pas pour prouver qu'il y a de tels corps parfaitement durs sur la terre, mais seulement pour dire que les lois de la nature ne requièrent point que les corps qui commencent à se mouvoir passent par tous les degrés de vitesse : car si elles ne le requièrent point en ceux qui sont parfaitement durs, il n'y a point de raison pourquoi elles le requièrent plutôt en tous les autres.

Je vous remercie de votre expérience touchant la pesanteur de l'air; mais il seroit bon que je susse les particularités que vous y avez observées, pour m'y pouvoir assurer; car je la trouve extrêmement grande si elle est à l'eau comme deux cent vingt-cinq à dix-neuf, qui est quasi comme douze à un [1].

Je suis très aise de ce que vous m'avez appris qu'une lame de cuivre ne pèse point plus étant froide que chaude, car c'est le principal point de toute votre expérience touchant l'éolipyle, et duquel il faut être bien assuré ; car cela étant il n'y a point de doute que ce qui la rend plus légère de quatre ou cinq grains étant chaude que froide, est la seule raréfaction de l'air qui est dedans, et ainsi que le moyen de peser l'air est trouvé. Je voudrois bien aussi que vous prissiez garde si, lorsque l'éolipyle est extrêmement chaude, elle attire de l'eau sitôt que son bout est mis dedans, ou bien si elle attend quelque temps, ainsi que vous m'aviez mandé : ce qui peut se voir fort aisément en la tenant en équilibre en la balance ; car si elle attire, elle s'enfoncera incontinent plus avant dans l'eau, à cause qu'elle deviendra plus pesante.

Je ne puis deviner si l'air ordinaire se peut plus raréfier que condenser par les forces naturelles, car

---

[1] « Je n'écris point à M. Picot, pourceque je n'ai point eu de ses lettres à ce voyage, mais je vous prie de l'assurer de mon service si vous le voyez. Le mot de lettre ici inclus est pour celui qui m'avoit écrit par vous à ce voyage. Je suis, etc. Endegeest, le 7 décembre 1642. »

Le reste appartient à une autre lettre datée du 2 février 1643. Voyez la 50ᵉ des manuscrits de Lahire.

c'est une question purement de fait ; mais par une force angélique ou surnaturelle, il est certain qu'il peut être raréfié à l'infini, au lieu qu'il ne peut être condensé que jusqu'à ce qu'il n'ait plus de pores, et que toute la matière subtile qui les remplit en soit chassée. Je ne sais aussi en quelle proportion doit être augmentée la force pour la condenser de plus en plus, sinon que c'est le même qu'à bander un arc, excepté qu'il peut y avoir des applications plus faciles pour condenser l'air, en ce qu'on n'a pas besoin de repousser tout l'air déjà condensé, mais seulement une petite partie, au lieu qu'à chaque moment qu'on veut plier un arc plus qu'il n'est déjà plié, il faut avoir toute la force qu'on a eue à le plier jusque là, pour le retenir en ce même point, et quelque chose de plus pour le plier davantage.

Je crois que deux corps de diverse matière poussés de bas en haut, et commençant à monter de même vitesse, n'iront jamais si haut l'un que l'autre, car l'air résistera toujours davantage au plus léger.

Ce qui fait qu'un soufflet s'emplit d'air lorsqu'on l'ouvre, c'est qu'en l'ouvrant on chasse l'air du lieu où entre le dessous du soufflet qu'on hausse, et que cet air ne trouve aucune place où aller en tout le reste du monde, sinon qu'il entre au dedans de ce soufflet ; car *ex suppositione* il n'y a point de vide pour recevoir cet air en aucun lieu du monde.

Je viens à votre seconde lettre, que j'ai reçue quasi aussitôt que l'autre; et principalement pour ce qu'il vous plaît d'employer en vos écrits quelque chose de ce que j'ai écrit *des mécaniques*, je m'en remets entièrement à votre discrétion, et vous avez pouvoir d'en faire tout ainsi qu'il vous plaira; plusieurs l'ont déjà vu en ce pays, et même en ont eu copie. Or la raison qui fait que je reprends ceux qui se servent de la vitesse pour expliquer la force du levier, et autres semblables, n'est pas que je nie que la même proportion de vitesse ne s'y rencontre toujours, mais pourceque cette vitesse ne comprend pas la raison pour laquelle la force augmente ou diminue, comme fait la quantité de l'espace; et qu'il y a plusieurs autres choses à considérer touchant la vitesse qui ne sont pas aisées à expliquer. Comme, pourceque vous dites qu'une force qui pourra élever un poids de A en F en un moment, le pourra aussi élever en un moment de A en G, si elle est doublée, je n'en vois nullement la raison, et je crois que vous pourrez aisément expérimenter le contraire, si ayant une balance en équilibre vous mettez dedans le moindre poids qui la puisse faire trébucher; car alors elle trébuchera fort lentement, au lieu que si vous y mettez le double de ce même poids, elle trébuchera bien plus de deux fois aussi vite; et au contraire, prenant un éventail en votre main, vous le pourrez hausser ou baisser, de la même vitesse qu'il pourroit descendre de soi-même dans l'air si vous le laissiez tomber, sans qu'il vous y faille employer aucune force, excepté celle qu'il faut pour le soutenir; mais pour le hausser ou baisser deux fois plus vite, il vous y faudra employer quelque force qui sera plus double que l'autre, puisqu'elle étoit nulle.

Je n'ai point besoin pour maintenant de voir la Géométrie de M. Fermat. Pour ma Philosophie, je commencerai à la faire imprimer cet été; mais je ne puis dire quand on la pourra voir, car cela dépend des libraires, et vous savez que la Dioptrique fut plus d'un an sous la presse. Je suis, etc.

LE R. P. MERSENNE

A M. VOETIUS,

PROFESSEUR EN THÉOLOGIE A UTRECHT [1].

(Version.)

Monsieur,

Je commençois depuis quelque temps à croire

---

[1] « Cette lettre est écrite en décembre 1642. Voy. la 109°, également datée du 7 décembre 1642; et par une lettre manuscrite de Lahire, datée de

que vous aviez mis bas les armes, et que vous vous étiez entièrement défait de cet esprit contentieux que vous témoigniez avoir contre M. Descartes, comme ayant perdu tout-à-fait l'espérance de pouvoir rien objecter contre sa philosophie; sur ce que m'ayant donné conseil, et excité à prendre la plume pour écrire contre cette nouvelle doctrine, je voyois néanmoins, qu'après une attente d'un an, ni vous ni vos amis, de qui vous m'aviez aussi promis le secours, ne m'aviez rien envoyé pour joindre à ce que je pourrois moi-même opposer à l'encontre. Mais ayant ouï dire, depuis peu, que vous aviez dessein de composer un livre entier, pour combattre de toutes vos forces cette nouvelle façon de philosopher, et que dans l'édition de ce livre vous promettiez que dans peu on me verroit aussi élever contre elle, j'ai cru qu'il étoit de mon devoir de vous avertir de ce que je pense là-dessus, et même de ce que j'ai toujours pensé de cette philosophie.

Premièrement donc, après avoir lu plusieurs fois (suivant l'avis de l'auteur) les six méditations qu'il a écrites touchant la première philosophie, je lui proposai ces objections qu'il a mises au second rang (ce qui soit dit s'il vous plait entre nous, car

---

4 janvier 1643, M. Descartes remercie le P. Mersenne d'avoir écrit cette lettre : elle est donc écrite depuis le 7 décembre 1642 jusqu'au 4 janvier 1643. -

il ne sait pas d'où elles lui viennent), auxquelles j'ai encore depuis peu ajouté les sixièmes, à quoi il a fait la réponse que vous avez maintenant entre les mains, et qui m'a ravi en admiration, de voir qu'un homme qui n'a point étudié en théologie, y ait répondu si pertinemment. Ce que considérant en moi-même, et relisant de nouveau ses six méditations et les réponses qu'il a faites aux quatrièmes objections, qui sont très subtiles, j'ai cru que Dieu avoit mis en ce grand homme une lumière toute particulière, que j'ai trouvée depuis si conforme à l'esprit et à la doctrine du grand saint Augustin, que je remarque presque les mêmes choses dans les écrits de l'un que dans les écrits de l'autre. Car, par exemple, quelle différence y a-t-il entre ce que dit M. Descartes en sa préface au lecteur : En sorte que pourvu que nous nous ressouvenions que nos esprits sont finis, et que Dieu est incompréhensible et infini, toutes ces choses ne nous feront plus aucune difficulté ; et ce que dit saint Augustin en sa Dialectique : Car celui qui est capable de bien discourir et de résoudre les plus grands doutes, qui pénètre et qui dévore tous les livres, qui méprise et qui est au-dessus de toute la sagesse humaine, quand il vient à contempler la Divinité, il se trouve si ébloui de l'éclat de sa lumière, que, tout tremblant, il en détourne les yeux, et se cache en fuyant dans l'abîme des secrets de la nature, où, après s'être rompu la tête à démêler les embarras de ses syllogismes et raisonnements, tout étourdi et confus, il se tait et se condamne au silence?

Secondement, je vois que dans toutes ses réponses son esprit se soutient si bien, et qu'il est si ferme sur ses principes, et de plus, qu'il est si chrétien, et qu'il inspire si doucement l'amour de Dieu, que je ne puis me persuader que cette philosophie ne tourne un jour au bien et à l'ornement de la vraie religion.

En troisième lieu, demandant dernièrement à l'auteur des quatrièmes objections, qui est estimé un des plus subtils philosophes, et l'un des plus grands théologiens[1] de cette faculté, s'il n'avoit rien à repartir aux réponses qui lui avoient été faites, il me répondit que non, et qu'il se tenoit pleinement satisfait; et même qu'il avoit enseigné et publiquement soutenu la même philosophie, qui avoit été fortement combattue, en pleine assemblée, par un très grand nombre de savants personnages, mais qu'elle n'avoit pu être abattue ni même ébranlée. Et après avoir vu cet excellent géomètre soutenir comme il fait, que cette doctrine ne peut être contestée que par celui qui l'a une fois bien comprise, et l'avoir aussi vu convaincre par

---

[1] A. Arnauld.

ses raisons tous ceux qui lui ont voulu faire résistance, je me suis d'autant plus confirmé dans la pensée que cette philosophie et façon de philosopher est véritable, et qu'avec le temps elle se fera jour par sa lumière. Attendons donc, monsieur, qu'il l'ait mise lui-même au jour, puisque nous aurions mauvaise grâce de vouloir porter jugement d'une chose que nous ne connoissons point; et de vrai, j'avoue pour moi, s'il continue comme il a commencé, qu'il me semble déjà que je puis faire voir qu'il n'avance rien qui ne s'accorde avec Platon et Aristote, pourvu qu'ils soient bien entendus, et à quoi cet aigle des docteurs, saint Augustin, ne put souscrire; en sorte que plus un homme sera savant dans la doctrine de saint Augustin, et plus sera-t-il disposé à embrasser la philosophie de M. Descartes.

En quatrième lieu, les écrits particuliers que j'ai vus de lui, où il résout plusieurs questions de philosophie et de géométrie, m'ont laissé une si haute estime de la subtilité et de la sublimité de son esprit, que j'ai peine à croire que jamais personne ait eu une si grande connoissance des choses naturelles. Et je ne puis comprendre comment vous osez combattre sa philosophie sans l'avoir vue. Quoi qu'il en soit, j'ai grand désir de voir votre ouvrage, et si j'y trouve quelque chose de vrai, bien que peut-être il soit contraire à ses principes, ne doutez point que je ne l'embrasse, et que je ne le favorise. Cependant je vous prie de me tenir pour un de vos serviteurs, etc.

ANNÉE 1643.

A MONSIEUR ˙˙˙ ¹.

(Lettre 15 du tome II.)

Monsieur,

J'ai différé de répondre à la question que vous m'avez fait l'honneur de me proposer, afin de rendre véritable l'opinion que le R. P. Mersenne a eue de moi, à savoir que j'y répondrois en votre considération le plus exactement que je pourrois; et pourceque je ne me fie guère aux expériences que je n'ai point faites moi-même, j'ai fait faire un tuyau de douze pieds pour ce sujet, mais j'ai si peu de mains, et les artisans font si mal ce qu'on leur commande, que je n'en ai pu apprendre autre chose, sinon que pour faire sauter l'eau aussi haut que dit le P. Mersenne, le trou par où elle sort ne

---

¹ « Cette lettre est adressée à M. de Zuytlichen, et datée du 18 février 1643. Voyez les dernières lignes de la lettre 108.

doit avoir qu'environ le diamètre d'une ligne; en sorte que s'il est plus étroit ou plus large, elle ne saute pas si haut; sur quoi j'ai fondé les raisonnements que vous verrez ici, et qui me semblent si vrais que si je pensois que le mouvement perpétuel d'Amsterdam le fût autant, je ne douterois point que celui qui en est l'auteur n'eût bientôt trouvé les 15 ou 20 chétifs millions d'écus dont je crains qu'il n'ait encore besoin pour l'achever[1].

La lettre[2] que vous m'avez fait la faveur de m'écrire m'eût mis en doute que vous seriez peut-être allé à Groningue; mais cela m'a fait différer jusques à ce jour, que j'ai vu M. H., qui m'a dit qu'il ne doutoit point que vous ne fussiez encore à B. jusques en mai; ainsi vous recevrez, s'il vous plaît, la copie des trois premières feuilles de ce qui s'imprime contre vous, car puisque vous ne les aviez point encore vues il y a un mois, je juge que vous ne les avez pas vues depuis. On m'a mandé qu'il est impossible d'en tirer aucune copie du libraire, et même l'on m'a redemandé avec tant d'instances l'imprimé de ces trois feuilles, que j'ai gardé ici quelques semaines entre mes mains, qu'il me l'a fallu renvoyer, et il ne m'en est resté que

---

[1] « La suite de cette lettre est à l'alinéa: *Soit le tuyau* jusqu'à la fin. »

[2] « Cette lettre est écrite à M. Samuel Desmaretz, datée environ le mois d'avril 1643, comme on peut voir par la suite de la lettre; car c'étoit justement en ce temps-là que s'imprimoit à Utrecht le livre de M. Desmaretz. »

cette copie, laquelle je vous prie de ne point faire voir à d'autres, à cause que je ne voudrois pas qu'on en reconnût l'écriture, ni qu'on sût d'où elle m'est venue; et je vous puis dire en vérité que je ne le sais pas moi-même. Si vous avez dessein d'y répondre, il est bon que vous voyez dès à présent le biais qu'on a pris à vous attaquer : ces trois feuilles étoient *in-octavo*, et sont venues de je ne sais où; mais depuis on a retiré soigneusement tous les exemplaires, et on l'imprime maintenant *in-duodecimo* chez un autre libraire que celui de l'université, où s'imprime aussi le livre contre moi, sans que je sache la cause de ce changement, sinon que je conjecture de là que messieurs de la ville ne veulent pas autoriser cette impression. J'ai appris que ce livre contre vous contiendra environ vingt feuilles, ce que j'admirerois, si je pensois que l'auteur n'y voulût mettre que de bonnes choses, mais sachant combien il est abondant en ce genre d'écrire, je ne m'en étonne aucunement. Je ne puis encore assurer ce que je ferai, à cause que je ne veux rien déterminer que je n'aie vu la conclusion du livre[1] contre moi, et on m'assure qu'il ne s'achèvera point que celui qui est contre vous ne soit publié. Mais à cause que je crois qu'ils se suivront l'un l'autre de fort

---

[1] *De philosophia cartesiana, sive admiranda methodus.* Per Schoockium, etc.

près, mon opinion est que j'emploierai deux ou trois pages en ma réponse, pour dire mon avis de votre différent, puisque vous ne l'avez pas désagréable; et ce qui m'y oblige le plus, est que ce que j'écrirai sera publié en latin et en flamand; car je crois qu'il est à propos que le peuple soit désabusé de la trop bonne opinion qu'il a de cet homme [1].

Soit le tuyau AB [2] long de quatre pieds, dont la quatrième partie est BF. On a trouvé par expérience que lorsqu'il est plein d'eau jusques au haut, son jet horizontal est BD, et lorsqu'il n'est plein que jusqu'à F, ce jet horizontal est BC, en sorte que BH étant perpendiculaire à l'horizon, HD est double de HC. On a trouvé aussi que le jet vertical de B vers A est de huit pouces lorsque ce tuyau n'est plein que jusqu'à F, mais qu'il est de trois pieds et $\frac{1}{7}$ lorsque ce tuyau est tout plein, et on en demande la raison.

Sur quoi je considère que la nature du mouvement est telle, que lorsqu'un corps a commencé à se mouvoir, cela suffit pour faire qu'il continue toujours après avec même vitesse et en même ligne droite, jusqu'à ce qu'il soit arrêté, ou détourné par quelque autre cause.

---

[1] « Ici finit le morceau de la lettre à Desmarets. La suite est la continuation de la lettre à M. de Zuylichen sur les jets d'eau. »

[2] Figure 1.

Je considère aussi touchant la pesanteur, qu'elle augmente la vitesse des corps qu'elle fait descendre, presque en même raison que sont les temps pendant lesquels ils descendent, en sorte que si une goutte d'eau descend pendant deux minutes d'heures, elle va presque deux fois aussi vite à la fin de la seconde, qu'à la fin de la première; d'où il suit que le chemin qu'elle fait est presque en raison double du temps; c'est-à-dire que, si pendant la première minute elle descend de la hauteur d'un pied, pendant la première et la seconde ensemble elle doit descendre de la hauteur de quatre pieds. Ce qui s'explique aisément par le triangle ABC [1], dont le côté AD représente la première minute, le côté DE la vitesse qu'a l'eau à la fin de cette première minute, et l'espace ADE représente le chemin qu'elle fait cependant, qui est la longueur d'un pied. Puis DB représente la seconde minute, BC la vitesse de l'eau en cette seconde minute, qui est double de la précédente, et l'espace DECB le chemin, qui est triple du précédent. Et on y peut aussi remarquer que si cette goutte d'eau continuoit à se mouvoir vers quelque autre côté, avec la vitesse qu'elle a acquise par sa descente d'un pied de haut, pendant la première minute, sans que sa pesanteur lui aidât après cela, elle feroit pendant une minute le

[1] Figure 2.

chemin représenté par le retrangle DEFD, qui est de deux pieds. Mais si elle continuoit à se mouvoir pendant deux minutes, avec la vitesse qu'elle a acquise en descendant de quatre pieds, elle feroit le chemin représenté par le retrangle ABCG, qui est de huit pieds.

De plus, je considère que puisque une goutte d'eau après être descendue quatre pieds a le double de la vitesse qu'elle a n'étant descendue que d'un pied, l'eau qui sort par B du tuyau AB en doit sortir deux fois aussi vite quand il est tout plein, que quand il n'est plein que jusques à F. Car il n'y a point de doute que les premières gouttes de cette eau ne sortent aussi vite que les suivantes, pourvu qu'on suppose que le tuyau demeure toujours cependant également plein : et, si on prend garde que l'eau sort de ce tuyau par le trou B, il n'est pas besoin que toute celle qu'il contient se meuve pour ce sujet, mais seulement que toutes les gouttes qui composent un petit cylindre, dont la base est le trou B, et qui s'étend jusques au haut du tuyau, descendent l'une après l'autre, on concevra aisément que la goutte qui est au point A, étant parvenue jusques à B, aura acquis en descendant d'A jusques à B le double de la vitesse qu'elle auroit acquise si elle n'étoit descendue que d'F ; et par conséquent que lorsqu'elle sort par B, elle se meut deux fois aussi vite quand

le tuyau est plein à la hauteur de quatre pieds, que
quand il n'est plein qu'à la hauteur d'un pied, et
que c'est le même de toutes les autres, puisqu'elles se meuvent toutes de même force. Ensuite de quoi je remarque aussi que les cylindres
d'eau, ou de quelque autre matière que ce soit,
dès le premier moment qu'ils commencent à descendre, se meuvent d'autant plus vite qu'ils sont
plus longs, en raison sous-double de leur longueur,
c'est-à-dire qu'un cylindre de quatre pieds aura
deux fois autant de vitesse qu'un d'un pied, et un
de neuf pieds en aura trois fois autant; et le
même se peut entendre à proportion de tous les
autres corps, que plus ils ont de diamètre, selon
le sens qu'ils descendent, plus ils descendent vite.
Car, lorsque la première goutte d'eau sort par le
trou B, tout le cylindre d'eau FB ou AB descend
en même temps, et celui-ci descend deux fois plus
vite que celui-là; ce qui ne trouble point les proportions du triangle[1] que j'ai tantôt proposé; mais
seulement au lieu de le considérer comme une simple superficie, on lui doit attribuer une épaisseur
comme AI ou BK, qui représente la vitesse qu'a
chaque corps au premier moment qu'il commence à descendre; en sorte que si ce corps est
un cylindre qui ait quatre pieds de longueur, il
faut faire le côté AI deux fois aussi long que si

[1] Figure 3.

ce cylindre n'avoit qu'un pied; et penser que pendant tout le temps qu'il descend, il fait toujours deux fois autant de chemin; et c'est le même d'une goutte d'eau, dont le diamètre est quadruple d'une autre, à savoir qu'elle descend deux fois aussi vite que cette autre. Enfin je considère touchant la nature de l'eau, que ses parties ont quelque liaison entre elles, qui fait qu'elle ne peut passer par un trou fort étroit sans perdre beaucoup de sa vitesse, et qui fait aussi qu'elles se ramassent en petites boules rondes, plus ou moins grosses, à raison des mouvements qui les divisent ou qui les rejoignent, mais qui ne passent pas toutefois certaine grosseur; et que si le trou B est assez étroit, bien que l'eau en sorte en forme d'un petit cylindre, ce cylindre se divise incontinent après en plusieurs gouttes, qui sont plus ou moins grosses, selon que le trou est plus ou moins large, bien que cela ne paroisse à l'œil que lorsqu'elles se meuvent assez lentement, car allant fort vite elles semblent toujours être un cylindre. J'ajouterois aussi que les proportions que j'ai tantôt déterminées ne sont pas justes, à cause que l'action de la pesanteur diminue à mesure que les corps se meuvent plus vite, et aussi à cause que l'air leur résiste davantage : mais je crois que la différence que cela peut causer en la descente de l'eau, dans un tuyau de quatre ou cinq pieds, n'est guère sensible. Ces choses posées, je calcule ainsi le jet horizontal du tuyau AB. Puisque chaque goutte d'eau sort deux fois aussi vite par le trou B, quand le tuyau est tout plein, que quand il n'est plein que jusques à F, étant conduite de B vers E par la situation de ce trou, elle doit continuer par après à se mouvoir deux fois aussi plus vite en ce sens-là; de façon que si par ce mouvement elle arrive par exemple au point E, au bout d'une minute, quand le tuyau est tout plein, elle arrivera justement au point N, qui est la moitié de la ligne BE, au bout de la même minute, si le tuyau n'est plein que jusques à F; mais avec cela elle a aussi un autre mouvement que lui donne sa pesanteur, et qui fait que pendant cette minute elle descend de la longueur de la ligne BH, sans que la vitesse ou tardiveté de son premier mouvement change rien en celui-ci : c'est pourquoi ces deux mouvements la feront arriver au point D, au bout d'une minute, quand le tuyau est tout plein, et au point C, quand il n'est plein que jusques à F; et même, à cause que la pesanteur lui fait faire plus de chemin pendant les dernières parties de cette minute que pendant les premières, et ce en raison double des temps; de là vient que les lignes BC et BD ne sont pas droites, mais ont la courbure d'une parabole, ainsi que Galilée a fort bien remarqué : et je ne vois rien qui puisse changer sensiblement cette proportion double du jet horizontal, sinon que peut-être le trou B étant fort étroit, ôte davantage de la vitesse de l'eau, quand elle ne vient que d'un pied de haut, que quand elle vient de quatre pieds, et ainsi peut rendre la ligne HC plus courte que CD, de quoi je n'ai point fait toutefois d'expérience.

Je calcule aussi le jet vertical, en considérant les deux mêmes mouvements en chaque goutte d'eau, à savoir celui de la vitesse que lui donne la hauteur du lieu d'où elle vient, lequel la fait monter également de bas en haut, avec celui de sa pesanteur, qui la fait cependant descendre inégalement de haut en bas; en sorte qu'elle monte toujours pendant que la vitesse que lui donne sa pesanteur est moindre que celle de son autre mouvement, mais qu'elle commence à redescendre sitôt que cette vitesse surpasse l'autre, et que le plus haut point jusques auquel elle monte est celui où elles sont égales. Ainsi donc, quand le tuyau n'est plein que jusques à F, elle a en sortant par le trou B la vitesse représentée ci-dessus par la ligne DE, laquelle étant conduite de B vers A, par la situation du trou, lui fait faire en montant pendant une minute le chemin représenté par le parallélogramme DEFB, qui est de deux pieds; mais pendant cette même minute, sa pesanteur lui fait faire en descendant le chemin représenté par le triangle ADE, qui est d'un pied, lequel étant déduit des deux pieds qu'elle monte, il reste encore un pied dont elle se trouve haussée, pendant cette minute, au bout de laquelle sa pesanteur lui donne justement la vitesse représentée par la ligne DE, c'est-à-dire égale à son autre vitesse qui la faisoit monter, et l'augmente toujours par après; c'est pourquoi elle ne peut monter plus haut qu'un pied, mais elle peut bien ne monter pas du tout si haut, pour d'autres raisons. Tout de même, quand le tuyau de quatre pieds est tout plein, chaque goutte d'eau qui en sort par le trou B, montant également avec la vitesse représentée par la ligne BC, fait en deux minutes le chemin représenté par le parallélogramme ABCG, qui est de huit pieds; et pendant ces deux mêmes minutes, sa pesanteur lui fait faire en descendant le chemin représenté par le triangle ABC, qui est de quatre pieds, lesquels étant déduits des huit qu'elle monte, il en reste quatre, dont elle s'est haussée pendant ces deux minutes, au bout desquelles sa pesanteur lui donne justement la vitesse représentée par la ligne BC, de façon qu'elle cesse de monter; et par ce calcul le jet vertical se trouve toujours égal à la hauteur que l'eau a dans le tuyau. Mais il en faut nécessairement rabattre quelque chose, à cause de la nature de l'eau; car on peut faire le trou B si étroit, que l'eau, perdant quasi toute sa vitesse en passant par-dedans, ne jaillira qu'à la hauteur d'un pied ou deux, quand le tuyau sera tout plein, et qu'elle ne jaillira qu'un pouce ou deux, ou même point du tout, mais coulera seulement goutte à goutte quand il ne sera plein que jusques à F. Comme au contraire on le peut faire si large que chaque goutte d'eau qui en sort, étant fort grosse, ou même toute l'eau étant jointe ensemble comme une masse, aura une pesanteur beaucoup plus grande que celle que j'ai supposée en ce calcul, proportionnée à la vitesse dont elle monte, ce qui l'empêchera de monter si haut; et au lieu que l'autre raison diminue plus le jet d'un pied que celui de quatre pieds, celle-ci diminue l'un et l'autre en même proportion; et si on fait le trou de médiocre grandeur, bien que chacune de ces deux raisons agisse moins, elles ne laissent pas d'agir fort sensiblement, à cause qu'elles concourent toutes deux ensemble à diminuer la hauteur des jets : d'où je conclus, qu'en l'expérience proposée, où le jet de quatre pieds s'est trouvé de trois pieds et $\frac{1}{4}$ ou de trente-neuf pouces seulement, le jet d'un pied eût été de neuf pouces et $\frac{3}{4}$ si la petitesse du trou B ne l'eût diminué d'un pouce et $\frac{1}{4}$ plus que l'autre. Il est aisé de calculer en même façon tous les autres jets d'eau qui sont moyens entre le vertical et l'horizontal, et de trouver les lignes courbes qu'ils décrivent, mais on ne m'en a pas tant demandé.

Premièrement, pour le jet horizontal, je ne considère autre chose sinon que, lorsque le tuyau est tout plein, l'eau en sort communément deux fois aussi vite par le trou B que lorsqu'il n'est plein que jusqu'à F, et que le mouvement qu'elle a en sortant ainsi par ce trou la porte de BH vers ED, ou NC, sans empêcher celui de sa pesanteur, qui la porte de BE vers HD. D'où il est évident que puisque l'eau emploie autant de temps à descendre de BE jusqu'à HD, qu'elle fait aller BH jusqu'à NC, en sorte que ces deux mouvements joints ensemble la portent de B à C, lorsqu'il sera tout plein elle ne doit employer ni plus ni moins de temps qu'auparavant à descendre de BE jusqu'à HD, à cause qu'elle n'a que la même pesanteur; mais que pendant ce même temps elle doit aller deux fois aussi loin de BH vers ED, à cause qu'elle se meut deux fois aussi vite en ce sens-là, et ainsi que ces deux mouvements la doivent porter de B à D.

Puis, pour le jet vertical, je considère en même façon que la force dont l'eau sort par le trou B la fait monter environ deux fois aussi vite que B vers A quand le tuyau est tout plein que quand il n'est plein que jusqu'à F, et que cependant sa pesanteur la fait descendre, sans que ces deux mouvements se confondent. Mais je considère outre cela que sa pesanteur ne la meut pas toujours également vite, et qu'elle augmente par degrés la vitesse qu'elle lui donne; en sorte que si, par exemple, en une minute de temps elle lui donne dix degrés de vitesse, en deux minutes elle lui en doit donner vingt. Cela posé, pour bien entendre l'effet de ces deux mouvements, je compare celui qui fait monter chaque goutte d'eau de B vers A, et qui n'est pas plus vite ni plus lent au commencement qu'à la fin, avec celui dont on peut hausser le bâton PQ vers R, et la pesanteur qui fait cependant descendre cette goutte d'eau d'A vers B, d'une vitesse inégale, et plus grande à la fin qu'au commencement, avec celui qu'on peut imaginer qu'auroit une fourmi qui marcheroit le long de ce bâton de P vers Q, au même temps qu'on le hausseroit vers R. Car si cette fourmi descendoit toujours de même vitesse le long de ce bâton, et que sa vitesse fût égale à celle dont on hausseroit le bâton, il est évident que ces deux mouvements feroient que la fourmi demeureroit toujours vis-à-vis du point B, et que si sa vitesse est moindre que celle du bâton elle monteroit toujours vers R, et enfin que si sa vitesse étoit plus grande que celle du bâton, elle descendroit toujours au-dessous de B. Mais en la supposant inégale, en sorte que, par exemple, au premier pas que fait cette fourmi, elle n'a qu'un degré de vitesse, au second deux, au troisième trois, etc., pendant qu'elle se meut moins vite que le bâton, il l'a fait toujours hausser vers R, et au point où elle commence à se mouvoir plus vite, elle commence à descendre, comme fait aussi chaque goutte d'eau. Maintenant, pour deviner quelle doit être la proportion de ces deux mouvements, pour faire que la fourmi, augmentant toujours sa vitesse de même façon, ne monte que jusqu'à huit pouces, pendant que le bâton sera haussé lentement, et qu'elle monte jusqu'à trois pieds et $\frac{1}{4}$ lorsqu'il sera haussé deux fois aussi vite, je me sers d'un peu d'algèbre; et je pose huit pouces plus x pour la ligne BL, à la hauteur de laquelle j'imagine qu'on élève le bâton PQ pendant une minute de temps, pendant laquelle minute la fourmi descend de P vers Q, de la longueur de la ligne LK, que je nomme x, en augmentant toujours sa vitesse, en sorte qu'au bout de cette minute elle descend justement aussi vite que le bâton monte, et incontinent après elle descend plus vite : c'est pourquoi elle ne monte point au-delà du point R, que je suppose être éloigné de B de huit pouces. Après cela je raisonne ainsi : Puisque le bâton étant haussé lentement a monté à la longueur de huit pouces plus x en une minute, lorsqu'il sera haussé deux fois aussi vite il doit monter seize pouces plus deux x pendant une minute, et trente-deux pouces plus quatre x pendant deux minutes. Et puisque la fourmi a employé une minute de temps pour acquérir une vitesse égale à celle dont le bâton étoit baussé auparavant, et qu'elle est descendue cependant de la longueur de la ligne x, elle doit employer deux minutes pour en acquérir une égale à celle dont il est mû maintenant, qui est double de la précédente, et pendant ces deux minutes elle doit descendre à la longueur de quatre x : car, puisque sa vitesse s'augmente en cette façon, elle doit faire trois fois autant de chemin en la seconde minute qu'en la première. Je suis, etc.

AU R. P. MERSENNE [1].

(Lettre 116 du tome II.)

Mon révérend père,

J'ai reçu trois de vos lettres depuis huit jours, dont l'une est datée du 15 février, l'autre du 7, l'autre du 14 mars. Vous me mandez en la première que le père Vatier vous a écrit que je ne lui avois point fait de réponse, dont je m'étonne; car il y a environ deux mois que j'ai reçu une lettre de sa part, que vous me mandiez ne savoir de qui elle

---

[1] 1643. Mars. Cette lettre est très imparfaite. Voyez la 32e des manuscrits de Lahire.

venoit; je vous envoyai au même voyage une lettre pour lui, et vous mandai que la lettre que vous m'aviez envoyée venoit de sa part. Je vous prie de tâcher à vous souvenir si vous l'avez reçue, et me le mander. Il faudroit que ceux de Paris l'eussent retenue sans lui envoyer, et je crois que je vous avois adressé aussi au même voyage des lettres pour Rennes, dont je n'ai point eu aussi de réponse; si je pensois qu'elles n'eussent point été adressées, il m'en faudroit écrire d'autres. Si vous voyez par hasard le père B., vous le pourrez assurer, s'il vous plait, que je suis véritablement homme de parole, mais que je ne sache point lui avoir rien promis.

Soit ABCD [1] une planche de bois inclinée sur l'horizon AE, ou BF, de quarante-cinq degrés, laquelle on imagine être haussée de AB vers CD, toujours d'une même vitesse, et qu'elle garde toujours cependant la même inclination, et que pendant qu'elle est ainsi haussée il y a dessus une fourmi qui descend de C vers G perpendiculairement sur l'horizon, et marchant d'un pas inégal, et augmentant sa vitesse, en même raison que les corps pesants, et que lorsque CD, l'extrémité de cette planche, étoit où est maintenant AB, la fourmi étoit au point C, et commençoit à descendre vers G. Mais pourceque'au commencement elle ne descen-

[1] Figure 4.

doit pas si vite que la planche montoit, elle a demeuré quelque temps sur l'horizon; et ces deux mouvements lui ont fait décrire la ligne courbe AD; on demande quelle est cette ligne, il ne faut que savoir le calcul pour le trouver.

Pour les cylindres de bois, ou autre matière, dont l'un soit quatre fois aussi long que l'autre, je ne puis croire qu'ils descendent également vite, pourvu qu'ils tombent toujours ayant un bout en bas et l'autre en haut; mais pourcequ'ils peuvent varier étant en l'air, et que le même doit arriver aux corps d'autres figures, etc. *Deest reliquum.*

Le P. N. ne semble pas tout-à-fait juste, et je n'ai rien à répondre à son billet, car je ne lui ai rien promis, et si j'ai fait quelques offres aux siens, pendant qu'ils ne les ont point acceptées, je ne leur suis point engagé de parole.

Mon [1] opinion touchant les questions que vous me proposez dépend de deux principes de physique, lesquels je dois ici établir, avant que de la pouvoir expliquer. Le premier est que je ne suppose aucunes *qualités réelles* en la nature qui soient ajoutées à la substance comme de petites âmes à leurs corps, et qui en puissent être séparées par la puissance divine; et ainsi je n'attribue point

---

[1] « Cet alinéa, jusqu'à la fin de la lettre, est une réponse de M. Descartes à des objections que lui avoit envoyées le P. Mersenne. Voyez la 54ᵉ des manuscrits de Labire. »

plus de réalité au mouvement, ni à toutes ces autres variétés de la substance qu'on nomme *des qualités*, que communément les philosophes en attribuent à la figure, laquelle ils ne nomment pas *qualitatem realem*, mais seulement *modum*. La principale raison qui me fait rejeter ces qualités réelles, est que je ne vois pas que l'esprit humain ait en soi aucune notion ou aucune idée particulière pour les concevoir; de façon qu'en les nommant, et en assurant qu'il y en a, on assure une chose qu'on ne conçoit pas, et on ne s'entend pas soi-même. La seconde raison est que les philosophes n'ont supposé ces qualités réelles qu'à cause qu'ils ont cru ne pouvoir expliquer autrement tous les phénomènes de la nature; et moi je trouve au contraire qu'on peut bien mieux les expliquer sans elles.

L'autre principe est que tout ce qui est, ou existe, demeure toujours en l'état qu'il est, si quelque cause extérieure ne le change; en sorte que je ne crois pas qu'il puisse y avoir aucune *qualité* ou *mode* qui périsse jamais de soi-même. Ce que je prouve par la métaphysique; car Dieu, qui est l'auteur de toutes choses, étant tout parfait et immuable, il me semble répugner qu'aucune chose simple que Dieu ait créée ait en soi le principe de sa destruction; et comme un corps qui a quelque figure ne la perd jamais, si elle ne lui est ôtée par la rencontre de quelque autre corps, ainsi quand il a quelque mouvement il le doit toujours retenir, si quelque cause extérieure ne l'empêche. Et la chaleur, les sons, et autres telles qualités, ne me donnent aucune difficulté, à cause que ce ne sont que des mouvements qui se font dans l'air, où ils trouvent divers empêchements qui les arrêtent.

Or, le mouvement n'étant point une qualité réelle, mais seulement un mode, on ne peut concevoir qu'il soit autre chose que le changement par lequel un corps s'éloigne de quelques autres, et dans lequel il n'y a que deux propriétés à considérer : l'une qu'il se peut faire plus ou moins vite, l'autre qu'il se peut faire vers divers côtés ; et bien que ce changement puisse procéder de diverses causes, il est toutefois impossible que ces causes le déterminant vers un même côté, et le rendant également vite, lui donnent aucune diversité de nature. C'est pourquoi je ne crois pas que deux missiles égaux en matière, grandeur et figure, partant de même vitesse, dans un même air, par une même ligne, c'est-à-dire vers le même côté (car si l'un commençoit son mouvement à un bout de cette ligne, et l'autre à l'autre, ils ne partiroient pas dans un même air), puissent aller plus loin l'un que l'autre. Et l'expérience des arcs ne me donne aucune difficulté : car la flèche qui est poussée par un grand arc de bois, étant plus grande et plus légère que celle qui est poussée par un petit arc d'acier, peut aller plus loin, encore qu'elle ne parte pas si vite, à cause que sa pesanteur ne la presse pas tant de descendre. Mais si on demande pourquoi cette grande flèche poussée par le petit arc ira moins loin que poussée par le grand, je réponds que cela vient de ce qu'étant poussée trop vite, elle n'acquiert pas un égal mouvement en toutes ses parties : car le bois dont elle est composée n'étant point parfaitement dur, la grande violence dont le bout qui touche la corde est poussée le fait rentrer un peu en dedans, et ainsi la flèche s'accourcissant, il va plus vite que l'autre bout; et pourceque la corde le quitte avant que cet autre bout ait acquis la même vitesse, il se trouve deux divers mouvements en la flèche, l'un qui la porte en avant, et l'autre par lequel elle se ralonge, et pourceque celui-ci est contraire au premier, il l'empêche.

Je crois aussi qu'il est impossible qu'une boule parfaitement dure, tant grosse qu'elle soit, en rencontrant en ligne droite une plus petite, aussi parfaitement dure, la puisse mouvoir suivant la même ligne droite, plus vite qu'elle se meut elle-même; mais j'ajoute que ces deux boules se doivent rencontrer en ligne droite, c'est-à-dire que les centres de l'une et de l'autre doivent être en la même ligne droite, selon laquelle se fait le mouvement. Car, par exemple, si la grosse boule B[1], venant en ligne droite d'A vers B, rencontre de côté la petite boule C, qu'elle fait mouvoir vers E, il n'y a point de doute qu'encore que ces boules fussent parfaitement dures, la petite devroit partir plus vite que la grosse ne se mouvroit après l'avoir rencontrée ; et faisant les angles ADE et CFE droits, la proportion qui est entre les lignes CF et CE est la même qui seroit entre la vitesse des boules B et C. Notez que je suppose les centres de ces boules en un même plan, et ainsi qu'elles ne roulent pas sur la terre, mais qu'elles se rencontrent en l'air. J'ajoute aussi que ces boules doivent être parfaitement dures ; car étant de bois, ou autre matière flexible, comme sont toutes celles que nous avons sur la terre, il est certain que si la grosse H venant de G rencontre la petite K en ligne droite, et qu'elle trouve en elle de la résistance, ces deux boules se replient quelque peu en dedans au point I, où elles se touchent, avant que le centre de la boule K commence à se mouvoir, et ainsi elles font comme deux petits arcs, qui, se débandant aussitôt après, peuvent pousser la petite K plus vite que la grosse ne se mouvoit ; car H étant par exemple dix fois plus grosse que K, et ayant dix degrés de mouvement, un desquels suffit à K pour la faire mou-

[1] Figure 5.

voir aussi vite qu'H, si elle communique ces dix degrés à ces petits arcs, et qu'ils les communiquent après à K, la boule K ira dix fois aussi vite qu'alloit H, laquelle H s'arrêtera entièrement, ce qui ne peut moralement arriver, mais il arrive bien qu'elle en communique six ou sept à ces petits arcs, qui en donnent deux ou trois à la petite boule, et en laissent ou rendent sept ou huit à la grosse, avec lesquels elle continue vers L, ou retourne vers G, selon que ce qu'ils lui laissent de mouvement est plus ou moins que ce qu'ils lui rendent; et huit degrés en la grosse boule la font aller beaucoup plus lentement que deux en la petite.

Pour le troisième point, à savoir que le mouvement ne sauroit périr s'il n'est détruit, ou plutôt changé, par quelque cause extérieure (car je ne crois pas qu'il y en ait aucune qui le détruise entièrement), je l'ai déjà établi ci-devant comme un principe, c'est pourquoi je n'ai pas besoin d'en dire davantage. Je suis, etc.

AU R. P. MERSENNE[1].

(Lettre 108 du tome II.)

Mon révérend père,

Je ne sais comment vous datez vos lettres, mais j'en ai reçu une il y a huit jours du deuxième février et aujourd'hui une autre du premier, en laquelle il y en avoit une de M. Picot; et il y a quinze jours que M. Zuitlichen m'a envoyé le dessin des jardins, duquel je vous remercie, et j'en remercie aussi très humblement M. Hardy, qui, comme j'apprends par votre lettre, en a daigné prendre le soin en l'absence de M. Picot : quand nous aurons encore l'autre dessin que vous me faites espérer, nous en aurons autant que nous en désirons. Mais je vous prie de savoir de ceux qui les ont faits, qui sont le jardinier du Luxembourg et celui des Tuileries, à quel prix ils les mettent, et leur dire qu'ils n'en prennent point d'argent que de vous; car sitôt que je saurai ce qu'il leur faut, je ne manquerai de vous l'envoyer; ou bien si M. Picot les a déjà

---

[1] Cette lettre est datée d'Eyndegeest, le 23 février 1643. Voyez la 51ᵉ des manuscrits de Lahire.

payés, je serai bien aise de savoir ce que je lui dois pour cela.

L'eau monte le long d'une lisière de drap tout de même qu'un tuyau courbé; car on trempe premièrement fort ce drap dans l'eau, et il ne pourroit servir de filtre sans cela; mais les parties extérieures de l'eau dont il est mouillé s'engagent tellement entre ses filets, qu'elles y font comme une petite peau par laquelle l'air ne peut entrer, et cependant les intérieures se suivant les unes des autres, coulent vers le côté du drap qui descend le plus bas en même façon que dans un tuyau. Mais si vous demandez comment le même arrive dans un tuyau, il faut seulement considérer que n'y ayant point de vide, tous les mouvements sont circulaires, c'est-à-dire que si un corps se meut, il entre en la place d'un autre, et celui-ci en la place d'un autre, et ainsi de suite; en sorte que le dernier entre en la place du premier, et qu'il y a tout un cercle de corps qui se meut en même temps. Comme quand le tuyau ABC [1] est tout plein d'eau des deux côtés, il est aisé à entendre que cette eau doit descendre par C, en considérant tout le cercle ABCD, dont la partie ABC est composée d'air, et dont toutes les parties se meuvent ensemble; car y ayant plus d'eau en la moitié de ce cercle BCD qu'en l'autre moitié BAD, il doit tourner

[1] Figure 6.

suivant l'ordre des lettres ABC, plutôt que suivant l'ordre des lettres CBA, au moyen de quoi l'eau coule par C. Car chaque goutte de cette eau étant sortie du tuyau descend tout droit vers E, et il va de l'air en sa place pour parfaire le cercle du mouvement, lequel air va dans la partie du tuyau AB. Mais ce n'est pas de même d'une apprête de pain, ni du sucre, dans lesquels l'eau monte à cause que ces parties sont en perpétuelle agitation, et que leurs pores sont tellement disposés, que l'air en sort plus aisément qu'il n'y rentre, et l'eau au contraire y entre plus aisément qu'elle n'en sort, ainsi que monte un épi de blé le long du bras, quand on le met en sa manche la pointe en bas.

Je ne suis pas curieux de voir les écrits de l'Anglois. J'ai eu ici quelques jours les épîtres de M. Gassendy, mais je n'en ai quasi lu que l'index qu'il a mis au commencement, duquel j'ai appris qu'il ne traitoit d'aucune matière que j'eusse besoin de lire. Il me semble que vous m'avez autrefois mandé qu'il a la bonne lunette de Galilée; je voudrois bien savoir si elle est si excellente que Galilée a voulu faire croire, et comment paroissent maintenant les satellites de Saturne par son moyen.

Je vous remercie de l'expérience de l'air pesé dans une arquebuse à vent lorsqu'il y est condensé; mais je crois que c'est plutôt l'eau mêlée parmi l'air ainsi condensé qui pèse tant, que non pas l'air même.

Pour les boules de mail dont vous parlez en votre autre lettre du 10 février, votre première difficulté est sur ce qu'une petite boule de mail étant frappée par une plus grosse, il arrive souvent que le mouvement de cette plus grosse s'amortit, et que l'autre va par après assez vite. Mais la raison en est aisée, et ne répugne aucunement à ce que j'ai écrit ci-devant; car elle dépend de ce que ces boules ne sont point parfaitement unies, qui sont deux choses que j'avois exceptées.

Soit donc la boule B arrêtée sur le plan D[1], où elle est un peu enfoncée dans le sable, et considérez premièrement que la boule A venant vers elle avec grande vitesse la touche au point I, qui est plus haut que son centre, ce qui est cause qu'elle ne la chasse pas incontinent vers E, mais plutôt qu'elle l'enfonce encore plus avant dans le sable D, et que cependant l'une et l'autre de ces boules se replient un peu en dedans, ce qui fait perdre le mouvement de la boule A, jusqu'à ce que B étant pressée entre A et le plan D, en sorte avec force, ainsi qu'un noyau de cerise pressé entre les deux doigts, ce qui lui donne beaucoup de vitesse. Et si A perd toute la force avant que B puisse sortir du lieu où elle est, les parties de ces deux boules

[1] Figure 7.

étant repliées en dedans au point où elles s'entretouchent, tendent à se remettre comme un arc en leur première figure, au moyen de quoi elles chassent A vers H, et B vers E, mais B plus vite que A, à cause qu'il est plus aisé à mouvoir; et B étant chassé avant que A ait perdu toute sa force, il arrivera que la boule A ira encore vers E, mais plus lentement, ou bien qu'elle s'arrêtera tout-à-fait.

Il est certain que le noyau de cerise qui sort d'entre les doigts se meut plus vite que ces doigts, à cause qu'il en sort obliquement. Et quand on dit que le corps qui en meut un autre doit avoir autant de vitesse qu'il en donne à cet autre, cela ne s'entend que des mouvements en même ligne droite. Mais je vois en tout ceci que vous ne distinguez pas le mouvement de la vitesse, et que vos difficultés ne viennent que de là : car bien que le noyau de cerise ait plus de vitesse que les doigts qui le chassent, il n'a pas toutefois autant de mouvement; et la boule A étant quadruple de B [1], si elles se meuvent ensemble, l'une a autant de vitesse que l'autre, mais la quadruple a quatre fois autant de mouvement. Pour l'opinion de ceux qui croient que plus on est de temps à imprimer le mouvement, plus ce mouvement est grand, elle n'est véritable que lorsque, au regard de ce temps, le corps mû acquiert une plus grande vitesse ; car, s'il se meut

[1] Figure 9.

également vite, il a toujours autant de mouvement, par quelque cause que ce mouvement ait été imprimé en lui; et l'on ne sauroit jeter de la main une balle aussi loin qu'avec un pistolet, si ce n'est qu'on l'élève plus haut, à cause que le jet horizontal du pistolet ne va pas si loin, que le jet de 30 ou 45 degrés fait avec la main. Enfin, l'impression, et le mouvement et la vitesse, considérés en un même corps, ne sont qu'une même chose; mais en deux corps différents le mouvement ou l'impression sont différents de la vitesse: car, si ces deux corps font autant de chemin l'un que l'autre en même temps, on dit qu'ils ont autant de vitesse; mais celui qui contient le plus de matière, soit à cause qu'il est plus solide, soit à cause qu'il est plus grand, a besoin de plus d'impression et de mouvement pour aller aussi vite que l'autre. Mais il ne se trouve point de *medium* qui n'empêche le mouvement des corps, si ce n'est pour *certaine vitesse* seulement, et ainsi on ne le peut supposer au regard de divers corps, comme un de moelle de sureau, et l'autre de plomb, car le *medium* qui ne résiste point à l'un résiste nécessairement à l'autre.

Au reste, j'ai à me plaindre de vous de ce que, voulant savoir mon opinion touchant les jets d'eau, vous vous êtes adressé à M. de Zuytlichen plutôt qu'à moi, comme si vous n'aviez pas autant ou plus de pouvoir sur moi qu'aucun autre. Il y a quatre ou cinq jours que je lui en ai mandé assez au long mon opinion, vous verrez si elle vous satisfera[1].

Je vous[2] remercie de l'invention du P. Grandami, pour faire une aiguille qui ne décline point, et la raison me persuade qu'elle doit beaucoup moins décliner que les autres, mais non pas qu'elle ne doit point du tout décliner; je serai bien aise d'en apprendre l'expérience, afin de voir si elle s'accordera avec mes raisons, ou plutôt mes conjectures, qui sont que la vertu de l'aimant, qui est en toute la masse de la terre, se communique en partie suivant la superficie des pôles vers l'équateur, et en partie aussi suivant des lignes qui viennent du centre vers la circonférence : or, la déclinaison de l'aiguille parallèle à l'horizon est causée par la vertu qui se communique suivant la superficie de la terre, à cause que cette superficie étant inégale, cette vertu y est plus forte vers un lieu que vers un autre. Mais l'aiguille qui regarde vers le centre étant principalement tournée vers le pôle par la vertu qui vient de ce centre ne reçoit aucune déclinaison, et elle ne déclineroit point du tout, si la vertu qui vient de la superficie n'agissoit aussi quelque peu contre elle.

[1] « *Je suis votre très humble et affectionné serviteur.* Descartes. Cette lettre est complète et achevée, et il n'y manque rien. »

[2] « La suite de cette lettre est datée d'Amsterdam, 30 mars 1643. Voyez la 55ᵉ des manuscrits de Lahire. »

L'expérience du poids qui va du midi au septentrion est fort remarquable, et s'accorde fort bien avec mes spéculations touchant le flux et reflux ; mais je voudrois savoir de combien de pieds le filet a été long auquel ce poids a été suspendu, afin de savoir si j'en pourrois faire ici l'expérience, car je juge qu'il doit avoir été fort long. Je voudrois aussi savoir le temps qu'il va vers le nord ou vers le midi ; si mes conjectures sont bonnes, ce doit être environ le temps que la lune s'approche ou se recule de notre méridien [1].

M. Hardy me demande ce qu'a coûté un Cicéron, ce que je n'ai pas daigné lui écrire, car c'est si peu de chose que cela n'en vaut pas la peine ; toutefois, s'il le veut savoir à toute force, vous lui pourrez dire qu'il a coûté douze francs et demi [ce qu'il rendra s'il vous plaît à votre portier, pour payer le port des lettres dont je vous charge], afin qu'il soit plus libre à m'employer une autre fois que peut-être il ne seroit si je refusois de lui faire savoir ce qu'a coûté ce livre. Je suis, etc.

[1] « J'achève cette lettre étant à Amsterdam, d'où je pensois vous envoyer ma réponse au mauvais livre contre moi que vous avez vu ; mais j'ai cru qu'elle ne méritoit pas d'être envoyée par la poste, et j'ai prié le libraire de vous l'envoyer par mer au plus tôt, ce qu'il m'a promis, et aussi de m'envoyer soigneusement vos lettres sitôt qu'elles seront insérées ici. C'est pourquoi je vous prie de les adresser dorénavant à M. Louis Elzevier, libraire à Amsterdam. M. Hardi..... »

A MONSIEUR **** [1].

(Lettre 108 du tome III.)

Monsieur,

Je suis bien glorieux de l'honneur qu'il vous a plu me faire en me permettant de voir votre traité flamand touchant l'usage des orgues en l'église, comme si j'étois fort savant en cette langue; mais quoique l'ignorance en soit fatale à tous ceux de ma nation, je me persuade pourtant que l'idiome ne m'a pas empêché d'entendre le sens de votre discours, dans lequel j'ai trouvé un ordre si clair et si bien suivi, qu'il m'a été aisé de me passer du mélange des mots étrangers, qui n'y sont point, et qui ont coutume de me faciliter l'intelligence du flamand des autres. Mais ce n'est pas à moi à parler du style, et j'aurois mauvaise grâce de l'entreprendre; mais pour vos raisons, je puis dire qu'elles sont si fortes et si bien choisies, que vous persuadez entièrement au lecteur tout ce que vous avez témoigné vouloir prouver; ce que j'avoue ici

[1] « Cette lettre a beaucoup de rapport avec la 59ᵉ du tome II; la date de l'une fixera l'autre. »

avec moins de scrupule, à cause que je n'y ai rien remarqué qui ne s'accorde avec notre église. Et pour les épithètes que vous nous donnez cependant en divers endroits, je ne crois pas que nous devions nous en offenser davantage, qu'un serviteur s'offense quand sa maîtresse l'appelle schelme, pour se venger d'un baiser qu'il lui a pris, ou plutôt pour couvrir la petite honte qu'elle a de le lui avoir octroyé. Il est vrai que ce baiser n'avance guère, et je voudrois qu'en nous disant de telles injures vous eussiez aussi bien déduit tous les points qui pourroient servir à rejoindre Genève avec Rome. Mais pourceque l'orgue est l'instrument le plus propre de tous pour commencer de bons accords, permettez à mon zèle de dire ici *omen accipio*, sur ce que vous l'avez choisi pour sujet. En effet, si quelques Indiens ont refusé de se rendre chrétiens, pour la crainte qu'ils avoient d'aller au paradis des Espagnols, j'ai bien plus de raison de souhaiter que le retour à notre religion me fasse espérer d'être après cette vie avec ceux de ce pays, avec lesquels j'ai montré par effet que j'aimois mieux vivre que dans le mien propre. Et pardonnez-moi si je me plains un peu de vous à ce propos, de ce que vous m'avez estimé être une *fera bestia*, lorsque vous avez su que j'avois dessein d'aller en France; car, si je m'en souviens, c'est ainsi que Justinien nomme ceux qui n'ont pas *animum redeundi*, et je me propose de ne faire qu'une course de quatre ou cinq mois. Je me plains aussi du sujet que vous dites avoir appris de mon départ; car je ne suis pas, grâce à Dieu, d'humeur si déraisonnable ni si tendre; je sais très bien que les plus beaux corps ont toujours une partie qui est sale, mais il me suffit de ne la point voir, ou d'en tirer sujet de raillerie si elle se montre à moi par mégarde; et je n'ai jamais été si dégoûté que d'aimer ou estimer moins pour cela ce qui m'avoit semblé beau ou bon auparavant. Au reste, monsieur, en me plaignant de ce que vous m'avez jugé d'autre humeur que je ne suis, je ne laisse pas de me sentir très obligé de la bienveillance qu'il vous plaît me témoigner par cela même, et je vous supplie très humblement de croire que je serai toute ma vie, etc.

A MONSIEUR ······.

(Lettre 59 du tome II.)

MONSIEUR,

Je ne m'étonne plus qu'on contredise à mes

---

[1] Cette lettre est adressée à une personne de la religion protestante qui

seroit dès à présent, sinon qu'il doit auparavant apprendre à parler latin, et prendre le nom de *summa philosophiæ* pour être plus aisément admis en la conversation des gens de l'école, qui le persécutent et tâchent à l'étouffer avant sa naissance, aussi bien que les ministres et les autres. M. de Pollot vous en peut dire des nouvelles; il nous a aidé à gagner des batailles à Utrecht, ou plutôt à nous retirer bagues sauves, car nous n'y avons guère gagné. Je suis, etc.

A MADAME ÉLISABETH [1],

PRINCESSE PALATINE, etc.

(Lettre 29 du tome I.)

MADAME,

La faveur dont votre altesse m'a honoré en me faisant recevoir ses commandements par écrit est plus grande que je n'eusse jamais osé espérer; et

---

[1] « Cette lettre n'est pas datée; mais comme dans la suivante, qui est de juin, Descartes remercie la princesse de ce qu'après s'être mal expliqué dans la précédente, elle daigne l'entendre encore sur le même sujet, et que cette précédente est évidemment celle-ci, j'ai raison de fixer celle-ci du 15 mai, la princesse et les grands seigneurs ne récrivant pas avec tant de diligence, et il y a bien un mois de distance entre ces deux lettres. »

elle soulage mieux mes défauts que celle que j'aurois souhaitée avec passion, qui étoit de les recevoir de bouche, si j'eusse pu être admis à l'honneur de vous faire la révérence, et de vous offrir mes très humbles services, lorsque j'étois dernièrement à La Haye; car j'aurois eu trop de merveilles à admirer en même temps, et voyant sortir des discours plus qu'humains d'un corps si semblable à ceux que les peintres donnent aux anges, j'eusse été ravi de même façon que me semblent le devoir être ceux qui, venant de la terre, entrent nouvellement dans le ciel : ce qui m'eût rendu moins capable de répondre à votre altesse, qui sans doute a déjà remarqué en moi ce défaut, lorsque j'ai eu ci-devant l'honneur de lui parler; et votre clémence l'a voulu soulager, en me laissant les traces de vos pensées sur un papier, où les relisant plusieurs fois, et m'accoutumant à les considérer, j'en suis véritablement moins ébloui, mais je n'en ai que d'autant plus d'admiration, remarquant qu'elles ne paroissent pas seulement ingénieuses à l'abord, mais d'autant plus judicieuses et solides que plus on les examine. Et je puis dire avec vérité que la question que votre altesse propose me semble être celle qu'on me peut demander avec le plus de raison en suite des écrits que j'ai publiés. Car y ayant deux choses en l'âme humaine, desquelles dépend toute la connoissance que nous pouvons avoir de sa nature, l'une desquelles est qu'elle pense; l'autre, qu'étant unie au corps, elle peut agir et pâtir avec lui, je n'ai quasi rien dit de cette dernière, et me suis seulement étudié à faire bien entendre la première; à cause que mon principal dessein étoit de prouver la distinction qui est entre l'âme et le corps, à quoi celle-ci seulement a pu servir, et l'autre y auroit été nuisible. Mais pourceque votre altesse voit si clair, qu'on ne lui peut dissimuler aucune chose, je tâcherai ici d'expliquer la façon dont je conçois l'union de l'âme avec le corps, et comment elle a la force de le mouvoir. Premièrement, je considère qu'il y a en nous certaines notions primitives, qui sont comme des originaux sur le patron desquels nous formons toutes nos autres connoissances; et il n'y a que fort peu de telles notions : car, après les plus générales de l'être, du nombre, de la durée, qui conviennent à tout ce que nous pouvons concevoir, etc., nous n'avons pour le corps en particulier que la notion de l'extension, de laquelle suivent celles de la figure et du mouvement; et pour l'âme seule, nous n'avons que celle de la pensée, en laquelle sont comprises les perceptions de l'entendement, et les inclinations de la volonté; enfin pour l'âme et le corps ensemble, nous n'avons que celle de leur union, de laquelle dépend celle de la force qu'a l'âme de mouvoir le corps, et le corps d'agir sur l'âme, en causant ses sentiments et ses passions. Je considère aussi que toute la science des hommes ne consiste qu'à bien distinguer ces notions, et à n'attribuer chacune d'elles qu'aux choses auxquelles elles appartiennent : car, lorsque nous voulons expliquer quelque difficulté par le moyen d'une notion qui ne lui appartient pas, nous ne pouvons manquer de nous méprendre ; comme aussi lorsque nous voulons expliquer une de ces notions par une autre : car, étant primitives, chacune d'elles ne peut être entendue que par elle-même. Et d'autant que l'usage des sens nous a rendu les notions de l'extension, des figures, et des mouvements, beaucoup plus familières que les autres, la principale cause de nos erreurs est en ce que nous voulons ordinairement nous servir de ces notions pour expliquer les choses à qui elles n'appartiennent pas, comme lorsqu'on se veut servir de l'imagination pour concevoir la nature de l'âme, ou bien lorsqu'on veut concevoir la façon dont l'âme meut le corps, par celle dont un corps est mû par un autre corps. C'est pourquoi, puisque dans les Méditations que votre altesse a daigné lire j'ai tâché de faire concevoir les notions qui appartiennent à l'âme seule, les distinguant de celles qui appartiennent au corps seul, la première chose que je dois expliquer ensuite est la façon de concevoir celles qui appartiennent à l'union de l'âme avec le corps, sans celles qui appartiennent au corps seul ou à l'âme seule. A quoi il me semble que peut servir ce que j'ai écrit à la fin de ma réponse aux six objections page 384 de l'édition française; car nous ne pouvons chercher ces notions simples ailleurs qu'en notre âme, qui les a toutes eu soi par sa nature, mais qui ne les distingue pas toujours assez les unes des autres, ou bien ne les attribue pas aux objets auxquels on les doit attribuer. Ainsi, je crois que nous avons ci-devant confondu la notion de la force dont l'âme agit dans le corps, avec celle dont un corps agit dans un autre ; et que nous avons attribué l'une et l'autre, non pas à l'âme, car nous ne la connoissions pas encore, mais aux diverses qualités des corps, comme à la pesanteur, à la chaleur, et aux autres, que nous avons imaginées être réelles, c'est-à-dire avoir une existence distincte de celle du corps, et par conséquent être des substances, bien que nous les ayons nommées des qualités. Et nous nous sommes servis pour les concevoir, tantôt des notions qui sont en nous pour connoître le corps, et tantôt de celles qui y sont pour connoître l'âme, selon que ce que nous leur avons attribué a été matériel ou immatériel. Par exemple, en supposant que la pesanteur est une qualité réelle, dont nous n'avons point d'autre connoissance, sinon qu'elle a la force de mouvoir le corps dans lequel elle est vers le centre de la terre, nous n'avons pas de peine à concevoir comment elle meut ce corps, ni comment elle lui est jointe; et nous ne pensons point que cela se fasse par un attachement ou attouchement réel d'une superficie contre une autre; car nous expérimentons en nous-mêmes que nous avons une notion particulière pour concevoir cela; et je crois que nous usons mal de cette notion, en l'appliquant à la pesanteur, qui n'est rien de réellement distingué du corps, comme j'espère montrer en la physique, mais qu'elle nous a été donnée pour concevoir la façon dont l'âme meut le corps. Je témoignerois ne pas assez connoître l'incomparable esprit de votre altesse, si j'employois davantage de paroles à m'expliquer, et je serois trop présomptueux si j'osois penser que ma réponse la doive entièrement satisfaire; mais je tâcherai d'éviter l'un et l'autre, en n'ajoutant rien ici de plus, sinon que si je suis capable d'écrire ou de dire quelque chose qui lui puisse agréer, je tiendrai toujours à très grande faveur de prendre la plume, ou d'aller à La Haye pour ce sujet, et qu'il n'y a rien au monde qui me soit si cher que de pouvoir obéir à ses commandements. Mais je ne puis ici trouver place à l'observation du serment d'Harpocrate qu'elle m'enjoint, puisqu'elle ne m'a rien communiqué qui ne mérite d'être vu et admiré de tous les hommes. Seulement puis-je dire sur ce sujet, qu'estimant infiniment la vôtre que j'ai reçue, j'en userai comme les avares font de leurs trésors, lesquels ils cachent d'autant plus qu'ils les estiment, et, en enviant la vue au reste du monde, ils mettent leur souverain contentement à le regarder. Ainsi je serai bien aise de jouir seul du bien de la voir; et ma plus grande ambition est de me pouvoir dire, et d'être véritablement, etc.

A MADAME ÉLISABETH,

PRINCESSE PALATINE, etc.

(Lettre 30 du tome I.)

Madame,

J'ai très grande obligation à votre altesse de ce que, après avoir éprouvé que je me suis mal expliqué en mes précédentes touchant la question qu'il lui a plu me proposer, elle daigne encore avoir la patience de m'entendre sur le même sujet, et me donner occasion de remarquer les cho-

---

¹ « Non datée; mais Descartes y disant que le magistrat d'Utrecht l'a cité, laquelle citation a été faite le 17 juin 1643, et dont il a eu connoissance trois ou quatre jours après: je fixe cette lettre au 18 juin 1643. »

ses que j'avois omises ; dont les principales me semblent être, qu'après avoir distingué trois genres d'idées ou de notions primitives qui se connoissent chacune d'une façon particulière, et non par la comparaison de l'une à l'autre, à savoir la notion que nous avons de l'âme, celle du corps, et celle de l'union qui est entre l'âme et le corps, je devois expliquer la différence qui est entre ces trois sortes de notions, et entre les opérations de l'âme par lesquelles nous les avons, et dire les moyens de nous rendre chacune d'elles familière et facile. Puis ensuite, ayant dit pourquoi je m'étois servi de la comparaison de la pesanteur, faire voir que bien qu'on veuille concevoir l'âme comme matérielle (ce qui est proprement concevoir son union avec le corps), on ne laisse pas de connoître par après qu'elle en est séparable ; ce qui est, comme je crois, toute la matière que votre altesse m'a ici prescrite.

Premièrement donc, je remarque une grande différence entre ces trois sortes de notions, en ce que l'âme ne se conçoit que par l'entendement pur ; le corps, c'est-à-dire l'extension, les figures, et les mouvements, se peuvent aussi connoître par l'entendement seul, mais beaucoup mieux par l'entendement aidé de l'imagination ; et enfin les choses qui appartiennent à l'union de l'âme et du corps ne se connoissent qu'obscurément par l'entendement seul, ni même par l'entendement aidé de l'imagination, mais elles se connoissent très clairement par les sens : d'où vient que ceux qui ne philosophent jamais, et qui ne se servent que de leurs sens, ne doutent point que l'âme ne meuve le corps, et que le corps n'agisse sur l'âme, mais ils considèrent l'un et l'autre comme une seule chose, c'est-à-dire ils conçoivent leur union; car concevoir l'union qui est entre deux choses, c'est les concevoir comme une seule. Et les pensées métaphysiques, qui exercent l'entendement pur, servent à nous rendre la notion de l'âme familière; et l'étude des mathématiques, qui exerce principalement l'imagination en la considération des figures et des mouvements, nous accoutume à former des notions du corps bien distinctes. Et enfin, c'est en usant seulement de la vie et des conversations ordinaires, et en s'abstenant de méditer et d'étudier aux choses qui exercent l'imagination, qu'on apprend à concevoir l'union de l'âme et du corps. J'ai quasi peur que votre altesse ne pense que je ne parle pas ici sérieusement; mais cela seroit contraire au respect que je lui dois, et que je ne manquerai jamais de lui rendre. Et je puis dire avec vérité que la principale règle que j'ai toujours observée en mes études, et celle que je crois m'avoir le plus servi pour acquérir quelque connoissance, a été que je n'ai jamais employé que fort peu d'heures par jour aux pensées qui occupent l'imagination, et fort peu d'heures par an à celles qui occupent l'entendement seul, et que j'ai donné tout le reste de mon temps au relâche des sens, et au repos de l'esprit; même je compte entre les exercices de l'imagination toutes les conversations sérieuses, et tout ce à quoi il faut avoir de l'attention. C'est ce qui m'a fait retirer aux champs; encore que dans la ville la plus occupée du monde je pourrois avoir autant d'heures à moi que j'en emploie maintenant à l'étude, je ne pourrois pas toutefois les y employer si utilement, lorsque mon esprit seroit lassé par l'attention que requiert le tracas de la vie. Ce que je prends la liberté d'écrire ici à votre altesse pour lui témoigner que j'admire véritablement que, parmi les affaires et les soins qui ne manquent jamais aux personnes qui sont ensemble de grand esprit et de grande naissance, elle ait pu vaquer aux méditations qui sont requises pour bien connoître la distinction qui est entre l'âme et le corps. Mais j'ai jugé que c'étoient ces méditations, plutôt que les pensées, qui requièrent moins d'attention, qui lui ont fait trouver de l'obscurité en la notion que nous avons de leur union; ne me semblant pas que l'esprit humain soit capable de concevoir bien distinctement et en même temps la distinction d'entre l'âme et le corps et leur union, à cause qu'il faut pour cela les concevoir comme une seule chose, et ensemble les concevoir comme deux, ce qui se contrarie ; et pour ce sujet (supposant que votre altesse avoit encore les raisons qui prouvent la distinction de l'âme et du corps fort présentes à son esprit, et ne voulant point la supplier de s'en défaire pour se représenter la notion de l'union que chacun éprouve toujours en soi-même sans philosopher, à savoir qu'il est une seule personne qui a ensemble un corps et une pensée, lesquels sont de telle nature que cette pensée peut mouvoir le corps, et sentir les accidents qui leur arrivent) je me suis servi ci-devant de la comparaison de la pesanteur et des autres qualités que nous imaginons communément être unies à quelques corps, ainsi que la pensée est unie au nôtre ; et je ne me suis pas soucié que cette comparaison clochât en cela, que ces qualités ne sont pas réelles, ainsi qu'on les imagine, à cause que j'ai cru que votre altesse étoit déjà entièrement persuadée que l'âme est une substance distincte du corps. Mais puisque votre altesse remarque qu'il est plus facile d'attribuer de la matière et de l'extension à l'âme que de lui attribuer la capacité de mouvoir un corps et d'en être mue sans avoir de matière, je la supplie de vouloir librement attribuer cette matière et cette extension à l'âme, car cela n'est autre chose que la concevoir unie au corps ; et, après avoir conçu cela, et l'avoir bien éprouvé en soi-même, il lui sera aisé de considérer que la matière qu'elle aura attribuée à cette pensée n'est pas la pensée même, et que l'extension de cette matière est d'autre nature que l'extension de cette pensée, en ce que la première est déterminée à certain lieu, duquel elle exclut toute autre extension de corps, ce que ne fait pas la deuxième; et ainsi votre altesse ne laissera pas de revenir aisément à la connoissance de la distinction de l'âme et du corps, nonobstant qu'elle ait conçu leur union. Enfin, comme je crois qu'il est très nécessaire d'avoir bien compris une fois en sa vie les principes de la métaphysique, à cause que ce sont eux qui nous donnent la connoissance de Dieu et de notre âme, je crois aussi qu'il seroit très nuisible d'occuper souvent son entendement à les méditer, à cause qu'il ne pourroit si bien vaquer aux fonctions de l'imagination et des sens; mais que le meilleur est de se contenter de retenir en sa mémoire et en sa créance les conclusions qu'on en a une fois tirées, puis employer le reste du temps qu'on a pour l'étude aux pensées où l'entendement agit avec l'imagination et les sens. L'extrême dévotion que j'ai au service de votre altesse me fait espérer que ma franchise ne lui sera pas désagréable, et elle m'auroit engagé ici en un plus long discours, où j'eusse tâché d'éclaircir à cette fois toutes les difficultés de la question proposée, mais une fâcheuse nouvelle que je viens d'apprendre d'Utrecht, où le magistrat me cite, pour vérifier ce que j'ai écrit d'un de leurs ministres, combien que ce soit un homme qui m'a calomnié très indignement, et que ce que j'ai écrit de lui pour ma juste défense ne soit que trop notoire à tout le monde, me contraint de finir ici pour aller consulter les moyens de me tirer le plus tôt que je pourrai de ces chicaneries, etc.

A M. DE BUITENDIICH [*].

Lettre 10 du tome II. Version.

Monsieur,

Je trouve dans les lettres que vous avez pris la peine de m'écrire trois questions qui montrent si manifestement le soin que vous prenez pour vous instruire, et la franchise avec laquelle vous agissez, qu'il n'y a rien qui me soit plus agréable que d'y répondre. La première est de savoir s'il est jamais permis de douter de Dieu, c'est-à-dire si naturellement on peut douter de l'existence de Dieu; sur

---

[*] « On a fixé cette lettre à l'année 1643. »

quoi j'estime qu'il faut distinguer ce qui dans un doute appartient à l'entendement, d'avec ce qui appartient à la volonté; car pour ce qui est de l'entendement, on ne doit pas demander si quelque chose lui est permise, ou non, pourceque ce n'est pas une faculté élective, mais seulement s'il le peut; et il est certain qu'il y en a plusieurs de qui l'entendement peut douter de Dieu, et de ce nombre sont tous ceux qui ne peuvent démontrer évidemment son existence, quoique néanmoins ils aient une vraie foi; car la foi appartient à la volonté, laquelle étant mise à part, le fidèle peut examiner par raison naturelle s'il y a un Dieu, et ainsi douter de Dieu. Pour ce qui est de la volonté, il faut aussi distinguer entre le doute qui regarde la fin, et celui qui regarde les moyens; car si quelqu'un se propose pour but de douter de Dieu, afin de persister dans ce doute, il pèche grièvement de vouloir demeurer incertain sur une chose de telle importance : mais si quelqu'un se propose ce doute, comme un moyen pour parvenir à une connoissance plus claire de la vérité, il fait une chose tout-à-fait pieuse et honnête, pourceque personne ne peut vouloir la fin, qu'il ne veuille aussi les moyens. Et dans la sainte écriture même, les hommes sont souvent invités de tâcher à s'acquérir la connoissance de Dieu par raison naturelle; et celui-là aussi ne fait pas mal, qui pour la même fin ôte pour un temps de son esprit toute la connoissance qu'il peut avoir de la divinité : car nous ne sommes pas toujours obligés de songer que Dieu existe, autrement il ne nous seroit jamais permis de dormir ou de faire quelque autre chose, pourceque toutes les fois que nous faisons quelque autre chose nous mettons à part, pour ce temps-là, toute la connoissance que nous pouvons avoir de la divinité.

L'autre question est de savoir s'il est permis de supposer quelque chose de faux en ce qui regarde Dieu ; où il faut distinguer entre le vrai Dieu clairement connu et les faux dieux, car le vrai Dieu étant clairement connu, non seulement il n'est pas permis, mais même il est impossible que l'esprit humain puisse lui attribuer quelque chose de faux, ainsi que j'ai expliqué dans les Méditations, pages 152, 159, 269, et en d'autres lieux. Mais d'attribuer aux faux dieux, c'est-à-dire ou aux malins esprits, ou aux idoles, ou aux autres sortes de divinités faussement imaginées par l'erreur de notre entendement (car toutes ces choses dans la sainte écriture sont souvent appelées du nom de dieux), et même aussi au vrai Dieu, lorsqu'il n'est que confusément connu ; de lui attribuer, dis-je, par hypothèse, quelque chose de faux, ce peut être bien ou mal fait, selon que la fin pour laquelle on fait cette supposition est bonne ou mauvaise : car tout ce qui est ainsi feint et attribué par hypothèse, n'est pas pour cela assuré par la volonté comme vrai, mais seulement proposé à l'entendement pour être examiné; et partant il ne contient en soi aucune raison formelle de malice ou de bonté; mais s'il y en a, il l'emprunte de la fin pour laquelle cette supposition est faite. Ainsi donc celui qui feint un dieu trompeur, même le vrai Dieu, mais que ni lui ni les autres pour lesquels il fait cette supposition, ne connoissent pas encore assez distinctement, et qui ne se sert pas de cette fiction à mauvais dessein, pour tâcher de persuader aux autres quelque chose de faux touchant la divinité, mais seulement pour éclairer davantage l'entendement, et aussi afin de connoitre lui-même ou de donner à connoitre aux autres plus clairement la nature de Dieu; celui-là, dis-je, ne fait point de mal, afin qu'il en vienne du bien, pourcequ'il n'y a point du tout de malice en cela, mais il fait absolument un bien, et personne ne le peut reprendre, si ce n'est par calomnie.

La troisième question est touchant le mouvement que vous croyez que j'attribue pour âme aux bêtes. Mais je ne me souviens point d'avoir jamais écrit que le mouvement fût l'âme des brutes, et je ne me suis pas encore expliqué ouvertement là-dessus. Mais d'autant plus que par le mot d'*âme* nous avons coutume d'entendre une substance, et que ma pensée est que le mouvement est seulement un mode du corps (au reste je n'admets pas diverses sortes de mouvements, mais seulement le mouvement local qui est commun à tous les corps, tant animés qu'inanimés), je ne voudrois pas dire que le mouvement fût l'âme des brutes, mais plutôt avec la sainte écriture, au Deutéronome, chap. 12, verset 23, *que le sang est leur âme*. Car le sang est un corps fluide qui se meut très vite, duquel la partie la plus subtile s'appelle esprit, et qui coulant continuellement des artères par le cerveau dans les nerfs et dans les muscles, meut toute la machine du corps. Adieu. Je vous prie de me compter au nombre de vos serviteurs, etc.

A MONSIEUR ****[1].

(Lettre 79 du tome III.)

Monsieur,

Encore que les propositions du révérend père jésuite que vous aviez pris la peine de m'envoyer soient très vraies, je n'espère pas pour cela qu'il en puisse déduire la quadrature du cercle, comme

[1] 1643.

il me semble que vous m'aviez mandé qu'il prétend : de façon que s'il en publie quelque livre, il est croyable que le sieur W. y pourra trouver à reprendre; mais il seroit assez plaisant s'il s'amusoit à y reprendre ce qui n'est pas faux, et qu'il omît ce qui l'est. Je ne vous ai rien mandé touchant ce qu'il a écrit de ma réponse à ses questions, que tout simplement ce que j'en pensois, et comme l'écrivant à vous seul; car je ne savois point qu'on vous eût donné son écrit pour me le faire voir; mais je ne crois pas pour cela vous avoir rien écrit que je me soucie qu'il sache, et je laisse entièrement à votre discrétion de lui faire voir ma lettre, ou un extrait d'icelle, ou rien du tout. Je ne puis en aucune façon satisfaire à ce que vous désirez de la part de M. Friquet; car je ne suis point assez habile pour porter jugement d'un livre, sans en rien voir que le titre des chapitres. Tout ce que j'en puis dire, est que Viète a été sans doute un très excellent mathématicien, mais que les écrits qu'on a de lui ne sont que des pièces détachées, qui ne composent point un corps parfait, et dans lesquelles il ne s'est pas étudié à se rendre intelligible à tout le monde; c'est pourquoi si toute sa doctrine est mise par ordre par quelque savant homme, qui prenne la peine de l'expliquer fort clairement, l'ouvrage en sera fort beau et fort utile. Néanmoins si on n'y met rien de plus que ce qui est contenu dans les écrits de Viète qui ont déjà vu le jour, il me semble qu'on ne portera pas si avant l'algèbre que d'autres ont fait. Pour des questions, celle des quatre globes que vous me mandez avoir envoyée est fort bonne, afin d'éprouver si on sait bien le calcul; mais pour remarquer aussi l'industrie de bien démêler les équations, je n'en sache point de plus propre que celle des trois bâtons, dont la solution n'a peut-être point encore passé jusqu'en Bourgogne. *Tres baculi erecti sunt ad perpendiculum, in horisontali plano, expunctis A, B, C. Et baculus A est 6 pedum, B 18 pedum, C 8 pedum. Et linea AB est 33 pedum; et una atque eadem die extremitas umbræ solaris quam facit baculus A, transit per puncta B et C, extremitas umbræ baculi B per A et C. Et ex consequenti etiam baculi C, per A et B. Quæritur in quanam poli altitudine, et qua die anni id contingat; et supponimus illas umbras describere accurate conicas sectiones, ut quæstio sit geometrica, non mechanica.* Et pour faire preuve des divers usages de l'algèbre on pourroit proposer touchant les nombres, *Invenire numerum cujus partes aliquotæ faciant triplum.* En voici deux : 32,760, dont les parties aliquotes font 98,280; et 30,240, dont les parties font 90,720. On en demande un troisième, avec la façon de les trouver par règle; ou bien, si on ne veut pas donner la règle, je demande sept et huit tels nombres, pourceque j'en ai autrefois envoyé six ou sept à Paris, qui peuvent avoir été divulgués. Et touchant les lignes courbes on pourroit proposer celle-ci.

Data qualibet linea recta N, et ductis aliis duabus lineis indefinitis, ut GD et FE, quæ se in puncto A ita intersecent, ut angulus EAD sit 45 graduum; Quæritur modus describendi lineam curvam ABO, quæ sit talis naturæ, ut a quocumque ejus puncto ducantur tangens et ordinata ad diametrum GD (quemadmodum hic a puncto B ductæ sunt tangens BL, et ordinata BC), semper sit eadem ratio istius ordinatæ BC, ad CL, segmentum diametri inter ipsam et tangentem intercepti, quæ est lineæ datæ N, ad BI, segmentum ordinatæ a curva ad rectam FE porrectæ.

Cette question me fut proposée il y a cinq ou six ans par M. de Beaune, qui la proposa aussi aux plus célèbres mathématiciens de Paris et de Toulouse; mais je ne sache point qu'aucun d'eux lui en ait donné la solution, ni aussi qu'il leur ait fait voir celle que je lui ai envoyée. J'ai vu depuis deux jours *ultimam patientiam Mar.*[1], qui me semble être fort bonne pour achever de peindre *Voe.*[2], et peut-être qu'elle m'exemptera d'écrire beaucoup de choses à quoi j'eusse été obligé. Au reste, je vous assure que je n'ai aucune envie d'aller où vous êtes, si je ne

---
[1] « Maresii. »
[2] « Voëtius. »

vous y pouvois rendre service, non pas que je pense
que mes ennemis m'y pussent nuire en aucune
façon ; mais pourceque n'y ayant point affaire, il
sembleroit que j'irois à dessein de les braver, ce
qui n'est pas convenable à mon humeur; j'aime
mieux qu'ils sachent que je les méprise; et pour ce
sujet je n'ai pas aussi envie d'avoir aucunes copies
authentiques des pièces produites par *Sch*[1], il y
en a assez dans ce dernier livre. Je suis, etc.

A Mme LA PRINCESSE ÉLISABETH, etc.[2],

TOUCHANT LE PROBLÈME : TROIS CERCLES ÉTANT DONNÉS, TROUVER
LE QUATRIÈME QUI TOUCHE LES TROIS.

Lettre 80 du tome III.

Madame,

Ayant su de M. de Pollot que votre altesse a pris
la peine de chercher la question de trois cercles,
et qu'elle a trouvé le moyen de la résoudre, en ne
supposant qu'une quantité inconnue, j'ai pensé

---

[1] « Schookius. »

[2] Ces deux lettres ne sont datées ni dans l'imprimé ni dans l'exemplaire de la bibliothèque de l'Institut. Je les place ici après la 79e, parceque'elles suivent ainsi dans l'imprimé.

que mon devoir m'obligeoit de mettre ici la raison pourquoi j'en avois proposé plusieurs, et de quelle façon je les démêle.

J'observe toujours, en cherchant une question de géométrie, que les lignes dont je me sers pour la trouver soient parallèles, ou s'entre-coupent à angles droits le plus qu'il est possible; et je ne considère point d'autres théorèmes, sinon que les côtés des triangles semblables ont semblable proportion entre eux, et que dans les triangles rectangles le carré de la base est égal aux deux carrés des côtés; et je ne crains point de supposer plusieurs quantités inconnues pour réduire la question à tels termes, qu'elle ne dépende que de ces deux théorèmes; au contraire, j'aime mieux en supposer plus que moins : car par ce moyen je vois plus clairement tout ce que je fais, et en les démêlant je trouve mieux les plus courts chemins, et m'exempte de multiplications superflues; au lieu que si l'on tire d'autres lignes, et qu'on se serve d'autres théorèmes, bien qu'il puisse arriver par hasard que le chemin qu'on trouvera soit plus court que le mien, toutefois il arrive quasi toujours le contraire, et on ne voit point si bien ce qu'on fait, si ce n'est qu'on ait la démonstration du théorème dont on se sert fort présente à l'esprit; et en ce cas on trouve quasi toujours qu'il dépend de la considération de quelques triangles, qui sont ou rectangles, ou semblables entre eux, et ainsi on retombe dans le chemin que je tiens.

Par exemple, si on veut chercher cette question des trois cercles par l'aide d'un théorème, qui enseigne à trouver l'aire d'un triangle par ses trois côtés, on n'a besoin de supposer qu'une quantité inconnue; car, si ABC sont les centres des trois cercles donnés, et D le centre du cherché, les trois côtés du triangle ABC sont donnés, et les trois lignes AD, BD, CD, sont composées des trois rayons des cercles donnés, joints au rayon du cercle cherché, si bien que, supposant x pour ce rayon, on a tous les côtés des triangles ABD, ACD, BCD; et par conséquent on peut avoir leurs aires, qui, jointes ensemble, sont égales à l'aire du triangle donné ABC; et on peut par cette équation venir à la connoissance du rayon x, qui seul est requis pour la solution de la question; mais ce chemin me semble conduire à tant de multiplications superflues, que je ne voudrois pas entreprendre de les démêler en trois mois. C'est pourquoi, au lieu des deux lignes obliques AB et BC, je mène les trois perpendiculaires BE, DG, DF, et posant trois quantités inconnues, l'une pour DF, l'autre pour DG, et l'autre pour le rayon du cercle cherché, j'ai tous les côtés des trois triangles rectangles ADF, BDG, CDF, qui me donnent trois équations, pource qu'en chacune d'elles le carré de la base est égal aux deux carrés des côtés.

Après avoir ainsi fait autant d'équations que j'ai supposé de quantités inconnues, je considère si par chaque équation j'en puis trouver une en termes assez simples ; et, si je ne le puis, je tâche d'en venir à bout en joignant deux ou plusieurs équations par l'addition ou soustraction ; et enfin, lorsque cela ne suffit pas, j'examine seulement s'il ne sera point mieux de changer les termes en quelque façon ; car, en faisant cet examen avec adresse, on rencontre aisément les plus courts chemins, et on en peut essayer une infinité en fort peu de temps.

Ainsi, en cet exemple, je suppose que les trois bases des triangles rectangles sont :

$$AD \parallel a + x$$
$$BD \parallel b + x$$
$$CD \parallel c + x$$

Et faisant $AE \parallel d$, $BE \parallel e$, $CE \parallel f$, DF ou $GE \parallel y$, DG ou $FE \parallel z$, j'ai pour les côtés des mêmes triangles :

$$AF \parallel d - z \text{ et } FD \parallel y$$
$$BG \parallel e - y \text{ et } DG \parallel z$$
$$CF \parallel f - z \text{ et } FD \parallel y$$

Puis faisant le carré de chacune de ces bases égal au carré des deux côtés, j'ai les trois équations suivantes :

$$aa + 2ax + xx \,\|\, dd - 2dz + zz + yy$$
$$bb + 2bx + xx \,\|\, ee - 2ey + yy + zz$$
$$cc + 2cx + xx \,\|\, ff + 2fz + zz + yy$$

Et je vois que par l'une d'elles toute seule je ne puis trouver aucune des quantités inconnues sans en tirer la racine carrée, ce qui embarrasseroit trop la question. C'est pourquoi je viens au second moyen, qui est de joindre deux équations ensemble, et j'aperçois incontinent que les termes xx, yy et zz étant semblables en toutes trois, si j'en ôte une d'une autre, laquelle je voudrai, ils s'effaceront, et ainsi je n'aurai plus de termes inconnus que x, y et z tous simples; je vois aussi que si j'ôte la seconde de la première ou de la troisième, j'aurai tous ces trois termes x, y et z, mais que si j'ôte la première de la troisième je n'aurai que x et z : je choisis donc ce dernier chemin, et je trouve

$$cc + 2cx - aa - 2ax \,\|\, ff + 2fz - dd + 2dz,$$

ou bien

$$z \,\|\, \frac{cc - aa + dd - ff + 2cx - 2ax}{2d + 2f}$$

ou bien $\tfrac{1}{2}d - \tfrac{1}{2}f + \dfrac{cc - aa + 2cx - 2ax}{2d + 2f}$

Puis ôtant la seconde équation de la première ou de la troisième (car l'un revient à l'autre), et, au lieu de z, mettant les termes que je viens de trouver, j'ai par la première et la seconde

$$aa + 2ax - bb - 2bx \,\|\, dd - 2dz - ee + 2ey,$$

ou bien

$$2ey \parallel ee + aa + 2ax - bb - 2bx - dd$$
$$+ \frac{dd-ff\,ccd-aad\,\cdots}{d+f} \text{ ou bien}$$
$$y \parallel \tfrac{1}{2}e - \tfrac{aa}{e} - \cdots$$

Enfin, retournant à l'une des trois premières équations, et, au lieu d'y ou de *z*, mettant les quantités qui leur sont égales, et les carrés de ces quantités pour *yy* et *zz*, on trouve une équation où il n'y a que *x* et *xx* inconnus; de façon que le problème est plan, et il n'est plus besoin de passer outre; car le reste ne sert point pour cultiver ou récréer l'esprit, mais seulement pour exercer la patience de quelque calculateur laborieux. Même j'ai peur de m'être rendu ici ennuyeux à votre altesse, pourceque je me suis arrêté à écrire des choses qu'elle savoit sans doute mieux que moi, et qui sont faciles, mais qui sont néanmoins les clefs de mon algèbre. Je la supplie très humblement de croire que c'est la dévotion que j'ai à l'honorer qui m'y a porté, et que je suis, etc.

A M·· LA PRINCESSE ÉLISABETH, etc.

(Lettre 81 du tome III.)

MADAME,

La solution qu'il a plu à votre altesse me faire l'honneur de m'envoyer est si juste, qu'il ne s'y peut rien désirer davantage; et je n'ai pas seulement été surpris d'étonnement en la voyant, mais je ne puis m'abstenir d'ajouter que j'ai été aussi ravi de joie, et ai pris de la vanité de voir que le calcul dont se sert votre altesse est entièrement semblable à celui que j'ai proposé dans ma Géométrie. L'expérience m'avoit fait connoître que la plupart des esprits qui ont de la facilité à entendre les raisonnements de la métaphysique ne peuvent pas concevoir ceux de l'algèbre et réciproquement que ceux qui comprennent aisément ceux-ci sont d'ordinaire incapables des autres; et je ne vois que celui de votre altesse auquel toutes choses sont également faciles: il est vrai que j'en avois déjà tant de preuves que je n'en pouvois aucunement douter; mais je craignois seulement que la patience qui est nécessaire pour surmonter au commencement les difficultés du calcul ne lui manquât. Car c'est une qualité qui est extrêmement rare aux excellents esprits, et aux personnes de grande condition. Maintenant que cette difficulté est surmontée, elle aura beaucoup plus de plaisir au reste, et en substituant une seule lettre au lieu de plusieurs, ainsi qu'elle a fait ici fort souvent, le calcul ne lui sera pas ennuyeux. C'est une chose qu'on peut quasi toujours faire lorsqu'on veut seulement voir de quelle nature est une question, c'est-à-dire si elle se peut résoudre avec la règle et le compas, ou s'il y faut employer quelques autres lignes courbes du premier ou du second genre, etc., et quel est le chemin pour la trouver; qui est ce de quoi je me contente ordinairement touchant les questions particulières; car il me semble que le surplus, qui consiste à chercher la construction et la démonstration par les propositions d'Euclide, en cachant le procéder de l'algèbre, n'est qu'un amusement pour les petits géomètres, qui ne requiert pas beaucoup d'esprit ni de science : mais lorsqu'on a quelque question qu'on veut achever pour en faire un théorème qui serve de règle générale pour en résoudre plusieurs autres semblables, il est besoin de retenir jusques à la fin toutes les mêmes lettres qu'on a posées au commencement; ou bien, si on en change quelques unes pour faciliter le calcul, il les faut remettre par après étant à la fin, à cause qu'ordinairement plusieurs s'effacent l'une contre l'autre, ce qui ne se peut voir lorsqu'on les a changées. Il est bon aussi alors d'observer que les quantités qu'on dénomme par les lettres aient semblable rapport les unes aux autres le plus qu'il est possible; cela rend le théorème plus beau et plus court, pourceque ce qui s'énonce de l'une de ces quantités s'énonce en même façon des autres, et empêche qu'on ne puisse faillir au calcul; pourceque les lettres qui signifient des quantités qui ont même rapport s'y doivent trouver distribuées en même façon, et quand cela manque, on reconnoît son erreur. Ainsi, pour trouver un théorème qui enseigne quel est le rayon du cercle, qui touche les trois donnés par position, il ne faudroit pas en cet exemple poser les trois lettres a, b, c, pour les lignes AD, DC, DB, mais pour les lignes AB, AD, et BC, pourceque ces dernières ont même rapport l'une que l'autre aux trois AH, BH, et CH, ce que n'ont pas les premières ; et en suivant le calcul avec ces six lettres, sans les changer ni en ajouter d'autres, par le chemin qu'a pris votre altesse (car il est meilleur pour cela que celui que j'avois proposé), on doit venir à une équation fort régulière, et qui fournira un théorème assez court. Car les trois lettres a, b, c, y sont disposées en même façon, et aussi les trois d, e, f;

mais pourceque le calcul en est ennuyeux, si votre altesse a désir d'en faire l'essai, il lui sera plus aisé en supposant que les trois cercles donnés s'entre-touchent, et n'employant en tout le calcul que les quatre lettres d, e, f, x, qui étant les rayons des quatre cercles, ont semblable rapport l'une à l'autre; et en premier lieu elle trouvera

$$AK \parallel \frac{dd+df+dx-fx}{e+f} \text{ et } AD \parallel \frac{dd+ef+de-fe}{e+f}$$

Où elle peut déjà remarquer que x est dans la ligne AK, comme e dans la ligne AD, pourcequ'elle se trouve par le triangle AHC, comme l'autre par le triangle ABC; puis enfin elle aura cette équation :

$$\begin{array}{ll} ddeeff & 2deffxx + 2deefx \\ ddeexx \parallel & 2deefxx + 2ddeffx \\ ddffxx & 2ddefxx + 2ddeefx \\ eeffxx & \end{array}$$

De laquelle on tire pour théorème que les quatre sommes, qui se produisent en multipliant ensemble les carrés de trois de ces rayons, font le double de six, qui se produisent en multipliant deux de ces rayons l'un par l'autre, et par les carrés des deux autres; ce qui suffit pour servir de règle à trouver le rayon du plus grand cercle qui puisse être décrit entre les trois donnés qui s'entre-touchent; car si les rayons de ces trois donnés sont par exemple $\frac{1}{2}$, $\frac{1}{2}$, $\frac{1}{3}$, j'aurai 576 pour $ddeeff$, et 36 xx pour $ddeexx$, et ainsi des autres; d'où je trouverai $x \parallel -\frac{136}{17}+\sqrt{\frac{31104}{9996}}$, si je ne me suis trompé au calcul que j'en viens de faire; et votre altesse peut voir ici deux procédures fort différentes dans une même question, selon les différents desseins qu'on se propose; car, voulant savoir de quelle nature est la question, et par quel biais on la peut résoudre, je prends pour données les lignes perpendiculaires ou parallèles, et suppose plusieurs autres quantités inconnues, afin de ne faire aucune multiplication superflue, et voir mieux les plus courts chemins; au lieu que, la voulant achever, je prends pour donnés les côtés du triangle, et ne suppose qu'une lettre inconnue. Mais il y a quantité de questions où le même chemin conduit à l'un et à l'autre, et je ne doute point que votre altesse ne voie bientôt jusqu'où peut atteindre l'esprit humain dans cette science; je m'estimerois extrêmement heureux si j'y pouvois contribuer quelque chose, comme étant porté d'un zèle très particulier à être, etc.

ANNÉE 1644.

A UN R. P. JÉSUITE [1].

(Lettre 17 du tome III.)

Mon révérend Père,

Je suis plus heureux que je ne savois, en ce que j'ai l'honneur d'être allié d'une personne de votre mérite et de votre société, et qui est particulièrement versé dans les mathématiques. Car c'est une science que j'ai toujours tant estimée, et à laquelle je me suis tellement appliqué, que j'honore et chéris extrêmement tous ceux qui les savent, et pense aussi avoir quelque droit d'espérer leur bienveillance, au moins de ceux qui sont mathémati-

---

[1] « Cette lettre est adressée à un P. jésuite dont il étoit allié par sa belle-sœur, femme du sieur de la Treballière. Ce jésuite étoit assez habile mathématicien. Cette lettre n'est pas datée, mais je pense qu'elle est écrite du commencement de janvier 1644, d'autant qu'en ce temps-là il n'étoit pas encore raccommodé avec le P. Bourdin, et qu'il dit qu'il publioit ses Principes. Je fixe donc cette lettre au 4 janvier 1644. »

ciens d'effet autant que de nom ; car il n'appartient qu'à ceux qui le veulent paroître et ne le sont pas, de haïr ceux qui tâchent à l'être véritablement. C'est ce qui m'a fait étonner du révérend père Bourdin, duquel je ne doute point que vous n'ayez remarqué la passion ; et j'oserois vous supplier de me vouloir mettre en ses bonnes grâces, si je pensois que ce fût une chose possible : mais comme il a fait paroître quelque animosité contre moi sans aucune raison, et avant même que je susse qu'il fût au monde, ainsi je ne puis quasi espérer que la raison le change. C'est pourquoi je veux seulement vous protester, qu'en ce qui s'est passé entre lui et moi, je ne le considère en aucune façon comme étant de votre compagnie, à laquelle j'ai une infinité d'obligations, qui ne peuvent entrer en comparaison avec le peu en quoi il m'a désobligé. Et pourceque je suis encore plus particulièrement obligé à vous qu'aux autres, à cause de l'alliance de mon frère, je serois ravi si je pouvois avoir occasion de vous témoigner combien je vous honore et désire obéir en toutes choses. Et je ne manquerois pas ici de vous écrire ce que j'ai pensé touchant le flux et reflux de la mer, s'il m'étoit possible de l'expliquer sans user de plusieurs suppositions, qui sembleroient peut-être plus difficiles à croire que le reflux même, pour ceux qui n'ont point encore vu mes Principes, lesquels j'espère de publier dans peu de temps, et de vous satisfaire alors touchant cette partie, et peut-être aussi touchant plusieurs autres.

Tout ce que je puis dire du livre *de Cive*, est que je juge que son auteur est le même que celui qui a fait les troisièmes objections contre mes Méditations, et que je trouve beaucoup plus habile en morale qu'en métaphysique ni en physique; nonobstant que je ne puisse aucunement approuver ses principes ni ses maximes, qui sont très mauvaises et très dangereuses, en ce qu'il suppose tous les hommes méchants, ou qu'il leur donne sujet de l'être. Tout son but est d'écrire en faveur de la monarchie, ce qu'on pourroit faire plus avantageusement et plus solidement qu'il n'a fait en prenant des maximes plus vertueuses et plus solides. Et il écrit aussi fort au désavantage de l'église et de la religion romaine.

M. BEVEROVIC[1]
A M. DESCARTES.

(Lettre 75 du tome I. Version.)

Monsieur,

Je souhaite avec passion de voir ces démonstrations mécaniques, pa lesquelles j'apprends que vous établissez si nettement la circulation du sang, qu'il ne reste plus aucun sujet de doute en cette doctrine. Je vous prie très instamment de me les communiquer quand vous le pourrez sans vous incommoder. Comme j'ai écrit sur diverses questions à de grands hommes, j'ai dessein de donner au public un recueil de mes lettres, et de leurs réponses, dans lequel je me suis proposé de mettre la vôtre touchant la circulation; en l'attendant,

---

[1] « Beverovicius ou Jean de Berenvick, 1643. »

Une seconde main : « Cette lettre n'est pas datée; mais le recueil des *Questions épistolaires* de Beverovic étant imprimé à Roterdam en juin et juillet 1644, je crois cette lettre écrite du 15 janvier 1644. » — La lettre latine imprimée dans l'édition in-12, t. II, p. 149, est datée d'Egmond, 5 juillet 1643.

je souhaite que vous viviez long-temps et heureusement parmi nous, autant pour l'honneur de notre Hollande, qui vous regarde comme un de ses citoyens, que pour la gloire des sciences, dont vous êtes le restaurateur. Adieu.

RÉPONSE
DE M. DESCARTES [1].

(Lettre 76 du tome I.)

(Version.)

Monsieur,

Vous me faites beaucoup d'honneur de vouloir que mes réponses trouvent place parmi celles de ces grands hommes dans ce beau recueil que vous nous promettez. J'appréhende seulement de n'avoir rien à vous dire qui réponde à votre attente, ayant déjà ci-devant publié tout ce que je sais tou-

---

[1] « 1643. » La seconde main : cette lettre n'est pas datée ; mais comme M. Descartes y dit qu'il y a plus de six ans que Plempius lui envoya ses objections touchant la circulation du sang, et que la réponse de M. Descartes fut datée par moi du 15 janvier 1638, je ne puis mettre plus haut cette réponse de Descartes à M. Reverovic qu'en février 1644. »

chant la question que vous me proposez, dans un discours de la Méthode que je fis imprimer en françois il y a quelques années, où j'ai fait voir que le mouvement du sang ne dépend que de la chaleur du cœur et de la conformation des vaisseaux. Et, bien que je sois entièrement d'accord avec Hervœus touchant la circulation du sang, et que je le regarde comme le premier qui a fait cette admirable découverte des petits passages par où le sang coule des artères dans les veines, qui est à mon avis la plus belle et la plus utile que l'on pût faire en médecine, je suis toutefois d'un sentiment tout-à-fait contraire au sien touchant le mouvement du cœur. Il veut, si je m'en souviens, que le cœur dans la diastole se dilate pour recevoir le sang, et que dans la systole il se resserre pour le chasser; pour moi, voici comme j'explique toute la chose.

Quand le cœur est vide de sang, il en tombe nécessairement de nouveau dans son ventricule droit par la veine cave, et dans le gauche par l'artère veineuse; je dis nécessairement, parceque étant fluide, et les orifices de ces vaisseaux, dont les rides forment les oreilles du cœur, étant fort larges, et les valvules dont ils sont munis étant pour lors ouvertes, il ne se peut sans miracle qu'il ne descende dans le cœur. Et sitôt qu'il est ainsi coulé un peu de sang dans l'un et dans l'autre ventricule, comme il y trouve plus de chaleur que dans les veines dont il est sorti, il faut de nécessité qu'il se dilate, et qu'il occupe un plus grand espace qu'auparavant ; je dis de nécessité, parceque telle est sa nature, et il est aisé de le remarquer, en ce que, quand nous avons froid, toutes les veines de notre corps sont si resserrées qu'à peine paroissent-elles, et quand ensuite nous venons à avoir chaud, elles s'enflent si fort que le sang qu'elles contiennent semble occuper dix fois plus d'espace. Le sang se dilatant ainsi dans le cœur, pousse de tous côtés les parois de chaque ventricule avec tant de promptitude et d'effort, qu'il ferme les petites portes qui sont aux entrées de la veine cave et de l'artère veineuse, et ouvre en même temps celles qui sont aux orifices de la veine artérieuse et de la grande artère (car ces petites portes sont construites de telle manière, que, selon les lois de la mécanique, celles-ci se doivent ouvrir, et celles-là se refermer, par le seul effort que fait le sang en se dilatant); et c'est cette dilatation qui fait la diastole du cœur. C'est aussi ce qui cause celle des artères, étant certain que le sang qui se dilate dans le cœur ne peut ouvrir les petites portes de la veine artérieuse et de la grande artère, sans pousser en même temps tout l'autre sang qui est contenu dans les artères. En suite de quoi ce même sang, par le même effort qu'il s'est dilaté, entre dans les artères, et ainsi le cœur se vide; et c'est en cela que consiste sa systole. Puis, quand ce sang qui s'étoit dilaté dans le cœur est parvenu jusque dans les artères, il se condense comme auparavant, parcequ'il y trouve moins de chaleur; et c'est en cela que consiste la systole des artères, qui suit de si près celle du cœur, qu'elle semble se faire en même temps. Sur la fin de cette systole, le sang contenu dans les artères (je prends toujours la veine artérieuse pour une artère, et l'artère veineuse pour une veine) retombe vers le cœur, mais il ne rentre point pour cela dans ses ventricules; parceque les petites portes qui sont à leurs orifices sont disposées de telle façon, que le sang ne peut retomber sur elles sans les refermer; comme au contraire celles qui sont aux orifices des veines s'ouvrent d'elles-mêmes quand le cœur se désenfle, si bien qu'il y tombe de nouveau sang qui donne lieu à une nouvelle diastole. Toutes ces choses sont à la vérité mécaniques, aussi bien que les expériences par lesquelles on prouve qu'il y a diverses anastomoses, par où le sang passe des artères dans les veines; car, par exemple, ce que l'on observe de la situation des valvules dans les veines, de la ligature du bras pour la saignée, de ce que tout le sang peut sortir du corps par l'ouverture d'une seule veine, et d'une seule artère, et plusieurs autres particulières observations, sont autant d'expériences qui prouvent ces anastomoses.

Voilà tout ce que je trouve de remarquable sur ce sujet; et la chose est à mon sens si claire et si certaine, que je tiendrois superflu d'en établir la preuve par d'autres arguments. On m'envoya de Louvain, il y a plus de six ans, des objections sur cette matière, auxquelles je répondis pour lors; mais parceque leur auteur, qui n'a pas été en cela de bonne foi, en donnant mes réponses au public, les a tournées d'une manière qui fait violence à mon sens, et qu'il les a tout-à-fait estropiées, je vous les enverrai volontiers comme je les ai écrites, pour peu que vous me témoigniez que vous les aurez agréables; vous protestant de faire en toute autre chose ce qui me sera possible pour votre service et pour l'avancement des sciences.

A UN R. P. JÉSUITE[1].

(Lettre 115 du tome I.)

MON RÉVÉREND PÈRE,

Je sais qu'il est très malaisé d'entrer dans les pensées d'autrui, et l'expérience m'a fait connoî-

---

[1] « On ne sait pas bien qui c'est; cependant les derniers mots de cette

tre combien les miennes semblent difficiles à plusieurs, ce qui fait que je vous ai grande obligation de la peine que vous avez prise à les examiner ; et je ne puis avoir que très grande opinion de vous, en voyant que vous les possédez de telle sorte, qu'elles sont maintenant plus vôtres que miennes. Et les difficultés qu'il vous a plu me proposer sont plutôt dans la matière, et dans le défaut de mon expression, que dans aucun défaut de votre intelligence ; car vous avez joint la solution des principales, mais je ne laisserai pas de dire ici mes sentiments de toutes.

J'avoue bien que dans les causes physiques et morales, qui sont particulières et limitées, on éprouve souvent que celles qui produisent quelque effet ne sont pas capables d'en produire plusieurs autres qui nous paroissent moindres ; ainsi un homme qui peut produire un autre homme ne peut pas produire une fourmi, et un roi qui se fait obéir par tout un peuple ne se peut quelquefois faire obéir par un cheval. Mais

lettre, où M. Descartes prie celui à qui il écrit de ne pas se donner la peine de lui envoyer ce qu'il a écrit sur ses Méditations, font connoître que c'est le P. Mesland. Voyez aussi le commencement de la 18ᵉ du t. III. En comparant ces deux lettres, on voit que celle-ci est envoyée au P. Mesland. Elle est datée du mois de mai 1644 ; car M. Descartes quitta le Hoof le 1ᵉʳ mai, et alla à La Haye, à Leyde et à Amsterdam. Ainsi cette lettre, que je fixe au 15 mai 1644, a été écrite le même jour que la 18ᵉ du t. III. »

quand il est question d'une cause universelle et indéterminée, il me semble que c'est une notion commune très évidente que *quod potest plus, potest etiam minus*, aussi bien que *totum est majus sua parte*. Et même cette notion entendue s'étend aussi à toutes les causes particulières tant morales que physiques : car ce seroit plus à un homme de pouvoir produire des hommes et des fourmis, que de ne pouvoir produire que des hommes ; et ce seroit une plus grande puissance à un roi de commander même aux chevaux, que de ne commander qu'à son peuple ; comme on feint que la musique d'Orphée pouvoit émouvoir même les bêtes, pour lui attribuer d'autant plus de force.

Il importe peu que ma seconde démonstration, fondée sur notre propre existence, soit considérée comme différente de la première, ou seulement comme une explication de cette première. Mais ainsi que c'est un effet de Dieu de m'avoir créé, aussi en est-ce un d'avoir mis en moi son idée ; et il n'y a aucun effet venant de lui par lequel on ne puisse démontrer son existence. Toutefois il me semble que toutes ces démonstrations prises des effets reviennent à une, et même qu'elles ne sont pas accomplies si ces effets ne nous sont évidents (c'est pourquoi j'ai plutôt considéré ma propre existence que celle du ciel et de la terre, de laquelle je ne suis pas si certain), et si nous n'y joignons l'idée que nous avons de Dieu ; car mon âme étant finie, je ne puis connoître que l'ordre des causes n'est pas infini, sinon en tant que j'ai en moi cette idée de la première cause; et encore qu'on admette une première cause qui me conserve, je ne puis dire qu'elle soit Dieu, si je n'ai véritablement l'idée de Dieu : ce que j'ai insinué en ma réponse aux premières objections, mais en peu de mots, afin de ne point mépriser les raisons des autres, qui admettent communément que *non datur progressus in infinitum*. Et moi je ne l'admets pas ; au contraire, je crois que *datur revera talis progressus in divisione partium materiæ*, comme on verra dans mon traité de philosophie, qui s'achève d'imprimer.

Je ne sache point avoir déterminé que Dieu fait toujours ce qu'il connoît être le plus parfait, et il ne me semble pas qu'un esprit fini puisse juger de cela : mais j'ai tâché d'éclaircir la difficulté proposée touchant la cause des erreurs, en supposant que Dieu ait créé le monde très parfait ; pourceque supposant le contraire cette difficulté cesse entièrement.

Je vous suis bien obligé de ce que vous m'apprenez les endroits de saint Augustin qui peuvent servir pour autoriser mes opinions; quelques autres de mes amis avoient déjà fait le semblable: et j'ai très grande satisfaction de ce que mes pensées s'accordent avec celles d'un si saint et si excellent personnage. Car je ne suis nullement de l'humeur de ceux qui désirent que leurs opinions paroissent nouvelles; au contraire, j'accommode les miennes à celles des autres, autant que la vérité me le permet.

Je ne mets autre différence entre l'âme et ses idées, que comme entre un morceau de cire et les diverses figures qu'il peut recevoir; et comme ce n'est pas proprement une action, mais une passion en la cire de recevoir diverses figures, il me semble que c'est aussi une passion en l'âme de recevoir telle ou telle idée, et qu'il n'y a que ses volontés qui soient des actions; et que ses idées sont mises en elle, partie par les objets qui touchent les sens, partie par les impressions qui sont dans le cerveau, et partie aussi par les dispositions qui ont précédé en l'âme même, et par les mouvements de sa volonté; ainsi que la cire reçoit ses figures, partie des autres corps qui la pressent, partie des figures ou autres qualités qui sont déjà en elle, comme de ce qu'elle est plus ou moins pesante ou molle, etc., et partie aussi de son mouvement, lorsqu'ayant été agitée elle a en soi la force de continuer à se mouvoir.

Pour la difficulté d'apprendre les sciences, qui est en nous, et celle de nous représenter clairement les idées qui nous sont naturellement connues, elle vient des faux préjugés de notre enfance, et des autres causes de nos erreurs, que j'ai tâché d'expliquer assez au long en l'écrit que j'ai sous la presse. Pour la mémoire, je crois que celle des choses matérielles dépend des vestiges qui demeurent dans le cerveau, après que quelque image y a été imprimée : et que celle des choses intellectuelles dépend de quelques autres vestiges qui demeurent en la pensée même, mais ceux-ci sont tout d'un autre genre que ceux-là, et je ne les saurois expliquer par aucun exemple tiré des choses corporelles, qui n'en soit fort différent; au lieu que les vestiges du cerveau le rendent propre à mouvoir l'âme, en la même façon qu'il l'avoit mue auparavant, et ainsi à la faire souvenir de quelque chose, tout de même que les plis qui sont dans un morceau de papier, ou dans un linge, font qu'il est plus propre à être plié derechef comme il a été auparavant, que s'il n'avoit jamais été ainsi plié.

L'erreur morale qui arrive quand on croit avec raison une chose fausse, pourcequ'un homme de bien nous l'a dite, etc., ne contient aucune privation lorsque nous ne l'assurons que pour régler les actions de notre vie, en choses que nous ne pouvons moralement savoir mieux ; et ainsi ce n'est point proprement une erreur; mais c'en seroit une si nous l'assurions comme une vérité de physique, pourceque le témoignage d'un homme de bien ne suffit pas pour cela.

Pour le libre arbitre, je n'ai point vu ce que le R. P. Petau en a écrit; mais de la façon que vous expliquez votre opinion sur ce sujet, il ne me semble pas que la mienne en soit fort éloignée. Car premièrement je vous supplie de remarquer que je n'ai point dit que l'homme ne fût indifférent que là où il manque de connoissance, mais bien qu'il est d'autant plus indifférent qu'il connoît moins de raisons qui le poussent à choisir un parti plutôt que l'autre; ce qui ne peut, ce me semble, être nié de personne. Et je suis d'accord avec vous, en ce que vous dites qu'on peut suspendre son jugement; mais j'ai tâché d'expliquer le moyen par lequel on le peut suspendre: car il est, ce me semble, certain que *ex magna luce in intellectu sequitur magna propensio in voluntate;* en sorte que, voyant très clairement qu'une chose nous est propre, il est très malaisé, et même, comme je crois, impossible, pendant qu'on demeure en cette pensée, d'arrêter le cours de notre désir. Mais pourceque la nature de l'âme est de n'être quasi qu'un moment attentive à une même chose, sitôt que notre attention se détourne des raisons qui nous font connoitre que cette chose nous est propre, et que nous retenons seulement en notre mémoire qu'elle nous a paru désirable, nous pouvons représenter à notre esprit quelque autre raison qui nous en fasse douter, et ainsi suspendre notre jugement, et même aussi peut-être en former un contraire. Ainsi, puisque vous ne mettez pas la liberté dans l'indifférence précisément, mais dans une puissance réelle et positive de se déterminer, il n'y a de différence entre nos opinions que pour le nom; car j'avoue que cette puissance est en la volonté : mais pourceque je ne vois point qu'elle soit autre quand elle est accompagnée de l'indifférence, laquelle vous avouez être une imperfection, que quand elle n'en est point accompagnée, et qu'il n'y a rien dans l'entendement que de la lumière, comme dans celui des bienheureux qui sont confirmés en grâce, je nomme généralement libre tout ce qui est volontaire, et vous voulez restreindre ce nom à la puissance de se déterminer, qui est accompagnée de l'indifférence. Mais je ne désire rien tant, touchant les noms, que de suivre l'usage et l'exemple.

Pour les animaux sans raison, il est évident qu'ils ne sont pas libres, à cause qu'ils n'ont pas cette puissance positive de se déterminer; mais c'est en eux une pure négation de n'être pas forcés ni contraints. Rien ne m'a empêché de parler de la liberté que nous avons à suivre le bien ou le mal, sinon que j'ai voulu éviter autant que j'ai pu les controverses de la théologie, et me tenir dans les bornes de la philosophie naturelle. Mais je vous avoue qu'en tout ce où il y a occasion de pécher, il y a de l'indifférence; et je ne crois point que pour mal faire il soit besoin de voir clairement que ce que nous faisons est mauvais, il suffit de le voir confusément, ou seulement de se souvenir qu'on a jugé autrefois que cela l'étoit, sans le voir en aucune façon, c'est-à-dire sans avoir attention aux raisons qui le prouvent; car si nous le voyons clairement, il nous seroit impossible de pécher, pendant le temps que nous le verrions en cette sorte; c'est pourquoi on dit que *Omnis peccans est ignorans*. Et on ne laisse pas de mériter, bien que, voyant très clairement ce qu'il faut faire, on le fasse infailliblement, et sans aucune indifférence, comme a fait Jésus-Christ en cette vie; car l'homme pouvant n'avoir pas toujours une parfaite attention aux choses qu'il doit faire, c'est une bonne action que de l'avoir, et de faire par son moyen que notre volonté suive si fort la lumière de notre entendement, qu'elle ne soit point du tout indifférente. Au reste, je n'ai point écrit que la grâce empêchât entièrement l'indifférence; mais seulement qu'elle nous fait pencher davantage vers un côté que vers l'autre, et ainsi qu'elle la diminue, bien qu'elle ne diminue pas la liberté; d'où il suit, ce me semble, que cette liberté ne consiste point en l'indifférence.

Pour la difficulté de concevoir comment il a été

libre et indifférent à Dieu de faire qu'il ne fût pas vrai que les trois angles d'un triangle fussent égaux à deux droits, ou généralement que les contradictoires ne peuvent être ensemble, on la peut aisément ôter, en considérant que la puissance de Dieu ne peut avoir aucunes bornes, puis aussi en considérant que notre esprit est fini, et créé de telle nature qu'il peut concevoir comme possibles les choses que Dieu a voulu être véritablement possibles, mais non pas de telle sorte, qu'il puisse aussi concevoir comme possibles celles que Dieu auroit pu rendre possibles, mais qu'il a toutefois voulu rendre impossibles. Car la première considération nous fait connoître que Dieu ne peut avoir été déterminé à faire qu'il fût vrai que les contradictoires ne peuvent être ensemble, et que par conséquent il a pu faire le contraire; puis l'autre nous assure que, bien que cela soit vrai, nous ne devons point tâcher de le comprendre, pourceque notre nature n'en est pas capable. Et encore que Dieu ait voulu que quelques vérités fussent nécessaires, ce n'est pas à dire qu'il les ait nécessairement voulues; car c'est toute autre chose de vouloir qu'elles fussent nécessaires, et de le vouloir nécessairement, ou d'être nécessité à le vouloir. J'avoue bien qu'il y a des contradictions qui sont si évidentes, que nous ne les pouvons représenter à notre esprit sans que nous les jugions entièrement impossibles, comme celle que vous proposez : Que Dieu auroit pu faire que les créatures ne fussent point dépendantes de lui; mais nous ne nous les devons point représenter pour connoitre l'immensité de sa puissance, ni concevoir aucune préférence ou priorité entre son entendement et sa volonté; car l'idée que nous avons de Dieu nous apprend qu'il n'y a en lui qu'une seule action toute simple et toute pure; ce que ces mots de saint Augustin expriment fort bien, *quia vides ea, sunt,* etc., pourceque en Dieu *videre* et *velle* ne sont qu'une même chose.

Je distingue les lignes des superficies, et les points des lignes, comme un mode d'un autre mode; mais je distingue le corps des superficies, des lignes, et des points qui le modifient, comme une substance de ses modes; et il n'y a point de doute que quelque mode qui appartenoit au pain demeure au saint sacrement, vu que sa figure extérieure, qui est un mode, y demeure. Pour l'extension de JÉSUS-CHRIST en ce saint sacrement, je ne l'ai point expliquée, pourceque je n'y ai pas été obligé, et que je m'abstiens le plus qu'il m'est possible des questions de théologie, et même que le concile de Trente a dit qu'il y est *ea existendi ratione quam verbis exprimere vix possumus;* lesquels mots j'ai insérés à dessein à la fin de ma réponse aux quatrièmes objections, pour m'exempter de l'expliquer. Mais j'ose dire que si les hommes étoient un peu plus accoutumés qu'ils ne sont à ma façon de philosopher, on pourroit leur faire entendre un moyen d'expliquer ce mystère, qui fermeroit la bouche aux ennemis de notre religion, et auquel ils ne pourroient contredire.

Il y a grande différence entre *l'abstraction* et *l'exclusion*. Si je disois seulement que l'idée que j'ai de mon âme ne me la représente pas dépendante du corps, et identifiée avec lui, ce ne seroit qu'une abstraction, de laquelle je ne pourrois former qu'un argument négatif, qui concluroit mal; mais je dis que cette idée me la représente comme une substance qui peut exister, encore que tout ce qui appartient au corps en soit exclus; d'où je forme un argument positif, et conclus qu'elle peut exister sans le corps. Et cette exclusion de l'extension se voit fort clairement en la nature de l'âme, de ce qu'on ne peut concevoir de moitié d'une chose qui pense, ainsi que vous avez très bien remarqué. Je ne voudrois pas vous donner la peine de m'envoyer ce qu'il vous a plu écrire sur le sujet de mes Méditations, pourceque j'espère aller en France bientôt, où j'aurai, si je puis, l'honneur de vous voir, et cependant je vous supplie de me croire, etc.

A UN R. P. JÉSUITE [1].

(Lettre 18 du tome III.)

Mon révérend père,

J'ai été extrêmement aise de voir des marques du souvenir qu'il vous plaît avoir de moi, et de recevoir les excellentes lettres du R. P. Mesland. Je tâche de lui répondre tout franchement et sans rien dissimuler de mes pensées, mais ce n'est pas avec tant de soin que j'eusse désiré, car je suis ici en un lieu où j'ai beaucoup de divertissements et peu de loisir, ayant depuis peu quitté ma demeure ordinaire pour chercher la commodité de passer en France, où je me propose d'aller dans peu de temps, et, s'il m'est aucunement possible, je ne manquerai pas de me donner l'honneur de vous y voir; car je serai ravi de retourner à La Flèche, où j'ai demeuré huit ou neuf ans de suite en ma jeu-

---

[1] « On ne sait quel est ce jésuite. Cette lettre est écrite le 15 de mai 1644, le même jour que la 115ᵉ du 1ᵉʳ volume. Voyez les raisons dans cette lettre 115; elles sont égales pour l'une et pour l'autre. De plus, il dit ici qu'il a depuis peu quitté son séjour ordinaire, et que dans peu il ira en France: tout cela prouve que cette lettre est du 15 mai 1644. »

nesse, et c'est là que j'ai reçu les premières semences de tout ce que j'ai jamais appris, de quoi j'ai toute l'obligation à votre compagnie. Si le témoignage de M. de Beaune suffit pour faire valoir ma Géométrie, encore qu'il y en ait peu d'autres qui l'entendent, je me promets que celui du R. P. Mesland ne sera pas moins efficace pour autoriser mes Méditations, vu principalement qu'il a pris la peine de les accommoder au style dont on a coutume de se servir pour enseigner, de quoi je lui ai une très grande obligation; et j'espère qu'on verra par expérience que mes opinions n'ont rien qui les doive faire appréhender et rejeter par ceux qui enseignent; mais, au contraire, qu'elles se trouveront fort utiles et commodes. Il y a deux mois que les Principes de ma philosophie eussent dû être achevés d'imprimer, si le libraire m'eût tenu parole; mais il a été retardé par les figures qu'il n'a pu faire tailler si tôt qu'il pensoit; j'espère pourtant de vous les envoyer bientôt, si le vent ne m'emporte d'ici avant qu'ils soient achevés. Je suis, etc.

A UN R. P. JÉSUITE[1].

(Lettre 19 du tome III.)

MON RÉVÉREND PÈRE,

Ayant enfin publié les Principes de cette philosophie, qui a donné de l'ombrage à quelques uns, vous êtes un de ceux à qui je désire le plus de l'offrir, tant à cause que je vous suis obligé de tous les fruits que je puis tirer de mes études, vu les soins que vous avez pris de mon institution en ma jeunesse, comme aussi à cause que je sais combien vous pouvez, pour empêcher que mes bonnes intentions ne soient mal interprétées par ceux de votre compagnie qui ne me connoissent pas. Je ne crains point que mes écrits soient blâmés ou méprisés par ceux qui les examineront; car je serai toujours bien aise de reconnoître mes fautes, et de les corriger, lorsqu'on me fera la faveur de me les apprendre; mais je désire éviter autant que je pourrai les faux préjugés de ceux à qui c'est assez de savoir que j'ai écrit quelque chose touchant la phi-

---

[1] « La lecture de cette lettre fait voir qu'elle est écrite au P. Charlet; elle est datée de Paris le 1ᵉʳ octobre 1644, de la maison de l'abbé Picot. »

losophie (en quoi je n'ai pas entièrement suivi le style commun) pour en concevoir une mauvaise opinion. Et pourceque je vois déjà par expérience que les choses que j'ai écrites ont eu le bonheur d'être reçues et approuvées d'un assez grand nombre de personnes, je n'ai pas beaucoup à craindre qu'on réfute mes opinions. Je vois même que ceux qui ont le sens commun assez bon, et qui ne sont point encore imbus d'opinions contraires, sont tellement portés à les embrasser, qu'il y a apparence qu'elles ne pourront manquer avec le temps d'être reçues de la plupart des hommes, et j'ose même dire des mieux sensés. Je sais qu'on a cru que mes opinions étoient nouvelles, et toutefois on verra ici que je ne me sers d'aucun principe qui n'ait été reçu par Aristote, et par tous ceux qui se sont jamais mêlés de philosopher. On s'est aussi imaginé que mon dessein étoit de réfuter les opinions reçues dans les écoles, et de tâcher à les rendre ridicules, mais on verra que je n'en parle non plus que si je ne les avois jamais apprises. Enfin on a espéré que lorsque ma philosophie paroîtroit au jour, on y trouveroit quantité de fautes, qui la rendroient facile à réfuter; et moi au contraire je me promets que tous les meilleurs esprits la jugeront si raisonnable, que ceux qui entreprendront de l'impugner n'en recevront que de la honte, et que les plus prudents feront gloire d'être des premiers à en porter un favorable jugement, qui sera suivi par après de la postérité s'il se trouve véritable. A quoi si vous contribuez quelque chose par votre autorité et votre conduite, comme je sais que vous y pouvez beaucoup, ce sera un surcroît aux grandes obligations que je vous ai déjà, et qui me rendent, etc.

A UN R. P. JÉSUITE.

(Lettre 20 du tome III.)

Mon révérend père,

Voici enfin les Principes de cette malheureuse philosophie, que quelques uns ont tâché d'étouffer avant sa naissance; j'espère qu'ils changeront d'humeur en la voyant, et qu'ils la trouveront plus innocente qu'ils ne s'étoient imaginé. Ils y trouveront peut-être encore à redire, sur ce que je n'y parle point des animaux ni des plantes, et que

---

[1] « Je crois que ce jésuite est le P. Dinet; car la lecture de cette lettre fait voir que celui à qui il écrit avoit, par son autorité, contribué plus que personne à le faire devenir ami des jésuites. Et ce n'est pas sans raison qu'il témoigne à ce père, que je soupçonne être le P. Dinet, qu'il a vu le P. Bourdin, parceque c'étoit le P. Dinet qui y avoit eu plus de part que personne. Cette lettre est du 8 octobre 1644, datée de Paris. »

j'y traite seulement des corps inanimés; mais ils pourront remarquer que ce que j'ai omis n'est en aucune façon nécessaire pour l'intelligence de ce que j'ai écrit. Et encore que mon traité soit assez court, je puis dire pourtant que j'y ai compris tout ce qui me semble être nécessaire pour l'intelligence des matières dont j'ai traité, en sorte que je n'aurai jamais plus besoin d'en écrire. J'ai eu ces jours passés beaucoup de satisfaction d'avoir eu l'honneur de voir le révérend père Bourdin, et de ce qu'il m'a fait espérer la faveur de ses bonnes grâces. Je sais que c'est particulièrement à vous que je dois le bonheur de cet accommodement, aussi vous en ai-je une très particulière obligation, et je serai toute ma vie, etc.

A UN R. P. JÉSUITE [1].

(Lettre 21 du tome III.)

Mon révérend père,

La bienveillance que vous m'avez fait la faveur de me promettre, lorsque j'ai eu l'honneur de

---

[1] « On ignore son nom. Datée comme la précédente, du 8 ou 9 octobre. »

vous voir, est cause que je m'adresse ici à vous, pour vous supplier de vouloir recevoir une douzaine d'exemplaires de ma Philosophie, et en ayant retenu un pour vous, de prendre la peine de distribuer les autres à ceux de vos pères de qui j'ai l'honneur d'être connu; comme particulièrement je vous supplie d'en vouloir envoyer un ou deux au révérend père Charlet, et autant au révérend père Dinet, avec les lettres que je leur écris, et les autres seront, s'il vous plaît, pour le R. P. F.[1] mon ancien maître, et pour les révérends pères Vatier, Fournier, Mesland, Grandamy, etc.

AU R. P. CHARLET,

JÉSUITE[1].

(Lettre 22 du tome III.)

Mon révérend père,

J'ai une très grande obligation au révérend père Bourdin de ce qu'il m'a procuré le bonheur de recevoir de vos lettres, lesquelles m'ont ravi de

---

[1] « Peut-être Filleau. »

[2] « Cette lettre est du 18 décembre 1644, comme la suivante. »

joie, en m'apprenant que vous prenez part en mes intérêts, et que mes occupations ne vous sont pas désagréables. J'ai eu aussi une très grande satisfaction de voir que ledit père étoit disposé à me donner part en ses bonnes grâces, lesquelles je tâcherai de mériter par toutes sortes de services. Car, ayant de très grandes obligations à ceux de votre compagnie, et particulièrement à vous, qui m'avez tenu lieu de père pendant tout le temps de ma jeunesse, je serois extrêmement marri d'être mal avec aucun des membres dont vous êtes le chef au regard de la France. Ma propre inclination, et la considération de mon devoir, me porte à désirer passionnément leur amitié; et outre cela le chemin que j'ai pris en publiant une nouvelle philosophie fait que je puis recevoir tant d'avantage de leur bienveillance, et au contraire tant de désavantage de leur froideur, que je crois qu'il suffit de connoître que je ne suis pas tout-à-fait hors de sens, pour assurer que je ferai toujours tout mon possible pour me rendre digne de leur faveur. Car, bien que cette philosophie soit tellement fondée en démonstrations, que je ne puisse douter qu'avec le temps elle ne soit généralement reçue et approuvée, toutefois à cause qu'ils font la plus grande partie de ceux qui en peuvent juger, si leur froideur les empêchoit de la vouloir lire, je ne pourrois espérer de vivre assez pour voir ce temps-là; au lieu que si leur bienveillance les convie à l'examiner, j'ose me promettre qu'ils y trouveront tant de choses qui leur sembleront vraies, et qui peuvent aisément être substituées au lieu des opinions communes, et servir avec avantage à expliquer les vérités de la Foi, et même sans contredire au texte d'Aristote, qu'ils ne manqueront pas de les recevoir, et ainsi que dans peu d'années cette philosophie acquerra tout le crédit qu'elle ne pourroit acquérir sans cela qu'après un siècle. C'est en quoi j'avoue avoir quelque intérêt; car étant homme comme les autres, je ne suis pas de ces insensibles qui ne se laissent point toucher par le succès ; et c'est aussi en quoi vous me pouvez beaucoup obliger. Mais j'ose croire aussi que le public y a intérêt, et particulièrement votre compagnie; car elle ne doit pas souffrir que des vérités qui sont de quelque importance soient plutôt reçues par d'autres que par elle. Je vous supplie de me pardonner la liberté avec laquelle je vous ouvre mes sentiments, ce n'est pas que j'ignore le respect que je vous dois, mais c'est que, vous considérant comme mon père, je crois que vous n'avez pas désagréable que je traite avec vous de la même sorte que je ferois avec lui s'il étoit encore vivant. Et je suis avec passion, etc.

A UN R. P. JÉSUITE [1].

(Lettre 23 du tome III.)

Mon révérend père,

Je ne vous saurois exprimer combien j'ai de ressentiment des obligations que je vous ai, lesquelles sont extrêmes, en ce que je me persuade que votre faveur et votre conduite sont causes qu'au lieu de l'aversion de toute votre compagnie, dont il sembloit que les préludes du révérend père Bourdin m'avoient menacé, j'ose maintenant me promettre sa bienveillance. J'ai reçu des lettres du révérend père Charlet qui me la font espérer, et outre que mon inclination, et les obligations que j'ai à vous et aux vôtres de l'institution de ma jeunesse me la font désirer avec affection, il faudroit que je fusse dépourvu de sens pour ne la pas désirer pour mon intérêt : car m'étant mêlé d'écrire une philosophie, je sais que votre compagnie seule peut plus que tout le reste du monde pour la faire valoir ou mépriser ; c'est pourquoi

---

[1] « Ce doit être un homme de grande autorité dans la compagnie, et je me persuade que c'est le P. Dinet, provincial et confesseur du roi. »

je ne crains pas que des personnes de jugement, et qui ne m'en croient pas entièrement dépourvu, doutent que je ne fasse toujours tout mon possible pour la mériter. Je n'ai pas peu de satisfaction d'apprendre que vous avez pris la peine de la lire, et qu'elle ne vous est pas désagréable ; je sais combien les opinions fort éloignées des vulgaire schoquent d'abord, et je n'ai pas espéré que les miennes reçussent du premier coup l'approbation de ceux qui les liroient; mais bien ai-je espéré que peu à peu on s'accoutumeroit à les goûter, et que plus on les examineroit, plus on les trouveroit croyables et raisonnables. J'étois allé cet été en France pour mes affaires domestiques, mais les ayant promptement terminées, je suis revenu en ces pays de Hollande, où toutefois aucune raison ne me retient, sinon que j'y puis vaquer plus commodément à mes divertissements d'étude, pourceque la coutume de ce pays ne porte pas qu'on s'entrevisite si librement qu'on fait en France ; mais, en quelque lieu du monde que je sois, je serai passionément toute ma vie, etc.

A UN R. P. JÉSUITE [1].

(Lettre 24 du tome III.)

MON RÉVÉREND PÈRE,

Je vous ai beaucoup d'obligation des soins qu'il vous plaît de prendre pour moi, et particulièrement de ce que vous m'avez fait voir des lettres du révérend père Charlet; car il y a fort longtemps que je n'avois eu la faveur d'en recevoir; et c'est une personne de si grand mérite, que je l'honore extrêmement, et tiens à beaucoup de gloire de lui être parent, outre que je lui suis obligé de l'institution de toute ma jeunesse, dont il a eu la direction huit ans durant, pendant que j'étois à La Flèche, où il étoit recteur. Je vous remercie aussi du désir que vous témoignez avoir de me revoir à Paris; je voudrois bien que mes divertissements d'étude, qui requièrent surtout le repos et la solitude, pussent compatir avec l'agréable conversation de quantité d'amis que j'ai là; car elle me seroit extrêmement chère si j'étois assez

---

[1] « C'est un compliment à un jésuite dont on ignore le nom; ce compliment est daté, comme les lettres 22 et 23, du 18 décembre 1644. »

heureux pour en jouir : et je vous puis assurer que l'une des raisons qui me feroit principalement désirer le séjour de Paris, seroit pour avoir plus d'occasion de vous y rendre des preuves de mon service, et vous faire voir que je suis de cœur et d'affection, etc.

A MADAME ELISABETH[1],

PRINCESSE PALATINE, etc.

(Lettre 51 du tome I.)

MADAME,

La faveur que me fait votre altesse de n'avoir pas désagréable que j'aie osé témoigner en public combien je l'estime et je l'honore, est plus grande et m'oblige plus qu'aucune que je pourrois recevoir d'ailleurs; et je ne crains pas qu'on m'accuse d'avoir rien changé en la morale, pour faire entendre mon sentiment sur ce sujet. Car ce que j'en ai

---

[1] « Cette lettre est depuis l'impression des Principes, achevée le 10 de juillet. Elle est aussi trois mois avant le temps où il croyoit retourner en Hollande, c'est-à-dire quinze jours ou trois semaines plus tôt qu'il n'y retourna; car il fut arrêté par les vents contraires quinze jours ou trois semaines. Ainsi je fixe cette lettre au 10 juillet 1644. »

écrit est si véritable et si clair, que je m'assure qu'il n'y aura point d'homme raisonnable qui ne l'avoue; mais je crains que ce que j'ai mis au reste du livre ne soit plus douteux et plus obscur, puisque votre altesse y trouve des difficultés. Celle qui regarde la pesanteur de l'argent vif est fort considérable; et j'eusse tâché de l'éclaircir, sinon que n'ayant pas assez examiné la nature de ce métal, j'ai eu peur de faire quelque chose contraire à ce que je pourrai apprendre ci-après; tout ce que j'en puis maintenant dire, est que je me persuade que les petites parties de l'air, de l'eau, et de tous les autres corps terrestres, ont plusieurs pores, par où la matière très subtile peut passer, et cela suit assez de la façon dont j'ai dit qu'elles sont formées; or il suffit de dire que les parties du vif-argent, et d'autres métaux, ont moins de tels pores, pour faire entendre pourquoi ces métaux sont plus pesants. Car, par exemple, encore que nous avouassions que les parties de l'eau et celles du vif-argent fussent de même grosseur et figure, et que leurs mouvements fussent semblables, si seulement nous supposons que chacune des parties de l'eau est comme une petite corde fort molle et fort lâche, mais que celles du vif-argent ayant moins de pores sont comme d'autres petites cordes beaucoup plus dures et plus serrées, cela suffit pour faire entendre que le vif-argent doit beaucoup plus peser que l'eau. Pour les petites parties tournées en coquilles, ce n'est pas merveille qu'elles ne soient point détruites par le feu qui est au centre de la terre; car ce feu-là n'étant composé que de la matière très subtile toute seule, il peut bien les emporter fort vite, mais non pas les faire choquer contre quelques autres corps durs; ce qui seroit requis pour les rompre ou diviser. Au reste, ces parties en coquille ne prennent point un trop grand tour pour retourner d'un pôle à l'autre; car je suppose que la plupart passent par le dedans de la terre; en sorte qu'il n'y a que celles qui ne trouvent point de passage plus bas qui retournent par notre air; et c'est la raison que je donne pourquoi la vertu de l'aimant ne nous paroît pas si forte en toute la masse de la terre qu'en de petites pierres d'aimant; mais je supplie très humblement votre altesse de me pardonner si je n'écris rien ici que fort confusément : je n'ai point encore le livre dont elle a daigné marquer les pages, et je suis en un voyage continu ; mais j'espère dans deux ou trois mois avoir l'honneur de lui faire la révérence à La Haye. Je suis, etc.

ANNÉE 1645.

A M. L'ABBÉ PICOT.

(Lettre 115 du tome III.)

Monsieur,

J'ai été extrêmement aise de recevoir votre troisième partie, et je vous en remercie très humblement; je ne l'ai pas encore toute lue, mais je vous puis assurer que ce que j'en ai vu est aussi bien que je le saurois souhaiter; comme aussi les difficultés que vous me proposez montrent que vous entendez parfaitement la matière; car elles n'auroient pu tomber en l'esprit d'une personne qui ne l'entendroit que superficiellement. Ce que j'ai écrit en l'article 36 de la troisième partie des Principes, que *alii planetæ habent aphelia sua aliis in locis*, est conforme à l'expérience : mais ce que vous dites est plus conforme à la raison, tirée de l'inégale situation des étoiles fixes, s'il n'y avoit qu'elle seule qui fût cause de l'excentricité des planètes ; mais j'en ai ajouté encore quatre autres dans les articles 142, 143, 144 et 145 de la troisième partie des Principes pour toutes les erreurs en général, et celles des articles 144 et 145 me semblent suffire pour excuser cette irrégularité.

La raison pourquoi j'ai dit en l'article 74 de la même partie que *e, g, solis ecliptica paulo magis inclinatur a parte e versus polum d quam versus f, sed non tantum quam linea recta SM*, est que par cette ligne SM je désigne seulement l'endroit vers lequel la matière du premier élément qui sort du soleil tend avec le plus de force, à savoir, pour passer vers C ; et je ne parle point là de la matière du ciel, c'est-à-dire du second élément, comme il semble que vous avez supposé. Or, ce qui détermine cette matière du premier élément à aller plutôt vers M que vers la ligne qui coupe l'essieu du soleil *df* à angles droits, c'est la situation du ciel MCM, par les pôles duquel (qui sont M et M) elle passe facilement ; et c'est la même cause aussi qui empêche que l'écliptique du soleil *eg* ne coupe pas son essieu *df* à angles droits, c'est-à-dire que cette même matière du premier élément, pendant qu'elle est dans le soleil, n'y décrive ses plus grands cercles (lesquels marquent son écliptique) en telle sorte qu'ils coupent le même essieu *df* à angles droits, et les fait incliner vers M ; mais il est évident que cette même cause qui réside dans le ciel MCM a plus de force pour détourner de son cours naturel la matière du premier élément qui sort du soleil, et qui va vers M, que pour en détourner celle qui compose son corps, où elle est plus éloignée du centre C, et plus proche de l'autre cause qui la fait incliner à couper l'essieu *df* à angles droits; laquelle cause est qu'il doit tournoyer environ autant de matière entre *d* et *e* dans le corps du soleil, qu'entre *d* et *g* ; de façon que ces deux espaces devroient être égaux; ou ne l'étant pas, il faut que cette matière coule plus vite entre *ed* qu'entre *f* et *d*.

Pour l'article 155 de la troisième partie des Principes, il est vrai que je n'y ai marqué qu'en un mot la différence entre les parties cannelées qui peut être cause de celle qui est entre l'équateur et l'écliptique : à savoir, j'imagine que ces parties cannelées viennent plus grosses de certains endroits du firmament que des autres, à cause que les tourbillons par où elles passent sont plus petits; car la raison dicte que plus un de ces tourbillons est petit, plus les petites boules du second élément qui le composent doivent êtres grosses pour résister à celles des tourbillons voisins, d'où il suit que les parties cannelées qui se forment dans les angles qu'elles laissent autour d'elles sont aussi plus grosses; mais je n'avois pas pris la peine de déduire cette particularité tout au long, à cause que j'avois cru que personne n'y regarderoit de si près que vous avez fait, et je l'avois seulement désignée par un mot, en disant *particulas striatas ab illa parte cœli venientes multos meatus ad magnitudinem suam captasse*, etc.

D'Egmond, le 17 février 1643.

AU R. P. MESLAND,

JÉSUITE [1].

(Lettre 25 du tome III.)

MON RÉVÉREND PÈRE,

La lettre que vous m'avez fait l'honneur de m'écrire, en date du quatrième mars, ne m'a été envoyée avec une autre du révérend père Charlet, en date du troisième avril, que depuis huit jours, en sorte qu'il semble que le courrier de Rome à Paris ait moins tardé par les chemins que celui d'Orléans; mais cela importe peu. Je vous ai obligation de la faveur que vous m'avez faite de me

---

[1] « Les quatre premières lignes de cette lettre montrent qu'elle doit être du 25 mai 1645. »

mander votre sentiment touchant mes Principes;
mais j'eusse souhaité que vous m'eussiez spécifié
vos difficultés, et je vous avoue que je n'en puis
concevoir aucune touchant la raréfaction; car il n'y
a rien, ce me semble, de plus aisé à concevoir
que la façon dont une éponge se dilate dans l'eau
et se resserre en se séchant. Pour l'explication de
la façon dont Jésus-Christ est au saint sacrement,
il est certain qu'il n'est nullement besoin de suivre
celle que je vous ai écrite pour l'accorder avec
mes Principes; aussi ne l'avois-je pas proposée à
cette occasion, mais comme l'estimant assez commode pour éviter les objections des hérétiques, qui
disent qu'il y a de l'impossibilité et contradiction
à ce que l'église croit. Vous ferez de ma lettre ce
qu'il vous plaira, et pourcequ'elle ne vaut pas la
peine d'être gardée, je vous prie seulement de la
rompre sans prendre la peine de me la renvoyer.
Au reste je souhaiterois que vous eussiez assez de
loisir pour examiner plus particulièrement mes
Principes; j'ose croire que vous y trouveriez au
moins de la liaison et de la suite; en sorte qu'il faut
nier tout ce qui est contenu dans les deux dernières parties, et ne le prendre que pour une pure
hypothèse ou même pour une fable, ou bien l'approuver tout. Et encore qu'on ne le prit que pour
une hypothèse, ainsi que je l'ai proposé, il me
semble néanmoins que, jusques à ce qu'on en ait

trouvé quelque autre meilleure pour expliquer tous les phénomènes de la nature, on ne la doit pas rejeter. Mais je n'ai pas sujet de me plaindre jusqu'ici des lecteurs ; car depuis que ce dernier traité est publié, je n'ai point appris que personne ait entrepris de le blâmer ; et il semble que j'ai au moins gagné cela sur plusieurs, qu'ils doutent si ce que j'ai écrit ne pourroit point être vrai. Toutefois je ne sais pas ce qui se dit en mon absence, et je suis ici en un coin du monde où je ne laisserois pas de vivre fort en repos et fort content, encore que les jugements de tous les doctes fussent contre moi. Je n'ai nulle passion au regard de ceux qui me haïssent, j'en ai seulement pour ceux qui me veulent du bien, lesquels je désire servir en toutes sortes d'occasions ; et comme je vous ai toujours reconnu être de ce nombre, aussi suis-je de tout mon cœur, etc.

A M. CLERSELIER [1].

(Lettre 117 du tome I.)

Monsieur,

La raison qui me fait dire qu'un corps qui est sans mouvement ne sauroit jamais être mû par un autre plus petit que lui, de quelque vitesse que ce plus petit se puisse mouvoir, est que c'est une loi de la nature qu'il faut que le corps qui en meut un autre ait plus de force à le mouvoir que l'autre n'en a pour résister ; mais ce plus ne peut dépendre que de sa grandeur, car celui qui est sans mouvement a autant de degrés de résistance, que l'autre qui se meut en a de vitesse : dont la raison est que, s'il est mû par un corps qui se meuve deux fois plus vite qu'un autre, il doit en recevoir deux fois autant de mouvement, mais il résiste deux fois davantage à ces deux fois autant de mouvement. Par exemple, le corps B ne peut pousser le corps C qu'il ne le fasse mouvoir aussi vite qu'il se mouvra soi-même après

[1] « Cette lettre est datée du 1ᵉʳ février 1645. Voyez la lettre de Descartes à Picot, page 131 des grandes Remarques. »

l'avoir poussé ; à savoir, si B est à C comme 5 à 4, de neuf degrés de mouvement qui seront en B, il faut qu'il en transfère 4 à C pour le faire aller aussi vite que lui ; ce qui lui est aisé, car il a la force de transférer jusques à 4 et demi (c'est-à-dire la moitié de tout ce qu'il a), plutôt que de réfléchir son mouvement de l'autre côté. Mais si B est à C comme 4 à 5, B ne peut mouvoir C, si de ces neuf degrés de mouvement il ne lui en transfère 5, qui est plus de la moitié de ce qu'il a, et par conséquent à quoi le corps C résiste plus que B n'a de force pour agir: c'est pourquoi B se doit réfléchir de l'autre côté, plutôt que de mouvoir C; et, sans cela, jamais aucun corps ne seroit réfléchi par la rencontre d'un autre. Au reste, je suis bien aise de ce que la première et la principale difficulté que vous avez trouvée en mes Principes est touchant les règles suivant lesquelles se change le mouvement des corps qui se rencontrent; car je juge de là que vous n'en avez point trouvé en ce qui les précède, et que vous n'en trouverez pas aussi beaucoup au reste, ni en ces règles non plus, lorsque vous aurez pris garde qu'elles ne dépendent que d'un seul principe, qui est *que lorsque deux corps se rencontrent qui ont en eux des modes incompatibles, il se doit véritablement faire quelque changement en ces modes pour les rendre compatibles, mais que ce changement est toujours le moindre qui puisse être*, c'est-à-dire *que si certaine quantité de ces modes étant changée ils peuvent devenir compatibles, il ne s'en changera point une plus grande quantité*. Et il faut considérer dans le mouvement deux divers modes, l'un est la motion seule ou la vitesse, et l'autre est la détermination de cette motion vers certain côté, lesquels deux modes se changent aussi difficilement l'un que l'autre. Ainsi donc, pour entendre les quatre, cinq et sixième règles, où le mouvement du corps B et le repos du corps C sont incompatibles, il faut prendre garde qu'ils peuvent devenir compatibles en deux façons, à savoir *si B change toute la détermination de son mouvement, ou bien s'il change le repos du corps C, en lui transférant telle partie de son mouvement qu'il le puisse chasser devant soi aussi vite qu'il ira lui-même*. Et je n'ai dit autre chose en ces trois règles, sinon que lorsque C est plus grand que B, c'est la première de ces deux façons qui a lieu; et quand il est plus petit, que c'est la seconde; et enfin quand ils sont égaux, que ce changement se fait moitié par l'une et moitié par l'autre; car lorsque C est le plus grand, B ne le peut pousser devant soi, si ce n'est qu'il lui transfère plus de la moitié de sa vitesse, et ensemble plus de la moitié de sa détermination à aller de la main droite vers la gauche, d'autant que cette détermination est jointe à sa vitesse, au lieu que, se réfléchissant sans mouvoir le corps C, il change seulement toute sa détermination, ce qui est un moindre changement que celui qui se feroit de plus de la moitié de cette même détermination, et de plus de la moitié de la vitesse. Au contraire, si C est moindre que B, il doit être poussé par lui; car alors B lui donne moins que la moitié de sa vitesse, et moins que la moitié de la détermination qui lui est jointe, ce qui fait moins que toute cette détermination, laquelle il devroit changer s'il réfléchissoit. Et ceci ne répugne point à l'expérience; car, dans ces règles, par un corps qui est sans mouvement, j'entends un corps qui n'est point en action pour séparer sa superficie de celles des autres corps qui l'environnent, et par conséquent qui fait partie d'un autre corps dur qui est plus grand : car j'ai dit ailleurs que lorsque les superficies de deux corps se séparent, tout ce qu'il y a de positif en la nature du mouvement se trouve aussi bien en celui qu'on dit vulgairement ne se point mouvoir, qu'en celui qu'on dit se mouvoir; et j'ai expliqué par après pourquoi un corps suspendu en l'air peut être mû par la moindre force. Mais il faut pourtant ici que je vous avoue que ces règles ne sont pas sans difficulté, et je tâcherois de les éclaircir davantage si j'en étois maintenant capable; mais pourceque j'ai l'esprit occupé par d'autres pensées, j'attendrai, s'il vous plaît, à une autre fois à vous en mander plus au long mon opinion. Je vous ai bien de l'obligation des victoires que vous gagnez pour moi aux occasions, et votre solution de l'argument que *Pagani habuerunt ideam plurium deorum*, etc., est très vraie. Car encore que l'idée de Dieu soit tellement empreinte en l'esprit humain, qu'il n'y ait personne qui n'ait en soi la faculté de le connoître, cela n'empêche pas que plusieurs personnes n'aient pu passer toute leur vie sans jamais se représenter distinctement cette idée, et en effet ceux qui la pensent avoir de plusieurs dieux ne l'ont point du tout ; car il implique contradiction d'en concevoir plusieurs souverainement parfaits, comme vous avez très bien remarqué, et quand les anciens nommoient plusieurs dieux, ils n'entendoient pas plusieurs tout-puissants, mais seulement plusieurs fort puissants, au-dessus desquels ils imaginoient un seul Jupiter comme souverain, et auquel seul par conséquent ils appliquoient l'idée du vrai Dieu qui se présentoit confusément à eux. Je suis, etc.

A MADAME ÉLISABETH [1],

PRINCESSE PALATINE, etc.

(Lettre 23 du tome I.)

Madame,

Je n'ai pu lire la lettre que votre altesse m'a fait l'honneur de m'écrire sans avoir des ressentiments extrêmes de voir qu'une vertu si rare et si accomplie ne soit pas accompagnée de la santé, ni des prospérités qu'elle mérite, et je conçois aisément la multitude des déplaisirs qui se présentent continuellement à elle, et qui sont d'autant plus difficiles à surmonter, que souvent ils sont de telle nature, que la vraie raison n'ordonne pas qu'on s'oppose directement à eux, et qu'on tâche de les chasser; ce sont des ennemis domestiques avec lesquels, étant contraint de converser, on est obligé de se tenir sans cesse sur ses gardes, afin d'empêcher qu'ils ne nuisent; et je ne trouve à cela qu'un seul remède, qui est d'en divertir son imagination et ses sens le plus qu'il est possible, et de n'employer que l'entendement seul à les considérer,

---

[1] « 15 mars 1645. Voyez l'appendice qui est dans le nouveau cahier, au 15 mars et au 1ᵉʳ avril de la semaine sainte. »

lorsqu'on y est obligé par la prudence. On peut, ce me semble, aisément remarquer ici la différence qui est entre l'entendement, et l'imagination, ou le sens; car elle est telle, que je crois qu'une personne qui auroit d'ailleurs toute sorte de sujet d'être contente, mais qui verroit continuellement représenter devant soi des tragédies, dont tous les actes fussent funestes, et qui ne s'occuperoit qu'à considérer des objets de tristesse et de pitié, qu'elle sût être feints et fabuleux, en sorte qu'ils ne fissent que tirer des larmes de ses yeux, et émouvoir son imagination, sans toucher son entendement, je crois, dis-je, que cela seul suffiroit pour accoutumer son cœur à se resserrer, et à jeter des soupirs; en suite de quoi la circulation du sang étant retardée et alentie, les plus grossières parties de ce sang, s'attachant les unes aux autres, pourroient facilement lui opiler la rate, en s'embarrassant et s'arrêtant dans ses pores; et les plus subtiles, retenant leur agitation, lui pourroient altérer le poumon, et causer une toux qui à la longue seroit fort à craindre. Et au contraire, une personne qui auroit une infinité de véritables sujets de déplaisir, mais qui s'étudieroit avec tant de soin à en détourner son imagination, qu'elle ne pensât jamais à eux que lorsque la nécessité des affaires l'y obligeroit, et qu'elle employât tout le reste de son temps à ne considérer que des objets qui lui pussent ap-

porter du contentement et de la joie, outre que
cela lui seroit grandement utile pour juger plus
sainement des choses qui lui importeroient, pourcequ'elle les regarderoit sans passion, je ne doute
point que cela seul ne fût capable de la remettre
en santé, bien que sa rate et ses poumons fussent
déjà fort mal disposés par le mauvais tempérament
du sang que cause la tristesse : principalement si
elle se servoit aussi des remèdes de la médecine,
pour résoudre cette partie du sang qui cause des
obstructions; à quoi je juge que les eaux de Spa
sont très propres, surtout si votre altesse observe
en les prenant ce que les médecins ont coutume
de recommander, qui est qu'il se faut entièrement
délivrer l'esprit de toutes sortes de pensées tristes,
et même aussi de toutes sortes de méditations sérieuses touchant les sciences, et ne s'occuper qu'à
imiter ceux qui, en regardant la verdeur d'un bois,
les couleurs d'une fleur, le vol d'un oiseau, et telles
choses qui ne requièrent aucune attention, se persuadent qu'ils ne pensent à rien ; ce qui n'est pas
perdre le temps, mais le bien employer; car on
peut cependant se satisfaire, par l'espérance que
par ce moyen on recouvrera une parfaite santé,
laquelle est le fondement de tous les autres biens
qu'on peut avoir en cette vie. Je sais bien que je
n'écris rien ici que votre altesse ne sache mieux
que moi, et que ce n'est pas tant la théorie que la

pratique qui est difficile en ceci ; mais la faveur extrême qu'elle me fait de témoigner qu'elle n'a pas désagréable d'entendre mes sentiments me fait prendre la liberté de les écrire tels qu'ils sont, et me donne encore celle d'ajouter ici, que j'ai expérimenté en moi-même qu'un mal presque semblable, et même plus dangereux, s'est guéri par le remède que je viens de dire, car étant né d'une mère qui mourut peu de jours après ma naissance d'un mal de poumon causé par quelques déplaisirs, j'avois hérité d'elle une toux sèche et une couleur pâle, que j'ai gardées jusqu'à l'âge de plus de vingt ans, et qui faisoient que tous les médecins qui m'ont vu avant ce temps-là me condamnoient à mourir jeune ; mais je crois que l'inclination que j'ai toujours eue à regarder les choses qui se présentoient du biais qui me les pouvoit rendre le plus agréables, et à faire que mon principal contentement ne dépendît que de moi seul, est cause que cette indisposition, qui m'étoit comme naturelle, s'est peu à peu entièrement passée. J'ai beaucoup d'obligation à votre altesse de ce qu'il lui a plu me mander son sentiment du livre de M. le chevalier d'Igby, lequel je ne serai point capable de lire jusqu'à ce qu'on l'ait traduit en latin, ce que M. Jouson*, qui étoit hier ici, m'a dit que quel-

---

* « Samson Jouson, prédicateur de la reine de Bohême, mère de la princesse Élisabeth. »

ques uns veulent faire. Il m'a dit aussi que je pouvois adresser mes lettres pour votre altesse par les messagers ordinaires, ce que je n'eusse osé faire sans lui, et j'avois différé d'écrire celle-ci, pourceque j'attendois qu'un de mes amis allât à La Haye pour la lui donner. Je regrette infiniment l'absence de M. de Pollot, pourceque je pouvois apprendre par lui l'état de votre disposition ; mais les lettres qu'on envoie pour moi au messager d'Alkmar ne manquent point de m'être rendues, et comme il n'y a rien au monde que je désire avec tant de passion que de pouvoir rendre service à votre altesse, il n'y a rien aussi qui me puisse rendre plus heureux que d'avoir l'honneur de recevoir ses commandements. Je suis, etc.

A MADAME ÉLISABETH,

PRINCESSE PALATINE, etc.

(Lettre 34 du tome I.)

MADAME,

Je supplie très humblement votre altesse de me

---

¹ — 1ᵉʳ avril 1645. Voyez l'appendice qui est dans le nouveau cahier, à la lettre du 1ᵉʳ avril 1645. —

pardonner si je ne puis plaindre son indisposition lorsque j'ai l'honneur de recevoir de ses lettres, car j'y remarque toujours des pensées si nettes, et des raisonnements si fermes, qu'il ne m'est pas possible de me persuader qu'un esprit capable de les concevoir soit logé dans un corps foible et malade. Quoi qu'il en soit, la connoissance que votre altesse témoigne avoir du mal et des remèdes qui le peuvent surmonter m'assure qu'elle ne manquera pas d'avoir aussi l'adresse qui est requise pour les employer. Je sais bien qu'il est presque impossible de résister aux premiers troubles que les nouveaux malheurs excitent en nous, et même que ce sont ordinairement les meilleurs esprits dont les passions sont plus violentes, et agissent plus fort sur leurs corps ; mais il me semble que le lendemain, lorsque le sommeil a calmé l'émotion qui arrive dans le sang en telles rencontres, on peut commencer à se remettre l'esprit, et le rendre tranquille; ce qui se fait en s'étudiant à considérer tous les avantages qu'on peut tirer de la chose qu'on avoit prise le jour précédent pour un grand malheur, et à détourner son attention des maux qu'on y avoit imaginés. Car il n'y a point d'événements si funestes, ni si absolument mauvais au jugement du peuple, qu'une personne d'esprit ne les puisse regarder de quelque biais qui fera qu'ils lui paroîtront favorables. Et votre altesse peut tirer cette consolation générale des disgrâces de la fortune, qu'elles ont peut-être beaucoup contribué à lui faire cultiver son esprit au point qu'elle a fait : c'est un bien qu'elle doit estimer plus qu'un empire. Les grandes prospérités éblouissent et enivrent souvent de telle sorte, qu'elles possèdent plutôt ceux qui les ont, qu'elles ne sont possédées par eux; et bien que cela n'arrive pas aux esprits de la trempe du vôtre, elles leur fournissent toujours moins d'occasions de s'exercer que ne font les adversités ; et je crois que comme il n'y a aucun bien au monde, excepté le bon sens, qu'on puisse absolument nommer bien, il n'y a aussi aucun mal dont on ne puisse tirer quelque avantage, ayant le bon sens. J'ai tâché ci-devant de persuader la nonchalance à votre altesse, pensant que les occupations trop sérieuses affoiblissent le corps en fatiguant l'esprit; mais je ne lui voudrois pas pour cela dissuader les soins qui sont nécessaires pour détourner sa pensée des objets qui la peuvent attrister, et je ne doute point que les divertissements d'étude, qui seroient fort pénibles à d'autres, ne lui puissent quelquefois servir de relâche. Je m'estimerois extrêmement heureux si je pouvois contribuer à les lui rendre plus faciles, et j'ai bien plus de désir d'aller apprendre à La Haye quelles sont les vertus des eaux de Spa, que de connoître ici celles des plantes de mon jardin, et bien plus aussi que je n'ai soin de ce qui se passe à Groningue, ou à Utrecht, à mon avantage ou désavantage; cela m'obligera de suivre dans quatre ou cinq jours cette lettre, et je serai tous les jours de ma vie, etc.

A MADAME ÉLISABETH,

PRINCESSE PALATINE, etc.

(Lettre 3 du tome I.)

MADAME,

L'air a toujours été si inconstant depuis que je n'ai eu l'honneur de voir votre altesse, et il y a eu des journées si froides pour la saison, que j'ai eu souvent de l'inquiétude et de la crainte que les eaux de Spa ne fussent pas aussi saines et aussi utiles qu'elles auroient été en un temps plus serein : et pourceque vous m'avez fait l'honneur de me témoigner que mes lettres vous pourroient servir de quelque divertissement, pendant que les médecins vous recommandent de n'occuper votre

---

* « Cette lettre n'est pas datée; mais comme elle est une suite évidente de la lettre 24, fixée au 1ᵉʳ avril, et qu'elle a dû être écrite quelques semaines après, je la fixe au 20 avril 1645. »

esprit à aucune chose que le travail, je serois mauvais ménager de la faveur qu'il vous a plu me faire, en me permettant de vous écrire, si je manquois d'en prendre les premières occasions. Je m'imagine que la plupart des lettres que vous recevez d'ailleurs vous donnent de l'émotion, et qu'avant même que de les lire vous appréhendez d'y trouver quelques nouvelles qui vous déplaisent, à cause que la malignité de la fortune vous a dès long-temps accoutumée à en recevoir souvent de telles; mais pour celles qui viennent d'ici, vous êtes au moins assurée que si elles ne vous donnent aucun sujet de joie, elles ne vous en donneront point aussi de tristesse, et que vous les pourrez ouvrir à toute heure, sans craindre qu'elles troublent la digestion des eaux que vous prenez. Car, n'apprenant en ce désert aucune chose de ce qui se fait au reste du monde, et n'ayant aucunes pensées plus fréquentes que celles qui, me représentant les vertus de votre altesse, me font souhaiter de la voir aussi heureuse et aussi contente qu'elle mérite, je n'ai point d'autre sujet pour vous entretenir, que de parler des moyens que la philosophie nous enseigne pour obtenir cette souveraine félicité, que les âmes vulgaires attendent en vain de la fortune, et que nous ne saurions avoir que de nous-mêmes. L'un de ces moyens, qui me semble des plus utiles, est d'examiner ce que les anciens en ont écrit, et tâcher à renchérir par-dessus eux, en ajoutant quelque chose à leurs préceptes; car ainsi on peut rendre ces préceptes parfaitement siens, et se disposer à les mettre en pratique. C'est pourquoi afin de suppléer au défaut de mon esprit, qui ne peut rien produire de soi-même que je juge mériter d'être lu par votre altesse, et afin que mes lettres ne soient pas entièrement vides et inutiles, je me propose de les remplir dorénavant des considérations que je tirerai de la lecture de quelque livre, à savoir de celui que Sénèque a écrit, *de vita beata*, si ce n'est que vous aimiez mieux en choisir un autre, ou bien que ce dessein vous soit désagréable. Mais si je vois que vous l'approuviez, ainsi que je l'espère, et principalement aussi s'il vous plaît de m'obliger tant que de me faire part de vos remarques touchant le même livre, outre qu'elles serviront de beaucoup à m'instruire, elles me donneront occasion de rendre les miennes plus exactes, et je les cultiverai avec d'autant plus de soin que je jugerai que cet entretien vous sera plus agréable : car il n'y a rien au monde que je désire avec plus de zèle que de témoigner en tout ce qui peut être de mon pouvoir que je suis, etc.

A MADAME ÉLISABETH [1],

PRINCESSE PALATINE, etc.

(Lettre 4 du tome I.)

MADAME,

Lorsque j'ai choisi le livre de Sénèque *de vita beata*, pour le proposer à votre altesse comme un entretien qui lui pourroit être agréable, j'ai eu seulement égard à la réputation de l'auteur et à la dignité de la matière, sans penser à la façon dont il la traite; laquelle ayant depuis considérée, je ne la trouve pas assez exacte pour mériter d'être suivie. Mais, afin que votre altesse en puisse juger plus aisément, je tâcherai ici d'expliquer en quelle sorte il me semble que cette matière eût dû être traitée par un philosophe tel que lui, qui, n'étant point éclairé de la foi, n'avoit que la raison natu-

---

[1] « Les lettres 4, 5, 6 et 7 ne sont pas datées, et il est impossible de marquer au juste le jour qu'elles ont été écrites. Je vois bien qu'elles sont écrites depuis mai 1645; et comme elles sont toutes sur le même sujet, je crois qu'il y a peu de distance entre chacune d'elles. Ainsi je date la 4ᵉ du 1ᵉʳ mai, la 5ᵉ du 15 mai, la 6ᵉ du 1ᵉʳ juin, la 7ᵉ du 15 juin. »

relle pour guide. Il dit fort bien au commencement que *vivere omnes beate volunt, sed ad pervidendum quid sit quod beatam vitam efficiat, caligant.* Mais il est besoin de savoir ce que c'est que *vivere beate*, je dirois en françois *vivre heureusement*, sinon qu'il y a de la différence entre l'heur et la béatitude; en ce que l'heur ne dépend que des choses qui sont hors de nous, d'où vient que ceux-là sont estimés plus heureux que sages, auxquels il est arrivé quelque bien qu'ils ne se sont point procurés; au lieu que la béatitude consiste, ce me semble, en un parfait contentement d'esprit, et une satisfaction intérieure que n'ont pas d'ordinaire ceux qui sont les plus favorisés de la fortune, et que les sages acquièrent sans elle. Ainsi *vivere beate*, vivre en béatitude, ce n'est autre chose qu'avoir l'esprit parfaitement content et satisfait. Considérant après cela ce que c'est *quod beatam vitam efficiat*, c'est-à-dire quelles sont les choses qui nous peuvent donner ce souverain contentement, je remarque qu'il y en a de deux sortes, à savoir de celles qui dépendent de nous, comme la vertu et la sagesse, et de celles qui n'en dépendent point, comme les honneurs, les richesses et la santé; car il est certain qu'un homme bien né, qui n'est point malade, qui ne manque de rien, et qui avec cela est aussi sage et aussi vertueux qu'un autre qui est pauvre, malsain et contrefait, peut jouir d'un plus parfait contentement que lui. Toutefois, comme un petit vaisseau peut être aussi plein qu'un plus grand, encore qu'il contienne moins de liqueur, ainsi prenant le contentement d'un chacun pour la plénitude et l'accomplissement de ses désirs réglés selon la raison, je ne doute point que les plus pauvres et les plus disgraciés de la fortune ou de la nature ne puissent être entièrement contents et satisfaits aussi bien que les autres, encore qu'ils ne jouissent pas de tant de biens. Et ce n'est que de cette sorte de contentement dont il est ici question; car puisque l'autre n'est aucunement en notre pouvoir, la recherche en seroit superflue. Or il me semble qu'un chacun se peut rendre content de soi-même, et sans rien attendre d'ailleurs, pourvu seulement qu'il observe trois choses, auxquelles se rapportent les trois règles de morale que j'ai mises dans le discours de la Méthode.

La première est qu'il tâche toujours de se servir le mieux qu'il lui est possible de son esprit, pour connoître ce qu'il doit faire ou ne pas faire en toutes les occurrences de la vie.

La seconde est qu'il ait une ferme et constante résolution d'exécuter tout ce que sa raison lui conseillera, sans que ses passions ou ses appétits l'en détournent; et c'est la fermeté de cette résolution que je crois devoir être prise pour la vertu, bien que je ne sache point que personne l'ait jamais ainsi expliquée ; mais on l'a divisée en plusieurs espèces, à qui l'on a donné divers noms à cause des divers objets auxquels elle s'étend.

La troisième, qu'il considère que pendant qu'il se conduit ainsi autant qu'il peut selon la raison, tous les biens qu'il ne possède point sont aussi entièrement hors de son pouvoir les uns que les autres, et que par ce moyen il s'accoutume à ne les point désirer; car il n'y a rien que le désir et le regret ou le repentir qui nous puissent empêcher d'être contents. Mais si nous faisons toujours ce que nous dicte notre raison, nous n'aurons jamais aucun sujet de nous repentir, encore que les événements nous fissent voir par après que nous nous sommes trompés, pourceque ce n'est point par notre faute. Et ce qui fait que nous ne désirons point d'avoir, par exemple, plus de bras ou plus de langues que nous n'en avons, mais que nous désirons bien d'avoir plus de santé ou plus de richesses, c'est seulement que nous nous imaginons que ces choses-ci pourroient être acquises par notre conduite, ou bien qu'elles sont dues à notre nature, et que ce n'est pas le même des autres. De laquelle opinion nous pouvons nous dépouiller, en considérant que puisque nous avons toujours suivi le conseil de notre raison, nous n'avons rien omis de ce qui étoit en notre pouvoir, et que les maladies et les infortunes ne sont pas moins naturelles à l'homme que les prospérités et la santé. Au reste toutes sortes de désirs ne sont pas incompatibles avec la béatitude, il n'y a que ceux qui sont accompagnés d'impatience et de tristesse. Il n'est pas nécessaire aussi que notre raison ne se trompe point; il suffit que notre conscience nous témoigne que nous n'avons jamais manqué de résolution et de vertu pour exécuter toutes les choses que nous avons jugées être les meilleures; et ainsi la vertu seule est suffisante pour nous rendre contents en cette vie.

Mais néanmoins pourceque notre vertu, lorsqu'elle n'est pas assez éclairée par l'entendement, peut être fausse, c'est-à-dire que la résolution et la volonté de bien faire nous peut porter à des choses mauvaises quand nous les croyons bonnes, le contentement qui en revient n'est pas solide; et pourcequ'on oppose ordinairement cette vertu aux plaisirs, aux appétits et aux passions, elle est très difficile à mettre en pratique; au lieu que le droit usage de la raison, donnant une vraie connoissance du bien, empêche que la vertu ne soit fausse; et même, l'accordant avec les plaisirs licites, il en rend l'usage si aisé, et nous faisant connoître la condition de notre nature il borne tellement nos désirs, qu'il faut avouer que la plus grande félicité de l'homme dépend de ce droit usage de la raison, et par conséquent que l'étude qui sert à l'acquérir est la plus utile occupation qu'on peut avoir, comme elle est aussi sans doute la plus agréable et la plus douce. En suite de quoi il me semble que Sénèque eût dû nous enseigner toutes les principales vérités dont la connoissance est requise pour faciliter l'usage de la vertu et régler nos désirs et nos passions, et ainsi jouir de la béatitude naturelle, ce qui auroit rendu son livre le meilleur et le plus utile qu'un philosophe païen eût su écrire. Toutefois ce n'est ici que mon opinion, laquelle je soumets au jugement de votre altesse; et si elle me fait tant de faveur que de m'avertir en quoi je manque, je lui en aurai une très grande obligation, et je témoignerai en me corrigeant que je suis, etc.

A MADAME ÉLISABETH,

PRINCESSE PALATINE, etc.

(Lettre 5 du tome I.)

Madame,

Encore que je ne sache point si mes dernières ont été rendues à votre altesse, et que je ne puisse rien écrire touchant le sujet que j'avois pris pour avoir l'honneur de vous entretenir, que je ne doive penser que vous savez mieux que moi, je ne laisse pas toutefois de continuer, sur la créance que j'ai que mes lettres ne vous seront pas plus importunes que les livres qui sont en votre bibliothèque. Car d'autant qu'elles ne contiennent aucunes nouvelles que vous ayez intérêt de savoir promptement, rien ne vous conviera de les lire aux heures que vous aurez quelques affaires; et je tiendrai le temps que je mets à les écrire très bien employé, si vous leur donnez seulement celui que vous aurez envie de perdre. J'ai dit ci-devant ce qu'il me sembloit que Sénèque eût dû traiter en son livre; j'examinerai maintenant ce qu'il y traite. Je n'y remarque en général que trois choses : la première est qu'il tâche d'expliquer ce que c'est que le souverain bien, et qu'il en donne diverses définitions; la seconde, qu'il dispute contre l'opinion d'Épicure; et la troisième, qu'il répond à ceux qui objectent aux philosophes qu'ils ne vivent pas selon les règles qu'ils prescrivent. Mais afin de voir plus particulièrement en quelle façon il traite ces choses, je m'arrêterai un peu sur chacun de ses chapitres. Au premier, il reprend ceux qui suivent la coutume et l'exemple plutôt que la raison : *nunquam de vita judicatur*, dit-il, *semper creditur*. Il approuve bien pourtant que l'on prenne conseil de ceux qu'on croit être les plus sages ; mais il veut qu'on use aussi de son propre jugement pour examiner leurs opinions, en quoi je suis fort de son avis ; car encore que plusieurs ne soient pas capables de trouver d'eux-mêmes le droit chemin, il y en a peu toutefois qui ne le puissent assez reconnoître lorsqu'il leur est clairement montré par quelque autre ; et quoi qu'il en soit, on a sujet d'être satisfait en sa conscience, et de s'assurer que les opinions que l'on a touchant la morale sont les meilleures qu'on puisse avoir, lorsqu'au lieu de se laisser conduire aveuglément par l'exemple, on a eu soin de rechercher le conseil des plus habiles, et qu'on a employé toutes les forces de son esprit à examiner ce qu'on devoit suivre. Mais pendant que Sénèque s'étudie ici à orner son élocution, il n'est pas toujours assez exact en l'expression de sa pensée ; comme lorsqu'il dit, *sanabimur si modo separemur a cœtu*, il semble enseigner qu'il suffit d'être extravagant pour être sage, ce qui n'est pas toutefois son intention. Au second chapitre, il ne fait que redire en d'autres termes ce qu'il a dit au premier, il ajoute seulement que ce qu'on estime communément être bien ne l'est pas. Puis au troisième, après avoir encore usé de beaucoup de mots superflus, il dit enfin son opinion touchant le souverain bien, à savoir que *rerum naturæ assentitur*, et que *ad illius legem exemplumque formari sapientia est*, et que *beata vita est conveniens naturæ suæ*. Toutes lesquelles explications me semblent fort obscures; car sans doute que par la nature il ne veut pas entendre nos inclinations naturelles, vu qu'elles nous portent ordinairement à suivre la volupté, contre laquelle il dispute; mais la suite de son discours fait juger que par *rerum naturam* il entend l'ordre établi de Dieu en toutes les choses qui sont au monde, et que, considérant cet ordre comme infaillible et indépendant de notre volonté, il dit que *rerum naturæ assentiri, et ad illius legem exemplumque formari sapientia est.* C'est-à-dire que c'est sagesse d'acquiescer à l'ordre des choses, et de faire ce pourquoi nous croyons être nés, ou bien, pour parler en chrétien, que c'est sagesse de se soumettre à la volonté de Dieu, et de la suivre en toutes nos actions; et que *beata vita est conveniens naturæ suæ*, c'est-à-dire que la béatitude consiste à suivre ainsi l'ordre du monde, et à prendre en bonne part toutes les choses qui nous arrivent, ce qui n'explique presque rien; et on ne voit pas assez la connexion avec ce qu'il ajoute incontinent après, que cette béatitude ne peut arriver *nisi sana mens est*, etc., si ce n'est qu'il entende aussi que *secundum naturam vivere*, c'est vivre suivant la vraie raison. Aux quatrième et cinquième chapitres, il donne quelques autres définitions du souverain bien, qui ont toutes quelque rapport avec le sens de la première, mais dont aucune ne l'explique suffisamment ; et elles font paroitre par leur diversité que Sénèque n'a pas clairement entendu ce qu'il vouloit dire : car d'autant mieux qu'on conçoit une chose, d'autant plus est-on déterminé à ne l'exprimer qu'en une seule façon. Celle où il me semble avoir le mieux rencontré est au cinquième chapitre, où il dit que *beatus est qui nec cupit nec timet beneficio rationis*, et que *beata vita est in recto certoque judicio stabilita*. Mais pendant qu'il n'enseigne point les raisons pour lesquelles nous ne devons rien craindre ni désirer, tout cela nous aide fort peu. Il commence en ces mêmes chapitres à disputer contre ceux qui mettent la béatitude en la volupté, et il continue dans les suivants ; c'est pourquoi avant que de les examiner je dirai ici mon sentiment touchant cette question.

Je remarque premièrement qu'il y a de la différence entre la béatitude, le souverain bien, et la dernière fin ou le but auquel doivent tendre nos actions ; car la béatitude n'est pas le souverain bien, mais elle le présuppose, et elle est le contentement ou la satisfaction d'esprit qui vient de ce qu'on le possède. Mais par la fin de nos actions on peut entendre l'un et l'autre ; car le souverain bien est sans doute la chose que nous devons nous proposer pour but en toutes nos actions, et le contentement d'esprit qui en revient étant l'attrait qui fait que nous le recherchons, est aussi à bon droit nommé notre fin.

Je remarque outre cela que le mot de volupté a été pris en un autre sens par Épicure que par ceux qui ont disputé contre lui; car tous ses adversaires ont restreint la signification de ce mot aux plaisirs des sens, et lui au contraire l'a étendue à tous les contentements de l'esprit, comme on peut aisément juger de ce que Sénèque et quelques autres ont écrit de lui.

Or il y a eu trois principales opinions entre les philosophes païens touchant le souverain bien et la fin de nos actions: à savoir celle d'Épicure, qui a dit que c'étoit la volupté; celle de Zénon, qui a voulu que ce fût la vertu; et celle d'Aristote, qui l'a composé de toutes les perfections tant du corps que de l'esprit. Lesquelles trois opinions peuvent, ce me semble, être reçues pour vraies, et accordées entre elles, pourvu qu'on les interprète favorablement. Car Aristote ayant considéré le souverain bien de toute la nature humaine en général, c'est-à-dire celui que peut avoir le plus accompli de tous les hommes, il a raison de le composer de toutes les perfections dont la nature humaine est capable; mais cela ne sert point à notre usage. Zénon, au contraire, a considéré celui que chacun en son particulier peut posséder; c'est pourquoi il a eu aussi très bonne raison de dire qu'il ne consiste qu'en la vertu, pourcequ'il n'y a qu'elle seule, entre les biens que nous pouvons avoir, qui dépende entièrement de notre libre arbitre. Mais il a représenté cette vertu si sévère et si ennemie de la volupté, en faisant tous les vices égaux, qu'il n'y a eu, ce me semble, que des mélancoliques, ou des esprits entièrement détachés du corps, qui aient pu être de ses sectateurs. Enfin Épicure n'a pas eu tort, considérant en quoi consiste la béatitude, et quel est le motif ou la fin à laquelle tendent nos actions, de dire que c'est la volupté en général, c'est-à-dire le contentement de l'esprit; car encore que la seule connoissance de notre devoir nous pourroit obliger à faire de bonnes actions, cela ne nous feroit toutefois jouir d'aucune béatitude, s'il ne nous en revenoit aucun plaisir. Mais parcequ'on attribue souvent le nom de volupté à de faux plaisirs, qui sont accompagnés ou suivis d'inquiétudes, d'ennuis et de repentirs, plusieurs ont cru que cette opinion d'Épicure enseignoit le vice; et en effet elle n'enseigne pas la vertu. Mais comme lorsqu'il y a quelque part un prix pour tirer au blanc, on fait avoir envie d'y tirer à ceux à qui l'on montre ce prix, et qu'ils ne le peuvent gagner pour cela s'ils ne voient le blanc; et que ceux qui voient le blanc ne sont pas pour cela induits à tirer s'ils ne savent qu'il y ait un prix à gagner : ainsi la vertu, qui est le blanc, ne se fait pas désirer lorsqu'on la voit toute seule, et le contentement, qui est le prix, ne peut être acquis si ce n'est qu'on la suive. C'est pourquoi je crois pouvoir ici conclure que la béatitude ne consiste qu'au contentement de l'esprit (c'est-à-dire au contentement en général : car bien qu'il y ait des contentements qui dépendent du corps, et d'autres qui n'en dépendent point, il n'y en a toutefois aucun que dans l'esprit); mais que pour avoir un contentement qui soit solide, il est besoin de suivre la vertu, c'est-à-dire d'avoir une volonté ferme et constante d'exécuter tout ce que nous jugerons être le meilleur, et d'employer toute la force de notre entendement à en bien juger. Je réserve pour une autre fois à considérer ce que Sénèque a écrit de ceci, car ma lettre est déjà trop longue, et tout ce que je puis ajouter est que je suis, etc.

A MADAME ELISABETH,

PRINCESSE PALATINE, etc.

(Lettre 6 du tome I.)

Madame,

Étant dernièrement incertain si votre altesse

étoit à La Haye, ou à Rhenest, j'adressai ma lettre par Leyde, et celle que vous m'avez fait l'honneur de m'écrire ne me fut rendue qu'après que le messager qui l'avoit apportée à Alcmar fut parti, ce qui m'a empêché de vous pouvoir témoigner plus tôt combien je suis glorieux de ce que le jugement que j'ai fait du livre que vous avez pris la peine de lire n'est pas différent du vôtre, et que ma façon de raisonner vous paroît assez naturelle. Je m'assure que si vous aviez eu le loisir de penser autant que j'ai fait aux choses dont il traite, je ne pourrois rien écrire que vous n'eussiez mieux remarqué que moi; mais pourceque l'âge, la naissance, et les occupations de votre altesse ne l'ont pu permettre, peut-être que ce que j'écris pourra servir à vous épargner un peu de temps, et que mes fautes mêmes vous fourniront des occasions pour remarquer la vérité. Comme lorsque j'ai parlé d'une béatitude qui dépend entièrement de notre libre arbitre, et que tous les hommes peuvent acquérir sans aucune assistance d'ailleurs, vous remarquez fort bien qu'il y a des maladies qui, ôtant le pouvoir de raisonner, ôtent aussi celui de jouir d'une satisfaction d'esprit raisonnable; et cela m'apprend que ce que j'avois dit généralement de tous les hommes ne doit être entendu que de ceux qui ont l'usage libre de leur raison, et avec cela qui savent le chemin qu'il faut tenir pour parvenir à cette béatitude : car il n'y a personne qui ne désire se rendre heureux, mais plusieurs n'en savent pas le moyen, et souvent l'indisposition qui est dans le corps empêche que la volonté ne soit libre; comme il arrive aussi quand nous dormons : car le plus philosophe du monde ne sauroit s'empêcher d'avoir de mauvais songes, lorsque son tempérament l'y dispose. Toutefois l'expérience fait voir que si l'on a eu souvent quelque pensée pendant qu'on a eu l'esprit en liberté, elle revient encore après, quelque indisposition qu'ait le corps. Ainsi je me puis vanter que mes songes ne me représentent jamais rien de fâcheux; et sans doute qu'on a grand avantage de s'être dès long-temps accoutumé à n'avoir point de tristes pensées. Mais nous ne pouvons répondre absolument de nous-mêmes que pendant que nous sommes à nous, et c'est moins de perdre la vie que de perdre l'usage de la raison; car même, sans les enseignements de la foi, la seule philosophie naturelle fait espérer à notre âme un état plus heureux après la mort que celui où elle est à présent, et elle ne lui fait rien craindre de plus fâcheux que d'être attachée à un corps qui lui ôte entièrement sa liberté. Pour les autres indispositions qui ne troublent pas tout-à-fait le sens, mais qui altèrent seulement les humeurs, et font qu'on se trouve extraordinairement enclin à la tristesse, ou à la colère, ou à quelque autre passion, elles donnent sans doute de la peine; mais elles peuvent pourtant être surmontées, et même elles donnent matière à l'âme d'une satisfaction d'autant plus grande qu'elles ont été plus difficiles à vaincre. Je crois aussi le semblable de tous les empêchements de dehors, comme de l'éclat d'une grande naissance, des cajoleries de la cour, des adversités de la fortune, et aussi de ses grandes prospérités, lesquelles ordinairement empêchent plus qu'on ne puisse jouer le rôle de philosophe, que ne font ses disgrâces : car lorsqu'on a toutes choses à souhait, on s'oublie de penser à soi, et quand par après la fortune change, on se trouve d'autant plus surpris qu'on s'étoit plus fié en elle. Enfin on peut dire généralement qu'il n'y a aucune chose qui nous puisse entièrement ôter le moyen de nous rendre heureux, pourvu qu'elle ne trouble point notre raison, et que ce ne sont pas toujours celles qui paroissent les plus fâcheuses qui nuisent le plus.

Mais, afin de savoir exactement combien chaque chose peut contribuer à notre contentement, il faut considérer quelles sont les causes qui le produisent, et c'est aussi l'une des principales connoissances qui peuvent servir à faciliter l'usage de la vertu. Car toutes les actions de notre âme qui nous acquièrent quelque perfection sont vertueuses, et tout notre contentement ne consiste qu'au témoignage intérieur que nous avons d'avoir quelque perfection. Ainsi, nous ne saurions jamais pratiquer aucune vertu, c'est-à-dire faire ce que notre raison nous persuade que nous devons faire, que nous n'en recevions de la satisfaction et du plaisir. Mais il y a deux sortes de plaisirs, les uns qui appartiennent à l'esprit seul, et les autres qui appartiennent à l'homme, c'est-à-dire à l'esprit en tant qu'il est uni au corps; et ces derniers se présentant confusément à l'imagination paroissent souvent beaucoup plus grands qu'ils ne sont, principalement avant qu'on les possède, ce qui est la source de tous les maux et de toutes les erreurs de la vie. Car, selon la règle de la raison, chaque plaisir se devroit mesurer par la grandeur de la perfection qui le produit, et c'est ainsi que nous mesurons ceux dont les causes nous sont clairement connues; mais souvent la passion nous fait croire certaines choses beaucoup meilleures et plus désirables qu'elles ne sont; puis, quand nous avons pris bien de la peine à les acquérir, et perdu cependant l'occasion de posséder d'autres biens plus véritables, la jouissance nous en fait connoître les défauts: de là viennent les dédains, les regrets et les repentirs. C'est pourquoi le vrai office de la raison est d'examiner la juste valeur de tous les biens dont l'acquisition semble dépendre en quelque façon de notre conduite, afin que nous ne manquions jamais d'employer tous nos soins à tâcher de nous procurer ceux qui sont en effet les plus désirables : en quoi si la fortune s'oppose à nos desseins, et les empêche de réussir, nous aurons au moins la satisfaction de n'avoir rien perdu par notre faute, et ne laisserons pas de jouir de toute la béatitude naturelle dont l'acquisition aura été en notre pouvoir. Ainsi, par exemple, la colère peut quelquefois exciter en nous des désirs de vengeance si violents, qu'elle nous fera imaginer plus de plaisir à châtier notre ennemi qu'à conserver notre honneur ou notre vie, et nous fera exposer imprudemment l'un et l'autre pour ce sujet. Au lieu que si la raison examine quel est le bien ou la perfection sur laquelle est fondé ce plaisir qu'on tire de la vengeance, elle n'en trouvera aucune autre (au moins quand cette vengeance ne sert point pour empêcher qu'on ne nous offense derechef), sinon que cela nous fait imaginer que nous avons quelque sorte de supériorité et quelque avantage au-dessus de celui dont nous nous vengeons : ce qui n'est souvent qu'une vaine imagination qui ne mérite point d'être estimée, à comparaison de l'honneur ou de la vie; ni même à comparaison de la satisfaction qu'on auroit de se voir maître de sa colère, en s'abstenant de se venger. Et le semblable arrive en toutes les autres passions : car il n'y en a aucune qui ne nous représente le bien auquel elle tend avec plus d'éclat qu'il n'en mérite, et qui ne nous fasse imaginer des plaisirs beaucoup plus grands, avant que nous les possédions, que nous ne les trouvons par après, quand nous les avons. Ce qui fait qu'on blâme communément la volupté; pourcequ'on ne se sert de ce mot que pour signifier de faux plaisirs, qui nous trompent souvent par leur apparence, et qui nous en font cependant négliger d'autres beaucoup plus solides, mais dont l'attente ne touche pas tant, tels que sont ordinairement ceux de l'esprit seul; je dis ordinairement, car tous ceux de l'esprit ne sont pas louables, pourcequ'ils peuvent être fondés sur quelque fausse opinion, comme le plaisir qu'on prend à médire, qui n'est fondé que sur ce qu'on pense devoir être d'autant plus estimé que les autres le seront moins; et ils nous peuvent aussi tromper par leur apparence, lorsque quelque forte passion les accompagne, comme on voit en celui que donne l'ambition. Mais la principale différence qui est entre les plaisirs du corps et ceux de l'esprit consiste en ce que le corps étant sujet à un changement perpétuel, et même sa conservation et son bien-être dépendant de ce changement, tous les plaisirs qui le regardent ne durent guère; car ils ne procèdent que de l'acquisition de quelque chose qui est utile au corps au moment qu'on la reçoit, et sitôt qu'elle cesse de lui être utile, ils cessent aussi; au lieu que ceux de l'âme peuvent être immortels comme elle, pourvu qu'ils aient un fondement si solide, que ni la connoissance de la vérité, ni aucune fausse persuasion ne le détruisent.

Au reste le vrai usage de notre raison pour la conduite de la vie ne consiste qu'à examiner et considérer sans passion la valeur de toutes les perfections, tant du corps que de l'esprit, qui peuvent être acquises par notre industrie, afin qu'étant ordinairement obligés de nous priver de quelques unes pour avoir les autres, nous choisissions toujours les meilleures; et pourceque celles du corps sont les moindres, on peut dire généralement que sans elles il y a moyen de se rendre heureux. Toutefois je ne suis point d'opinion qu'on les doive entièrement mépriser, ni même qu'on doive s'exempter d'avoir des passions, il suffit qu'on les rende sujettes à la raison; et lorsqu'on les a ainsi apprivoisées, elles sont quelquefois d'autant plus utiles qu'elles penchent plus vers l'excès. Je n'en aurai jamais de plus excessive que celle qui me porte au respect et à la vénération que je dois à votre altesse, de qui je suis, etc.

A MADAME ÉLISABETH,

PRINCESSE PALATINE, etc.

(Lettre 7 du tome I.)

Madame,

Votre altesse a si exactement remarqué toutes les causes qui ont empêché Sénèque de nous exposer clairement son opinion touchant le souverain bien, et vous avez pris la peine de lire son livre avec tant de soin, que je craindrois de me rendre importun si je continuois ici à examiner par ordre tous ses chapitres, et que cela me fît différer de répondre à la difficulté qu'il vous a plu me proposer touchant les moyens de se fortifier l'entendement pour discerner ce qui est le meilleur en toutes les actions de la vie. C'est pourquoi, sans m'arrêter maintenant à suivre Sénèque, je tâcherai seulement d'expliquer mon opinion touchant cette matière.

Il ne peut, ce me semble, y avoir que deux choses qui soient requises pour être toujours disposé à bien juger, l'une est la connoissance de la vérité, et l'autre l'habitude qui fait qu'on se souvient et qu'on acquiesce à cette connoissance toutes les fois que l'occasion le requiert. Mais pourcequ'il n'y a que Dieu seul qui sache parfaitement toutes choses, il est besoin que nous nous contentions de savoir celles qui sont le plus à notre usage; entre lesquelles la première et la principale est qu'il y a un Dieu, de qui toutes choses dépendent, dont les perfections sont infinies, dont le pouvoir est immense, dont les décrets sont infaillibles : car cela nous apprend à recevoir en bonne part tout ce qui nous arrive, comme nous étant expressément envoyé de Dieu. Et pourceque le vrai objet de l'amour est la perfection, lorsque nous élevons notre esprit à le considérer tel qu'il est, nous nous trouvons naturellement si enclins à l'aimer, que nous tirons même de la joie de nos afflictions, en pensant que sa volonté s'exécute en ce que nous les recevons.

La seconde chose qu'il faut connoître est la nature de notre âme, en tant qu'elle subsiste sans le corps, et est beaucoup plus noble que lui, et capable de jouir d'une infinité de contentements qui ne se trouvent point en cette vie ; car cela nous empêche de craindre la mort, et détache tellement notre affection des choses du monde, que nous ne regardons qu'avec mépris tout ce qui est au pouvoir de la fortune.

A quoi peut aussi beaucoup servir qu'on juge

dignement des œuvres de Dieu, et qu'on ait cette vaste idée de l'étendue de l'univers que j'ai tâché de faire concevoir au troisième livre de mes Principes. Car si on s'imagine qu'au-delà des cieux il n'y a rien que des espaces imaginaires, et que tous les cieux ne sont faits que pour le service de la terre, ni la terre que pour l'homme, cela fait qu'on est enclin à penser que cette terre est notre principale demeure, et cette vie notre meilleure; et qu'au lieu de connoître les perfections qui sont véritablement en nous, on attribue aux autres créatures des imperfections qu'elles n'ont pas, pour s'élever au-dessus d'elles; et, entrant en une présomption impertinente, on veut être du conseil de Dieu, et prendre avec lui la charge de conduire le monde; ce qui cause une infinité de vaines inquiétudes et fâcheries.

Après qu'on a ainsi reconnu la bonté de Dieu, l'immortalité de nos âmes, et la grandeur de l'univers, il y a encore une vérité dont la connoissance me semble fort utile, qui est que bien que chacun de nous soit une personne séparée des autres, et dont par conséquent les intérêts sont en quelque façon distincts de ceux du reste du monde, on doit toutefois penser qu'on ne sauroit subsister seul, et qu'on est en effet l'une des parties de l'univers, et plus particulièrement encore l'une des parties de cette terre, l'une des parties de cet état, de cette société, de cette famille, à laquelle on est joint par sa demeure, par son serment, par sa naissance; et il faut toujours préférer les intérêts du tout dont on est partie, à ceux de sa personne en particulier, toutefois avec mesure et discrétion; car on auroit tort de s'exposer à un grand mal pour procurer seulement un petit bien à ses parents ou à son pays; et si un homme vaut plus lui seul que tout le reste de sa ville, il n'auroit pas raison de se vouloir perdre pour la sauver. Mais si on rapportoit tout à soi-même, on ne craindroit pas de nuire beaucoup aux autres hommes lorsqu'on croiroit en retirer quelque petite commodité, et on n'auroit aucune vraie amitié, ni aucune fidélité, ni généralement aucune vertu; au lieu qu'en se considérant comme une partie du public, on prend plaisir à faire du bien à tout le monde, et même on ne craint pas d'exposer sa vie pour le service d'autrui lorsque l'occasion s'en présente; jusque là qu'on voudroit aussi perdre son âme, s'il se pouvoit, pour sauver les autres : en sorte que cette considération est la source et l'origine de toutes les plus héroïques actions que fassent les hommes. Car pour ceux qui s'exposent à la mort par vanité, pourcequ'ils espèrent en être loués; ou par stupidité, pourcequ'ils n'appréhendent pas le danger, je crois qu'ils sont plus à plaindre qu'à priser. Mais lorsque quelqu'un s'y expose pourcequ'il croit que c'est son devoir, ou bien lorsqu'il souffre quelque autre mal afin qu'il en revienne du bien aux autres, encore qu'il ne considère peut-être plus expressément qu'il fait cela pourceque'il doit plus au public dont il est une partie, qu'à soi-même en son particulier, il le fait toutefois en vertu de cette considération, qui est confusément en sa pensée; et on est naturellement porté à l'avoir, lorsqu'on connoît et qu'on aime Dieu comme il faut; car alors, s'abandonnant du tout à sa volonté, on se dépouille de ses propres intérêts, et on n'a point d'autre passion que de faire ce qu'on croit lui être agréable. En suite de quoi on a des satisfactions d'esprit et des contentements qui valent incomparablement davantage que toutes les petites joies passagères qui dépendent des sens.

Outre ces vérités, qui regardent en général toutes nos actions, il en faut aussi savoir beaucoup d'autres qui se rapportent plus particulièrement à chacune; et les principales me semblent être celles que j'ai remarquées en ma dernière lettre, à savoir, que toutes nos passions nous représentent les biens à la recherche desquels elles nous incitent beaucoup plus grands qu'ils ne sont véritablement, et que les plaisirs du corps ne sont jamais si durables que ceux de l'âme, ni si grands quand on les possède, qu'ils paroissent quand on les espère. Ce que nous devons soigneusement remarquer, afin que lorsque nous sommes émus de quelque passion nous suspendions notre jugement jusqu'à ce qu'elle soit apaisée, et que nous ne nous laissions pas aisément tromper par la fausse apparence des biens de ce monde.

A quoi je ne puis ajouter autre chose, sinon qu'il faut aussi examiner en particulier toutes les mœurs des lieux où nous vivons, pour savoir jusques où elles doivent être suivies; et bien que nous ne puissions avoir des démonstrations certaines de tout, nous devons néanmoins prendre parti, et embrasser les opinions qui nous paroissent les plus vraisemblables touchant toutes les choses qui viennent en usage, afin que, lorsqu'il est question d'agir, nous ne soyons jamais irrésolus; car il n'y a que la seule irrésolution qui cause les regrets et les repentirs.

Au reste j'ai dit ci-dessus qu'outre la connoissance de la vérité, l'habitude est aussi requise pour être toujours disposé à bien juger; car d'autant que nous ne pouvons être continuellement attentifs à une même chose, quelque claires et évidentes qu'aient été les raisons qui nous ont persuadé ci-devant une vérité, nous pouvons par après être détournés de la croire par de fausses apparences, si ce n'est que par une longue et fréquente méditation nous l'ayons tellement imprimée en notre esprit, qu'elle soit tournée en habitude; et en ce sens on a raison dans l'école de dire que les vertus sont des habitudes : car en effet on ne manque guère faute d'avoir en théorie la connoissance de ce qu'on doit faire, mais seulement faute de l'avoir en pratique, c'est-à-dire faute d'avoir une ferme habitude de le croire. Et pourceque, pendant que j'examine ici ces vérités, j'en augmente aussi en moi l'habitude, j'ai particulièrement obligation à votre altesse de ce qu'elle permet que je l'en entretienne; et il n'y a rien en quoi j'estime mon loisir mieux employé qu'en ce où je puis témoigner que je suis, etc.

A MADAME ÉLISABETH [1],

PRINCESSE PALATINE, etc.

(Lettre 8 du tome I.)

Madame,

Je me suis quelquefois proposé un doute, savoir s'il est mieux d'être gai et content en imaginant les biens qu'on possède être plus grands et

---

[1] « Comme Descartes dit en cette lettre que dans les dernières il a déjà déclaré son opinion sur la difficulté que la princesse lui propose, je n'oserai pas beaucoup reculer cette lettre, et je la fixe vers le mois de septembre 1645. »

plus estimables qu'ils ne sont en effet, et ignorant ou ne s'arrêtant pas à considérer ceux qui manquent, que d'avoir plus de considération et de savoir pour connoître la juste valeur des uns et des autres, et qu'on en devienne plus triste. Si je pensois que le souverain bien fût la joie, je ne douterois point qu'on ne dût tâcher de se rendre joyeux à quelque prix que ce pût être, et j'approuverois la brutalité de ceux qui noient leurs déplaisirs dans le vin, ou qui les étourdissent avec du pétum. Mais je distingue entre le souverain bien, qui consiste en l'exercice de la vertu, ou (ce qui est le même) en la possession de toutes les perfections dont l'acquisition dépend de notre libre arbitre, et la satisfaction d'esprit qui suit de cette acquisition. C'est pourquoi voyant que c'est une plus grande perfection de connoître la vérité, encore même qu'elle soit à notre désavantage, que de l'ignorer, j'avoue qu'il vaut mieux être moins gai et avoir plus de connoissance. Aussi n'est-ce pas toujours lorsqu'on a le plus de gaieté qu'on a l'esprit plus satisfait : au contraire les grandes joies sont ordinairement mornes et sérieuses, et il n'y a que les médiocres et passagères qui soient accompagnées du ris. Ainsi je n'approuve point qu'on tâche à se tromper, en se repaissant de fausses imaginations; car tout le plaisir qui en revient ne peut toucher pour ainsi dire que la superficie de l'âme, laquelle sent cependant une amertume intérieure en s'apercevant qu'ils sont faux. Et encore qu'il pourroit arriver qu'elle fût si continuellement divertie ailleurs que jamais elle ne s'en aperçût, on ne jouiroit pas pour cela de la béatitude dont il est question, pourcequ'elle doit dépendre de notre conduite, et cela ne viendroit que de la fortune. Mais lorsqu'on peut avoir diverses considérations également vraies, dont les unes nous portent à être contents, et les autres au contraire nous en empêchent, il me semble que la prudence veut que nous nous arrêtions principalement à celles qui nous donnent de la satisfaction; et même à cause que presque toutes les choses du monde sont telles, qu'on les peut regarder de quelque côté qui les fait paroître bonnes, et de quelque autre qui fait qu'on y remarque des défauts, je crois que si l'on doit user de son adresse en quelque chose, c'est principalement à les savoir regarder du biais qui les fait paroître à notre avantage, pourvu que ce soit sans nous tromper. Ainsi lorsque votre altesse remarque les causes pour lesquelles elle peut avoir eu plus de loisir pour cultiver sa raison que beaucoup d'autres de son âge, s'il lui plaît aussi de considérer combien elle a plus profité que ces autres, je m'assure qu'elle aura de quoi se contenter : et je ne vois pas pourquoi elle aime mieux se comparer à elles en ce dont elle prend sujet de se plaindre, qu'en ce qui lui pourroit donner de la satisfaction : car la constitution de notre nature étant telle que notre esprit a besoin de beaucoup de relâche, afin qu'il puisse employer utilement quelques moments en la recherche de la vérité, et qu'il s'assoupiroit, au lieu de se polir, s'il s'appliquoit trop à l'étude, nous ne devons pas mesurer le temps que nous avons pu employer à nous instruire, par le nombre des heures que nous avons eues à nous, mais plutôt, ce me semble, par l'exemple de ce que nous voyons communément arriver aux autres, comme étant une marque de la portée ordinaire de l'esprit humain. Il me semble aussi qu'on n'a point sujet de se repentir lorsqu'on a fait ce qu'on a jugé être le meilleur au temps qu'on a dû se résoudre à l'exécution, encore que par après y repensant avec plus de loisir on juge avoir failli; mais on devroit plutôt se repentir si on avoit fait quelque chose contre sa conscience, encore qu'on reconnût par après avoir mieux fait qu'on n'avoit pensé; car nous n'avons à répondre que de nos pensées, et la nature de l'homme n'est pas de tout savoir, ni de juger toujours si bien sur-le-champ que lorsqu'on a beaucoup de temps à délibérer. Au reste encore que la vanité, qui fait qu'on a meilleure opinion de soi qu'on ne doit, soit un vice qui n'appartient qu'aux âmes foibles et basses, ce n'est pas à dire que les plus fortes et généreuses se doivent mépriser; mais il se faut faire justice à soi-même, en reconnoissant ses perfections aussi bien que ses défauts, et si la bienséance empêche qu'on ne les publie, elle n'empêche pas pour cela qu'on ne les ressente. Enfin, encore qu'on n'ait pas une science infinie pour connoître parfaitement tous les biens dont il arrive qu'on doit faire choix dans les diverses rencontres de la vie, on doit, ce me semble, se contenter d'en avoir une médiocre des choses plus nécessaires, comme sont celles que j'ai dénombrées en ma dernière lettre, en laquelle j'ai déjà déclaré mon opinion touchant la difficulté que votre altesse propose : savoir, si ceux qui rapportent tout à eux-mêmes ont plus de raison que ceux qui se tourmentent trop pour les autres : car si nous ne pensions qu'à nous seuls, nous ne pourrions jouir que des biens qui nous sont particuliers; au lieu que si nous nous considérons comme parties de quelque autre corps, nous participons aussi aux biens qui lui sont communs, sans être privés pour cela d'aucun de ceux qui nous sont propres : et il n'en est pas de même des maux; car, selon la philosophie, le mal n'est rien de réel, mais seulement une privation; et lorsque nous nous attristons à cause de quelque mal qui arrive à nos amis, nous ne participons point pour cela au défaut dans lequel consiste ce mal; même quelque tristesse ou quelque peine que nous ayons en telle occasion, elle ne sauroit être si grande qu'est la satisfaction intérieure qui accompagne toujours les bonnes actions, et principalement celles qui procèdent d'une pure affection pour autrui, qu'on ne rapporte point à soi-même, c'est-à-dire de la vertu chrétienne qu'on nomme charité. Ainsi l'on peut, même en pleurant et prenant beaucoup de peine, avoir plus de plaisir que lorsqu'on rit et qu'on se repose. Et il est aisé à prouver que ce plaisir de l'âme auquel consiste la béatitude n'est pas inséparable de la gaieté et de l'aise du corps, tant par l'exemple des tragédies, qui nous plaisent d'autant plus qu'elles excitent en nous plus de tristesse, que par celui des exercices du corps, comme la chasse, le jeu de paume, et autres semblables, qui ne laissent pas d'être agréables, encore qu'ils soient fort pénibles; et même on voit que souvent c'est la fatigue et la peine qui en augmente le plaisir. Et la cause du contentement que l'âme reçoit en ces exercices consiste en ce qu'ils lui font remarquer la force ou l'adresse, ou quelque autre perfection du corps auquel elle est jointe; mais le contentement qu'elle a de pleurer en voyant représenter quelque action pitoyable et funeste sur un théâtre vient principalement de ce qu'il lui semble qu'elle fait une action vertueuse ayant compassion des affligés; et généralement elle se plaît de sentir émouvoir en soi des passions, de quelque nature qu'elles soient, pourvu qu'elle en demeure maîtresse.

Mais il faut que j'examine plus particulièrement ces passions, afin de les pouvoir définir; ce qui me sera ici plus aisé que si j'écrivois à quelque autre. Car votre altesse ayant pris la peine de lire le traité que j'ai autrefois ébauché touchant la nature des animaux, vous savez déjà comment je conçois que se forment diverses impressions dans leur cerveau : les unes par les objets extérieurs qui meuvent les sens, les autres par les dispositions intérieures du corps, ou par les vestiges des impressions précédentes qui sont demeurées en la mémoire, ou par l'agitation des esprits qui viennent du cœur, ou aussi, et cela en l'homme, par l'action de l'âme, laquelle a quelque force pour changer les impressions qui sont dans le cerveau, comme réciproquement ces impressions ont la force d'exciter en l'âme des pensées qui ne dépendent point de sa volonté. En suite de quoi on peut généralement nommer *passions* toutes les pensées qui sont ainsi excitées en l'âme sans le concours de sa volonté (et par conséquent sans aucune action qui vienne d'elle), par les seules impressions qui sont dans le cerveau, car tout ce qui n'est point action est passion; mais on restreint ordinairement ce nom aux pensées qui sont causées par quelque particulière agitation des esprits : car celles qui viennent des objets extérieurs, ou bien des dispositions intérieures du corps, comme la perception des couleurs, des sons, des odeurs, la faim, la soif, la douleur, et autres semblables, se nomment des sentiments, les uns extérieurs, les autres intérieurs ; celles qui ne dépendent que de ce que les impressions précédentes ont laissé en la mémoire, et de l'agitation ordinaire des esprits, sont des rêveries, soit qu'elles viennent en songe, soit aussi lorsqu'on est éveillé, et que l'âme, ne se déterminant à rien de soi-même, suit nonchalamment les impressions qui se rencontrent dans le cerveau. Mais lorsqu'elle use de sa volonté pour se déterminer à la pensée de quelque chose qui n'est pas seulement intelligible, mais imaginable, cette pensée fait une nouvelle impression dans le cerveau, qui n'est pas au regard de l'âme une passion, mais une action qui se nomme proprement imagination. Enfin, lorsque le cours ordinaire des esprits est tel qu'il excite communément des pensées tristes ou gaies, ou autres semblables, on ne l'attribue pas à la passion, mais au naturel ou à l'humeur de celui en qui elles sont excitées ; et cela fait qu'on dit que cet homme est d'un naturel triste, cet autre d'une humeur gaie, etc. Ainsi il ne reste que les pensées qui viennent de quelque particulière agitation des esprits, et dont on sent les effets comme en l'âme même, qui soient proprement nommées des passions. Il est vrai que nous n'en avons quasi jamais aucunes qui ne dépendent de plusieurs des causes que je viens de distinguer, mais on leur donne la dénomination de celle qui est la principale, ou à laquelle on a principalement égard. Ce qui fait que plusieurs confondent le sentiment de la douleur avec la passion de la tristesse, et celui du chatouillement avec la passion de la joie, laquelle ils nomment aussi volupté ou plaisir; et ceux de la faim ou de la soif avec les désirs de manger ou de boire, qui sont des passions; car ordinairement les mêmes causes qui font la douleur agitent aussi les esprits en la façon qui est requise pour exciter la tristesse, et celles qui font sentir quelque chatouillement, les agitent en la façon qui est requise pour exciter la joie, et ainsi des autres. On confond aussi quelquefois les inclinations ou habitudes qui disposent à quelque passion, avec la passion même, ce qui est néanmoins facile à distinguer. Car, par exemple, lorsqu'on dit dans une ville que les ennemis la viennent assiéger, le premier jugement que font les habitants du mal qui leur en peut arriver est une action de leur âme, non une passion; et bien que ce jugement se rencontre semblable en plusieurs, ils n'en sont pas toutefois également émus, mais les uns plus, les autres moins, selon qu'ils ont plus ou moins d'habitude ou d'inclination à la crainte; et avant que leur âme reçoive l'émotion en laquelle seule consiste la passion, il faut qu'elle fasse ce jugement, ou bien, sans juger, qu'elle conçoive au moins le danger, et en exprime l'idée dans le cerveau; ce qu'elle fait par une autre action qu'on nomme imaginer, et que par même moyen elle détermine les esprits qui vont du cerveau dans les nerfs, à entrer en ceux de ces nerfs qui servent à resserrer les ouvertures du cœur, ce qui retarde la circulation du sang, en suite de quoi tout le corps devient pâle, froid, et tremblant; et les nouveaux esprits qui viennent du cœur vers le cerveau sont agités de telle façon qu'ils ne peuvent aider à y former d'autres images que celles qui excitent en l'âme la passion de la crainte. Toutes lesquelles choses se suivent de si près l'une l'autre, qu'il semble que ce ne soit qu'une seule opération; et ainsi en toutes les autres passions il arrive quelque particulière agitation dans les esprits qui viennent du cœur. J'avois dessein d'ajouter ici une particulière explication de toutes ces passions, mais je trouve tant de difficultés à les dénombrer, qu'il m'y faudra employer plus de temps que le messager ne m'en donne.

Cependant, ayant reçu celle que votre altesse m'a fait l'honneur de m'écrire, j'ai une nouvelle occasion de répondre, qui m'oblige de remettre à une autre fois cet examen des passions, pour dire ici que toutes les raisons qui prouvent l'existence de Dieu, et qu'il est la cause première et immuable de tous les effets qui ne dépendent point du libre arbitre des hommes, prouvent, ce me semble, en même façon qu'il est aussi la cause de toutes les actions qui en dépendent. Car on ne sauroit démontrer qu'il existe, qu'en le considérant comme un être souverainement parfait; et il ne seroit pas souverainement parfait, s'il pouvoit arriver quelque chose dans le monde qui ne vînt pas entièrement de lui. Il est vrai qu'il n'y a que la foi qui nous enseigne ce que c'est que la grâce par laquelle Dieu nous élève à une béatitude surnaturelle; mais la seule philosophie suffit pour connoître qu'il ne sauroit entrer la moindre pensée en l'esprit d'un homme, que Dieu ne veuille et n'ait voulu de toute éternité qu'elle y entrât. Et la distinction de l'école entre les causes universelles et particulières n'a point ici de lieu; car ce qui fait que le soleil, par exemple, étant la cause universelle de toutes les fleurs, n'est pas cause pour cela que les tulipes diffèrent des roses, c'est que leur production dépend aussi de quelques autres causes particulières, qui ne lui sont point subordonnées; mais Dieu est tellement la cause universelle de tout, qu'il en est en même façon la cause totale, et ainsi rien ne peut arriver sans sa volonté. Il est vrai aussi que la connoissance de l'immortalité de l'âme et des félicités dont elle sera capable étant hors de cette vie, pourroit donner sujet d'en sortir à ceux qui s'y ennuient, s'ils étoient assurés qu'ils jouiroient par après de toutes ces félicités, mais aucune raison ne les en assure ; et il n'y a que la fausse philosophie d'Hégésias, dont le livre fut défendu par Ptolomée, pourceque plusieurs s'étoient tués après l'avoir lu, qui tâche à persuader que cette vie est mauvaise ; la vraie enseigne tout au contraire, que, même parmi les plus tristes accidents et les plus pressantes douleurs, on y peut toujours être content, pourvu qu'on sache user de sa raison.

Pour ce qui est de l'étendue de l'univers, je ne vois pas comment, en la considérant, on est convié à séparer la providence particulière de l'idée que nous avons de Dieu ; car c'est tout autre chose de Dieu que des puissances finies, lesquelles pouvant être épuisées, nous avons raison de juger, en voyant qu'elles sont employées à plusieurs grands effets, qu'il n'est pas vraisemblable qu'elles s'étendent aussi jusques aux moindres. Mais d'autant que nous estimons les œuvres de Dieu être plus grands, d'autant mieux remarquons-nous l'infinité de sa puissance; et d'autant que cette infinité nous est mieux connue, d'autant sommes-nous plus assurés qu'elle s'étend jusques à toutes les plus particulières actions des hommes. Je ne crois pas aussi que par cette providence particulière de Dieu, que votre altesse dit être le fondement de la théologie, vous entendiez quelque changement qui arrive en ses décrets à l'occasion des actions qui dépendent de notre libre arbitre : car la théologie n'admet point ce changement. Et lorsqu'elle nous oblige à prier Dieu, ce n'est pas afin que nous lui enseignions de quoi c'est que nous avons besoin, ni afin que nous tâchions d'impétrer de lui qu'il change quelque chose en l'ordre établi de toute éternité par sa providence, l'un et l'autre seroit blâmable, mais c'est seulement afin que nous obtenions ce qu'il a voulu de toute éternité être obtenu par nos prières. Et je crois que tous les théologiens sont d'accord en ceci, même ceux qu'on nomme ici Arméniens, qui semblent être ceux qui défèrent le plus au libre arbitre.

J'avoue qu'il est difficile de mesurer exactement jusques où la raison ordonne que nous nous intéressions pour le public, mais aussi n'est-ce pas une chose en quoi il soit nécessaire d'être fort exact; il suffit de satisfaire à sa conscience, et on peut en cela donner beaucoup à son inclination ; car Dieu a tellement établi l'ordre des choses, et conjoint les hommes ensemble d'une si étroite société, qu'encore que chacun rapportât tout à soi-même, et n'eût aucune charité pour les autres, il ne laisseroit pas de s'employer ordinairement pour eux, en tout ce qui seroit de son pouvoir, pourvu qu'il usât de prudence, principalement s'il vivoit en un siècle où les mœurs ne fussent point corrompues. Et outre cela, comme c'est une chose plus haute et plus glorieuse de faire du bien aux autres hommes que de s'en procurer à soi-même, aussi sont-ce les plus grandes âmes qui y ont le plus d'inclination, et font le moins d'état des biens qu'elles possèdent; il n'y a que les foibles et basses qui s'estiment plus qu'elles ne doivent, et sont comme les petits vaisseaux, que trois gouttes d'eau peuvent remplir. Je sais que votre altesse n'est pas de ce nombre, et qu'au lieu qu'on ne peut inciter ces âmes basses à prendre de la peine pour autrui qu'en leur faisant voir qu'ils en retireront quelque profit pour eux-mêmes, il faut pour l'intérêt de votre altesse lui représenter qu'elle ne pourroit être longuement utile à ceux qu'elle affectionne, si elle se négligeoit soi-même, et la prier d'avoir soin de sa santé. C'est ce que fait, etc.

LETTRE APOLOGÉTIQUE

DE M. DESCARTES

AUX MAGISTRATS DE LA VILLE D'UTRECHT,

CONTRE MM. VOETIUS PÈRE ET FILS [1].

(Lettre 1 du tome III.)

MESSIEURS,

Ceux qui savent les continuelles injures que j'ai reçues depuis quatre ans de Voëtius, trouvent étrange que je n'aie point encore tâché de m'en

---

[1] « La 1re lettre du 3e vol., p. 1, est de M. Descartes aux magistrats de la ville d'Utrecht, contre Voëtius père et fils. Cette lettre n'est point datée, mais il est certain qu'elle a été écrite depuis le 11 de juin 1645, puisque M. Descartes cite l'acte donné à Utrecht ce jour-là, en plusieurs endroits. Je la fixe au 20 juin pour deux raisons : premièrement, parceque dans toute la suite de la lettre, qui est fort longue, il n'y a rien qui demande d'avancer davantage cette lettre, et que le dernier des trois motifs de plainte qui font le sujet de la lettre est cet acte du 11 juin 1645; secondement, parceque M. Le Roy l'a reçue à Utrecht le 22 juin 1645. Voyez la 32e lettre des manuscrits de Regius, à dater du 23 juin 1645, et où on lit ces paroles, *Hesterno mane fasciculum tuarum epistolarum accepi*, etc.; et une note marginale où Clerselier a mis ces paroles, *Fasciculus ille est ejus defensio contra Voëtium*: et il a grande raison d'en juger ainsi, car la suite de la 1re lettre de Regius à Descartes le manifeste clairement. Je la fixe donc au 20 juin 1645. »

ressentir; non pas que l'on juge que leurs paroles ou leurs écrits fussent dignes que je m'arrêtasse aucunement à eux, s'ils ne se servoient point de votre autorité pour m'offenser; mais parcequ'ils appuient toutes leurs calomnies sur un jugement qu'ils prétendent que vous avez donné contre moi, on croit que je suis obligé à la défense de mon honneur. Et de vrai c'est bien aussi mon opinion; mais l'affaire que j'ai eue contre Schoock, et depuis celle qu'il a eue contre Gisbert Voëtius, sont cause que je l'ai différée. J'ai souffert cependant toutes les bravades de ces messieurs, qui m'appellent injurieusement *desertorem causæ*, et me défient d'aller en votre ville, comme si j'en étois banni : ils disent même, comme par menace, qu'ils gardent encore une action contre moi, dont ils se serviront en son temps ; en sorte que, quand je ne le voudrois pas, ils me contraignent eux-mêmes à me défendre.

Mais afin de procéder par ordre, et que, si je ne suis pas assez heureux pour vous satisfaire, je puisse au moins satisfaire le reste du monde, et faire voir à toute la terre que je n'aurai jamais rien omis, non seulement de ce qui peut être de mon devoir, mais même de la civilité, pour mériter d'être traité par vous autrement que je ne l'ai été, je vous exposerai ici sommairement la justice de ma cause et l'injustice de mes ennemis, afin que j'en puisse avoir raison par vous-mêmes, s'il est possible; et si je ne le puis, que vous me fassiez au moins la faveur de m'apprendre quelles sont les procédures qui ont été faites contre moi dans votre ville, par quels juges elles ont été faites, et sur quoi elles sont fondées; car je n'en ai encore rien su que par leurs écrits, ou par les bruits qui sont semés en leur faveur, sur lesquels je ne puis m'assurer.

En l'an 1639, au mois de mars, M. Æmilius, professeur en votre académie, et le principal ornement qu'elle ait, fit une oraison funèbre en l'honneur de M. Revery, qui avait aussi été l'un des premiers ornements de la même académie : et entre plusieurs choses qu'il dit de lui, il employa la principale partie de son oraison à le louer de l'amitié qu'il avoit eue avec moi, en me donnant de si grands éloges, que j'aurois honte de les redire. Je mettrai seulement ici le titre et la conclusion d'un éloge qu'il joignit à cette oraison funèbre, lorsqu'il la fit imprimer. Voici le titre : *Ad manes defuncti, qui cum nobilissimo viro, Renato Descartes, nostri sæculi Atlante et Archimede unico, vixit conjunctissime, abdita naturæ et cœli extima penetrare ab eodem edoctus.* Et en la conclusion, il parle ainsi au défunt:

Et nova quæ docuit, tibi nunc comperta palescunt.
Omniaque in liquido sunt manifesta die;

Ut merito dubites, utrum magis illius arti,
An nunc indigetæ sint mage clara tibi.

Ces louanges furent agréables aux plus honnêtes gens de votre ville, comme il parut de ce qu'on trouva bon que l'imprimeur de votre université les rendît publiques; et elles étoient hors de tout soupçon de flatterie, pourceque M. Æmilius ne me connoissoit en ce temps-là que par réputation et par mes écrits. Je ne les avois pas aussi recherchées; au contraire, quelques autres vers qu'il avoit faits sur le même sujet m'ayant été envoyés pour les voir, et par après redemandés, pourcequ'il n'en avoit point de copie, et qu'il désiroit les faire imprimer, je trouvai une excuse pour ne les lui pas renvoyer. Non que les louanges qui venoient d'une personne de son mérite me déplussent, mais parceque, sachant qu'il est impossible d'être un peu extraordinairement loué par ceux qui sont très louables eux-mêmes, que ceux qui prétendent de l'être et ne le sont pas ne s'en offensent, ce m'étoit assez de savoir la bonne opinion qu'il avoit de moi, sans désirer qu'il la publiât.

Peu de temps après, savoir au mois de juin de la même année, G. Voëtius fit de longues thèses, *de atheismo* : et bien que je n'y fusse pas nommé, ceux qui me connoissent peuvent assez voir qu'il y a voulu jeter les fondements de l'opiniâtre calomnie en laquelle il a toujours depuis persisté : car il y a mêlé parmi les marques de l'athéisme toutes les choses qu'il savoit m'être attribuées par le bruit commun, encore qu'il n'y en eût aucune qui ne fût bonne : et ce qui est ici remarquable, c'est qu'il ne me connoissoit aussi que par réputation et par mes écrits; en sorte que les qualités qui avoient donné sujet aux louanges d'Æmilius, étoient les mêmes dont Voëtius tiroit le venin de sa médisance.

Je ne dirai point combien de personnes m'ont assuré depuis ce temps-là qu'il tâchoit de persuader que j'étois athée, et comment il répandoit ce venin de tous côtés dans ces provinces; car il voudroit que je lui prouvasse, et pendant qu'il aura le pouvoir qu'il a dans votre ville, il n'y a personne qui fût bien aise d'y être témoin contre lui. Je me contenterai de dire que l'année suivante il alla chercher jusque dans les cloîtres de France un des plus ardents protecteurs de la religion romaine [1], pour tâcher à faire ligue avec lui contre moi, comme si j'eusse été l'ennemi de tous les hommes. Je répèterai ici quelques mots de la lettre qu'il lui écrivit, dont j'ai l'original entre les mains, et dont je vous ai ci-devant donné copie. Voici ces mots : *Renati Descartes philosophemata quædam gallice in quarto edita vidisti procul dubio. Molitur ille vir, sed sero nimis, ut opinor, sectam novam, nunquam*

---

[1] « Le P. Mersenne, minime. »

antehac in rerum natura visam, aut auditam; et sunt qui illum admirantur atque adorant, tanquam novum Deum de cœlo lapsum. Et un peu après : *Judicio et censuræ tuæ εὑρήματα ipsius subjici debebant: a nullo physico aut metaphysico felicius dejiceretur, quam a te; quippe qui ea in parte philosophiæ excellis, in qua ille plurimum posse creditur, in geometria scilicet et optica. Certe dignus hic labor eruditione et subtilitate tua; veritas a te asserta hactenus, et in conciliatione theologiæ ac metaphysicæ et physicæ cum mathesi ostensa te requirit vindicem,* etc. Sur quoi je vous prie de remarquer que, bien que ce ne soit pas un crime d'avoir amitié avec des personnes de diverse religion, et de leur écrire (autrement vous seriez tous criminels, à cause de l'alliance que vous avez avec notre roi), toutefois en ce saint réformé, qui m'appelle ordinairement *jesuistastrum,* et qui n'a point de plus fréquente raison pour me rendre odieux auprès de vous que de me reprocher ma religion, c'est une preuve certaine qu'il ne garde pas les règles qu'il prescrit aux autres, et qu'il n'est point si scrupuleux, quand il croit que le peuple n'en saura rien, qu'il ne soit bien aise de rechercher l'amitié d'un de nos religieux, et de le reconnoitre pour défenseur de la vérité, en lui disant, *Veritas à te asserta, et in conciliatione theologiæ ostensa,* etc., pourvu qu'il puisse par son moyen me faire quelque déplaisir.

Et afin que vous sachiez que ce n'étoit point qu'il trouvât quelque chose à reprendre en mes opinions (lesquelles il n'étoit pas capable d'entendre), mais que c'étoit par une pure malignité qu'il tâchoit de me décrier, comme l'auteur de quelque nouvelle hérésie, en disant : *Molitur ille vir sectam novam*, etc. — *Et sunt qui illum adorant tanquam Deum*, etc., je dirai ici ce que contenoit la réponse que lui fit ce docte et prudent religieux, qui fut qu'il seroit bien aise d'écrire contre mes opinions, en cas qu'il eût quelques raisons pour les impugner; et que pour ce sujet il le prioit de lui envoyer celles qu'il avoit, ou qui pourroient être fournies par ses amis, et qu'il en chercheroit aussi de son côté. Mais jamais Voëtius ne lui en a envoyé aucune, bien qu'on m'ait nommé des personnes qu'il avoit employées pour en chercher : il s'est seulement contenté de lui écrire sa comparaison avec Vaninus, qui est l'une de ses principales calomnies, et de faire courre le bruit que ce religieux écrivoit contre moi.

De plus, afin qu'on sache que je ne crains pas qu'on impugne mes opinions en matière de science, et que je ne m'en offense en aucune façon, lorsqu'on n'use point de calomnies contre mes mœurs, je dirai encore ici que ce sage religieux m'envoya sa réponse ouverte, en laissant à ma discrétion d'en faire ce que je voudrois, et que je l'adressai fidèlement moi-même à Gisbert Voëtius, après que je l'eus lue et fermée. En quoi on ne peut dire qu'il y ait aucune finesse ou collusion : car ce religieux avoit intention de faire ce qu'il promettoit; et si Voëtius avec toute sa cabale lui eussent pu donner la moindre raison contre moi, il n'eût pas manqué de l'écrire, et moi j'en eusse été fort aise, comme il a paru en ce qu'il en a lui-même depuis écrit d'autres, que j'ai moi-même fait imprimer sous le titre de Secondes objections contre mes Méditations.

Je ne parle point de ce qui s'est passé pendant ces années-là au regard de M. Regius, qu'on pensoit enseigner mes opinions touchant la philosophie, et qui a été en hasard d'en être le premier martyr, bien que j'aie vu depuis peu, par un livre qui porte son nom, qu'il en étoit plus innocent que je ne pensois : car il n'a mis aucune chose en ce livre [1], touchant ce qui peut être rapporté à la théologie, qui ne soit contre mon sens. Mais je suis obligé de dire que sur un mot de ses thèses, qui n'étoit d'aucune importance, ni même différent de l'opinion commune, de la façon qu'il l'interprétoit, Voëtius fit d'autres thèses contraires qui furent disputées trois jours durant, et que j'y fus nommé, afin qu'on ne pût douter que ce ne fût moi qu'il tenoit pour auteur des opinions auxquelles

---

[1] « *Fundamenta physica* de M. Leroi. »

il donnoit pour éloge en ses thèses, que ceux qui les croient sont athées ou bêtes; et que comme si j'eusse été le chef de quelque nouvelle secte d'hérétiques, ou que j'eusse voulu faire le prophète, il disoit de moi par moquerie, *Elias veniet.* Et même qu'il fut sur le point de déclarer M. Regius hérétique, au nom de sa faculté de théologie, si l'un des principaux de votre corps[1] ne l'eût empêché; et enfin qu'on publia ensuite un jugement[2], au nom de votre académie, où mes opinions étoient condamnées sous le nom de *Nova et præsumpta philosophia :* après quoi il ne lui restoit plus que d'employer sa faculté de théologie (qui est toute à sa dévotion, ainsi qu'il a paru depuis) pour se plaindre de moi aux magistrats, comme de l'auteur d'une doctrine si pernicieuse, qu'elle avoit rendu l'un de vos professeurs hérétique. Lesquelles choses étant venues à ma connoissance, j'aurois été imprudent si j'avois manqué de m'opposer aux machinations de cet homme; et je ne le pouvois faire d'aucune façon plus juste, plus honnête, et dont il eût moins de sujet de se plaindre, que de celle dont j'usai pour lors : car je me contentai de raconter par occasion, dans un écrit que j'avois alors sous la presse, les injures que j'avois reçues de lui, afin seulement d'éventer la mine et de rompre le

---

[1] « Le consul Van der Hoolck. »

[2] « Voyez la lettre au P. Dinet. »

coup de ses médisances, en faisant savoir à ceux qui les pourroient ouïr qu'elles ne devoient pas être crues sans preuves, d'autant qu'il m'étoit ennemi.

Ce que j'écris ici pour détromper ceux à qui cet homme de bien a persuadé que je l'avois attaqué le premier; car je serai bien aise qu'ils sachent qu'outre les mauvais discours que j'apprenois de toutes parts qu'il tenoit de moi en ses leçons, en ses disputes, en ses prêches, et ailleurs, et outre les lettres écrites de sa main, dont je garde les originaux, en l'une desquelles il me compare avec Vaninus, sur quoi il fonde la plus noire et la plus criminelle de toutes ses médisances, je puis compter sept divers imprimés par lesquels il avoit tâché de me nuire, avant que j'eusse jamais rien écrit, ou dit, ou fait contre lui : à savoir quatre différents, *De atheismo;* un cinquième, qu'il nommoit *Corollaria thesibus de jubileo subjecta;* un sixième, qui étoit, *Appendix ad ista corollaria,* ou, *Theses de formis substantialibus;* et enfin le *Judicium academiæ ultrajectinæ* pour le septième : non pas que je veuille rien ôter de la part que ses confrères prétendent à ce dernier; mais, parcequ'il étoit alors leur recteur, ils ne peuvent nier que la principale ne lui appartienne. On dira peut-être que je n'étois point nommé en la plupart de ses imprimés; mais il ne l'étoit point aussi dans le mien, ni même votre académie, ni votre ville : en sorte qu'il n'y avoit autre différence, sinon que les choses que j'avois écrites de lui étant toutes vraies, l'offensoient bien plus que ne m'offensoient celles qu'il avoit écrites contre moi, qui étoient non seulement fausses, mais aussi hors de toute apparence. En effet il se piqua de telle sorte, que j'appris un peu après qu'il consultoit pour me faire un procès d'injures, et qu'il composoit cependant contre moi divers écrits ; en sorte qu'il avoit dessein de me battre, et de m'appeler en justice en même temps, afin que le battu payât l'amende.

Et j'étois averti de divers lieux qu'il écrivoit contre moi ; on me le mandoit même de France, tant cela étoit commun. On me disoit aussi des choses particulières qui étoient en ses écrits, et qui se trouvent maintenant les unes dans la préface du livre qui porte le nom de Schoock, et les autres dans la narration historique qui porte le nom de votre académie. Même on m'apprenoit qu'il délibéroit sur le choix des personnes qu'il feroit écrire contre moi, c'est-à-dire qui publieroient sous leur nom les écrits qu'il composoit, *stylum faciendo suum*, et ajoutant du leur ce qu'ils pourroient ; et qu'en une assemblée de plusieurs personnes, quelqu'un avoit dit qu'il devoit employer son fils à cela ; mais que sa mère, ayant pris la parole, avoit répondu qu'il étoit encore trop jeune pour hasarder sa réputation, et que s'il falloit que quelqu'un écrivît ce seroit plutôt son mari. On ne parloit pas encore de Schoock, et plusieurs savoient déjà ce qui seroit dans le livre qui a été mis sous son nom. Ce que je remarque, afin que vous considériez combien il y avoit peu d'apparence après cela que Voëtius pût persuader (contre la conscience d'une infinité de personnes qui savoient les mêmes choses que moi) qu'il seroit innocent des livres qu'on publieroit pour le défendre; et que moi, ayant reçu les six premières feuilles d'un tel livre, qui ne portoit le nom d'aucun auteur, j'avois très juste sujet d'adresser à Voëtius la réponse que j'y voulois faire.

Mais le principal motif que j'ai eu pour écrire cette réponse n'a pas été l'énormité des injures que je trouvois dans ces feuilles; elles étoient si absurdes et si peu croyables, qu'elles me donnoient plus de sujet de mépris que d'offense. J'y ai été poussé par trois autres plus fortes raisons: dont la première est l'utilité du public, et le repos de ces provinces, qui a toujours été désiré et procuré avec plus de soin par les François que par plusieurs naturels de ce pays; et, bien que je ne voulusse accuser Voëtius d'aucun crime, j'ai pensé que je rendrois quelque service à cet état, si je faisois connoître aux plus simples les vérités que je savois de lui, pour le récompenser des faussetés qu'il publioit de moi, en feignant que c'étoit *ad præmonitionem studiosæ juventutis*. Ma seconde raison a été que j'ai cru particulièrement faire plaisir à plusieurs de votre ville ; non point à ceux qui sont ennemis de votre religion, ainsi qu'il tâche impertinemment de persuader (car je crois qu'il n'y en a aucun qui ne le méprise de telle sorte, qu'ils seroient bien aises que tous ceux qui la défendent lui ressemblassent), mais à quantité des plus zélés et des plus honnêtes gens de ceux qui la suivent, même à quelques uns de vos ministres, auxquels je dois cette louange, que bien qu'il ait fait tout son possible pour les engager à son parti, et qu'il ait même présenté requête à cette fin, comme j'apprends des écrits de son fils, il n'a pu obtenir d'eux aucune chose à mon préjudice; et même, le témoignage qu'il a eu du consistoire fait voir qu'ils l'ont refusé : car, après avoir transcrit de mot à mot la requête qu'il leur avoit faite, en laquelle je suis nommé, ils lui donnent un simple témoignage de ses mœurs, tel qu'ils ne le peuvent honnêtement refuser à aucun de leurs confrères, pendant qu'il n'a point encore été repris de justice, et qu'ils ne le veulent point accuser; mais ils n'y font aucune mention de moi, ni de rien qui me puisse toucher; et même ils déclarent que c'est à votre requête qu'ils lui donnent ce témoignage : *op het versoeck van de achtbaere heeren magistraet der stade Utrecht*, etc. *Sur la requête de messieurs les magistrats de la ville d'Utrecht.* En sorte qu'ils ne lui auroient peut-être pas donné, si c'avoit été lui seul qui l'eût demandé; et maintenant encore j'ose croire que si on sépare de leur nombre ceux qui sont reconnus pour ses créatures, ou pour ses disciples, et qu'on demande aux autres leur sentiment touchant le faux témoignage qu'il a prescrit à Schoock contre moi, ils ne manqueront pas d'en juger ainsi que la vérité le requiert. Ma troisième raison est que, puisque Voëtius me vouloit faire un procès d'injures pour m'obliger à vérifier les choses que j'avois mises en passant et par abrégé dans mon écrit précédent, je pensai que je les devois toutes expliquer, et prouver si clairement par un second écrit, que cela me pût exempter de la peine de les prouver devant des juges, et même lui ôter la volonté de m'y contraindre.

Ainsi, ayant dressé mon second écrit en telle sorte qu'il se pouvoit assez défendre de soi-même, et défendre aussi le premier, et en ayant envoyé des exemplaires à messieurs vos deux bourgmestres d'alors, lesquels leur furent donnés par deux des plus qualifiés de votre ville, qui leur firent des compliments de ma part, j'avoue que je fus surpris, quelques semaines après, lorsque je vis votre publication du 13 juin 1643 : non pas que je ne fusse bien aise de ce qu'elle contenoit au regard de Voëtius, car j'y trouvois sa condamnation manifeste, en ce que vous y déterminiez qu'il étoit inutile, et même grandement nuisible à votre ville, si les choses que j'ai écrites de lui étoient vraies, et j'étois assuré de leur vérité ; mais j'admirois que vous m'eussiez cité pour les vérifier, comme si vous eussiez eu quelque juridiction sur moi ; j'admirois aussi que cette citation eût été faite avec grand bruit au son de la cloche, comme si j'eusse été criminel ; enfin, j'admirois que vous eussiez supposé pour cela que vous étiez incertains du lieu de ma demeure, car messieurs vos bourgmestres pouvoient aisément s'en rendre certains, s'ils ne l'étoient pas, en prenant la peine de s'en enquérir à ceux qui leur avoient donné mon livre. Toutefois, à cause que cette façon de procéder pouvoit avoir diverses interprétations, et que je pensois avoir mérité votre amitié et non pas votre haine, je m'assurai que vous n'aviez point dessein de me nuire, mais seulement de faire éclater l'affaire, afin que celui qui étoit coupable, et sujet à votre juridiction, pût être puni avec l'approbation de tout le monde.

C'est pourquoi je fis imprimer aussi ma réponse à cette publication, dans laquelle, après vous avoir remercié de ce que vous entrepreniez d'examiner les mœurs d'un homme qui m'avoit offensé, je vous priai par occasion de vouloir aussi vous enquérir s'il n'étoit pas complice du livre imprimé sous le nom de Schoock, dans lequel je suis calomnié; non point que j'assurasse pour cela qu'il en fût coupable, mais pourceque tout le monde l'en soupçonnoit, j'avois juste raison de vous prier qu'il vous plût vous en enquérir. J'y déclarai aussi très expressément que je ne voulois point me rendre partie contre lui, et que je protestois d'injure en cas que vous voulussiez prétendre quelque droit de juridiction sur moi; et enfin je m'offrois, en cas qu'il se trouvât quelque chose en mes écrits dont vous désirassiez plus de preuves que je n'en avois donné, de vous en donner de suffisantes, lorsqu'il vous plairoit m'en avertir.

Après une telle réponse, je ne pensois pas qu'il fût possible que vous eussiez aucune intention de me molester, vu principalement que j'apprenois de divers lieux que mon livre avoit été lu soigneusement par une infinité de personnes, et même par plusieurs magistrats des principales villes de ces provinces, sans qu'aucun y eût rien remarqué dont Voëtius eût droit de se plaindre, ou vous occasion de me blâmer; et que ma cause étoit si généralement approuvée, que ceux qui en avoient ouï parler à plusieurs milliers de personnes assuroient n'en avoir rencontré que deux qui tâchoient de persuader que j'avois tort; et ces deux étoient reconnus pour les fauteurs de Voëtius, ou pour ses émissaires, comme parle Schoock, qui assure qu'il en a plusieurs, et il le doit bien savoir.

Je m'étonnois néanmoins de ne recevoir plus de nouvelles d'Utrecht, ainsi que j'avois coutume auparavant, et je demeurai trois mois sans apprendre ce qui s'y passoit, au bout desquels j'en reçus deux lettres, l'une après l'autre, écrites d'une main inconnue, et sans nom, par lesquelles j'étois averti que votre officier de justice m'avoit cité pour comparoître en personne comme criminel, et que je n'étois pas même en sûreté en cette province, à cause que, par un accord qui est entre vous, les sentences qui se donnent en la vôtre s'exécutent aussi en celle-ci. Je pensai d'abord que c'étoit une raillerie, et ne m'en émus point. J'allai néanmoins à La Haye pour m'en enquérir, et apprenant que la chose étoit telle qu'on me l'avoit écrite, je m'adressai à M. l'ambassadeur de La Thuillerie, qui fut très prompt à m'obliger, comme aussi généralement tous les autres à qui j'eus l'honneur de parler, et ainsi je n'eus aucune difficulté à obtenir ce que je désirois.

Mais je n'avois demandé autre chose, sinon que le cours de ces procédures extraordinaires fût arrêté, parceque je croyois que ce fussent les premières, et je ne savois rien de la sentence qu'on dit que vous aviez donnée avant ce temps-là contre moi. Je n'en appris aucunes nouvelles que quelques semaines après, que me rencontrant en conversation avec quelques uns de ces esprits nobles et généreux qui s'intéressent pour la justice, encore même qu'ils n'aient point de familiarité avec ceux auxquels ils se persuadent qu'on a fait tort, j'appris d'eux qu'on avoit publié contre moi une sentence en votre nom, par laquelle les deux écrits où j'avois parlé de Voëtius étoient condamnés, comme des libelles diffamatoires ; et pourceque je faisois difficulté de le croire, sur ce que j'avois des amis en votre ville qui ne m'en avoient aucunement averti, bien qu'ils n'eussent point manqué auparavant de me donner avis de votre publication du 13 juin, ils me répondirent que cette publication du 13 juin avoit été faite d'une façon plus célèbre que d'ordinaire, avec plus grande convocation de peuple, et qu'elle avoit été imprimée, affichée, et envoyée avec soin en toutes les principales villes de ces provinces, en sorte que ce n'étoit pas merveille que j'en eusse eu connoissance ; mais que, depuis la réponse que j'y avois faite, on avoit entièrement changé de style, et que mes ennemis avoient eu autant de soin d'empêcher que ce qu'ils préparoient contre moi ne fût su, que si c'eût été un dessein pour surprendre quelque ville de l'ennemi ; qu'ils auroient voulu néanmoins observer quelques formes, et que pour ce sujet la sentence qu'ils avoient obtenue de vous avoit été lue en la maison de ville, mais que c'avoit été à une heure ordinaire, après d'autres écrits, et lorsqu'on jugeoit qu'aucun de ceux qui m'en pouvoient avertir n'y prendroit garde ; et que pour les citations de votre officier, qui devoient suivre, ils ne s'en étoient pas tant mis en peine, pourcequ'ils pensoient que quand j'en serois averti, je n'y pourrois plus apporter de remède, à cause que mes livres étant déjà condamnés et moi cité en personne, ils se doutoient bien que je ne comparoîtrois pas, et que la sentence seroit donnée par défaut, laquelle ne pouvoit être plus douce, sinon qu'on me banniroit de ces provinces, qu'on me condamneroit à de grosses amendes, et que mes livres seroient brûlés. Même quelques uns assurent que Voëtius avoit déjà transigé avec le bourreau afin qu'il fît un si grand feu en les brûlant, que la flamme en fût vue de loin.

On ajoutoit aussi que leur dessein étoit après cela de faire imprimer, sous le nom de votre académie, un long narré de tout ce qui auroit été fait, et d'y ajouter plusieurs témoignages et plusieurs vers, tant pour louer G. Voëtius, que pour me blâmer, et envoyer soigneusement des exemplaires en tous les endroits de la terre, afin que je ne pusse plus aller en aucun lieu où je ne trouvasse mon nom diffamé, et où la gloire du triomphe de Voëtius ne s'étendît.

Pour preuve de cela, on me disoit que, depuis que le cours de ces procédures avoit été arrêté, on avoit encore publié, au nom de votre académie, le narré de ce qui s'étoit passé avant mon premier écrit, avec quelques uns de ces témoignages en faveur de Voëtius; et que c'étoit le reste de sa poudre qu'il avoit voulu tirer, après avoir perdu l'espérance de l'employer mieux.

Je demandois quels fondements ou quels prétextes on avoit eus pour procéder contre moi de la sorte; mais on ne m'en pouvoit rien apprendre de certain. On disoit seulement que depuis votre première publication tous les fauteurs de Voëtius avoient été continuellement occupés à médire de moi en toutes les assemblées, et en tous les lieux où ils avoient pu trouver quelqu'un pour les écouter; au moyen de quoi ils avoient tellement animé le peuple, qu'aucun de ceux qui savoient la vérité et avoient horreur de leurs calomnies n'osoit rien dire à mon avantage, principalement après avoir vu de quelle sorte M. Regius étoit traité, duquel je ne raconte point ici l'histoire, pourceque vous la savez assez : mais que néanmoins, lorsqu'on examinoit toutes les choses que ces fauteurs de Voëtius disoient de moi, on trouvoit qu'elles se rapportoient à deux points; l'un étoit que j'étois disciple des jésuites, que c'étoit pour les favoriser que j'avois écrit contre ce grand défenseur de la religion réformée, G. Voëtius, et peut-être même que j'avois été envoyé par eux pour mettre des troubles en ce pays. L'autre point étoit que je n'avois jamais été offensé par Voëtius, et qu'il n'étoit aucunement auteur du livre écrit contre moi, mais Schoock seul, qui, se trouvant aussi alors en votre ville, l'en avoit entièrement déchargé, et vouloit en avoir tout l'honneur ou tout le blâme; de façon que j'avois eu très grand tort d'en accuser Voëtius comme j'avois fait, pour avoir prétexte d'écrire contre lui, et ainsi apporter du scandale à votre religion. Ce qui donnoit occasion de juger que votre sentence avoit aussi été fondée sur ces deux points; et il semble qu'on avoit raison, s'il est vrai qu'elle soit telle qu'on l'a imprimée dans le libelle sans nom, intitulé *Aengerangen proceduren*, etc., dont Schoock assure que le jeune Voëtius est auteur.

Après que j'eus appris toutes ces choses, je pensai que je devois rechercher les moyens de me justifier, et de faire savoir l'équité de ma cause à tous ceux qui pouvoient en avoir mauvaise opinion. Mais pour le premier point, je n'avois aucune difficulté à m'en excuser; car étant du pays et de la religion dont je suis, il n'y a que les ennemis de la France qui me puissent imputer à crime d'être ami ou de rechercher l'amitié de ceux à qui nos rois ont coutume de communiquer le plus intérieur de leurs pensées, en les choisissant pour confesseurs : or chacun sait que les jésuites de France ont cet honneur; et même que le révérend père Dinet (qui est le seul auquel on me reproche d'avoir écrit) fut choisi pour confesseur du roi peu de temps après que j'eus publié la lettre que je lui adressois. Et si nonobstant cette raison il y a des gens si partiaux et si zélés pour la religion de ce pays, qu'ils s'offensent qu'on ait communication avec ceux qui font profession de l'impugner, ils doivent trouver cela plus mauvais en Voëtius, qui, voulant être *ecclesiarum belgicarum decus et ornamentum*, ne laisse pas d'écrire à de nos religieux, dont la règle est plus austère que celle des jésuites, et de les appeler les défenseurs de la vérité, pour tâcher d'acquérir leurs bonnes grâces, que n'ont pas en un François qui fait profession d'être de la même religion que son roi. Mais, outre cela, pour vous faire voir combien Voëtius se plaît à tromper le monde, et à persuader à ceux qui le croient des choses qu'il ne croit pas lui-même, si vous prenez la peine de lire le petit livre intitulé *Septimæ objectiones*, etc., qui contient la lettre sur laquelle il s'est fondé pour m'objecter l'amitié des jésuites, et dont il a obtenu de vous la condamnation, à ce qu'on dit; ou bien s'il vous plaît seulement de demander à quelqu'un qui l'ait lu de quoi c'est qu'il traite, vous saurez que tout ce livre est composé contre un jésuite, duquel toutefois je fais gloire d'être maintenant ami. Et je veux bien que l'on sache que mes maitres ne m'ont point appris à être irréconciliable. Vous saurez aussi que j'y avois écrit vingt fois plus de choses au désavantage de ce jésuite, que je n'avois fait au désavantage de Voëtius, duquel je n'avois parlé qu'en passant, et sans le nommer; en sorte que, lorsqu'il a été cause que vous avez condamné ce livre, il semble s'être rendu le procureur des jésuites, et avoir obtenu de vous en leur faveur plus qu'ils n'ont tâché ou espéré d'obtenir des magistrats d'aucune des villes où l'on dit qu'ils ont le plus de pouvoir. Et il a pris prétexte sur quelques mots de civilité que j'avois mis en ce livre, pour faire croire à ceux qui verroient seulement ces mots, sans lire le reste, que j'avois grande intelligence avec les jésuites. Ce qui est le même que si quelqu'un m'accusoit, non pas en France, où des accusations si frivoles seroient méprisées, mais en un pays où l'inquisition seroit fort sévère, d'avoir grande amitié avec Voëtius, et qu'il le prouvât, parceque je le nomme *Celeberrimum virum* en l'inscription d'une longue lettre que je lui ai adressée; car je m'assure que ceux qui sauroient ce que contient cette lettre verroient bien que celui qui m'auroit ainsi accusé auroit pris plaisir à mentir et se seroit moqué de ceux auxquels il auroit dit de telles choses.

Pour ce qui est de l'autre point, encore que j'eusse assez de témoins pour le réfuter, si je les eusse voulu nommer, je pensai que le plus droit chemin que je pouvois tenir, étoit de m'adresser à Schoock, afin qu'il pût être puni en la place de Voëtius, s'il vouloit se charger de son crime, ou bien que s'il n'étoit pas assez charitable envers lui pour cela, et qu'il voulût mériter quelque excuse, il fût obligé de découvrir la vérité.

La prudence, l'intégrité et la générosité de ceux qui gouvernent en la province où il est me fit espérer qu'ils ne me refuseroient pas justice lorsqu'elle leur seroit demandée, nonobstant que je n'eusse jamais eu l'honneur de parler à aucuns d'eux avant ce temps-là, et que Schoock les eût tous pour amis, et même qu'il fût le recteur de leur université lorsque je formai ma plainte contre lui; car, comme il n'y a rien que la justice qui maintienne les états et les empires, que c'est pour l'amour d'elle que les premiers hommes ont quitté les grottes et les forêts pour bâtir des villes, que c'est elle seule qui donne et qui maintient la liberté; comme au contraire c'est de l'impunité des coupables et de la condamnation des innocents que vient la licence, qui, selon la remarque de tous les politiques, a toujours été la ruine des républiques, je ne doutois point que des magistrats très prudents, qui désirent le bien de leur état et sont jaloux de leur autorité, n'eussent grand soin de rendre la justice, lorsque je la leur aurois demandée.

Vous avez su depuis ce qui en est réussi, et comment MM. les professeurs de l'université de Groningue, que Schoock a désiré avoir pour ses juges, ayant usé envers lui d'autant de douceur qu'il en pouvoit souhaiter, n'ont pas laissé néanmoins, par une singulière prudence, de me donner toute la satisfaction que j'attendois, et que je pouvois légitimement prétendre. Car les particuliers n'ont aucun droit de demander le sang, ou l'honneur, ou les biens de leurs ennemis, c'est assez qu'on les mette hors d'intérêt, autant qu'il est possible aux juges; le reste ne les touche point, mais seulement le public. Or le principal intérêt que j'avois en cette affaire étoit que la fausseté des accusations qu'on avoit faites contre moi en votre ville fût découverte; c'est pourquoi ils ne pouvoient avec justice me refuser les actes qui servoient à cet effet, et que Schoock leur avoit mis entre les mains pour s'excuser. Mais ces actes sont tels, et font voir si clairement le crime de Gisbert Voëtius, et de son collègue Dematius, ainsi que je dirai ci-après, que lorsque je les eus reçus, je me persuadai que ces deux hommes n'auroient pas manqué de s'en être fuis hors de votre ville sitôt qu'ils auroient été avertis de ce qui s'étoit passé à Groningue; c'est pourquoi je me contentai de vous envoyer ces actes, sans vous faire aucune demande pour ce qui me regarde en particulier, à cause que je ne voulois point ni ne veux point encore me rendre partie contre eux, et que je pensai que vous aimeriez peut-être mieux faire justice de votre propre mouvement, en une cause si publique et si manifeste, que si vous y étiez exhortés par quelqu'un.

Mais je n'ai encore pu remarquer que les avertissements que j'eus l'honneur alors de vous envoyer aient produit aucun effet; seulement quelques jours après on me donna copie de cet acte :

De Vroetschap der stadt Utrecht interdiceert ende verbiedt wel scherpelz de Boeckdruckers en Boeck vercopers binnen de se stadt en de vryheyt van dien te drucken oft te doen drucken, mitsgars te vercopen oft doen vercopen einige boexkens oft geschriften pro oft contra Descartes, op arbitrale correctie. Actum den 11 *juny* 1645. Et signé C. DE RIDDER.

De la justice de la ville d'Utrecht, interdit et défend fort rigoureusement aux imprimeurs et vendeurs de livres dans cette ville et franchise de pouvoir imprimer ou faire imprimer, vendre ou faire vendre, quelques petits livrets, ou écrits, pour ou contre Descartes, sous correction arbitraire.

Fait le 11 juin 1645. Et signé C. DE RIDDER.

Cela m'eût donné occasion de juger que vous

vouliez entièrement assoupir l'affaire, sinon que j'appris en même temps que Voëtius avoit un livret contre moi sous la presse, savoir une lettre au nom de Schoock, dont il faisoit achever l'impression sans le consentement de l'auteur, pour tâcher de lui nuire et de publier de nouvelles calomnies contre moi; on a encore depuis imprimé plusieurs livres au nom de son fils, qui ont tous été contre moi (bien qu'ils aient aussi été contre d'autres), et je m'assure que vous ne le nierez pas, puisque vous avez condamné un livre comme étant contre Voëtius, bien qu'il n'y eût contre lui que deux ou trois périodes, et que le reste fût contre un jésuite; mais je n'ai point appris que les libraires qui ont imprimé ou vendu ces livres écrits contre moi en aient aucunement été en peine.

Outre cela, Voëtius et Dematius ont si peu de crainte de la justice pour le crime dont ils sont convaincus par leurs propres écritures, qu'au lieu de s'en être fuis, ainsi que je m'étois persuadé, ils ont intenté un procès d'injures contre Schoock, comme s'il les avoit calomniés, à cause qu'il n'a pas voulu persister en la malice qu'ils lui avoient enseignée, et qu'il a osé déclarer la vérité à ses juges légitimes lorsqu'il en a été requis, et qu'il ne pouvoit éviter les peines que méritent les calomniateurs, sinon en la déclarant. Mais ce procès ayant été au commencement débattu de part et d'autre avec assez d'ardeur, a été tout-à-coup arrêté, lorsqu'il étoit presque en état d'être jugé, en sorte que depuis quelques mois j'apprends qu'il ne se poursuit plus.

Ce qui est cause que moi qui en attendois la décision, espérant qu'elle serviroit beaucoup à faire connoître les torts que j'ai reçus, je pourrois dorénavant être appelé *desertor causæ*, comme les Voëtius me nomment déjà, si je différois davantage à faire tout mon possible pour tâcher d'obtenir justice. Et, à cet effet, je crois être obligé de vous dire ici en quelle sorte le jeune Voëtius parle des procédures qu'il dit avoir été faites contre moi en votre ville, et de celles qui ont été faites à Groningue contre Schoock, afin que, comparant les unes avec les autres, vous puissiez remarquer s'il vous oblige ou non en écrivant de telles choses, et que cela vous incite à me donner la satisfaction que je prétends.

Entre les divers livres que le jeune Voëtius a publiés pour son père pendant son procès contre Schoock, dont je ne sais pas le nombre, il y en a un, intitulé *Pietas in parentem*, dans lequel, depuis la quatrième page de la feuille première jusques à la deuxième de la feuille K (les pages n'en sont pas autrement cotées), il parle expressément de la sentence qu'il assure que vous avez donnée contre mes livres, et y dit entre autres choses que toute l'affaire a été commise à des députés, *ex ordine senatorio et collegio DD. professorum,* ou, comme il parle en la page treizième de la feuille A, que *res omnis per deputatos politicos et academicos peracta est.* Mais quelque soin que j'aie eu de m'enquérir qui ont été ces députés, je n'ai encore pu apprendre les noms d'aucun d'eux. Il dit aussi qu'ils ont fondé la question dont ils ont voulu s'enquérir, sur ce qu'en ma réponse à votre publication du treizième juin je vous ai prié que, puisque vous faisiez Voëtius criminel, et que vous aviez dessein d'examiner sa vie, il vous plût entre autres choses vous enquérir s'il n'étoit pas complice des calomnies qui sont dans le livre écrit sous le nom de Schoock contre moi. En suite de quoi il veut que l'on croie qu'ils ont supposé que j'assurois que Voëtius étoit auteur de ce livre, quoiqu'il soit très certain que je n'ai expressément assuré autre chose, sinon qu'il en étoit responsable, ayant été fait pour lui, et de son consentement, et ainsi qu'ils m'ont fait l'accusateur, ou le demandeur, et Gisbert Voëtius le criminel, ou le défendeur, nonobstant qu'en cette même réponse, sur laquelle ils ont fondé leur question, à ce qu'il dit, j'avois très expressément déclaré que je ne voulois point me rendre partie contre Voëtius, ni l'appeler en justice devant vous, et que vous n'aviez point de juridiction sur moi, et même que je protestois d'injures en cas que vous en voulussiez usurper aucune.

De plus, il assure que son père n'a jamais été ouï en cette affaire, et même qu'il ne l'a aucunement sollicitée, ou procurée. *Nunquam,* dit-il, *amplissimus senatus parentem super hoc negotio interrogavit, nec parens illi quicquam respondit, nec unquam judicium senatus de famosis Cartesii libellis sollicitavit, aut procuravit.* Et il change entièrement la question; car, en votre publication du treizième juin, vous avez déclaré que si les choses que j'avois écrites de Voëtius étoient vraies, il étoit indigne des charges qu'il a en votre ville, et même qu'il y étoit grandement nuisible, et que pour ce sujet vous vouliez prendre l'affaire à cœur et en rechercher la vérité; ce qui ne souffre point d'autre interprétation, sinon que vous vouliez vous enquérir si entre les choses que j'avois écrites de lui celles que vous jugiez le rendre indigne de ses charges et lui devoir être imputées à crime étoient vraies. Mais la seule chose que le jeune Voëtius dit que ces députés ont examinée (à savoir, si son père étoit auteur du livre qui porte le nom de Schoock) n'est point de ce nombre; car vous n'avez aucunement considéré ce livre comme un crime au regard de celui ou de ceux qui l'ont composé, ainsi qu'il paroit de ce que Schoock s'en déclaroit ouvertement l'auteur, lorsqu'il étoit en votre ville, et s'en chargeoit pour en décharger Voëtius, sans que vous ou vos députés l'en ayez repris; et même encore à présent, en tous les écrits que publie le jeune Voëtius, il loue et défend au nom de son père tout ce qu'il y a de plus mauvais en ce livre, sans toutefois en être puni. De façon que, au lieu que vous aviez auparavant déclaré que vous vouliez vous enquérir si Voëtius étoit coupable des crimes que je lui avois imposés, il assure que ces députés se sont seulement enquis d'une chose que ni lui ni eux n'ont point tenue pour un crime, et ainsi qu'ils m'ont condamné pourcequ'ils ont supposé que j'avois accusé Voëtius d'une chose pour laquelle on ne l'auroit point condamné, encore qu'il en eût été convaincu, bien qu'il soit très vrai qu'il en est coupable, et très faux que je l'en eusse accusé; car j'avois déclaré que je ne voulois point me rendre partie contre lui, et dans mes écrits j'assure seulement que ce livre a été fait pour lui, et lui le sachant, ce qu'il ne désavoue en aucune façon.

Outre cela, toutes les preuves qu'il dit qu'on a cherchées ne sont autres, sinon qu'on a examiné les raisons que j'avois mises en mon livre, pour prouver que son père étoit auteur de celui qui porte le nom de Schoock, et qu'on ne les a pas trouvées suffisantes. Mais il n'ajoute pas que je n'avois point assuré que son père en fût l'auteur, et au contraire que j'avois mis expressément en la page 261 de l'édition latine de ce livre, que je ne le voulois point persuader aux lecteurs, mais seulement qu'il avoit été fait pour lui, lui le sachant et y consentant, qui sont des choses qu'il avoue, et qu'il dit que son père n'a jamais niées.

Par quelle règle est-ce donc qu'il veut persuader, je ne dirai pas que j'étois obligé de prouver autre chose que ce que j'avois écrit, mais, ce qui est encore plus étrange, supposer que j'avois été obligé de mettre dans mon livre assez de raisons pour prouver une chose que je n'assurois pas être vraie?

Il n'ajoute pas aussi que dans ma réponse à votre publication du treizième juin, sur laquelle réponse il dit que ces députés se sont réglés, j'avois mis expressément que s'il y avoit quelque chose dans mes écrits qui fût d'importance, et dont on jugeât que je n'eusse pas donné assez de preuves, je m'offrois d'en donner davantage en cas que j'en fusse requis: d'où il suit qu'ils ne pouvoient *methodo a me ibi præscripta insistere*, comme il dit qu'ils ont voulu faire, sinon en me demandant si je n'avois point d'autres preuves que celles que j'avois données.

Enfin, il dit que son père, *ad abundantiorem cautelam*, et sans qu'il en fût besoin, avoit donné à l'un des députés les déclarations ou témoignages de cinq personnes : à savoir, celui de Schoock, auquel on a vu depuis combien il falloit ajouter de foi, ayant déclaré devant ses juges, à Groningue, qu'il a été sollicité par Voëtius, Dematius et Waeterlaet, de donner ce témoignage, et qu'il avoit souvent souhaité, *ut in forma de specialibus interrogaretur, juxta conscientiam de illis responsurus*, d'être interrogé des circonstances suivant les formes de justice, afin de pouvoir décharger sa conscience; puis celui du libraire qui est affidé aux Voëtius, et qui a encore imprimé depuis peu leur *Tribunal iniquum*, en sorte que s'il n'a rien déposé de faux pour l'amour d'eux, ce que je ne puis dire, à cause que je n'ai pas vu son témoignage, il est aisé à croire qu'il n'a aussi rien déclaré que ce qu'il leur a plu, et qu'il a tu le reste, puisque ce sont eux, et non les juges, qui lui ont fait écrire ce témoignage. Le troisième est celui de Waeterlaet, que Schoock assure avoir été employé par Voëtius et Dematius pour aider à le corrompre, et ainsi qu'il n'a pas eu besoin d'être corrompu; outre que c'est un si révérend personnage, que bien qu'il soit *intimæ admissionis apud Voetium*, néanmoins Schoock s'estime trop bon pour avoir quelque chose à démêler avec lui. Le quatrième témoignage est de celui qui se dit auteur d'un je ne sais quel livre intitulé *Retorsio calumniarum*, etc. Mais cet homme ne peut avoir déclaré autre chose, sinon que c'est lui qui est auteur de ce livre, et non pas Voëtius, auquel je ne l'ai point expressément attribué; j'ai seulement dit que plusieurs l'en soupçonnoient: et quand je lui aurois attribué, cela ne me pourroit être imputé à crime, pourcequ'il ne croit aucunement que ce soit un crime de l'avoir fait, et qu'il le loue et le défend encore à présent le plus qu'il peut. Le dernier est d'un je ne sais quel étudiant, qui ne sauroit aussi avoir témoigné autre chose, sinon que c'est lui, et non pas Voëtius, qui est auteur de certains vers injurieux distribués en votre académie en sa faveur et en sa présence pendant des disputes: mais je ne l'ai jamais accusé d'être mauvais poëte, j'ai seulement dit qu'il avoit fait faire ces vers, ou du moins qu'il avoit permis qu'ils fussent faits; et cela ne peut être nié, outre que des vers de telle sorte sont si peu criminels, au jugement des Voëtius, que le fils en a encore depuis peu fait imprimer d'autres en des thèses qui sont de ce même étudiant, et autant injurieux que les précédents; même il y fait cet honneur à votre académie, que de dire de quelqu'un, qu'on sait être du nombre de vos professeurs, qu'il est mon *singe*, ce qu'il exprime en ces termes, *Simia mendacis Galli, mendacior ipse*. Et il est aisé à voir que ces deux derniers témoignages n'ont été joints aux trois précédents que pour faire nombre, et afin que Voëtius pût dire que la sentence n'a pas seulement été fondée sur ce que je lui ai attribué un livre qu'il n'a point fait, mais sur ce que je lui en ai attribué plusieurs; et ainsi que ceux qui sauroient la justice de ma cause, touchant chacun de ces livres, pussent penser que je l'ai peut-être encore accusé à tort de quelques autres, suivant une règle que lui et son fils ont coutume de pratiquer, et que toutefois ils reprochent aux autres, en disant, *Dolus versatur in generalibus.* Mais si leurs députés ne se sont fondés, comme ils disent, que sur ma réponse à votre publication, ils n'ont pu s'enquérir que du livre qui porte le nom de Schoock, pourceque je n'y ai parlé que de celui-là : et il est certain que je n'ai point assuré que G. Voëtius fût auteur ni de celui-là, ni d'aucun autre auquel il n'ait point mis son nom, et que je ne l'ai soupçonné d'aucun qu'il n'ait rendu sien en le louant et le défendant, ainsi que parle son fils en sa *Pietas in parentem*, feuille B, page 14, ligne 9.

Vous voyez donc, messieurs, que, suivant la description que le jeune Voëtius fait de votre sentence (en quoi je ne le veux nullement croire, si ce n'est que vous m'y obligiez), elle a été composée par des députés qui n'ont ouï aucune des parties, ni aucuns témoins; qui ont fait accusateur celui qu'ils ont condamné, nonobstant qu'il eût déclaré qu'il ne se vouloit point rendre partie, et qu'il ne fût aucunement sujet à votre juridiction; qui ont fait cela sans l'en avertir, ni même vouloir être connus de lui, nonobstant qu'il se fût offert à donner d'autres preuves que celles qu'il avoit écrites, si on lui en demandoit; qui ont changé la question sur laquelle vous aviez fondé votre première publication, et n'ont examiné qu'une chose qu'ils ont supposé que l'accusateur avoit écrite, bien qu'il ne l'eût pas écrite; qu'ils ont déclarée être fausse, bien qu'elle soit vraie; qu'ils n'ont point considérée comme un crime au regard de celui qui l'avoit faite, mais seulement au regard de celui qu'ils supposoient l'en avoir accusé; et enfin qui ne se sont pas contentés d'absoudre le criminel, en jugeant que ce dont on l'avoit accusé étoit faux, mais outre cela ont condamné celui qu'ils avoient rendu accusateur.

Et toutefois je vous prie ici de remarquer qu'il ne s'ensuit point d'aucunes lois que de ce que le criminel est absous l'accusateur doive être condamné, si ce n'est qu'on puisse prouver qu'il a entrepris l'accusation *animo calumniandi*, et sans avoir raison de croire ce qu'il disoit : en sorte que, bien qu'il eût été faux que Voëtius fût auteur des principales calomnies de ce livre, ce qui néanmoins étoit vrai, et bien que je l'en eusse accusé, ce que je n'avois pas fait, et qu'ils eussent jugé que l'auteur de ces calomnies étoit punissable, ce qu'ils n'ont aucunement fait paroître, et que j'eusse été sujet à leur juridiction, et enfin qu'ils eussent ouï les deux parties et les témoins, et observé toutes les formes d'un procès légitime, ils n'auroient eu pour cela aucun sujet de me condamner; pourceque les présomptions, qui sont très notoires à un chacun, étoient suffisantes pour prouver que je ne l'avois point accusé *animo calumniandi*, et que j'avois eu juste raison de le faire.

On dira peut-être que je n'ai pas été condamné pour l'avoir accusé d'avoir fait ce livre, mais pourceque j'ai écrit de lui plusieurs autres choses qu'on auroit punies en lui si elles eussent été vraies, lesquelles ayant été estimées fausses, on s'étoit seulement enquis s'il avoit fait le livre qu'on a écrit contre moi, afin que s'il en eût été l'auteur on pût m'excuser de ce que je l'avois injurié le dernier. Mais si cela étoit, il devoit donc spécifier quelque mot de mes écrits par lequel il pût prétendre d'avoir été injurié, et m'en avertir, afin que si je ne l'avois pas encore assez vérifié je pusse en donner d'autres preuves. Or cela n'a point été fait; et je puis assurer que les deux écrits qu'on dit que vous avez condamnés ne contiennent aucune chose, non seulement qui ne soit très vraie, mais même qui fût assez d'importance pour fonder un procès d'injures si elle avoit été fausse, excepté une, qui est que je l'ai nommé calomniateur et menteur; mais je l'ai si clairement prouvé au lieu même où je l'ai écrit, qu'il ne lui auroit pas été avantageux de s'en plaindre; et si on m'en eût demandé des témoins, j'en avois non pas un ou deux, mais jusqu'à treize entièrement irréprochables, tous de votre religion, et des plus qualifiés de la ville de Bois-le-Duc, qui assurent qu'ils les a calomniés; et ils ont rendu leur témoignage public, en le faisant imprimer.

Je puis assurer aussi que, bien que les Voëtius aient publié plusieurs libelles depuis mon second écrit, intitulé *Epistola ad celeberrimum virum*, etc., dans lesquels ils tâchent de le réfuter, ils n'y ont toutefois su spécifier aucune chose en quoi ils prétendent que je leur aie fait tort, sinon que j'ai dit que G. Voëtius étoit coupable du livre de Schoock, et que, pour persuader à ceux qui ne le liroient qu'en flamand qu'il y a beaucoup d'injures dans le latin qui ont été omises par l'interprète, ils ont remarqué que *scurrilia dicteria* n'a pas été bien tourné par *poetische schimpuorden* : mais outre que c'a été la faute de l'imprimeur, qui a mis *poetische* au lieu de *poetsighe*, ils se plaignent en cela de n'avoir pas été assez battus, plutôt que de l'avoir trop été.

Ainsi, messieurs, vous pouvez voir qu'ils se vantent d'avoir obtenu de vous la condamnation d'un écrit dans lequel ils ne peuvent remarquer eux-mêmes aucun sujet de se plaindre. Et afin que vous sachiez que lorsqu'ils décrivent les particularités de cette condamnation, en disant que G. Voëtius ne l'a point sollicitée ni procurée, qu'il n'a jamais été ouï par vos députés, qu'il a lui-même donné à l'un d'eux les déclarations des témoins qui n'ont point aussi été ouïs, et plusieurs autres choses semblables, ce n'est pas pour vous faire honneur, ni pour persuader leur innocence ou mon crime à ceux qui liront leurs écrits (car on sait bien que si j'avois le moindre tort, j'aurois été appelé devant mes juges légitimes, et que G. Voëtius et vous, si vous désiriez entreprendre sa cause, auriez eu assez de crédit pour obtenir d'eux la justice, sans suivre des voies si extraordinaires), mais que c'est plutôt pour faire gloire du pouvoir qu'ils ont auprès de vous, et pour se rendre formidables à ceux qui sont vos sujets, sachant que la connoissance qu'on a de leurs crimes les rendra dorénavant méprisables au reste du monde, je vous prie de vouloir considérer que dans le même livre où le jeune Voëtius écrit de vous toutes ces choses, et encore dans un autre intitulé *Tribunal iniquum*, qu'il a fait depuis tout exprès pour calomnier MM. de Groningue, à cause de la justice qu'ils m'ont rendue, il leur reproche impudemment, et sans aucune raison, les mêmes choses qu'il déclare que vous avez faites, et prend de là sujet de les injurier et les blâmer, avec toutes les plus odieuses invectives qu'il puisse inventer.

J'en mettrai seulement ici deux ou trois exemples, tirés de ce *Tribunal iniquum*. Le premier est en l'épître, page 9, où il dit ces paroles : *Licebit protestari contra iniquam illam sententiam, ac judicium in quo nihil est judicii; imo in quo tot fere nullitates, quot ab imperitissimis rerum juridicarum committi possent : quales sunt judicis incompetentia, allegationum falsitates, neglectæ citationes partium, litis contestatio, et plura alia quæ in libro meo notata reperiuntur.* Ainsi il appelle cela une sentence inique, et un jugement qu'on a fait sans jugement, pourcequ'il suppose que le juge a été incompétent, les allégations fausses, la citation des parties négligée, et où la cause n'a point été débattue. En la quinzième page du livre il prononce contre eux ces sentences : *Quicunque nocentem justificat, ac innocentem condemnat, uterque Deo abominatio, et suppliciis ille dignus, qui cum debuerit vindicare oppressum, ipsum opprimere reperitur.* Et dans les pages 31, 32 et 33, il nomme et décrit chacun des juges en particulier, en feignant d'eux tout le pis qu'il peut, pour tâcher de les rendre suspects. Je ne crois pas qu'aucun de vous, ou de MM. vos députés, fût bien aise d'être décrit de la sorte ; et j'aurois peur de vous ennuyer, si je m'arrêtois ici davantage à remarquer combien il vous offense lorsqu'il écrit toutes ces choses.

Mais je suis obligé de vous représenter combien

il offense MM. de Groningue par l'iniquité de ses calomnies. Et premièrement, pour l'incompétence qu'il leur reproche, elle est hors de toute apparence : car ma cause a été adressée et recommandée par M. l'ambassadeur à MM. les états de la province, en laquelle Schoock, dont je me plaignois, est professeur; et elle a été décidée par les autres professeurs qui, selon les privilèges de leur académie, étoient ses juges légitimes, et qui par conséquent en cela n'ont pas simplement agi comme professeurs, mais comme magistrats : outre cela, leur jugement a été revu, examiné, et confirmé par MM. les curateurs de la même académie, qui sont des états de la province; et toutefois le jeune Voëtius ose écrire tout un livre contre ce jugement, avec un titre si odieux que de le nommer *Tribunal iniquum*, et se fie tant en votre protection, qu'il ne craint pas d'offenser par ce moyen toute la souveraineté d'une province.

Il dira peut-être que j'ai aussi osé écrire contre un jugement de votre académie : mais il n'y a aucune comparaison de l'un à l'autre; car en ce jugement prétendu de vos professeurs, il n'étoit question ni du civil ni du criminel (de quoi aussi vos professeurs n'ont aucun pouvoir de juger), mais seulement de la philosophie, touchant laquelle je m'assure que plusieurs estiment que je suis juge aussi compétent pour le moins que toute votre académie; et il y a autant de différence entre le jugement qu'impugne le jeune Voëtius, et celui que j'ai ci-devant impugné, qu'il y a entre les vrais combats qui se font en guerre, où l'on est en hasard de sa vie, et les combats des théâtres, ou bien les disputes qu'on fait contre des thèses en votre académie, sans aucune effusion de sang, et même sans aucunement se fâcher, quand ceux qui disputent sont gens d'honneur. Jamais on n'a vu que des magistrats se soient mêlés des disputes qui arrivent ainsi entre les gens de lettres, touchant des matières de philosophie; comme au contraire je n'ai jamais vu ni ouï dire que quelqu'un ait impugné insolemment, avec des faussetés manifestes et des calomnies insupportables, un jugement fait par des juges légitimes, qui sont amis et confédérés de ceux auxquels il est sujet, sans en être rigoureusement puni.

Or le jeune Voëtius ne peut être excusé des reproches qu'il fait à MM. de Groningue, sur ce que son père n'est pas de leur juridiction, et qu'on ne l'a pas cité ni débattu la cause avec lui : car son père n'a été ni demandeur ni défendeur en cette affaire, et on n'a rien du tout jugé contre lui, on a reçu seulement les dépositions de Schoock, comme on fait en tous les procès criminels, lorsque ces dépositions peuvent servir pour excuser le crime de celui qui est accusé. Par exemple, si on se plaint de quelqu'un pour avoir reçu de lui un paiement en fausse monnoie, et que celui-ci, pour s'excuser, dise qu'il n'a point su que cette monnoie fût fausse, et que ce n'est pas lui qui l'a faite, mais qu'elle lui a été donnée par un autre, si cet autre n'est pas de même juridiction, ses juges n'ont pas droit de le citer ni de lui faire son procès; mais ils ne peuvent pour cela refuser de recevoir les dépositions qui sont faites contre lui, ni même d'en examiner la vérité, en tant qu'elle sert pour la décharge de celui dont ils doivent juger; et si elles contiennent des preuves si claires que cela les oblige à lui pardonner, ils doivent faire part de ces preuves à celui à qui cette fausse monnoie a été donnée en paiement, afin qu'il puisse avoir son recours contre celui qui l'a fabriquée.

Les injures et calomnies qui sont dans le livre de Schoock peuvent à bon droit être comparées à cette fausse monnoie; et pourceque, lorsque je me suis plaint de lui à l'occasion de ces injures, il a voulu s'excuser sur ce que ce n'est pas lui, mais G. Voëtius qui les a fabriquées, et que ne me connoissant pas il a ignoré qu'elles étoient fausses, ses juges ont été obligés de considérer s'il disoit vrai avant que de le condamner ou de l'absoudre, et il a mis de tels actes en leurs mains, qu'ils ne pouvoient me rendre la justice que je leur avois demandée, sinon en me les envoyant.

Le jeune Voëtius n'a point aussi sujet de se plaindre de ce que le procès n'a pas duré fort long-temps, que je n'ai agi que par une lettre, sans avoir ni avocat ni procureur, et enfin qu'on n'a pas usé de toutes les formalités que la chicane a inventées pour rendre les procès immortels : car ces formalités ne peuvent être requises que lorsque le droit est douteux; et c'est l'ordinaire en toutes les cours de justice, que lorsqu'une des parties a si mauvais droit qu'on voit par son propre plaidoyer qu'elle doit perdre sa cause, on ne prend pas la peine d'ouïr les répliques de l'autre. Ainsi on a bien donné à Schoock autant de loisir qu'il en a désiré pour consulter son affaire et pour la défendre; il ne se plaint point qu'on lui ait fait aucun tort en cela ; et il ne peut dire aussi que l'éloquence de mes avocats ou la subtilité de mes procureurs ait surpris ses juges: il n'y a eu que l'évidence de mon bon droit qui ait plaidé pour moi ; mais les juges ont été si équitables, et ma demande si modérée et si juste, qu'ils me l'ont entièrement accordée.

Le jeune Voëtius n'a point non plus de raison de tâcher de rendre ce jugement suspect, sur ce qu'il contient un mot ou deux qui ne lui sont pas agréables ; à savoir, *scelerata manus*, et *scenæ servire ;* ni aussi sur ce que l'un des juges m'est ami, et n'est pas ami de son père. Car pour les mots qu'il trouve rudes ce sont les plus doux dont pouvoient user des juges vertueux, et qui ont les vices en horreur, pour exprimer le crime dont il étoit question; outre que ces mots ne sont mis que comme des dépositions de Schoock, qui apparemment en avoit dit beaucoup d'autres plus odieux au regard de G. Voëtius, pour se décharger en l'accusant; et pour exprimer l'iniquité de ceux qui avoient inséré dans son livre, sans qu'il en sût rien, des calomnies assez criminelles pour le mettre en peine, que pouvoit-il moins que de dire, sans nommer personne, que ces calomnies avoient été insérées *a scelerata manu?* Ainsi, puisque G. Voëtius prend cela pour soi, c'est seulement son crime qui l'offense, et non pas ceux qui l'ont nommé.

Que peut-on dire aussi de plus doux, que de comparer à une comédie, non point votre jugement (comme Voëtius tâche de vous persuader, afin de vous engager en ses querelles en vous animant contre MM. de Groningue, ainsi qu'il vous a voulu ci-devant animer contre moi), mais les intrigues dont il s'est servi en fabriquant de faux témoins, et faisant toutes les autres choses qu'il doit avoir faites pour obtenir de vous la sentence qu'il a obtenue, et pouvoir après cela se vanter, comme il fait, qu'il ne l'a jamais sollicitée ni procurée.

Pour ce qui est de l'amitié qu'il prétend que j'ai

avec l'un des juges, il me fait tort de penser qu'il n'y en ait qu'un qui me soit ami, car je m'assure qu'ils le sont tous, comme aussi de mon côté il n'y a aucun d'eux que je n'estime et que je n'honore. Mais l'amitié qui est entre eux et moi n'est pas de même espèce que celle que G. Voëtius a contractée avec Schoock, Dematius, Waeterlaet et semblables, qu'il engage peu à peu en ses querelles, et oblige à sa défense en les rendant ses complices, et les poursuivant à outrance, comme de très cruels ennemis, lorsqu'ils témoignent avoir envie de se repentir; comme il a paru en l'exemple de Schoock, qu'il avoit appelé en justice pour ce sujet; et après s'être réciproquement menacés qu'ils découvriroient les secrets l'un de l'autre, la crainte qu'on ne sache ces mystères semble les avoir ralliés. Il n'y a point de tels secrets entre MM. les professeurs de Groningue et moi, leur bienveillance n'est fondée sur aucun intérêt, ni même sur aucune conversation : car je n'ai jamais parlé que deux fois à celui dont il me reproche particulièrement l'amitié, et je ne lui ai point écrit durant cette affaire, pourcequ'il avoit témoigné ne vouloir pas s'en mêler.

La haine aussi que le jeune Voëtius dit que le même porte à son père est si juste, et G. Voëtius l'a si bien méritée, que je ne la saurois nier. Toutefois celui qu'il prend ainsi pour son ennemi, a tâché tant de fois de se réconcilier avec lui, qu'il a montré n'avoir point de haine pour la personne de Voëtius, mais seulement pour ses vices; et je crois que cette même haine a été aussi en tous les autres, et qu'il n'y en a aucun qui n'ait eu de l'horreur et de l'aversion pour le crime de G. Voëtius, lorsqu'ils ont vu les actes que Schoock a produits : car ces actes sont tels que, par le propre témoignage du fils, plusieurs ont cru, lorsqu'ils les ont vus, que ni lui ni Dematius ne pourroient plus dorénavant être reçus au nombre des gens d'honneur. Mais cette bienveillance et cette haine n'ayant été fondées que sur le zèle de la justice, d'autant plus qu'elles ont été grandes, et qu'elles ont rendu ma cause plus favorable, et celle de Voëtius plus odieuse à ceux qui en ont eu connoissance, d'autant mieux prouvent-elles l'équité de leur jugement.

Quoi qu'il en soit, ce ne peut être ni l'amitié ni la haine des juges qui ont rendu G. Voëtius et Dematius criminels; ce sont les actes écrits de leur main, lesquels ils n'ont point jusques ici désavoués, qui les rendent manifestement coupables d'avoir tâché de corrompre Schoock, et même de l'avoir corrompu, pour donner un faux témoignage contre moi. Car premièrement, pour connoître ce que Voëtius a voulu que Schoock assurât en justice, il faut seulement considérer que, dans le principal de ces actes, qui est une forme de témoignage écrite de la main de Voëtius, et qu'il a envoyée à Schoock pour la suivre, il veut expressément qu'il assure que c'est, *motu proprio et sponte sua*, de son propre mouvement qu'il a entrepris d'écrire contre moi; et qu'il a fait son livre partie à Utrecht et partie à Groningue, *et quidem solum, ita ut nec D. Voëtius nec quisquam alius ejus autor sive in totum sive ex parte fuerit, aut quod ad materiam, aut quod ad dispositionem, aut quod ad stylum :* et ainsi qu'il nie que Voëtius lui ait fourni aucune matière. A quoi on peut ajouter une lettre du même Voëtius, écrite à Schoock, en date du 21 janvier 1645, laquelle MM. du sénat académique de Groningue ont fait imprimer dans le *Bonæ fidei sacrum*, page 35, où sont ces mots : *Summa huc redit. Te ex re consilium cepisse et statuisse* (à savoir d'écrire contre moi), *teque opus illud quod ad materiam, formam, methodum, stylum, inchoasse, absolvisse ; chartas et schedas a me tibi nullas suppeditatas aut submissas, nec ullam vel minimam pagellam præformatam, quam in describendo tuam feceris*, etc.

Puis afin de savoir que ces choses (qui ne consistent qu'en deux articles, le premier est que Schoock a écrit contre moi de son propre mouvement et sans que Voëtius l'y ait exhorté; l'autre qu'il ne lui a point du tout fourni de matière pour écrire) sont très fausses, il suffit de voir une autre lettre du même Voëtius à Schoock, qui est aussi dans le *Bonæ fidei sacrum*, page 28, en date du 2 ou 3 nonas junii 1642. Car d'abord on y trouve ces mots : *Non pigebit denuo te hortari, ut in disputationibus contra scepticos pergas, et quidem quam primum, sequestratis tantisper reliquis tuis meditationibus. Erit hæc pulcherrima occasio furiosi et ventosi istius promissoris R. Descartes hiatum obstruere. Appendix illa ad Meditationes primæ philosophiæ edita Amstelodami in primis te ad operis hujus delineationem exstimulare debet. Est illa tot furiosis et contradicentibus mendaciis ac calumniis in hanc academiam nostram, meamque imprimis professionem delibuta, ut ferream quorumvis lectorum patientiam vincat.* Voilà comme il parle d'un innocent écrit, où je n'avois rien mis de lui qu'il n'eût mérité au double. Et ceci montre évidemment que Voëtius a exhorté Schoock à écrire contre moi; car il use même des mots *hortari* et *exstimulare;* et qu'il l'y a exhorté plus d'une fois, car il dit *denuo te hortari;* et que c'a été à l'occasion de ce qu'il nomme, *Appendix ad Meditationes primæ philosophiæ*, qui est l'écrit contre lequel est fait le livre de Schoock. Je sais bien qu'il répond à cela qu'il l'exhortoit par cette lettre à continuer d'écrire des thèses *contra scepticos* et d'impugner mes opinions dans ces thèses ; mais le titre du livre que Schoock a fait depuis contre moi n'étant pas encore alors inventé, il ne pouvoit plus expressément l'exhorter à l'écrire, qu'en l'exhortant à m'impugner; et bien qu'il donnât alors le nom de thèses, ou de disputes, à ce qu'il vouloit être fait contre moi, et dont il a lui-même depuis inventé le titre, ainsi que déclare Schoock, ce ne laissoit pas d'être en effet le même livre, pourcequ'il n'est aucunement question du nom, mais de la chose, à savoir, des calomnies dont je m'étois plaint.

Et afin que je puisse mieux éclaircir ceci, je vous prie de vouloir remarquer que trois divers écrits ont été publiés en cette occasion pour Voëtius; à savoir, le livre intitulé *Admiranda methodus*, ou bien *Philosophia cartesiana*, qui n'est autre chose qu'un amas d'invectives contre moi, sous prétexte d'impugner mes opinions; puis la préface de ce même livre, avec ses paralipomènes, où l'on tâche expressément de répondre à ce que j'avois écrit de Voëtius; et le troisième, la narration historique qui a paru au nom de votre académie, où il est traité des choses qui se sont passées au regard de M. Regius. Or, on voit clairement par la lettre du troisième juin 1642 que Voëtius avoit dès lors dessein de m'impugner en ces trois façons; car, outre la première, à laquelle il exhorte Schoock, par les paroles que j'ai déjà citées, voici comme il parle des deux autres : *De iis quæ aca-*

demiam nostram tangunt, videbunt DD. professores, nec patientur eum conqueri nos esse ipsi debitores. De iis quæ in me immerentem congerit maledictis retundendis etiamnum deliberamus. Ut silentio litemus, nemo ex collegis, quod sciam, consulit; sed per quem aut qua ratione respondendum sit, ἐν δοίη μάλα θύμος. *Sunt qui me, sunt qui filium, sunt qui te designant : sed de hoc amplius. Interim quæ ad veritatem historiæ pertinent consignabuntur; etiam, ubi opus, testimoniis confirmabuntur.* Ainsi, il avoit dès lors intention de faire que ses *DD. professores* s'intéressassent en son parti; et pour ce qui le regardoit en particulier, qui est ce que contient la préface du livre de Schoock, il étoit bien résolu de ne se pas taire : car il dit, *ut silentio litemus nemo consulit;* mais il étoit encore incertain si ce qu'il écriroit ou feroit écrire sur ce sujet devoit paroître sous son nom ou sous celui de son fils, ou plutôt sous celui de Schoock; et il dit lui-même, *sed de hoc amplius.* Ce qui est proprement à dire que les autres lui conseillent d'écrire lui-même, ou de faire écrire son fils, mais que son désir à lui est que ce soit Schoock qui écrive. Et après cela il a voulu que Schoock déclarât en justice que c'étoit *motu proprio*, et sans y être incité par Voëtius, qu'il avoit écrit.

On voit aussi par la même lettre qu'il lui a fourni de la matière, autant qu'il en a été capable ; car un peu après il y parle ainsi de mes opinions : *Operæ pretium feceris, si omnia istius farinæ paradoxa excerpseris, et cum antiquorum scepticis aliisque hæreticis (apud August. et Ephiphanium de hæresibus et Gennadium) teratologiis comparata refutaris : primo sacris litteris, secundo rationibus, tum directis, tum ducentibus ad absurdum, et hominem in contradictionem adigentibus; tertio, consensu patrum; quarto, consensu antiquorum philosophorum, scholasticorum, et recentium theologorum ac philosophorum, scilicet reformatorum, lutheranorum, pontificiorum, ut appareat esse communem causam christianismi, et omnium scholarum. Hoc autem ubique notandum, nihil novi eum producere, sive quid sani, sive quid insani ostentet*, etc. Ce sont de ces belles matières que le livre de Schoock est composé; et on le peut encore voir par une autre lettre du même Voëtius, écrite cinq mois après; à savoir, le 25 novembre 1642, lorsque le livre de Schoock étoit sous la presse; car on y trouve ces mots : *Particulares opiniones Cartesii ventilare, alterius est operis et instituti. Tu modo remitte nobis nec verba nec promissa, sed excerpta illa et chartas quas tecum hinc abstulisti. Lacuna si quæ sit in generali sciographia hujus methodi, nos dabimus operam ut hic suppleamus, nisi tu suppleveris : et hæc abunde sufficient hac vice : particulares disputationes non curamus.* A quoi répond ingénieusement

M. Desmarais, *Quid ergo? mera convicia?* Ainsi l'on voit que le dessein de tout le livre n'a pas dépendu de la volonté de Schoock, qui eût désiré d'impugner mes opinions en particulier, et cela auroit été plus honnête, mais de celle de Voëtius, qui a seulement voulu qu'on parlât de moyen général, et qu'on employât tous ces *lieux communs* d'invectives pour tâcher de me rendre odieux, et que par conséquent il en est l'auteur principal.

Si ces preuves, qui ne consistent qu'en des actes écrits de la main de Voëtius, et qu'il ne désavoue point, ne sont pas suffisantes pour le convaincre, mille témoins n'y suffiroient pas; mais outre cela, Schoock a déclaré qu'il garde encore tout le modèle de la préface, écrit de la main de Voëtius; et c'est une préface qui contient plus de soixante pages, et qui est la plus criminelle partie de tout le livre. Il a déclaré le même de la comparaison avec Vaninus, qui est le seul fondement qu'ils prennent pour m'accuser d'athéisme, à savoir que j'ai écrit contre les athées, et que Vaninus avoit feint d'écrire contre eux, bien qu'il fût athée en effet; d'où ils concluent que j'enseigne secrètement l'athéisme. Et il a expressément déclaré que les mots qui assurent que *subdole atque admodum occulte atheismi venenum aliis affrico*, ont été écrits d'une autre main que de la sienne, c'est-à-dire *a scelerata illa manu* dont j'ai parlé ci-dessus, et c'est principalement de ces mots que je me suis plaint, pourceque'ils contiennent la plus noire et la plus punissable calomnie qu'on sauroit imaginer, et que, selon les lois, il faut déterminer *certum crimen* pour se pouvoir plaindre en justice, non pas *vagari in incertum* comme fait Voëtius, lorsqu'il dit que je l'ai calomnié dans mes écrits, sans que toutefois il ait encore jamais pu spécifier aucun mot en quoi je lui aie fait tort.

De plus, les paralipomènes ajoutés à la préface, dont la dernière période seule contient autant d'aigreur et autant d'amertume que tout le reste du livre, ont été dès le commencement désavoués de Schoock, et ne l'ont point été de Voëtius.

Je n'aurois jamais fait, si je voulois ici ramasser toutes les preuves qui montrent que le témoignage suggéré ou prescrit par lui est faux. Mais je vous prie de considérer que toutes celles que j'ai mises ici sont réelles, et ne dépendent point de la relation de Schoock; car pour le modèle de la préface, et les autres écrits qu'il dit avoir entre ses mains, et qui n'ont point été imprimés, s'il n'étoit pas vrai qu'il les eût, on sait bien que le procès de Voëtius contre lui n'auroit pas manqué d'être poursuivi : ce qui montre combien est impudente la calomnie du jeune Voëtius, lorsqu'il reproche à MM. de Groningue qu'ils ont jugé sur la déposition d'un seul témoin, qui est ce qu'il leur reproche le plus; car quand ils n'auroient eu aucun égard aux paroles de Schoock, ils ont eu assez de preuves sans cela. Et toutefois il est évident que la déclaration faite à Groningue est incomparablement plus croyable que celle qu'il avoit donnée auparavant à Utrecht; car en celle d'Utrecht, outre qu'elle lui avoit été suggérée, il ne déposoit que les choses qu'il pensoit être à son avantage, à savoir qu'il étoit auteur d'un livre auquel il avoit déjà mis son nom; et il n'étoit point en la présence des juges, il n'avoit point peur d'être repris, encore que ce qu'il déclaroit ne fût pas vrai; il le donnoit seulement par écrit à un ami qu'il estimoit assez puissant pour le pouvoir tirer de peine, encore que sa fausseté fût découverte; au lieu qu'à Groningue il a déposé ce qu'il avoit honte qu'on sût, et qui devoit grandement déplaire à ses plus intimes amis; et il ne l'a pas déposé en secret, mais c'a été en la présence des juges; et ainsi on peut s'assurer qu'il n'y a eu que la révérence de la justice et la crainte d'être châtié s'il mentoit, et s'il se chargeoit du crime d'un autre, qui l'a obligé à dire ce qu'il a dit: même il a déclaré qu'il eût confessé dès Utrecht les mêmes choses, s'il eût été sérieusement interrogé par des juges. Et il arrive presque toujours lorsqu'on examine un criminel ou un témoin qui a quelque intérêt à celer la vérité de ce qu'on lui demande, que la déposition qu'il fait en jugement est contraire à ce qu'il a dit hors de la présence des juges, sans qu'on laisse pour cela de la croire.

Mais ce n'est pas assez d'avoir prouvé que le témoignage que Voëtius a prescrit à Schoock étoit faux, il ne croira pas être convaincu, si on ne prouve qu'il l'a sollicité et importuné à donner un tel témoignage; c'est pourquoi je vous prie de considérer qu'il ne l'en a pas seulement prié, mais qu'il a fait pis, et qu'il lui a expressément commandé; car il a mis ces mots au bas du témoignage : *Stylum facies tuum, ubi opus fuerit interim testimonii, ακριϐεια servata ubique, quantum per latinitatem illud fieri poterit, imprimis ubi subvirgulavi.* Ainsi il vouloit que ce fût la voix de Jacob et les mains d'Esaü, le style de Schoock et les menteries de Voëtius. Il lui commandoit de changer le style, mais de retenir exactement le sens de tout ce qu'il lui prescrivoit, principalement celui des mots au-dessous desquels il avoit tiré des lignes; et il en avoit tiré au-dessous de tous les mots que j'ai ci-dessus rapportés. Ceux qui connoissent Voëtius savent combien cette façon de prier ou de commander est importune, principalement au regard de ceux qu'il croit lui être inférieurs ou obligés, comme étoit Schoock; et on en a vu depuis l'expérience, en ce qu'il l'a poursuivi en justice, à cause qu'il n'avoit pas persisté à maintenir ce témoignage.

Puis, outre cela, n'est-ce pas à Voëtius qu'on doit attribuer toutes les allées et venues de Waeterlaet, et tout ce qu'a fait Dematius, pour induire Schoock peu à peu à former son témoignage suivant le modèle qu'il lui avoit prescrit? car ces deux n'y avoient aucun intérêt, que comme étant amis de Voëtius ; et néanmoins Schoock assure que Waeterlaet est allé plusieurs fois le trouver pour ce sujet, et qu'il lui a envoyé à Groningue le modèle du témoignage que Voëtius désiroit; mais que sa conscience ne lui permettant pas de donner un tel témoignage, il leur en avoit envoyé un autre plus conforme à la vérité. En effet, on peut connoître, par ce qui a été fait depuis, que dans le témoignage que Schoock avoit envoyé à Voëtius, il avoit omis les mots qui contenoient la principale fausseté, à savoir : *Et quidem solum, ita ut nec D. Voetius, nec quisquam alius, ejus autor, sive in totum sive ex parte fuerit, quoad materiam*, et qu'il en avoit mis quelques autres en leur place; et que pour le *motu proprio*, et presque tout le reste, il avoit tâché de le sauver par un équivoque, en mettant partout *methodum* où Voëtius avoit mis *librum*, afin de ne signifier par *methodum* que l'ordre des chapitres et le style dont il vouloit bien être l'auteur, et ne rien assurer des injures et de la matière, ainsi qu'il a déclaré depuis. Et Voëtius ne se mettoit pas en peine de cet équivoque : car le livre étant intitulé

Admiranda methodus, il ne doutoit point que tous ceux qui verroient ce témoignage ne prissent *methodum* pour tout le livre. Mais il semble que les autres choses en quoi Schoock n'avoit pas suivi son modèle ne le contentoient pas assez, et particulièrement l'omission du mot *Et quidem solum*, etc.; car il garda ce témoignage plusieurs semaines sans s'en servir, jusqu'à ce que Schoock étant allé à Utrecht, il eut plus de commodité pour le faire induire à le réformer; à quoi derechef on employa Waeterlaet, qui lui apporta ce billet écrit de la main de Dematius.

Reverende vir, velim in testimonio tuo quæpiam mutari; quænam autem illa sint paucis accipe. Linea 21 et 22, deleantur omnia quibus linea subscripta, et scribatur, meque illum solum absolvisse.

Linea 30. Tantum hæc retineantur, vix esse poteram ex amicis, quæsivisse et didicisse.

Linea 31. Deleantur, ab aliena manu esse; et scribatur, alterius autoris sunt, qui ubi necessum erit, ut puto, nomen suum aperiet, vel simile quidpiam.

Rationes, quare ita faciendum censeo, non expono, coram dicturus. Vale.

Et le mot *meque illum* (à savoir *Librum*, ou bien *illam methodum*) *solum absolvisse*, est ici très remarquable; car il contient ce *solum* pour exclure Voëtius, qui est le fondement de toute leur fourbe. L'autre mot, *vix esse poteram ex amicis*, etc., ne pourroit pas être si facilement entendu, si Dematius lui-même ne l'avoit expliqué par un écrit où il tâche de se défendre, qui est inséré dans le *Tribunal iniquum*, depuis la page 117 jusqu'à la page 126. Mais là il vous apprend, page 120 et 121, que Schoock avoit mis en son témoignage qu'il avoit appris, partie de Voëtius et partie de ses autres amis, les choses particulières qu'il avoit écrites touchant ce qui s'étoit passé à Utrecht, ainsi qu'il lui avoit été prescrit par Voëtius; et que lui Dematius ne croyant pas que Schoock eût aucun autre ami à Utrecht que Voëtius duquel il eût rien appris de ces choses, avoit jugé qu'il ne devoit pas mettre *partim a D. Voetio, partim ab aliis amicis*, mais effacer le nom de *Voetius*, et mettre seulement *ab amicis*. De quoi il se défend plaisamment : *Si quid hic a me peccatum esset* (dit-il), *peccatum in eo statuendum esset, quod collegæ mei mihi charissimi et cui ecclesia plurimum debet, innocentiæ, cautela forte superabundante, nemini tamen noxia, imo aliquibus utili* (*ut quæ occasionem peccandi tolleret*) *cavendum esse judicavi*. Ainsi ce saint homme appelle *cautelam nemini noxiam* de suborner des témoins pour tromper des juges, en leur faisant imaginer *alios amicos*, au lieu de Voëtius, en une chose qu'il savoit ne venir que du seul Voëtius, et par ce moyen faire condamner un innocent pour lui ôter l'honneur, les biens et même la vie, s'il en avoit en le pouvoir. Et on ne peut dire que ce Dematius, qui avoit en cela plus de soin que Voëtius même pour tromper les juges, ne savoit point que Schoock eût été induit à écrire; car puis qu'il savoit que c'étoit de Voëtius seul qu'il avoit appris ce qui s'étoit passé à Utrecht, il ne pouvoit ignorer le reste, ni lui persuader de mettre en son témoignage *meque illum solum absolvisse*, qu'il ne sût bien que ces mots contenoient une fausseté. Outre que par la déposition de Schoock, qui est dans le *Bonæ fidei sacrum*, page 4, on apprend que c'a été dans un festin, en la présence de Dematius, que le premier dessein de ce livre a été pris : en voici les mots: *Nimirum cum anno 1642, more suo* (Schoockius), *per ferias caniculares Ultrajectum ad visendos amicos excurrisset, a domino Voetio una cum clarissimis ejus academiæ professoribus, nonnullisque aliis honestis viris, lauto atque opiparo omnino convivio fuisse exceptum. In eo mensis jam sublatis a clarissimo D. Dematio aliisque injectam mentionem epistolæ Cartesii ad Dinetum, in qua dominus Voetius, præceptor ejus, graviter omnino vapularet; rogatumque se atque instanti hortatu invitatum a D. Voetio, ut pro se, præceptore suo, calamum in cartesium stringeret.*

N'est-ce pas une chose admirable, que ce qui a été fait si publiquement en des festins, en présence de plusieurs personnes qui doivent avoir soin de leur conscience et de leur honneur (car je ne veux pas croire que tous ceux qui fréquentent Voëtius deviennent semblables à lui), et qui est de soi si probable, que ceux mêmes qui n'en jugent que par conjecture ne doutent point qu'il ne soit vrai que Voëtius a sollicité Schoock à écrire contre moi; n'est-ce pas, dis-je, une chose admirable et surprenante, que cela ait été choisi par lui pour être nié devant des juges, et pour servir de fondement à une sentence par laquelle il avoit dessein de me perdre? Et on n'a aucun sujet de douter de la vérité de cette déposition faite par Schoock devant ses juges; car elle n'a pas même été contredite par ses adversaires dans leur procès contre lui, où ils ont fourré tant d'autres choses hors de propos et de moindre importance, qu'ils n'auroient pas omis celle-là, s'ils n'eussent eu peur d'être convaincus par les témoignages de ceux qui étoient de ce festin.

Mais ceci ne suffit pas pour convaincre Dematius; il veut qu'on lui prouve qu'il a importunément sollicité Schoock à suivre le billet qu'il lui avoit prescrit : car toute sa défense est de dire, *Nulla hic importunæ sollicitationis species.* Comme si ce n'étoit pas assez importuner un homme, après qu'un autre lui a prescrit un témoignage qu'il n'a pas entièrement voulu suivre nonobstant que cet autre eût beaucoup d'autorité sur lui, de lui envoyer un billet avec ces mots, *Velim in testimonio tuo quædam mutari*, etc. Ce qui est si manifestement contre les bonnes mœurs et contre les lois, que quand bien ce billet ne contiendroit rien qui ne fût vrai, ceux qui l'ont envoyé ne laisseroient pas de mériter d'en être repris. Mais, outre cela, il dit lui-même qu'il n'avoit aucune familiarité avec Schoock; et toutefois il confesse qu'après lui avoir envoyé ce billet, il l'alla trouver le lendemain, entre les six et sept heures du matin; ce qui montre, ce me semble, une sollicitation très importune. Un homme âgé, professeur en théologie, va de grand matin au logis d'un autre plus jeune, avec lequel il n'a aucune familiarité, pour le prier d'une chose à laquelle il n'a point d'autre intérêt, comme il le déclare, que pour faire plaisir à son ami, et même de laquelle cet ami a déjà été refusé: on n'a pas coutume d'aller trouver quelqu'un de cette façon pour lui parler d'une affaire, que ce ne soit à dessein de l'en prier à bon escient, et de joindre ses raisons et ses instances avec celles de l'ami par qui on est envoyé.

Mais j'avoue que je ne sais point pourquoi Voëtius n'y alloit pas lui-même, sinon qu'il vouloit en cela, aussi bien qu'en faisant écrire Schoock contre moi, imiter le singe qui se servoit de la patte du chat pour tirer les marrons du feu; ou bien peut-être qu'après avoir déjà fait de son côté tout ce qu'il avoit pu sans en être venu à bout, il espéroit que les persuasions et l'autorité de plusieurs seroient plus efficaces que celles d'un seul, et qu'il falloit que Voëtius et Dematius, deux vieillards de réputation, et qui, comme je crois, composoient alors toute la faculté théologique de votre académie, pourceque le troisième mourut en ce temps-là, joignissent ensemble leurs artifices pour corrompre la chasteté de cette Susanne.

Mais s'il vous semble que toutes les preuves que vous pouvez avoir contre ces deux hommes, dont je n'ai pu écrire ici qu'une partie, ne soient pas suffisantes pour les convaincre, je vous prie de considérer que celles du jeune Daniel contre ces deux autres vieillards de très grande autorité et les juges du peuple, qui avoient tâché comme eux de faire par de faux témoignages que l'innocent fût condamné, étoient bien moindres : car Daniel ne donna point d'autres preuves contre eux, sinon qu'ils ne s'étoient pas accordés touchant le nom de l'arbre sous lequel ils prétendoient que Susanne avoit péché ; sur quoi il est croyable que ces vieillards ne manquèrent pas de trouver diverses excuses, en disant qu'ils n'y avoient pas pris garde, qu'ils ne savoient point les noms des arbres, qu'ils n'avoient pas assez bonne vue pour les reconnoître de loin, qu'ils ne s'en souvenoient plus, ou choses semblables, qui avoient beaucoup plus d'apparence qu'aucune de celles que Voëtius et Dematius ont alléguées en la défense de leur cause, et toutefois ils ne laissèrent pas d'être condamnés.

En un fait où les présomptions sont contraires aux preuves, on a sujet d'user de beaucoup de circonspection avant que de rien déterminer : mais ici les preuves sont si claires et si certaines (à savoir, des écrits de la main des criminels, et qui ne sont point désavoués par eux), qu'on seroit obligé de les croire, encore que les présomptions fussent contraires : outre cela, les présomptions s'accordent entièrement avec elles; et enfin ces présomptions sont si fortes, que, suivant le jugement du plus sage de tous les rois, elles suffiroient pour faire condamner Voëtius, encore qu'on n'eût point d'autres preuves. Car Salomon ayant à juger laquelle de deux femmes étoit la vraie mère d'un enfant pour lequel elles étoient en dispute, ne fit aucune difficulté de le donner à celle qui lui témoignoit le plus d'affection, encore qu'il n'eût rien du tout pour prouver qu'elle en fût la mère, sinon cette seule conjecture. Il est question tout de même de savoir lequel des deux, Schoock ou Voëtius, est le vrai père du livre intitulé *Admiranda methodus*, ou bien *Philosophia cartesiana* (car ce livre a deux noms, à cause qu'il semble avoir eu deux pères). Or Schoock le désavoue et le renonce, en sorte qu'il a même déclaré qu'il ne déteste rien tant de toutes les actions de sa vie, que de ce qu'il s'est employé à l'écrire, *Ex omnibus actionibus suis nihil magis detestari, quam quod illi negotio se immiscere unquam passus sit.* Mais Voëtius au contraire continue toujours constamment à louer et à défendre ce livre, ou à le faire défendre par son fils, et particulièrement ce qu'il contient de plus criminel, à savoir, leur calomnie touchant l'athéisme. Car le fils dit expressément dans son livre, *Pietas in parentem,* feuille H, page 11 : *Nec puderet parentem, si (uti non fecit) scriptionis partem ipse præformasset; imprimis etiam illam, qua vertiginosi scepticismi, et consequenter atheismi absurdis cartesiana Philosophia premitur;* et en plusieurs autres endroits de tous les livres qu'il a publiés depuis, il a eu soin de faire savoir aux lecteurs que son père approuve et défend ce livre. Et néanmoins il se vante que vous m'avez condamné, pourceque je l'en avois accusé; comme si c'avoit été une grande calomnie d'avoir dit qu'il a fait une chose laquelle il estime bonne, et qu'il n'auroit point de honte d'avoir faite; même il veut qu'on croie qu'il a tant de pouvoir en votre ville, qu'il a obtenu cette condamnation sans l'avoir sollicitée ni procurée.

Je ne veux point continuer à mettre ici des exemples de la Bible, bien que celle du roi Assuérus, qui, étant averti qu'Aman avoit abusé de sa faveur, lui fit souffrir le supplice qu'il avoit préparé à Mardochée, seroit peut-être fort à propos.

Au reste, afin de conclure ce discours, je ne veux point vous représenter que par votre publication du 13 juin 1643, qui fut si célèbre, que la mémoire en durera plusieurs siècles, vous aviez expressément déclaré que vous vouliez vous enquérir des mœurs de Voëtius, pourceque si elles étoient telles que je les avois décrites, vous le jugeriez très nuisible à votre ville, et que maintenant elles se trouvent pires que je n'avois dit; en sorte que vous êtes obligés de tenir en cela votre parole. Je ne veux point vous animer contre lui, en disant qu'il s'est moqué de la justice lorsqu'il a voulu jouer le personnage d'un criminel sans être jamais interrogé, et me faire jouer celui d'accusateur sans que j'en susse rien, et feindre que je l'avois calomnié pour avoir dit qu'il a fait une chose qu'il estime bien faite, et enfin me faire condamner par des députés dont je n'ai jamais pu savoir les noms; ce qui ne mérite rien moins que d'être fait une fois criminel de telle façon qu'il n'ait pas sujet de s'en moquer. Je ne veux point aussi vous animer contre son fils, en disant que lorsqu'il publie toutes ces choses, il se rend pour le moins aussi coupable que M. Regius, qu'on dit avoir été au hasard de perdre sa profession pourcequ'il étoit soupçonné de m'avoir averti de ce qui s'étoit passé en votre académie; bien que j'eusse intérêt de le savoir, et que ce ne fussent point des secrets de la république, comme Voëtius vouloit persuader. Je ne veux point tâcher de rendre ces Voëtius odieux, en disant qu'ils sont tellement endurcis, et que la coutume de pécher sans être punis les a rendus si effrontés, que non seulement ils se moquent de la justice, mais aussi de leurs crimes; et comme si des témoignages apertement faux, écrits de la main de Voëtius et de Dematius, pour induire Schoock à les déposer en justice et tromper les juges, étoient des choses de peu d'importance, le jeune Voëtius les appelle *amuleta*, des bagatelles de nulle vertu, que MM. de l'université de Groningue m'ont envoyées; et il ne se contente pas de faire un saint Paul de son père, en disant que, *nullius est sibi conscius*, nonobstant que ces crimes soient connus par plusieurs milliers de personnes, et qu'il ne puisse rien apporter que des injures et des impertinences pour les excuser, mais même il va jusqu'à l'impudence de le comparer à Jésus-Christ, en disant de M. Desmarests et de moi, que *Herodes et Pilatus amici facti ut innoxiæ famæ, ac per Dei gratiam illibatæ (hujus scilicet Christi) maculam aspergerent.* Enfin je ne veux point vous demander justice contre ces calomniateurs et ces faussaires; c'est à vous à juger s'il vous est honnête ou utile que leurs crimes demeurent impunis; je n'y ai point d'intérêt. Je ne crois pas qu'il y ait dorénavant personne qui ajoute foi à ce qu'ils diront ou écriront contre moi; toutes leurs machinations seront ridicules et sans effet; les enfants même s'en moqueront, pourvu qu'ils ne soient point fortifiés par votre protection : car leurs vices sont maintenant assez connus; ou bien s'ils ne le sont pas encore assez, j'ai intérêt de les faire savoir à tous ceux qui pourront ouïr leurs menteries en ce siècle ici, ou aux suivants, afin qu'elles ne me nuisent pas; et je tâcherai de n'omettre rien de ce qui sera de mon devoir.

Mais je vous prie de trouver bon, qu'avec tout l'honneur et le respect que je dois et que je veux rendre aux magistrats d'une ville comme la vôtre, je me plaigne à vous de vous-mêmes, à cause que par vos procédures, et par la sentence que mes ennemis se vantent d'avoir obtenue de vous contre moi, vous avez donné autant d'autorité et autant de crédit à leurs calomnies qu'il a été en votre pouvoir : c'est pourquoi je puis dire avec juste raison que c'est de vous seuls que je me dois plaindre. Ce n'est pas que je prétende pour cela vous donner aucun blâme des choses que vous avez faites; je sais que les meilleurs juges du monde peuvent être trompés par de fausses dépositions de témoins, et je ne sais point toutes les intrigues et toutes les ruses dont G. Voëtius s'est servi pour obtenir les choses qu'il a obtenues; je ne sais pas même certainement s'il les a obtenues; je sais seulement qu'un homme de son humeur, et qui a le crédit qu'il a en votre ville, y peut obtenir beaucoup de choses. Mais pourceque la raison veut et que la justice demande qu'on dédommage, et qu'on mette hors d'intérêt, autant qu'on en a le pouvoir, non seulement ceux qu'on a offensés volontairement, mais aussi ceux à qui on a fait quelque tort sans le savoir, ou même avec intention de bien faire, et pourceque c'est l'ordinaire des hommes vertueux, qui sont jaloux de leur réputation et de leur honneur, d'avoir beaucoup de soin de réparer les torts qu'ils ont ainsi faits sans le savoir, afin d'empêcher qu'on ne se persuade qu'ils ont eu mauvaise intention en les faisant; comme au contraire ce ne sont que les âmes basses, lâches et stupides, qui ayant fait du mal à quelqu'un, bien que c'ait peut-être été sans y penser, continuent après de lui nuire le plus qu'ils peuvent, pour cela seul qu'ils croient avoir mérité d'en être haïs; ou bien que s'étant une fois mépris, ils ont honte de ne pas maintenir ce qu'ils ont fait, bien qu'en eux-mêmes ils le désapprouvent; enfin pourceque je vous estime très généreux, très vertueux et très prudents, je ne doute point que maintenant que les faussetés de mes ennemis sont découvertes, et que vous ne les pouvez plus ignorer, vous ne soyez bien aises d'avoir occasion de me donner la satisfaction que je vous demande.

C'est pourquoi je vous prie de considérer le tort et le préjudice que vous m'avez fait : premièrement par votre publication du 13 juin 1643, en me citant au son de la cloche, et par des affiches, qui furent même envoyées avec soin de tous côtés en ces provinces, comme si j'eusse été un vagabond, ou un fugitif, qui auroit commis le plus grand et le plus odieux de tous les crimes. Car encore qu'on n'en spécifiât point d'autre, sinon que j'avois écrit contre Voëtius, toutefois, à cause que c'est une chose entièrement inouïe et sans exemple, de voir citer quelqu'un d'une façon si extraordinaire pour avoir écrit contre un particulier, et que le menu peuple, et généralement tous ceux qui n'ont point étudié, ne savent pas jusqu'où se peut étendre le péché de faire des livres, vous leur donniez sujet de penser que j'avois commis en cela un si grand crime, qu'il étoit aussi sans exemple. Et l'injure que je recevois étoit d'autant plus grande que je l'avois moins méritée : car au fond je n'avois fait autre chose, sinon que je m'étois défendu, avec beaucoup plus de modération que je n'avois été obligé d'en observer, contre les plus outrageuses calomnies qui puissent être imaginées, et auxquelles la prudence ne permettoit pas que je différasse plus long-temps de m'opposer. Car, outre que j'ai fait voir ci-dessus que Voëtius avoit un dessein formé de longue main pour persuader que j'étois athée, j'ai juste raison de penser qu'il m'en vouloit même accuser en justice, et tâcher de m'opprimer par de faux témoignages ; pourceque ce n'est point lui faire tort que de dire qu'il est capable de corrompre des témoins, et que Schoock assure que lorsque ce Voëtius lui recommandoit de m'objecter principalement l'athéisme en son livre, il lui promettoit *tales testes aliquando prodituros* (à savoir, pour me convaincre de ce crime) *qui possent revera assidui sive classici testes haberi ;* mais depuis qu'il a vu que je veillois pour me défendre, il n'en a su produire aucun. La seconde chose par laquelle vous m'avez grandement préjudicié, est la sentence qu'on dit que vous avez rendue, en laquelle condamnant mes écrits, vous donniez expressément action contre moi à votre officier de justice, pour m'ôter entièrement l'honneur et les biens, autant qu'il étoit en votre pouvoir. J'ajoute pour la troisième, non seulement l'acte du 11 juin 1645, par lequel vous défendiez aux libraires d'imprimer ou vendre les écrits qui seroient pour moi et en ma faveur, au même temps que je reçus le jugement de MM. de Groningue, en date du 10 avril de la même année, lequel servoit à me justifier, et pendant que Voëtius faisoit imprimer une lettre de Schoock, pour confirmer ses calomnies contre moi ; mais aussi, toute la protection que vous avez donnée depuis quatre ans aux injures de Voëtius, et de tous les autres qu'il a suscités pour me nuire; jusque-là qu'il a été un temps qu'aucun ami que j'eusse en votre ville n'osoit, sans contrefaire son écriture et celer son nom, m'avertir des choses qui s'y faisoient à mon préjudice, bien qu'elles ne pussent être faites légitimement, sans que j'en fusse averti; et que pendant que Schoock obéissoit aux passions de Voëtius, en écrivant pour lui complaire toutes les plus criminelles calomnies qu'on puisse inventer, il étoit le bienvenu en votre ville; et le témoignage qu'on avoit tiré de lui contre moi y étoit reçu pour bon en justice, bien qu'il fût rempli de contradictions et d'équivoques, ainsi qu'il déclare lui-même, et que son livre fait auparavant contre moi le dût rendre entièrement suspect; mais après qu'il a eu confessé quelques vérités à mon avantage, on lui a fait un procès d'injures pour ce sujet; et bien qu'il les ait prouvées si évidemment, que MM. de Groningue ne les ont aucunement mises en doute, il n'a pu toutefois encore chez vous en être absous. En sorte qu'il semble que vous ayez fait depuis quatre ans tout votre possible pour me lier les mains, et empêcher que je ne me défendisse pendant que mon ennemi me battoit, et qu'il déchargeoit toute sa colère et toute sa rage sur moi.

Mais je mettrai aussi, s'il vous plaît, entre les raisons pour lesquelles j'attends de vous une juste et entière satisfaction, que je n'ai point voulu rompre ces liens dont vous me reteniez, bien qu'il m'eût été très facile ; et que j'ai souffert patiemment toutes les injures que j'ai reçues de Voëtius depuis ce temps-là, sans m'en revancher, pour cette seule considération, que j'ai vu que vous le couvriez tellement de votre corps, que je ne pouvois pas aisément le frapper sans vous toucher, et que je ne voulois pas vous offenser. Auxquelles choses je vous supplie de vouloir avoir égard, afin que je puisse recevoir de vous la satisfaction que je prétends. Et si je n'en puis obtenir d'autre, qu'il vous plaise au moins m'octroyer ce qu'on n'a pas coutume de refuser aux plus criminels, et de trouver bon que je sache quelle est la sentence qu'on dit avoir été donnée contre moi, par quels juges elle a été donnée, sur quoi ils se sont fondés, et quelles sont toutes les charges ou les preuves qu'ils ont eues pour me condamner ; sur quoi je prie Dieu qu'il vous inspire les conseils qui seront les plus utiles à sa gloire, et desquels vous puissiez le plus être loués et estimés par tous ceux qui aiment la vertu, afin que j'aie juste raison de me dire, etc.

A M. REGIUS [1].

(Lettre 96 du tome I. Version.)

Monsieur,

Je ne sais ce qui m'a empêché de répondre plus tôt à votre dernière, si ce n'est, pour vous parler sincèrement, que je n'aime pas à être d'un sentiment différent du vôtre; et comme il me paroissoit que je ne pouvois penser comme vous sur les choses que vous m'écrivez, c'est ce qui m'a fait différer si long-temps à prendre la plume; j'étois surpris effectivement que vous voulussiez confier à l'impression, dont les traits sont ineffaçables, des choses que vous n'osiez pas exposer à l'examen d'une dispute d'une heure, et que vous appréhendassiez davantage les actions subites et inconsidérées de vos adversaires, que celles qu'ils pouvoient former contre vous après une mûre réflexion

---

[1] « Cette lettre répond à la 32ᵉ de Leroi, datée du 23 juin 1645. Ainsi celle-ci est écrite vers le commencement de juillet; je la fixe au 3 juillet. Je l'éloigne le plus qu'il est possible, à cause que M. Descartes, dans le commencement de cette lettre, débute par dire : *Je ne sais pourquoi j'ai été si long-temps......* Cependant la réponse de Leroi à celle-ci est du 6 juillet 1645. »

et une longue étude, m'étant souvenu d'avoir lu dans votre Compendium de physique plusieurs choses entièrement éloignées de l'opinion commune, lesquelles vous y proposez nuement et sans les appuyer d'aucunes raisons qui pussent les rendre probables aux lecteurs. Je crus que cela pouvoit être supportable dans des thèses où l'on assemble souvent plusieurs paradoxes pour fournir un plus vaste champ de dispute aux adversaires; mais dans un livre que vous sembliez donner comme un essai de la nouvelle philosophie, je crois que cela est bien différent, c'est-à-dire qu'il faut les fortifier par des preuves qui puissent persuader le lecteur que vos conclusions sont véritables, avant de les exposer au public, de peur qu'il ne soit offensé de leur nouveauté; mais j'apprends que M. Van S. vous a fait changer de sentiment, et j'approuve beaucoup plus ce que vous entreprenez, je veux dire ces thèses de physiologie par rapport à la médecine; j'espère que vous pourrez les mieux établir et les mieux défendre, et vos adversaires trouveront moins d'occasion de mordre sur elles. Adieu.

A M. REGIUS [1].

(Lettre 97 du tome I. Version.)

Monsieur,

Lorsque je vous écrivis ma dernière je n'avois encore parcouru que quelques pages de votre livre, et je crus y avoir trouvé un motif suffisant pour juger que la manière d'écrire dont vous vous étiez servi ne pouvoit être soufferte tout au plus que dans des thèses, où la coutume est de proposer ses opinions d'une manière très paradoxe, pour attirer plus de gens à la dispute; mais pour ce qui me regarde, je crois devoir éviter soigneusement que mes opinions ne paroissent point paradoxes, et je ne désire point du tout qu'on les propose en forme de dispute, car je les crois si certaines et si évidentes, que je me flatte qu'étant une fois bien comprises elles ôteront tout sujet de dispute. J'avoue qu'on peut les proposer par définitions et par divisions, en descendant du général au particulier, mais alors il faut les appuyer de preuves;

[1] « Je date cette lettre du 15 juillet 1645, à cause que la réponse de M. Leroi à cette lettre est du 23 juillet 1645, de date fixe. »

et quoiqu'elles ne soient pas nécessaires pour vous qui êtes avancé dans la connoissance de mes principes, considérez, je vous prie, combien il y en a peu qui aient ces avances, puisqu'entre plusieurs milliers d'hommes qui se mêlent de philosophie, à peine s'en trouve-t-il un qui les comprenne, et certainement ceux qui entendent les preuves n'ignorent pas aussi les conclusions, et par conséquent n'ont pas besoin de votre écrit. Pour les autres, lisant vos conclusions sans preuves, et diverses définitions tout-à-fait paradoxes, dans lesquelles vous faites mention de globules éthérés, et autres choses semblables que vous n'avez expliquées nulle part, ils se moqueront d'elles et les mépriseront : ainsi votre écrit pourra nuire la plupart du temps, et n'être jamais utile. Voilà le jugement que j'ai porté des premières pages que j'ai lues de votre écrit ; mais lorsque je suis parvenu au chapitre de l'homme, et que j'y ai vu ce que vous dites de l'âme et de Dieu, non seulement je me suis confirmé dans mon premier sentiment, mais outre cela j'ai été saisi et accablé de douleur, voyant que vous croyez de telles choses, et que vous ne pouvez vous abstenir de les écrire et de les enseigner, quoique cela ne vous puisse procurer aucune louange, mais vous causer de grands chagrins et une grande honte. Pardonnez-moi, je vous prie, si je vous ouvre mon cœur aussi franchement que si vous étiez mon frère. Si ces écrits tombent entre les mains de personnes malintentionnées, comme cela ne manquera pas d'arriver, puisque quelques uns de vos disciples les ont déjà, ils pourront vous prouver par là, et vous convaincre même par mon jugement, que vous faites de même à l'égard de Voëtius, etc. De peur que le blâme ne retombe sur moi, je me verrai dans la nécessité de publier partout à l'avenir que je suis entièrement éloigné de vos sentiments sur la métaphysique, et je serai même obligé de le faire connoître par quelque écrit public, si votre livre vient à être imprimé. Je vous suis véritablement obligé de me l'avoir montré avant de le publier; mais vous ne m'avez point du tout fait plaisir d'avoir enseigné ces choses à mon insu; présentement je souscris volontiers au sentiment de ceux qui souhaitoient que vous vous continssiez dans les bornes de la médecine; en effet, qu'est-il nécessaire de mêler dans vos écrits ce qui regarde la métaphysique ou la théologie, puisque vous ne sauriez toucher ces difficultés sans errer à droite ou à gauche? Auparavant, en considérant l'âme comme une substance distincte du corps, vous avez écrit que l'homme étoit un être par accident. Présentement, considérant au contraire que l'âme et le corps sont étroitement unis dans le même homme, vous voulez qu'elle soit seulement un mode du corps, erreur qui est pire que la première. Je vous prie derechef de me pardonner, et de croire que je ne vous aurois pas écrit si librement si je ne vous aimois véritablement, et si je n'étois tout à vous.

Je vous aurois envoyé votre livre avec cette lettre, mais j'ai craint que s'il venoit à tomber par hasard en des mains étrangères, la sévérité de ma censure ne pût vous nuire. Je le garderai donc jusqu'à ce que j'aie su que vous avez reçu cette lettre.

A M. REGIUS [1].

(Lettre 98 du tome 1. Version.)

Monsieur,

Ceux qui me soupçonnent d'écrire d'une manière contraire à mes sentiments, sur quelque sujet que ce soit, me font une injustice criante. Si je savois qui sont ces personnes-là, je ne pourrois m'empêcher de les regarder comme mes ennemis. J'avoue qu'il y a de la prudence de se taire dans certaines occasions, et de ne point donner au pu-

---

[1] « Cette lettre étant une réponse à une lettre de Leroi, du 23 juillet 1645, je peux bien la dater du 1ᵉʳ août 1645. »

blic tout ce que l'on pense; mais d'écrire sans nécessité quelque chose qui soit contraire à ses propres sentiments et sans nécessité, et vouloir le persuader à ses lecteurs, je regarde cela comme une bassesse et comme une pure méchanceté. Je ne puis m'empêcher de me servir de vos propres termes pour répondre à ceux qui assurent qu'il ne faut pas être grand philosophe pour réfuter ce qui a été dit sur l'essence substantielle de l'âme, sans néanmoins réfuter ces raisons, ni même pouvoir le faire : *tout enthousiaste est mauvais raisonneur : tout impertinent diseur de rien en peut dire autant avec la dernière opiniâtreté*, de toutes les bagatelles auxquelles il s'amuse; au reste, je ne crois pas que l'autorité de qui que ce soit, dont les sentiments soient opposés aux miens, puisse me nuire, pourvu que je ne paroisse pas approuver ses opinions; et je serois bien fâché que vous vous abstinssiez en aucune manière pour l'amour de moi d'écrire tout ce qu'il vous plaira, et de l'imprimer, pourvu que vous ne trouviez pas mauvais de votre côté, que je déclare partout publiquement que je suis tout-à-fait opposé à vos sentiments; mais pour ne pas manquer aux derniers devoirs de l'amitié, puisque vous ne m'avez laissé votre livre qu'afin de savoir mon sentiment, je ne puis m'empêcher de vous dire franchement que je crois qu'il n'est pas de votre intérêt de rien imprimer sur la philosophie, pas même sur la physique : 1° parceque vos magistrats vous ayant fait défendre d'enseigner en public ou en particulier la nouvelle philosophie, si vous faisiez imprimer quelque chose qui en approchât, vous fourniriez un assez beau champ à vos ennemis de vous faire perdre votre chaire, et vous faire condamner même à d'autres peines; car ils sont encore puissants, ils ont la force en main, et peut-être que leur pouvoir s'accroîtra dans la suite plus que vous ne pensez. En second lieu, parceque je ne crois pas que vous puissiez retirer aucun honneur des choses où vous pensez comme moi, parceque vous n'y ajoutez rien du vôtre que l'ordre et la brièveté, qui seront blâmés, si je ne me trompe, par tout bon esprit; car je n'ai encore vu personne qui désapprouvât l'ordre que j'ai gardé, et qui ne m'accusât plutôt d'être trop concis, que d'être diffus. Le reste en quoi vous différez de moi, vous attirera à mon avis plus de blâme et de déshonneur, que de louange; c'est pourquoi je vous le répète, je ne vous conseille pas de faire imprimer votre livre; attendez encore, suivez le précepte d'Horace, *gardez-le dix ans dans votre cabinet*; peut-être qu'avec le temps vous verrez qu'il n'est pas certainement de votre intérêt de le mettre au-jour. Je ne serai pas moins tout à vous, etc.

A UN SEIGNEUR [*].

(Lettre 5a du tome I.)

Monsieur,

Si j'avois autant d'esprit et de savoir que j'ai de zèle pour le service de votre excellence, je ne manquerois pas de répondre exactement aux questions que vous m'avez fait l'honneur de me proposer; et même encore que je craigne de n'avoir point assez d'esprit ni de connoissance pour cet effet, l'abondance du zèle ne laisse pas de m'obliger à l'entreprendre. Mais, avec votre permission, je commencerai par la seconde difficulté, touchant la cause du chaud et du froid dans les animaux, pourcequ'après l'avoir examinée, et ensuite la troisième et la quatrième, je pourrai plus commodément parler de la première. Il me semble que toute la chaleur des animaux consiste en ce qu'ils ont dans le cœur une espèce de feu qui est

[*] « On ne sait quand cette lettre est écrite : cependant je la crois écrite six mois avant la 53ᵉ du 1ᵉʳ volume ; ainsi je la fixe au 15 avril 1645. La date n'est pas bien sûre ; aussi n'est-elle pas fort nécessaire. »

sans lumière, semblable à celui qui s'excite dans l'eau-forte, lorsqu'on met dedans assez grande quantité de poudre d'acier, et à celui de toutes les fermentations. Ce feu est entretenu par le sang qui coule à tous moments dans le cœur, suivant la circulation qu'Hervæus, médecin anglois, a très heureusement découverte; et après que ce sang s'est échauffé et raréfié dans le cœur, il coule de là promptement par les artères en toutes les autres parties du corps, lesquelles il échauffe par ce moyen. Or, on peut dire en quelque sens que cette chaleur est plus grande l'été que l'hiver, pourceque sa cause n'est pas moindre dans le cœur, et que le sang qui s'y échauffe n'est pas tant refroidi par l'air de dehors. Mais on peut dire aussi qu'elle est plus grande en hiver, ce qui fait qu'on a pour lors meilleur appétit, et qu'on digère mieux les viandes; et la raison en est, que les parties du sang qui ont le plus de chaleur, à savoir les plus subtiles et les plus agitées, ne s'évaporent pas si facilement en hiver par les pores de la peau, qui sont alors resserrés par le froid, qu'elles font en été : c'est pourquoi elles vont en plus grande abondance dans l'estomac, où elles aident à la coction des viandes.

La troisième question est touchant le froid de la fièvre, lequel je crois ne venir d'autre chose, sinon que la fièvre est causée de ce qu'il s'amasse une humeur corrompue dans le mésentère, ou en quelqu'autre partie du corps, laquelle humeur au bout d'un, ou deux, ou trois jours (qui est un temps dont elle a besoin pour la mûrir et rendre fluide, à raison de quoi la fièvre est ou quotidienne, ou tierce, ou quarte), coule dans les veines, et ainsi se mêlant parmi le sang, et allant avec lui dans le cœur, elle empêche qu'il ne s'y puisse tant échauffer et dilater que de coutume, ni par conséquent porter tant de chaleur au reste du corps, ce qui est cause du tremblement qu'on sent pour lors. Mais cela n'arrive qu'au commencement de l'accès : car comme le bois vert qui éteint le feu lorsque d'abord il y est mis, rend une flamme plus ardente que l'autre bois, après qu'il est bien embrasé, ainsi après que cette humeur corrompue a été mêlée quelque temps parmi le sang, elle s'échauffe et se dilate davantage que lui dans le cœur; ce qui fait la chaleur de l'accès, lequel dure jusqu'à ce que toute cette humeur corrompue soit évaporée, ou réduite à la constitution naturelle du sang. Or, la fièvre cesseroit toujours à la fin de l'accès, si on pouvoit empêcher qu'il ne revînt d'autre humeur en la place où s'est corrompue la première; et pourcequ'il peut y avoir une infinité de divers moyens pour empêcher cela, mais qui ne réussissent pas toujours, cela fait que la fièvre peut être guérie par une infinité de divers remèdes, et que néanmoins tous les remèdes sont incertains.

La quatrième et dernière question est touchant les esprits animaux et vitaux, et ce qui s'évapore par transpiration; à quoi il m'est aisé de répondre, en supposant que le sang se dilate dans le cœur ainsi que je viens de dire, et que j'ai autrefois expliqué assez au long dans le discours de la Méthode. Car ce que les médecins nomment les esprits vitaux, n'est autre chose que le sang contenu dans les artères, qui ne diffère point de celui des veines, sinon en ce qu'il est plus rare et plus chaud, à cause qu'il vient d'être échauffé et dilaté dans le cœur. Et ce qu'ils nomment les esprits animaux n'est autre chose que les plus vives et plus subtiles parties de ce sang, qui se sont séparées des plus grossières, en se criblant dans les petites branches des artères carotides, et qui sont passées de là dans le cerveau, d'où elles se répandent par les nerfs en tous les muscles. Enfin tout ce qui sort du corps par transpiration insensible, n'est aussi autre chose que des parties du sang qui sont assez subtiles pour passer par les pores du corps en s'évaporant; et le même sang est échauffé et raréfié tant de fois en passant et repassant dans le cœur, suivant ce qu'enseigne la doctrine de la circulation, qu'il n'y a aucune de ses parties qui ne soit enfin rendue assez subtile pour s'évaporer en cette façon.

Je reviens à la première question qui est cause du sommeil, laquelle je crois consister en ce que tout de même que nous voyons quelquefois que les voiles des navires se rident, à cause que le vent n'a pas assez de force pour les remplir, ainsi les esprits animaux qui viennent du cœur ne sont pas toujours assez abondants pour remplir la moelle du cerveau, et tenir tous ses pores ouverts: ce qui fait alors le sommeil : car les pores du cerveau étant fermés on n'a plus l'usage des sens, si ce n'est que quelque violente agitation excite les esprits à les ouvrir. Or l'opium, le pavot, et les autres drogues qui causent le sommeil, font que le cœur envoie moins d'esprits vers le cerveau; et l'on peut facilement, ensuite de ceci, rendre raison de toutes les autres causes qu'on trouve par expérience exciter ou empêcher le sommeil. Mais j'ai peur que la longueur de cette lettre ne l'excite: c'est pourquoi je n'y ajouterai autre chose, sinon que je ne serai jamais endormi lorsque je croirai pouvoir faire ou écrire quelque chose qui soit agréable à votre excellence, de laquelle je suis, etc.

A UN SEIGNEUR [1].

(Lettre 53 du tome I.)

Monsieur,

La lettre que votre excellence m'a fait l'honneur de m'écrire le 19 de juin, a été quatre mois par les chemins, et le bonheur de la recevoir ne m'est arrivé qu'aujourd'hui ; ce qui m'a empêché de pouvoir plus tôt prendre cette occasion pour vous témoigner que j'ai tant de ressentiment des faveurs qu'il vous a plu me faire, sans que je les aie jamais pu mériter, et des preuves que j'ai eues de votre bienveillance par le rapport de MM. N. et M. et d'autres, que je n'aurai jamais rien de plus à cœur que de tâcher à vous rendre service en tout ce dont je pourrai être capable. Et comme l'un des principaux fruits que j'ai reçus des écrits que j'ai publiés, est que j'ai eu l'honneur d'être

[1] « Cette lettre n'est point datée; mais comme la lettre 54 du 1er vol., qui a une entière relation avec celle-ci, est du 23 novembre 1646, et que Descartes dit dans cette lettre 54 que celle qu'il date l'année d'auparavant de ce seigneur, avoit été quatre mois à venir, et que dans le commencement de celle-ci il dit répondre à une lettre du 19 juin, je la date du 19 octobre 1645. »

connu de V. E. à leur occasion ; aussi n'y a-t-il rien qui me puisse obliger davantage à en publier d'autres, que de savoir que cela vous seroit agréable. Mais pourceque le Traité des animaux, auquel j'ai commencé à travailler il y a plus de quinze ans, présuppose plusieurs expériences, sans lesquelles il m'est impossible de l'achever, et que je n'ai point encore eu la commodité de les faire, ni ne sais point quand je l'aurai, je n'ose me promettre de lui faire voir le jour de long-temps. Cependant je ne manquerai de vous obéir en tout ce qu'il vous plaira me commander, et je tiens à très grande faveur que vous ayez agréable de savoir mes opinions touchant quelques difficultés de philosophie.

Je me persuade que la faim et la soif se sentent de la même façon que les couleurs, les sons, les odeurs, et généralement tous les objets des sens extérieurs, à savoir, par l'entremise des nerfs, qui sont étendus comme de petits filets depuis le cerveau jusques à toutes les autres parties du corps, en sorte que lorsque quelqu'une de ces parties est mue, l'endroit du cerveau duquel viennent ces nerfs se meut aussi, et son mouvement excite en l'âme le sentiment qu'on attribue à cette partie. Ce que j'ai tâché d'expliquer bien au long en la Dioptrique ; et comme j'ai dit là que ce sont les divers mouvements du nerf optique qui font sentir à l'âme toutes les diversités des couleurs et de la lumière, ainsi je crois que c'est un mouvement des nerfs qui vont vers le fond de l'estomac qui cause le sentiment de la faim, et un autre des mêmes nerfs, et aussi de ceux qui vont vers le gosier, qui cause celui de la soif. Mais pour savoir ce qui meut ainsi ces nerfs, je remarque que tout de même qu'il vient de l'eau à la bouche lorsqu'on a bon appétit et qu'on voit les viandes sur table, il en vient aussi ordinairement grande quantité dans l'estomac, où elle est portée par les artères, pourceque celles de leurs extrémités qui se vont rendre vers là ont des ouvertures si étroites et de telle figure, qu'elles donnent bien passage à cette liqueur, mais non point aux autres parties du sang : et elle est comme une espèce d'eau forte, qui, se glissant entre les petites parties des viandes qu'on a mangées, sert à les dissoudre, et en compose le chyle, puis retourne avec elles dans le sang par les veines. Mais si cette liqueur qui vient ainsi dans l'estomac n'y trouve point de viandes à dissoudre, alors elle emploie sa force contre les peaux dont il est composé, et par ce moyen agite les nerfs dont les extrémités sont attachées à ces peaux, en la façon qui est requise pour faire avoir à l'âme le sentiment de la faim. Ainsi on ne peut manquer d'avoir ce sentiment lorsqu'il n'y a aucunes viandes dans l'estomac, si ce n'est qu'il y ait des obstructions qui empêchent cette liqueur d'y entrer, ou bien quelques humeurs froides et gluantes qui émoussent sa force, ou bien que le tempérament du sang étant corrompu, la liqueur qu'il envoie en l'estomac soit d'autre nature qu'à l'ordinaire (et c'est toujours quelqu'une de ces causes qui ôte l'appétit aux malades); ou bien aussi, sans que le sang soit corrompu, il se peut faire qu'il ne contienne que peu ou point de telle liqueur, ce que je crois arriver à ceux qui ont été fort long-temps sans manger. Car on dit qu'ils cessent d'avoir faim après quelques jours; dont la raison est que toute cette liqueur peut être sortie hors du pur sang, et s'être exhalée en sueur, ou par transpiration insensible, ou en urine, pendant ce temps-là. Et cela confirme l'histoire d'un homme qu'on dit avoir conservé sa vie trois semaines sous terre sans rien manger, en buvant seulement son urine: car, étant ainsi enfermé sous terre, son sang ne se diminuoit pas tant par la transpiration insensible, qu'il eût fait en l'air libre.

Je crois aussi que la soif est causée de ce que la sérosité du sang, qui a coutume de venir par les artères en forme d'eau vers l'estomac et vers le gosier, et ainsi de les humecter, y vient aussi quelquefois en forme de vapeur, laquelle le dessèche, et par même moyen agite ses nerfs en la façon qui est requise pour exciter en l'âme le désir de boire; de façon qu'il n'y a pas plus de différence entre cette vapeur qui excite la soif, et la liqueur qui cause la faim, qu'il y a entre la sueur, et ce qui s'exhale de tout le corps par transpiration insensible.

Pour la cause générale de tous les mouvements qui sont dans le monde, je n'en conçois point d'autre que Dieu, lequel, dès le premier instant qu'il a créé la matière, a commencé à mouvoir diversement toutes ses parties, et maintenant, par la même action qu'il conserve cette matière, il conserve aussi en elle tout autant de mouvement qu'il y en a mis; ce que j'ai tâché d'expliquer en la seconde partie de mes Principes. Et en la troisième j'ai décrit si particulièrement de quelle matière je me persuade que le soleil est composé, puis en la quatrième de quelle nature est le feu, que je ne saurois rien ajouter ici qui ne fût moins intelligible. J'y ai aussi dit expressément, au dix-huitième article de la seconde partie, que je crois qu'il implique contradiction qu'il y ait du vide, à cause que nous avons la même idée de la matière que de l'espace; et pourceque cette idée nous représente une chose réelle, nous nous contredirions nous-mêmes, et assurerions le contraire de ce que nous concevons, si nous disions que cet espace est vide, c'est-à-dire que ce que nous concevons comme une chose réelle n'est rien de réel.

La conservation de la santé a été de tout temps le principal but de mes études, et je ne doute point qu'il n'y ait moyen d'acquérir beaucoup de connoissances touchant la médecine, qui ont été ignorées jusques à présent; mais le Traité des animaux que je médite, et que je n'ai encore su achever, n'étant qu'une entrée pour parvenir à ces connoissances, je n'ai garde de me vanter de les avoir; et tout ce que j'en puis dire à présent est que je suis de l'opinion de Tibère, qui vouloit que ceux qui ont atteint l'âge de trente ans eussent assez d'expérience des choses qui leur peuvent nuire ou profiter, pour être eux-mêmes leurs médecins. En effet, il me semble qu'il n'y a personne qui ait un peu d'esprit, qui ne puisse mieux remarquer ce qui est utile à sa santé, pourvu qu'il y veuille un peu prendre garde, que les plus savants docteurs ne lui sauroient enseigner. Je prie Dieu de tout mon cœur pour la conservation de la vôtre, et de celle de monsieur votre frère, et suis, etc.

A MONSIEUR **** [1].

(Lettre 109 du tome I.)

Monsieur,

Le soin qu'il vous a plu avoir de vous enquérir des jugements qu'on a faits de mes écrits au lieu où vous êtes est un effet de votre amitié pour lequel je vous ai beaucoup d'obligation; mais encore que, lorsqu'on a publié quelque livre, l'on soit toujours bien aise de savoir ce que les lecteurs en disent, je vous puis toutefois assurer que c'est une chose dont je me soucie fort peu; et même je pense connoître si bien la portée de la plupart de ceux qui passent pour doctes, que j'aurois mauvaise opinion de mes pensées si je voyois qu'ils les approuvassent. Je ne veux pas dire que celui dont vous m'avez envoyé le jugement soit de ce nombre; mais, voyant qu'il dit que la façon dont j'ai expliqué l'arc-en-ciel est commune, et que mes principes de physique sont tirés de Démocrite, je crois qu'il ne les a pas beaucoup lus; ce que me

[1] – 1645.

confirment aussi ses objections contre la raréfaction : car s'il avoit pris garde à ce que j'ai écrit de celle qui se fait dans les éolipyles, ou dans les machines où l'air est pressé violemment, et dans la poudre à canon, il ne me proposeroit pas celle qui se fait en sa fontaine artificielle. Et s'il avoit remarqué la façon dont j'ai expliqué que l'idée que nous avons du corps en général ou de la matière ne diffère point de celle que nous avons de l'espace, il ne s'arrêteroit point à vouloir faire concevoir la pénétration des dimensions par l'exemple du mouvement ; car nous avons une idée très distincte des diverses vitesses du mouvement, mais il implique contradiction et est impossible de concevoir que deux espaces se pénètrent l'un l'autre. Je ne réponds rien à celui qui dit que les démonstrations manquent en ma Géométrie ; car il est vrai que j'en ai omis plusieurs, mais vous les savez toutes, et vous savez aussi que ceux qui se plaignent que je les ai omises, pourcequ'ils ne les sauroient inventer d'eux-mêmes, montrent par là qu'ils ne sont pas fort grands géomètres. Ce que je trouve le plus étrange est la conclusion du jugement que vous m'avez envoyé, à savoir que ce qui empêchera mes principes d'être reçus dans l'école, est qu'ils ne sont pas assez confirmés par l'expérience, et que je n'ai point réfuté les raisons des autres. Car j'admire que nonobstant que j'aie démontré en particulier presque autant d'expériences qu'il y a de lignes en mes écrits, et qu'ayant généralement rendu raison dans mes Principes de tous les phénomènes de la nature, j'aie expliqué par même moyen toutes les expériences qui peuvent être faites touchant les corps inanimés, et qu'au contraire on n'en ait jamais bien expliqué aucune par les principes de la philosophie vulgaire, ceux qui la suivent ne laissent pas de m'objecter le défaut d'expériences. Je trouve fort étrange aussi qu'ils désirent que je réfute les arguments de l'école, car je crois que si je l'entreprenois, je leur rendrois un mauvais office; et il y a long-temps que la malignité de quelques uns m'a donné sujet de le faire, et peut-être qu'enfin ils m'y contraindront. Mais pourceque ceux qui y ont le plus d'intérêt sont les pères jésuites, la considération du père C.[1], qui est mon parent, et qui est maintenant le premier de leur compagnie depuis la mort du général, duquel il étoit assistant, et celle du père D.[2] et de quelques autres des principaux de leur corps, lesquels je crois être véritablement mes amis, a été cause que je m'en suis abstenu jusques ici; et même que j'ai tellement composé mes Principes, qu'on peut dire qu'ils ne contrarient point du tout à la philosophie commune, mais seulement qu'ils l'ont enrichie de

[1] Charlet.
[2] Dinet.

plusieurs choses qui n'y étoient pas; car puisqu'on y reçoit une infinité d'autres opinions qui sont contraires les unes aux autres, pourquoi n'y pourroit-on pas aussi bien recevoir les miennes? Je ne voudrois pas toutefois les en prier; car si elles sont fausses, je serois marri qu'ils fussent trompés; et si elles sont vraies, ils ont plus d'intérêt à les rechercher que moi à les recommander. Quoi qu'il en soit, je vous suis très obligé de la souvenance que vous avez de moi; je m'assure que M. Van-Z. vous mandera ce qui se passe à Utrecht, ce qui est cause que je n'ajouterai ici autre chose, sinon que le temps et l'absence ne diminueront jamais rien du zèle que j'ai à être toute ma vie, etc.

A MONSIEUR ***.

Lettre 23 du tome II. Version.

Monsieur,

Je ne nie pas que ce que disent d'ordinaire les mécaniciens ne soit matériellement vrai, à savoir que

---

* Nulle date, ni dans l'imprimé, ni dans l'exemplaire de l'Institut. Je place ici cette lettre et les deux suivantes, comme supposant la publication des *Principes*.

dans un levier le plus long bras se meut d'autant plus vite que l'autre, qu'il a besoin d'une moindre force pour être mû; mais je nie que la vitesse ou la tardiveté en soit la cause; et même j'ajoute que la vitesse qui se rencontre là par accident diminue quelque chose de la vérité de calcul. Car, par exemple, dans le levier ABC, supposant que son bras AB soit cent fois aussi grand que BC, et supposant aussi qu'il y a au bout un poids de cent livres, à savoir en C, si ces bras étoient sans vitesse, ce poids de cent livres, qui est en C, leveroit en A la pesanteur d'une livre; mais pourcequ'il y a de la vitesse, le poids qui est en A devra être un peu plus léger.

Pour la distance qu'il y a des planètes au soleil, rien ne me semble moins vraisemblable que ce que vous en dites : mais tout de même que divers corps qui dans un vase plein d'eau tourneroient en rond avec elle, et qui seroient de telle matière qu'ils recevroient en soi l'impulsion de ce tournoiement un peu plus que l'eau qui demeureroit au centre, mais un peu moins que celle qui seroit vers la circonférence, ceux de ces corps qui auroient le plus d'impulsion s'éloigneroient davantage du centre, et ceux qui en auroient moins s'en éloigneroient moins; j'estime aussi qu'il faut penser la même chose des planètes, qui nagent pour ainsi dire dans la matière céleste.

Ce que vous racontez des grenouilles n'est pas fort extraordinaire : car le mouvement se fait par le moyen des esprits; et il peut quelquefois s'en rencontrer une si grande quantité dans les cavités du cerveau, qu'elle peut suffire pour faire que ce mouvement dure quelque temps après que le cœur est coupé; et même le sang contenu dans les artères y en peut envoyer de nouveaux. Mais si on coupe la tête, encore bien que le cœur continue de palpiter, les esprits ne peuvent plus alors passer ni du cœur ni des artères dans les muscles, et par conséquent tous les mouvements doivent cesser, excepté ceux qui se font par le moyen des esprits qui se trouvent renfermés dans les muscles, comme il se voit dans la queue d'un lézard, lorsqu'elle est coupée. Néanmoins il me semble qu'on peut dire avec raison que le cœur est le premier vivant et le dernier mourant : car la vie ne consiste pas dans le mouvement des muscles, mais dans la chaleur qui est dans le cœur.

Vous m'envoyez dans une seconde lettre les méditations du sieur B.[1] touchant les tremblements des cordes, lesquelles je confesse comme vous ne m'être point du tout intelligibles; mais il est aisé à juger que l'obscurité de ses paroles ne

---

[1] Bannius.

cache rien que nous devions avoir regret de ne pas entendre : car il bâtit sur un faux fondement de supposer que la douzième fait plus trembler que l'octave : ce que je puis bien lui avoir dit, comme l'ayant observé sur le luth; mais cela venoit de la grosseur de la corde qui fait la douzième, laquelle ébranle plus l'air que d'autres plus petites sur lesquelles j'examinois l'octave; et il est certain que, *cæteris paribus*, en considérant seulement le mouvement des cordes, ainsi qu'il fait, l'octave fera plus trembler que la douzième. Il divise outre cela les tremblements en trois, ce qui est purement imaginaire; et enfin il suppose qu'entre deux tremblements il y a du repos, ce qui est certainement faux.

Je ne suppose point la matière subtile, dont je vous ai parlé plusieurs fois, d'autre matière que les corps terrestres; mais comme l'air est plus liquide que l'eau, ainsi je la suppose encore beaucoup plus liquide, ou fluide et pénétrante, que l'air.

Pour la réflexion de l'arc, elle vient de ce que la figure de ses pores étant corrompue, la matière subtile qui passe au travers tend à les rétablir, sans qu'il importe de quel côté elle y entre.

Je m'étonne de ce que vous dites avoir expérimenté que les corps qu'on jette en l'air n'emploient ne plus ne moins de temps à monter qu'à descendre, et vous m'excuserez bien si je vous dis que je juge qu'il a été très malaisé d'en faire exactement l'expérience. Les corps qui montent étant poussés avec violence vont incomparablement plus vite au commencement qu'à la fin, au lieu qu'ils ne descendent pas si notablement plus vite à la fin qu'au commencement, principalement ceux qui sont de matière fort légère. Car cette proportion d'augmentation selon les nombres impairs 1, 3, 5, 7, etc., qui est dans Galilée, et que je crois vous avoir aussi écrite autrefois, ne peut être vraie, comme je pense vous avoir aussi mandé alors, qu'en suposant deux ou trois choses qui sont très fausses, dont l'une est que le mouvement croisse par degrés depuis le plus lent, ainsi que le juge Galilée, et l'autre que la résistance de l'air n'empêche point; et cette dernière cause ne peut faire que les corps qui descendent, étant parvenus à certain degré de vitesse, ne l'augmentent plus; et ceux qui sont de matière fort légère parviennent bien plus tôt à ce degré de vitesse que les autres.

Pour l'écho, s'il ne retarde le son que de la moitié, cela est juste, car il lui faut autant de temps pour aller jusques au lieu où se fait la réflexion, que pour retourner; mais s'il le retarde davantage, je m'en étonne et en ignore la cause.

Pour le mouvement qui cause le son, il peut être comparé à celui des cercles qui se font dans l'eau d'une rivière quand on y jette une pierre, comme lui compare Aristote, et celui des vents au cours de cette même rivière, en laquelle vous pourrez voir à l'œil ce qui arrive.

J'admire grandement, comme je viens de dire, ce que vous me mandez touchant le retardement du son par l'écho, et n'en saurois imaginer aucune cause, si ce n'est que le son réfléchi ne soit pas le même que le direct, mais un nouveau qui se forme au lieu d'où vient l'écho, par l'agitation de l'air que le direct y cause, et ainsi qu'il faut du temps pour le former.

Pour votre expérience de faire enfler une vessie la remplissant des vapeurs qui sortent de quelque liqueur, c'est une chose qui se peut fort aisément exécuter, en la tenant tout entière en lieu chaud, afin que les vapeurs y étant entrées ne se changent point en liqueur, ainsi que vous dites qu'il vous est arrivé; mais je ne crois point que cela puisse de rien servir pour connoître la diversité du poids de l'air comparé à cette liqueur: car la chaleur ôte aux vapeurs la pesanteur qu'avoit l'eau d'où elles viennent.

Pour la descente des flèches, qui est aussi prompte que leur montée, bien que leur violence ne soit pas égale, je ne doute point que la raison n'en soit qu'en montant elles vont au commencement beaucoup plus vite qu'elles ne font à la fin de leur descente; et au contraire beaucoup plus lentement à la fin lorsqu'elles montent, qu'elles ne font au commencement lorsqu'elles descendent.

Pour la matière subtile, il est vrai que je ne la prouve pas *a priori ;* car n'ayant pas voulu traiter toute la philosophie dans un tel livre, il m'a fallu commencer par quelque bout; et c'est pour cela que j'ai écrit que je la supposois: mais je prétends qu'il y a plus de cinq cents raisons dans la Dioptrique et dans les Météores qui la prouvent *a posteriori,* c'est-à-dire cinq cents choses que j'explique par elle, et qui ne pourroient être sans elle : en sorte que j'espère que lorsque vous les aurez tout lus, vous en jugerez comme moi.

C'est une marque qu'on sait parfaitement une chose, quand on en peut rendre l'explication fort courte et fort générale, et fort distincte ; comme au contraire quand on y ajoute plusieurs choses superflues et particulières, et embarrassées, cela témoigne de l'ignorance.

Les choses que j'écris sont souvent telles que ceux qui les lisent se persuadent que je ne les ai rencontrées que par hasard, et qu'ils les eussent pu trouver en même façon; ou même j'en ai vu quelquefois, en certaines choses, qui se vantoient de les avoir trouvées en même sorte, à cause qu'ils étoient tombés en quelques pensées qui s'y rapportoient, nonobstant qu'ils ne les eussent jamais bien digérées, ni qu'ils eussent jamais pensé les savoir avant que je les en eusse avertis : en quoi ils me sembloient faire le même que si un enfant qui n'a jamais rien appris qu'à connoître les lettres de l'alphabet se vantoit de savoir tout ce qui est dans tous les livres, à cause qu'ils ne contiennent rien que ces lettres.

Je connoîtrai par le jugement que les particuliers feront de mes écrits l'estime que l'on en doit faire ; et si ce jugement est à leur avantage, je connoîtrai par les suites qu'il produira dans les desseins des grands s'ils s'intéressent pour le bien public : et à vous parler franchement, je ne sais pas bien encore lequel m'est plus expédient d'être recherché ou négligé.

Les grands font faire épreuve aux ingénieurs, quand ils leur proposent quelque secret ; mais la meilleure preuve qu'on puisse attendre d'un homme qui ose chercher ce que personne n'a jamais trouvé, c'est qu'il montre qu'il en a déjà inventé plusieurs. Et cette preuve est d'autant plus certaine qu'il n'y a rien au monde qui puisse être moins falsifié qu'une démonstration, à cause que c'est immédiatement la raison qui en juge ; au lieu que les épreuves des charlatans trompent souvent : et s'il est permis de le dire, les miracles mêmes sont falsifiés par le diable.

Je n'oserois pas encore assurer que les choses que j'avance soient les vrais principes de la nature; mais au moins je vous dirai que, m'en servant comme de principes, j'ai coutume de me satisfaire en toutes les autres choses qui en dépendent, et je vois que j'avance toujours quelque peu dans la découverte de la vérité, sans jamais reculer, ni m'arrêter.

Je ne suis pas marri que l'occasion que vous savez m'ait fait employer beaucoup de personnes; c'est affaire à ceux qui sont d'humeur ingrate de ne vouloir être obligés à personne. Pour moi, qui pense que le plus grand plaisir qui soit au monde est d'obliger un ami, je serois quasi assez insolent pour dire à mes amis qu'ils me doivent du retour lorsque je leur ai donné occasion d'en jouir en me laissant obliger par eux.

Pour ce qui est de la philosophie, je ne sache point qu'elle m'ait encore fait d'adversaires en aucun lieu; il est vrai que j'en puis avoir qui ne se sont pas encore déclarés, mais je n'ai pas peur qu'ils me donnent beaucoup de peine, car je suis fort résolu à mépriser les impertinents, et à donner franchement cause gagnée à ceux que je croirai avoir raison. Au reste, je ne m'étonne pas qu'on fasse d'abord difficulté de recevoir des opinions si nouvelles; je m'étonne plutôt de ce qu'on n'en fait point davantage, et je suis assez satisfait de ce côté-là : mais ce que le P. de H. vous a dit de ses frères montre qu'il est de mes amis ; et je ne m'étonne pas que ces messieurs trouvent d'abord mes opinions fort étranges, à cause qu'elles sont fort différentes de celles dont ils sont déjà imbus. Le livre de N.[1] n'est rien qui vaille, et ne mérite pas que vous le lisiez ; il a voulu ambitieusement contredire à toutes mes opinions, en ce qui regarde la métaphysique, et a suivi aveuglément toutes celles de physique, sans bien entendre ni les unes ni les autres.

En voilà assez pour ce coup ; mon esprit est las de se promener, et il ne me reste quasi plus d'haleine que pour vous assurer que je suis, etc.

A MONSIEUR ****.

(Lettre 24. Version.)

Monsieur,

La raison du levier peut très facilement être démontrée par mon principe : car que AB soit long de cent pieds, BD aussi de cent pieds, et BC long

---

[1] « Celui de Regius intitulé : *Fundamenta physicæ*. »

d'un pied ¹, l'arc AG, ou DE, sera aussi le centuple de l'arc CF, et partant la même force d'une livre en A, qui peut, en descendant de A en G, élever une livre, ou un peu moins, de D en E, peut aussi élever cent livres de C en F, pourcequ'il ne faut pas plus de force pour élever cent livres à la hauteur qui est depuis C jusqu'à F, qu'il en faut pour élever une livre à la hauteur de cent fois autant : comme il y a depuis D jusqu'à E. Et la considération de la vitesse n'a point ici de lieu, comme je vous avois ci-devant averti; et si AB est long de cent pieds, et BC d'un pied, il ne faut pas le poids de deux livres en A pour élever cent livres en C, mais une livre seulement, et un peu plus, si nous avons égard à la vitesse, pourceque le mouvement est plus vite en A qu'en C; mais cela est d'une trop subtile considération pour devoir être ici ajouté.

Pour ce qui est de savoir si les grenouilles vivent ou ne vivent pas après qu'on leur a coupé le cœur, c'est seulement une question du nom, parcequ'on est assuré du fait : c'est à savoir qu'elles n'ont plus en elles ni le principe qui causoit la chaleur vitale, ni celui qui pourroit servir à la conserver, car l'un et l'autre dépend du cœur : et c'est pour cela qu'il me semble que c'est avec raison qu'on a coutume de dire que le cœur est le premier vivant et le dernier mourant.

¹ Figure 9.

Quant à ce qui est des cordes à boyau de même grosseur, auxquelles on suspend des poids égaux en pesanteur, il ne se peut qu'elles ne rendent des sons qui aient entre eux la même proportion que leurs longueurs : en sorte, par exemple, qu'une corde qui est deux fois plus longue qu'une autre, doit faire une octave; une qui l'est trois fois, doit faire une douzième; une qui l'est quatre fois, une quinzième; une qui l'est cinq fois, une dix-septième majeure, et ainsi des autres. Et si en faisant l'épreuve cela vous a réussi autrement, c'a été l'inégalité qui s'est rencontrée dans la grosseur des cordes, ou en quelque autre, qui en a été la cause. Mais afin que deux cordes de même longueur et grosseur fassent une octave, on doit attacher quatre livres à l'une, et une livre à l'autre; et afin qu'elles fassent une douzième, on doit attacher neuf livres à l'une, et une livre à l'autre; et ainsi des autres. Et quand l'une des deux cordes est deux fois aussi grosse que l'autre, on doit y attacher un poids deux fois aussi pesant, pour faire l'unisson.

Je vous ai écrit du levier ce que j'en pense, c'est à savoir que la vitesse n'est pas la cause de l'augmentation de la force, encore qu'elle l'accompagne toujours. Mais c'est une chose ridicule que de vouloir employer la raison du levier dans la poulie, ce qui est, si j'ai bonne mémoire, une imagination de Guide Ubalde.

Je ne puis croire que j'aie écrit ce que vous m'objectez touchant le levier, car ce n'a jamais été ma pensée; mais seulement que si le poids de cent livres qui seroit en F, pouvoit élever le poids d'une livre en G (supposé que la ligne BG soit centuple de BF), si la vitesse ne servoit point d'obstacle, il ne s'élèvera point à cause de la vitesse, et cela pourceque l'air résiste d'autant plus à un corps qu'il se meut plus vite; et partant il résistera plus au poids qui est en G, qu'à celui qui est en F.

Pour ce que vous me mandez de la balance, je suis de l'opinion de ceux qui disent que *pondera sunt in æquilibrio quando sunt in ratione reciproca linearum perpendicularium, quæ ducuntur a centro libræ, in lineas rectas quæ extremitates brachiorum centro terræ connectunt*. Et, outre que la raison en est manifeste, on peut aussi le prouver fort bien par l'expérience, en faisant que les cordes auxquelles les poids seront attachés passent par dedans un anneau, lequel par ce moyen tiendra lieu du centre de la terre, et tiendra l'inclination des lignes fort sensible. Par exemple, si b¹ est le centre de la balance Ab, et bC ses deux bras; Afh et Cfg, les cordes auxquelles sont attachés les contre-poids; et f, l'anneau dans lequel elles passent : si l'on tire bE et bD à angles droits sur Cf et Af,

¹ Figure 10.

je dis que si on fait le poids h au poids g, comme la ligne be à bD, ils seront en équilibre, encore que les bras Ab et bC soient inégaux, et que les poids g et h soient tous deux également en la même ligne qui joint les centres de la terre et de la balance.

Je ne sais si j'ai ouï dire ou si j'ai deviné que M. N. n'a jamais fait beaucoup d'état des bagatelles de l'école, ce que j'attribue à une force et clarté de jugement que j'estime tenir le même rang entre les vertus de l'esprit que les princes tiennent entre les hommes. Et j'ai bien assez de vanité pour me persuader que cette même force d'esprit, qui l'empêche de beaucoup estimer les opinions de la philosophie vulgaire, lui pourroit faire goûter les miennes, s'il les avoit ouïes, à cause que je tâche à les accorder avec le sens commun, qui est le même que le bon sens; au lieu que les régents affectent souvent de dire des choses qui lui répugnent, pour sembler plus doctes.

Pour ce qui est de la définition du mouvement, il est évident que lorsque l'on dit qu'une chose est en puissance, on entend qu'elle n'est pas en acte; en sorte que lorsque l'on dit que le mouvement est l'acte d'un être en puissance, en tant qu'il est en puissance, on entend que le mouvement est l'acte d'un être qui n'est pas en acte, en tant qu'il n'est pas en acte, ce qui enferme une contradiction apparente, ou du moins beaucoup de confusion et d'obscurité.

J'avance fort peu, mais j'avance pourtant. Je suis après à décrire la naissance du monde, où j'espère comprendre la plus grande partie de la physique. Et je vous dirai que depuis quatre ou cinq jours, en relisant le premier chapitre de la Genèse, j'ai trouvé comme par miracle qu'il se pouvoit tout expliquer suivant mes imaginations beaucoup mieux, ce me semble, qu'en toutes les façons que les interprètes l'expliquent, ce que je n'avois pas ci-devant jamais espéré : mais maintenant je me propose, après avoir expliqué ma nouvelle philosophie, de faire voir clairement qu'elle s'accorde beaucoup mieux avec toutes les vérités de la foi que ne fait celle d'Aristote.

Pour votre saignement de nez, il est de conséquence, et vous y devez prendre garde; outre le vinaigre, la moutarde, le sel et les épiceries, vous devez aussi vous abstenir de vin, et surtout de safran, et de toutes fortes émotions, tant d'esprit que de corps, et aussi vous garder d'être enrhumé; et si nonobstant tout cela il vous reprend, et que les remèdes ordinaires ne le puissent faire cesser, je vous conseille de vous faire ouvrir la veine au pied gauche, si c'est principalement de la narine gauche que vous saigniez, ou si c'est également de toutes les deux; et au pied droit si c'est principalement de la droite, et de laisser seulement couler une cuillerée ou deux de sang à une fois, puis après un peu de temps encore autant, et ainsi jusques à deux ou trois onces, en l'espace d'une heure ou deux; c'est le plus assuré remède que j'y sache : mais je ne désire pas que vous disiez que vous le teniez de moi, afin qu'on ne s'imagine pas que je me veuille mêler de la médecine.

Je ne doute point que le son ne fasse d'autant plus de bruit que l'agitation des tremblements de l'air est plus grande; mais notez que je dis des tremblements de l'air, et non pas des autres mouvements qui peuvent être dans l'air; comme on peut bien agiter l'air par le souffle même de la bouche, plus fort qu'on ne fait en soufflant dans une flûte, sans mener tant de bruit, mais non pas le faire trembler si fort. Ainsi pour vos objections contre ce qu'on dit que le son n'est autre chose qu'un certain mouvement d'air, elles sont aisées à résoudre, en considérant que la quantité de l'air qui est mû ne sert pas à causer le son, mais seulement la vitesse de son mouvement, et les tours et retours, ou le tremblement de l'air qui suit de cette vitesse, comme au chant ou à la parole; il faut penser que l'air qui touche le larynx, pour le causer, se meut beaucoup plus vite que les vents, qui ne causent pas tant de bruit, encore qu'ils meuvent une quantité d'air qui est incomparablement plus grande, et ainsi des autres.

Ne connoissez-vous point à Londres un médecin célèbre, nommé *Hervæus*, qui a fait un livre *De motu cordis et circulatione sanguinis?* Quel homme est-ce? Pour le mouvement du cœur, il n'en dit rien qui ne fût déjà en d'autres livres, et je ne l'approuve pas entièrement; mais pour la circulation du sang, il y triomphe, et a l'honneur de s'en être avisé le premier, en quoi toute la médecine lui est fort redevable. Il promettoit quelques autres traités; je ne sais s'il a rien fait imprimer depuis : car ce sont de tels ouvrages qui méritent d'être vus, et non pas un grand nombre de gros volumes qui ne servent qu'à employer ou barbouiller du papier.

Défiez-vous de deux préjugés, à savoir qu'il peut y avoir du vide, et que la force qui fait qu'une pierre tend en bas, qu'on nomme sa pesanteur, demeure toujours égale dans la pierre, qui sont choses qu'on imagine communément comme véritables, quoiqu'elles soient très fausses. Mais tenez pour certain que je suis, etc.

A MONSIEUR ****.

(Lettre 110 du tome III.)

Monsieur,

Je vous suis très particulièrement obligé pour les notes que vous m'avez fait la faveur de me procurer et de m'envoyer. Je m'étonne de la précipitation et de l'aveuglement de ces gens qui pensent voir des choses dans mes écrits qui ne sont jamais entrées en mon imagination. Je n'ai point décrit en détail dans mes Principes tous les mouvements de chaque planète, mais j'ai supposé en général tous ceux que les observateurs y remarquent, et j'ai tâché d'en expliquer les causes. Ainsi d'autant que toutes les planètes ont cela de commun, qu'elles s'écartent irrégulièrement du cercle régulier qu'on imagine qu'elles doivent décrire, la lune autour de la terre, et les autres autour du soleil, ce qui a fait qu'on leur a attribué divers apogées ou aphélies, et périhélies ou périgées, j'ai donné des raisons de ces apogées qui sont communes pour toutes les planètes, et les ai mises dans les pages 158 et 159. Puis, à cause qu'outre toutes les irrégularités qu'on observe en la lune, tout de même qu'en chacune des autres planètes, on y observe encore cela de particulier, que toutes ces irrégularités, que je nomme en latin *aberrationes a motu medio*, sont plus grandes en ses quartiers que lorsqu'elle est pleine ou nouvelle, il m'en a fallu donner une raison particulière: et celle que j'ai donnée est que le ciel qui la contient a la figure d'une ellipse; car ce ciel étant fluide, et portant tellement la lune avec soi, qu'elle ne laisse pas d'être aussi cependant quelque peu poussée ou disposée à se mouvoir par d'autres causes, la raison veut que ces autres causes produisent un plus grand effet quand elle est aux endroits où son ciel est le plus large, que quand elle est aux endroits où il est le plus étroit. Tout de même que si l'on imagine, *art. 49 de la quatrième partie des Principes*, que la matière qui est entre les deux lignes ABCD, 5678, est l'eau d'une rivière qui tourne en rond d'A par B vers C, puis vers D et vers A, et que la lune soit un bateau qui est emporté par le cours de cette rivière, il est évident que si quelque autre cause dispose tant soit peu ce bateau à s'approcher davantage de l'un des bords de cette rivière que de l'autre, cette même cause, agissant contre lui lorsqu'il sera entre B et 6, ne le fera pas tant écarter du lieu où le seul cours de l'eau le conduit que lorsqu'il sera entre C et 7; et il est évident aussi que si ce bateau se meut plus lentement que la matière de son ciel, il augmentera davantage la vitesse de cette eau quand il sera entre B et 6 que quand il sera entre C et 7; mais il ne l'augmentera point davantage s'il est proche du bord de cette rivière marqué B que s'il est proche du bord 6; ensuite de quoi tout ce que j'ai écrit de la lune et du flux et reflux de la mer me semble si clair, que je n'y vois aucune occasion de douter.

Pour la description de l'animal, il y a long-temps que j'ai quitté le dessein de la mettre au net, non point par négligence, ou faute de bonne volonté, mais pourceque j'en ai maintenant un meilleur. Je ne m'étois proposé que de mettre au net ce que je pensois connoitre de plus certain touchant les fonctions de l'animal, pourceque j'avois presque perdu l'espérance de trouver les causes de sa formation; mais en méditant là-dessus, j'ai tant découvert de nouveaux pays, que je ne doute presque point que je ne puisse achever toute la physique selon mon souhait, pourvu que j'aie du loisir et la commodité de faire quelques expériences.

Je ne sais quelles correspondances vous pouvez avoir en Suède, mais elles vous font entendre des choses de moi que je ne sais pas moi-même. Je ne sais aussi d'où m'est venu un livre de métaphysique, sur le couvert duquel j'ai trouvé votre nom;

l'auteur se nomme Georgius Ritchel Bohemus; et je ne puis croire que ce soit lui qui ait voulu que je visse son livre, pourceque je n'y trouve rien qui me puisse fort attirer à le lire ; et ayant vu que dès le commencement il dit plusieurs fois *hic subsistendum*, j'ai voulu lui obéir, et n'ai pas continué de le lire ; mais je continuerai toute ma vie d'être, etc.

ANNÉE 1646.

A MADAME ÉLISABETH [1],

PRINCESSE PALATINE, etc.

(Lettre 9 du tome I.)

Madame,

[1] Il m'arrive si peu souvent de rencontrer de bons raisonnements, non seulement dans les discours de ceux que je fréquente en ce désert, mais aussi dans les livres que je consulte, que je ne puis lire ceux qui sont dans les lettres de votre altesse sans en avoir un ressentiment de joie extraordinaire;

---

[1] « Cette lettre n'est pas datée; cependant je la crois écrite au mois de février 1646. Ce qui me le persuade, c'est que M. Descartes, dans la lettre 33 de ce volume, datée fixement du 15 juin 1646, dit à M. Chanut qu'il a tracé cet hiver un petit Traité de la nature des passions; cela s'accorde parfaitement avec ce que dit ici M. Descartes, qu'il a pensé ces jours passés au nombre et à l'ordre des passions. Tout cela me persuade que cette lettre est écrite le 1ᵉʳ février 1646. »

et je les trouve si forts, que j'aime mieux avouer d'en être vaincu, que d'entreprendre de leur résister. Car encore que la comparaison que votre altesse refuse de faire à son avantage puisse assez être vérifiée par l'expérience, c'est toutefois une vertu si louable de juger favorablement des autres, et elle s'accorde si bien avec la générosité qui vous empêche de vouloir mesurer la portée de l'esprit humain par l'exemple du commun des hommes, que je ne puis manquer d'estimer extrêmement l'un et l'autre. Je n'oserois aussi contredire à ce que votre altesse écrit du repentir, vu que c'est une vertu chrétienne, laquelle sert pour faire qu'on se corrige, non seulement des fautes commises volontairement, mais aussi de celles qu'on a faites par ignorance, lorsque quelque passion a empêché qu'on ne connût la vérité : et j'avoue bien que la tristesse des tragédies ne plairoit pas comme elle fait, si nous pouvions craindre qu'elle devînt si excessive que nous en fussions incommodés. Mais lorsque j'ai dit qu'il y a des passions qui sont d'autant plus utiles qu'elles penchent plus vers l'excès, j'ai seulement voulu parler de celles qui sont toutes bonnes, ce que j'ai témoigné en ajoutant qu'elles doivent être sujettes à la raison. Car il y a deux sortes d'excès : l'un qui, changeant la nature de la chose, et de bonne la rendant mauvaise, empêche qu'elle ne demeure soumise à la raison; l'autre, qui en augmente seulement la mesure, et ne fait que de bonne la rendre meilleure. Ainsi la hardiesse n'a pour excès la témérité que lorsqu'elle va au-delà des limites de la raison; mais pendant qu'elle ne les passe point, elle peut encore avoir un autre excès, qui consiste à n'être accompagnée d'aucune irrésolution, ni d'aucune crainte.

J'ai pensé ces jours derniers au nombre et à l'ordre de ces passions, afin de pouvoir plus particulièrement examiner leur nature; mais je n'ai pas encore assez digéré mes opinions touchant ce sujet, pour les oser écrire à votre altesse, et je ne manquerai pas de m'en acquitter le plus tôt qu'il me sera possible.

Pour ce qui est du libre arbitre, je confesse qu'en ne pensant qu'à nous-mêmes nous ne pouvons ne le pas estimer indépendant; mais lorsque nous pensons à la puissance infinie de Dieu, nous ne pouvons ne pas croire que toutes choses dépendent de lui, et par conséquent que notre libre arbitre n'en est pas exempt. Car il implique contradiction de dire que Dieu ait créé des hommes de telle nature, que les actions de leur volonté ne dépendent point de la sienne; pourceque c'est le même que si on disoit que sa puissance est tout ensemble finie et infinie: finie, puisqu'il y a quelque chose qui n'en dépend point; et infinie, puisqu'il a pu créer cette chose indépendante. Mais comme la connoissance de l'existence de Dieu ne nous doit pas empêcher d'être assurés de notre libre arbitre, pourceque nous l'expérimentons et le sentons en nous-mêmes, ainsi celle de notre libre arbitre ne nous doit point faire douter de l'existence de Dieu. Car l'indépendance que nous expérimentons et sentons en nous, et qui suffit pour rendre nos actions louables ou blâmables, n'est pas incompatible avec une dépendance qui est d'autre nature, selon laquelle toutes choses sont sujettes à Dieu.

Pour ce qui est de l'état de l'âme après cette vie, j'en ai bien moins de connoissance que M. d'Igby; car, laissant à part ce que la foi nous en enseigne, je confesse que, par la seule raison naturelle, nous pouvons bien faire beaucoup de conjectures à notre avantage, et avoir de belles espérances, mais non point aucune assurance. Et pourceque la raison naturelle nous apprend aussi que nous avons toujours plus de biens que de maux en cette vie, et que nous ne devons point laisser le certain pour l'incertain, elle me semble nous enseigner que nous ne devons pas véritablement craindre la mort, mais que nous ne devons aussi jamais la rechercher.

Je n'ai pas besoin de répondre à l'objection que peuvent faire les théologiens touchant la vaste étendue que j'ai attribuée à l'univers, pourceque votre altesse y a déjà répondu pour moi; j'ajoute seulement que si cette étendue pouvoit rendre les mystères de notre religion moins croyables, celle que les astronomes ont de tout temps attribuée aux cieux auroit pu faire le même, pourcequ'ils les ont considérés si grands, que la terre n'est à leur comparaison que comme un point, et toutefois cela ne leur a pas été objecté.

Au reste, si la prudence étoit maîtresse des événements, je ne doute point que votre altesse ne vînt à bout de tout ce qu'elle voudroit entreprendre; mais il faudroit que tous les hommes fussent parfaitement sages, afin que, sachant ce qu'ils doivent faire, on pût être assuré de ce qu'ils feront; ou bien il faudroit connoître particulièrement l'humeur de tous ceux avec lesquels on a quelque chose à démêler, et encore ne seroit-ce pas assez, à cause qu'ils ont outre cela leur libre arbitre, dont les évènements ne sont connus que de Dieu seul. Et pourcequ'on juge ordinairement de ce que les autres feront par ce qu'on voudroit faire si on étoit en leur place, il arrive souvent que les esprits ordinaires et médiocres étant semblables à ceux avec lesquels ils ont à traiter, pénètrent mieux dans leurs conseils, et font plus aisément réussir ce qu'ils entreprennent, que ne font les plus relevés, lesquels ne traitant qu'avec ceux qui leur sont de beaucoup inférieurs en connoissance et en prudence, jugent tout autrement qu'eux des affaires. C'est ce qui doit consoler votre altesse lorsque la fortune s'oppose à vos desseins. Je prie Dieu qu'il les favorise, étant comme je suis, etc.

A MADAME ÉLISABETH [1],

PRINCESSE PALATINE, etc.

(Lettre 10 du tome I.)

MADAME,

Je ne puis nier que je n'aie été surpris d'apprendre que votre altesse ait eu de la fâcherie, jusqu'à en être incommodée en sa santé, pour une chose [2] que la plus grande part du monde trouvera bonne, et que plusieurs fortes raisons peuvent rendre excusable envers les autres; car tous ceux de la religion dont je suis (qui font sans doute le plus grand nombre dans l'Europe) sont

[1] « Le rapport de celle-ci à la précédente me la fait mettre au mois de mars 1646. »

[2] « La conversion de son frère, le prince Édouard. »

obligés de l'approuver, encore même qu'ils y vissent des circonstances et des motifs apparents qui fussent blâmables : car nous croyons que Dieu se sert de divers moyens pour attirer les âmes à soi, et que tel est entré dans le cloître avec une mauvaise intention, lequel y a mené par après une vie fort sainte. Pour ceux qui sont d'une autre créance, s'ils en parlent mal, on peut récuser leur jugement; car, comme en toutes les autres affaires touchant lesquelles il y a divers partis, il est impossible de plaire aux uns sans déplaire aux autres; s'ils considèrent qu'ils ne seroient pas de la religion dont ils sont, si eux, ou leurs pères, ou leurs aïeuls n'avoient quitté la romaine, ils n'auront pas sujet de se moquer, ni de nommer inconstants ceux qui quittent la leur. Pour ce qui regarde la prudence du siècle, il est vrai que ceux qui ont la fortune chez eux ont raison de demeurer tous autour d'elle, et de joindre leurs forces ensemble pour empêcher qu'elle n'échappe; mais ceux de la maison desquels elle est fugitive ne font, ce me semble, point mal de s'accorder à suivre divers chemins, afin que, s'ils ne la peuvent trouver tous, il y en ait au moins quelqu'un qui la rencontre; et cependant pourcequ'on croit que chacun d'eux a plusieurs ressources, ayant des amis en divers partis, cela les rend plus considérables que s'ils étoient tous engagés dans un seul : ce qui m'empêche de pouvoir imaginer que ceux qui ont été auteurs de ce conseil aient en cela voulu nuire à votre maison. Mais je ne prétends point que mes raisons puissent empêcher le ressentiment de votre altesse; j'espère seulement que le temps l'aura diminué avant que cette lettre vous soit présentée, et je craindrois de le rafraîchir, si je m'étendois davantage sur ce sujet. C'est pourquoi je passe à la difficulté que votre altesse propose touchant le libre arbitre, duquel je tâcherai d'expliquer la dépendance et la liberté par une comparaison. Si un roi qui a défendu les duels, et qui sait très assurément que deux gentilshommes de son royaume, demeurant en diverses villes, sont en querelle, et tellement animés l'un contre l'autre que rien ne les sauroit empêcher de se battre s'ils se rencontrent; si, dis-je, ce roi donne à l'un d'eux quelque commission pour aller à certain jour vers la ville où est l'autre, et qu'il donne aussi commission à cet autre pour aller au même jour vers le lieu où est le premier, il sait bien assurément qu'ils ne manqueront pas de se rencontrer, et de se battre, et ainsi de contrevenir à sa défense, mais il ne les y contraint point pour cela; et sa connoissance et même la volonté qu'il a eue de les y déterminer en cette façon n'empêche pas que ce ne soit aussi volontairement et aussi librement qu'ils se battent, lorsqu'ils viennent à se rencontrer, comme ils auroient fait s'ils n'en avoient rien su, et que ce fût par quelque autre occasion qu'ils se fussent rencontrés, et ils peuvent aussi justement être punis, pour ce qu'ils ont contrevenu à sa défense. Or ce qu'un roi peut faire en cela touchant quelques actions libres de ses sujets, Dieu, qui a une prescience et une puissance infinie, le fait infailliblement touchant toutes celles des hommes : et avant qu'il nous ait envoyés en ce monde, il a su exactement quelles seroient toutes les inclinations de notre volonté; c'est lui-même qui les a mises en nous; c'est lui aussi qui a disposé toutes les autres choses qui sont hors de nous, pour faire que tels et tels objets se présentassent à nos sens à tel et tel temps, à l'occasion desquels il a su que notre libre arbitre nous détermineroit à telle ou telle chose, et il l'a ainsi voulu; mais il n'a pas voulu pour cela l'y contraindre. Et comme on peut distinguer en ce roi deux différents degrés de volonté, l'un par lequel il a voulu que ces gentilshommes se battissent, puisqu'il a fait qu'ils se rencontrassent, et l'autre par lequel il ne l'a pas voulu, puisqu'il a défendu les duels; ainsi les théologiens distinguent en Dieu une volonté absolue et indépendante, par laquelle il veut que toutes choses se fassent ainsi qu'elles se font, et une autre qui est relative, et qui se rapporte au mérite ou démérite des hommes, par laquelle il veut qu'on obéisse à ses lois.

Il est besoin aussi que je distingue deux sortes de biens, pour accorder ce que j'ai ci-devant écrit (à savoir qu'en cette vie nous avons toujours plus de biens que de maux) avec ce que votre altesse m'objecte touchant toutes les incommodités de la vie. Quand on considère l'idée du bien pour servir de règle à nos actions, on le prend pour toute la perfection qui peut être en la chose qu'on nomme bonne, et on le compare à la ligne droite, qui est unique entre une infinité de courbes, auxquelles on compare les maux. C'est en ce sens que les philosophes ont coutume de dire que *bonum est ex integra causa, malum ex quovis defectu*. Mais quand on considère les biens et les maux qui peuvent être en une même chose, pour savoir l'estime qu'on en doit faire, comme j'ai fait lorsque j'ai parlé de l'estime que nous devions faire de cette vie, on prend le bien pour tout ce qui s'y trouve dont on peut avoir quelque commodité, et on ne nomme mal que ce dont on peut recevoir de l'incommodité : car, pour les autres défauts qui peuvent y être, on ne les compte point. Ainsi lorsqu'on offre un emploi à quelqu'un, il considère d'un côté l'honneur et le profit qu'il en peut attendre comme des biens, et de l'autre la peine, le péril, la perte du temps, et autres telles choses, comme des maux; et, comparant ces maux avec ces biens, selon qu'il trouve ceux-ci plus ou moins grands que ceux-là, il l'accepte ou le refuse. Or ce qui m'a fait dire en ce dernier sens qu'il y a toujours plus de biens que de maux en cette vie, c'est le peu d'état que je crois que nous devons faire de toutes les choses qui sont hors de nous, et qui ne dépendent point de notre libre arbitre, à comparaison de celles qui en dépendent, lesquelles nous pouvons toujours rendre bonnes lorsque nous en savons bien user; et nous pouvons empêcher par leur moyen que tous les maux qui viennent d'ailleurs, tant grands qu'ils puissent être, n'entrent plus avant en notre âme que la tristesse qu'y excitent les comédiens quand ils représentent devant nous quelques actions fort funestes: mais j'avoue qu'il faut être fort philosophe pour arriver jusqu'à ce point. Et toutefois je crois aussi que même ceux-là qui se laissent le plus emporter à leurs passions jugent toujours en leur intérieur qu'il y a plus de biens que de maux en cette vie, encore qu'ils ne s'en aperçoivent pas eux-mêmes; car bien qu'ils appellent quelquefois la mort à leur secours quand ils sentent de grandes douleurs, c'est seulement afin qu'elle leur aide à porter leur fardeau, ainsi qu'il y a dans la fable, et ils ne veulent point pour cela perdre la vie; ou bien s'il y en a quelques uns qui la veuillent perdre, et qui se tuent eux-mêmes, c'est par une erreur de leur entendement, et non point par un jugement bien raisonné, ni par une opinion que la nature ait imprimée en eux, comme est celle qui fait qu'on préfère les biens de cette vie à ses maux.

La raison qui me fait croire que ceux qui ne font rien que pour leur utilité particulière doivent aussi bien que les autres travailler pour autrui, et tâcher de faire plaisir à un chacun autant qu'il est en leur pouvoir, s'ils veulent user de prudence, est qu'on voit ordinairement arriver que ceux qui sont estimés officieux et prompts à faire plaisir reçoivent aussi quantité de bons offices des autres, même de ceux qu'ils n'ont jamais obligés, lesquels ils ne recevroient pas si on les croyoit d'autre humeur, et que les peines qu'ils ont à faire plaisir ne sont point si grandes que les commodités que leur donne l'amitié de ceux qui les connoissent; car on n'attend de nous que les offices que nous pouvons rendre commodément, et nous n'en attendons pas davantage des autres; mais il arrive souvent que ce qui leur coûte peu nous profite beaucoup, et même nous peut importer de la vie. Il est vrai qu'on perd quelquefois sa peine en bien faisant, et au contraire qu'on gagne à mal faire; mais cela ne peut changer la règle de la prudence, laquelle ne se rapporte qu'aux choses qui arrivent le plus souvent; et pour moi la maxime que j'ai le plus observée en toute la conduite de ma vie a été de suivre seulement le grand chemin, et de croire que la principale finesse est de ne vouloir point du tout user de finesse. Les lois communes de la société, lesquelles tendent toutes à se faire du bien les uns aux autres, ou du moins à ne se point faire de mal, sont, ce me semble, si bien établies, que quiconque les suit franchement sans aucune dissimulation ni artifice, mène une vie beaucoup plus heureuse et plus assurée que ceux qui cherchent leur utilité par d'autres voies, lesquels à la vérité réussissent quelquefois par l'ignorance des autres hommes, et par la faveur de la fortune; mais il arrive bien plus souvent qu'ils y manquent, et que, pensant s'établir, ils se ruinent. C'est avec cette ingénuité et cette franchise, laquelle je fais profession d'observer en toutes mes actions, que je fais aussi particulièrement profession d'être, etc.

A MADAME ÉLISABETH,

PRINCESSE PALATINE, etc.

(Lettre 11 du tome I.)

MADAME,

Je reconnois par expérience que j'ai eu raison

[1] Cette lettre est écrite textuellement depuis l'hiver de 1646, puis-

de mettre la gloire au nombre des passions, car je ne puis m'empêcher d'en être touché en voyant le favorable jugement que fait votre altesse du petit Traité que j'en ai écrit; et je ne suis nullement surpris de ce qu'elle y remarque aussi des défauts, pourceque je n'ai point douté qu'il n'y en eût en grand nombre, étant une matière que je n'avois jamais ci-devant étudiée, et dont je n'ai fait que tirer le premier crayon, sans y ajouter les couleurs et les ornements qui seroient requis pour la faire paroître à des yeux moins clairvoyants que ceux de votre altesse. Je n'y ai pas mis aussi tous les principes de physique dont je me suis servi pour déchiffrer quels sont les mouvements du sang qui accompagnent chaque passion, pourceque je ne les saurois bien déduire sans expliquer la formation de toutes les parties du corps humain; et c'est une chose si difficile que je ne l'oserois encore entreprendre, bien que je me sois à peu près satisfait moi-même touchant la vérité des principes que j'ai supposés en cet écrit, dont les principaux sont, que l'office du foie et de la rate est de contenir toujours du sang de réserve, moins purifié que celui qui est dans les veines; et que le feu qui est dans le cœur a besoin d'être continuel-

que ce fut dans cet hiver qu'il composa son Traité des passions, qu'il envoya à cette princesse vers le printemps, et à l'occasion duquel il écrivit cette lettre. Je la crois datée du mois de juin 1646. »

lement entretenu, ou bien par le suc des viandes qui vient directement de l'estomac, ou bien à son défaut par ce sang qui est en réserve, à cause que l'autre sang qui est dans les veines se dilate trop aisément, et qu'il y a une telle liaison entre notre âme et notre corps, que les pensées qui ont accompagné quelques mouvements du corps dès le commencement de notre vie les accompagnent encore à présent, en sorte que si les mêmes mouvements sont excités derechef dans le corps par quelque cause extérieure, ils excitent aussi en l'âme les mêmes pensées; et réciproquement, si nous avons les mêmes pensées, elles produisent les mêmes mouvements; et enfin que la machine de notre corps est tellement faite, qu'une seule pensée de joie, ou d'amour, ou autre semblable, est suffisante pour envoyer les esprits animaux par les nerfs en tous les muscles qui sont requis pour causer les divers mouvements du sang que j'ai dit accompagner les passions. Il est vrai que j'ai eu de la difficulté à distinguer ceux qui appartiennent à chaque passion, à cause qu'elles ne sont jamais seules; mais néanmoins pourceque les mêmes ne sont pas toujours jointes ensemble, j'ai tâché de remarquer les changements qui arrivoient dans le corps lorsqu'elles changeoient de compagnie. Ainsi, par exemple, si l'amour étoit toujours jointe à la joie, je ne saurois à laquelle des deux il faudroit attribuer la chaleur et la dilatation qu'elles font sentir autour du cœur : mais pourcequ'elle est aussi quelquefois jointe à la tristesse, et qu'alors on sent encore cette chaleur et non plus cette dilatation, j'ai jugé que la chaleur appartient à l'amour, et la dilatation à la joie. Et bien que le désir soit quasi toujours avec l'amour, ils ne sont pas néanmoins toujours ensemble au même degré : car, encore qu'on aime beaucoup, on désire peu lorsqu'on ne conçoit aucune espérance; et pourcequ'on n'a point alors la diligence et la promptitude qu'on auroit si le désir étoit plus grand, on peut juger que c'est de lui qu'elle vient, et non de l'amour.

Je crois bien que la tristesse ôte l'appétit à plusieurs ; mais pourceque j'ai toujours éprouvé en moi qu'elle l'augmente, je m'étois réglé là-dessus. Et j'estime que la différence qui arrive en cela vient de ce que le premier sujet de tristesse que quelques uns ont eu au commencement de leur vie a été qu'ils ne recevoient pas assez de nourriture, et que celui des autres a été que celle qu'ils recevoient leur étoit nuisible; et en ceux-ci le mouvement des esprits qui ôte l'appétit est toujours depuis demeuré joint avec la passion de la tristesse. Nous voyons aussi que les mouvements qui accompagnent les autres passions ne sont pas entièrement semblables en tous les hommes, ce qui peut être attribué à pareille cause.

Pour l'admiration, encore qu'elle ait son origine dans le cerveau, et ainsi que le seul tempérament du sang ne la puisse causer, comme il peut souvent causer la joie ou la tristesse, toutefois elle peut, par le moyen de l'impression qu'elle fait dans le cerveau, agir sur le corps autant qu'aucune des autres passions, ou même plus en quelque façon, à cause que la surprise qu'elle contient cause les mouvements les plus prompts de tous; et comme on peut mouvoir la main ou le pied quasi au même instant qu'on pense à les mouvoir, pourceque l'idée de ce mouvement, qui se forme dans le cerveau, envoie les esprits dans les muscles qui servent à cet effet, ainsi l'idée d'une chose plaisante, qui surprend l'esprit, envoie aussitôt les esprits dans les nerfs qui ouvrent les orifices du cœur; et l'admiration ne fait en ceci autre chose, sinon que, par sa surprise, elle augmente la force du mouvement qui cause la joie, et fait que les orifices du cœur étant dilatés tout-à-coup, le sang qui entre dedans par la veine cave et qui en sort par la veine artérieuse enfle subitement le poumon.

Les mêmes signes extérieurs qui ont coutume d'accompagner les passions peuvent bien aussi quelquefois être produits par d'autres causes. Ainsi la rougeur du visage ne vient pas toujours de la honte, mais elle peut aussi venir de la chaleur du feu, ou bien de ce qu'on fait de l'exercice; et le ris qu'on nomme sardonien n'est autre chose qu'une convulsion des nerfs du visage; et ainsi on peut soupirer quelquefois par coutume ou par maladie, mais cela n'empêche pas que les soupirs ne soient des signes extérieurs de la tristesse et du désir, lorsque ce sont ces passions qui les causent. Je n'avois jamais ouï dire ni remarqué qu'ils fussent aussi quelquefois causés par la réplétion de l'estomac; mais, lorsque cela arrive, je crois que c'est un mouvement dont la nature se sert pour faire que le suc des viandes passe plus promptement par le cœur, et ainsi que l'estomac en soit plus tôt déchargé; car les soupirs agitant le poumon, font que le sang qu'il contient descend plus vite par l'artère veineuse dans le côté gauche du cœur, et ainsi que le nouveau sang, composé du suc des viandes qui vient de l'estomac par le foie et par le cœur jusqu'au poumon, y peut aisément être reçu.

Pour les remèdes contre les excès des passions, j'avoue bien qu'ils sont difficiles à pratiquer, et même qu'ils ne peuvent suffire pour empêcher les désordres qui arrivent dans le corps, mais seulement pour faire que l'âme ne soit point troublée, et qu'elle puisse retenir son jugement libre; à quoi je ne juge pas qu'il soit besoin d'avoir une connoissance exacte de la vérité de chaque chose, ni même d'avoir prévu en particulier tous les accidents qui peuvent survenir, ce qui seroit sans doute impossible; mais c'est assez d'en avoir imaginé en général de plus fâcheux que ne sont ceux qui arrivent, et de s'être préparé à les souffrir. Je ne crois pas aussi qu'on pèche guère par excès en désirant les choses nécessaires à la vie : ce n'est que des mauvaises ou superflues que les désirs ont besoin d'être réglés; car ceux qui ne tendent qu'au bien sont, ce me semble, d'autant meilleurs qu'ils sont plus grands; et quoique j'aie voulu flatter mon défaut, en mettant une je ne sais quelle langueur entre les passions excusables, j'estime néanmoins beaucoup plus la diligence de ceux qui se portent toujours avec ardeur à faire les choses qu'ils croient être en quelque façon de leur devoir, encore qu'ils n'en espèrent pas beaucoup de fruit.

Je mène une vie si retirée, et j'ai toujours été si éloigné du maniement des affaires, que je ne serois pas moins impertinent que ce philosophe qui vouloit enseigner le devoir d'un capitaine en la présence d'Annibal, si j'entreprenois d'écrire ici les maximes qu'on doit observer en la vie civile; et je ne doute point que celle que propose votre altesse ne soit la meilleure de toutes, à savoir qu'il vaut mieux se régler en cela sur l'expérience que sur la raison; pourcequ'on a rarement à traiter avec des personnes parfaitement raisonnables, ainsi que tous les hommes devroient être, afin qu'on pût juger ce qu'ils feront par la seule considération de ce qu'ils devroient faire : et souvent les meilleurs conseils ne sont pas les plus heureux. C'est pourquoi on est contraint de hasarder et de se mettre au pouvoir de la fortune, laquelle je souhaite aussi obéissante à vos désirs que je suis, etc.

A MADAME ÉLISABETH[1],

PRINCESSE PALATINE, etc.

(Lettre 12 du tome I.)

MADAME,

L'occasion que j'ai de donner cette lettre à M. de Beclin, qui m'est très intime ami, et à qui je me fie autant qu'à moi-même, est cause que je prends la liberté de m'y confesser d'une faute très signalée que j'ai commise dans le traité des passions, en ce que, pour flatter ma négligence, j'y ai mis au nombre des émotions de l'âme qui sont excusables,

---

[1] « Cette lettre est de 1646, puisqu'il parle des *Passions*, qui n'ont été achevées qu'au commencement de 1646. Je l'avance le plus qu'il est possible pour qu'il n'y ait pas tant d'espace jusqu'à la 17ᵉ de ce volume, que je date du 15 septembre 1646. Je date donc celle-ci du 15 juillet 1646. »

une je ne sais quelle langueur qui nous empêche quelquefois de mettre en exécution les choses qui ont été approuvées par notre jugement : et ce qui m'a donné le plus de scrupule en ceci, est que je me souviens que votre altesse a particulièrement remarqué cet endroit, comme témoignant n'en pas désapprouver la pratique en un sujet où je ne puis voir qu'elle soit utile. J'avoue bien qu'on a grande raison de prendre du temps pour délibérer, avant que d'entreprendre les choses qui sont d'importance; mais lorsqu'une affaire est commencée, et qu'on est d'accord du principal, je ne vois pas qu'on ait aucun profit de chercher des délais en disputant pour les conditions. Car si l'affaire nonobstant cela réussit, tous les petits avantages qu'on aura peut-être acquis par ce moyen ne servent pas tant que peut nuire le dégoût que causent ordinairement ces délais; et si elle ne réussit pas, tout cela ne sert qu'à faire savoir au monde qu'on a eu des desseins qui ont manqué, outre qu'il arrive bien plus souvent, lorsque l'affaire qu'on entreprend est fort bonne, que pendant qu'on en diffère l'exécution elle s'échappe, que non pas lorsqu'elle est mauvaise. C'est pourquoi je me persuade que la résolution et la promptitude sont des vertus très nécessaires pour les affaires déjà commencées; et l'on n'a pas sujet de craindre ce qu'on ignore, car souvent les choses qu'on a le plus appréhendées avant que de les connoître se trouvent meilleures que celles qu'on a désirées : ainsi le meilleur est en cela de se fier à la Providence divine, et de se laisser conduire par elle. Je m'assure que votre altesse entend fort bien ma pensée, encore que je l'explique fort mal, et qu'elle pardonne au zèle extrême qui m'oblige d'écrire ceci, car je suis autant que je puis être, etc.

A MADAME ÉLISABETH [1],

PRINCESSE PALATINE, etc.

(Lettre 23 du tome I.)

Madame,

J'ai lu le livre dont votre altesse m'a commandé de lui écrire mon opinion, et j'y trouve plusieurs préceptes qui me semblent fort bons, comme entre

---

[1] « La princesse Élisabeth ayant jugé à propos de se retirer de la Hollande chez madame l'électrice de Brandebourg, sa parente, fit savoir à M. Descartes, avant de partir, qu'elle souhaitoit qu'il lui mandât son sentiment touchant le livre de Machiavel intitulé *le Prince*, et que sa sœur, la princesse Louise, auroit soin de lui faire tenir ses lettres, et réciproquement de lui envoyer les siennes. Aussitôt M. Descartes se mit à lire ce livre, et cette lettre 13 contient le jugement qu'il en porte. Il envoya cette lettre à la

autres au xix° et xx° chapitres, qu'un prince doit toujours éviter la haine et le mépris de ses sujets, et que l'amour du peuple vaut mieux que les forteresses : mais il y en a aussi plusieurs autres que je ne saurois approuver, et je crois que ce en quoi l'auteur a le plus manqué est qu'il n'a pas mis assez de distinction entre les princes qui ont acquis un état par des voies justes, et ceux qui l'ont usurpé par des moyens illégitimes, et qu'il a donné à tous généralement les préceptes qui ne sont propres qu'à ces derniers. Car comme en bâtissant une maison dont les fondements sont si mauvais qu'ils ne sauroient soutenir des murailles hautes et épaisses, on est obligé de les faire foibles et basses, ainsi ceux qui ont commencé à s'établir par des crimes sont ordinairement contraints de continuer à commettre des crimes, et ne se pourroient maintenir s'ils vouloient être vertueux. C'est au regard de tels princes qu'il a pu dire au chapitre III qu'ils ne sauroient manquer d'être haïs de plusieurs, et qu'ils ont souvent plus d'avantage à faire beaucoup de mal qu'à en faire moins, pourceque les légères offenses suffisent pour donner la volonté

princesse Louise, à qui il écrivit le compliment qui finit la 14° lettre de ce volume. Ces deux lettres ne sont point datées et dépendent du temps que la princesse Élisabeth se retira à Berlin ; car, par la page 55 de cette lettre, il est manifeste que la princesse Élisabeth étoit dans ses voyages lorsque M. Descartes lui écrivit cette lettre. Je la date cependant, avec la suivante, du 15 septembre 1646.

de se venger, et que les grandes en ôtent le pouvoir. Puis au chapitre xv, que s'ils vouloient être gens de bien, il seroit impossible qu'ils ne se ruinassent parmi le grand nombre de méchants qu'on trouve partout. Et au chapitre xvi, qu'on peut être haï pour de bonnes actions aussi bien que pour de mauvaises, sur lesquels fondements il appuie des préceptes très tyranniques, comme de vouloir qu'on ruine tout un pays, afin d'en demeurer le maître; qu'on exerce de grandes cruautés, pourvu que ce soit promptement et tout à la fois; qu'on tâche de paroître homme de bien, mais qu'on ne le soit pas véritablement; qu'on ne tienne sa parole qu'aussi long-temps qu'elle sera utile; qu'on dissimule, qu'on trahisse; et enfin que pour régner on se dépouille de toute humanité, et qu'on devienne le plus farouche de tous les animaux. Mais c'est un très mauvais sujet pour faire des livres, que d'entreprendre d'y donner de tels préceptes, qui au bout du compte ne sauroient assurer ceux auxquels il les donne; car, comme il avoue lui-même, ils ne se peuvent garder du premier qui qui voudra négliger sa vie pour se venger d'eux. Au lieu que pour instruire un bon prince, quoique nouvellement entré dans un état, il me semble qu'on lui doit proposer des maximes toutes contraires, et supposer que les moyens dont il s'est servi pour s'établir ont été justes, comme en effet je crois qu'ils le sont presque tous, lorsque les princes qui les pratiquent les estiment tels ; car la justice entre les souverains a d'autres limites qu'entre les particuliers : et il semble qu'en ces rencontres Dieu donne le droit à ceux auxquels il donne la force; mais les plus justes actions deviennent injustes, quand ceux qui les font les pensent telles. On doit aussi distinguer entre les sujets, les amis ou alliés, et les ennemis.; car au regard de ces derniers on a quasi permission de tout faire, pourvu qu'on en tire quelque avantage pour soi ou pour ses sujets, et je ne désapprouve pas en cette occasion qu'on accouple le renard avec le lion, et qu'on joigne l'artifice à la force. Même je comprends sous le nom d'ennemis tous ceux qui ne sont point amis ou alliés, pourcequ'on a droit de leur faire la guerre quand on y trouve son avantage, et que, commençant à devenir suspects et redoutables, on a lieu de s'en défier. Mais j'excepte une espèce de tromperie, qui est si directement contraire à la société, que je ne crois pas qu'il soit jamais permis de s'en servir, bien que notre auteur l'approuve en divers endroits, et qu'elle ne soit que trop en pratique, c'est de feindre d'être ami de ceux qu'on veut perdre, afin de les pouvoir mieux surprendre. L'amitié est une chose trop sainte pour en abuser de la sorte, et celui qui aura pu feindre d'aimer quelqu'un pour le trahir mérite que ceux qu'il voudra par après aimer véritablement n'en croient rien et le haïssent. Pour ce qui regarde les alliés, un prince leur doit tenir exactement sa parole, même lorsque cela lui est préjudiciable, car il ne le sauroit être tant, que la réputation de ne manquer point à faire ce qu'il a promis lui est utile, et il ne peut acquérir cette réputation que par de telles occasions, où il y va pour lui de quelque perte : mais en celles qui le ruineroient tout-à-fait, le droit des gens le dispense de sa promesse. Il doit aussi user de beaucoup de circonspection avant que de promettre, afin de pouvoir toujours garder sa foi. Et bien qu'il soit bon d'avoir amitié avec la plupart de ses voisins, je crois néanmoins que le meilleur est de n'avoir point d'étroites alliances qu'avec ceux qui sont moins puissants; car, quelque fidélité qu'on se propose d'avoir, on ne doit pas attendre la pareille des autres, mais faire son compte qu'on en sera trompé toutes les fois qu'ils y trouveront leur avantage; et ceux qui sont plus puissants l'y peuvent trouver quand ils veulent, mais non pas ceux qui le sont moins. Pour ce qui est des sujets, il y en a de deux sortes, à savoir les grands et le peuple. Je comprends sous le nom de grands tous ceux qui peuvent former des partis contre le prince, de la fidélité desquels il doit être très assuré, ou s'il ne l'est pas, tous les politiques sont d'accord qu'il doit employer tous ses soins à les abaisser, et qu'en tant qu'ils sont enclins à brouiller l'état, il ne les doit considérer que comme ennemis. Mais pour ses autres sujets, il doit surtout éviter leur haine et leur mépris; ce que je crois qu'il peut toujours faire, pourvu qu'il observe exactement la justice à leur mode (c'est-à-dire suivant les lois auxquelles ils sont accoutumés), sans être trop rigoureux aux punitions, ni trop indulgent aux grâces, et qu'il ne se remette pas de tout à ses ministres, mais que, leur laissant seulement la charge des condamnations plus odieuses, il témoigne avoir lui-même le soin de tout le reste; puis aussi qu'il retienne tellement sa dignité, qu'il ne quitte rien des honneurs et des déférences que le peuple croit lui être dus, mais qu'il n'en demande point davantage, et qu'il ne fasse paroître en public que ses plus sérieuses actions, ou celles qui peuvent être approuvées de tous, réservant à prendre ses plaisirs en particulier, sans que ce soit jamais aux dépens de personne; et enfin qu'il soit immuable et inflexible non pas aux premiers desseins qu'il aura formés en soi-même, car, d'autant qu'il ne peut avoir l'œil partout, il est nécessaire qu'il demande conseil et entende les raisons de plusieurs avant que de se résoudre, mais qu'il soit inflexible touchant les choses qu'il aura témoigné avoir résolues, encore même qu'elles lui fussent nuisibles; car malaisément le peuvent-elles être tant, que seroit la réputation d'être léger et variable. Ainsi je désapprouve la maxime du chapitre xv, que le monde étant fort corrompu, il est impossible qu'on ne se ruine si l'on veut être toujours homme de bien, et qu'un prince, pour se maintenir, doit apprendre à être méchant lorsque l'occasion le requiert; si ce n'est peut-être que par un homme de bien il entende un homme superstitieux et simple, qui n'ose donner bataille au jour du sabbat, et dont la conscience ne puisse être en repos s'il ne change la religion de son peuple : mais pensant qu'un homme de bien est celui qui fait tout ce que lui dicte la vraie raison, il est certain que le meilleur est de tâcher à l'être toujours. Je ne crois pas aussi ce qui est au chapitre xix, qu'on peut autant être haï pour les bonnes actions que pour les mauvaises, sinon en tant que l'envie est une espèce de haine; mais cela n'est pas le sens de l'auteur, et les princes n'ont pas coutume d'être enviés par le commun de leurs sujets, ils le sont seulement par les grands, ou par leurs voisins, auxquels les mêmes vertus qui leur donnent de l'envie leur donnent aussi de la crainte : c'est pourquoi jamais on ne doit s'abstenir de bien faire, pour éviter cette sorte de haine; et il n'y en a point qui leur puisse nuire que celle qui vient de l'injustice ou de l'arrogance que le peuple juge être en eux. Car on voit même que ceux qui ont été condamnés à la mort n'ont point coutume de haïr leurs juges quand ils pensent l'avoir mérité, et on souffre aussi avec patience les maux qu'on n'a point mérités, quand on croit que le prince de qui on les reçoit est en quelque façon contraint de les faire, et qu'il en a du déplaisir, pourcequ'on estime qu'il est juste qu'il préfère l'utilité publique à celle des particuliers. Il y a seulement de la difficulté lorsqu'on est obligé de satisfaire à deux partis qui jugent différemment de ce qui est juste, comme lorsque les empereurs romains avoient à contenter les citoyens et les soldats; auquel cas il est raisonnable d'accorder quelque chose aux uns et aux autres, et on ne doit pas entreprendre de faire venir tout d'un coup à la raison ceux qui ne sont pas accoutumés de l'entendre; mais il faut tâcher peu à peu, soit par des écrits publics, soit par les voix des prédicateurs, soit par tels autres moyens, à la leur faire concevoir : car enfin le peuple souffre tout ce qu'on lui peut persuader être juste, et s'offense de tout ce qu'il imagine d'être injuste. Et l'arrogance des princes, c'est-à-dire l'usurpation de quelque autorité, de quelques droits, ou de quelques honneurs qu'il croit ne leur être point dus, ne lui est odieuse que parcequ'il la considère comme une espèce d'injustice. Au reste, je ne suis pas aussi de l'opinion de cet auteur en ce qu'il dit en sa préface : que comme il faut être dans la plaine pour mieux voir la figure des montagnes lorsqu'on en veut tirer le crayon, ainsi on doit être de condition privée pour bien connoître l'office d'un prince : car le crayon ne représente que les choses qui se voient de loin, mais les principaux motifs des actions des princes sont souvent des circonstances si particulières, que si ce n'est qu'on soit prince soi-même, ou bien qu'on ait été fort long-temps participant de leurs secrets, on ne les sauroit imaginer. C'est pourquoi je mériterois d'être moqué si je pensois pouvoir enseigner quelque chose à votre altesse en cette matière: aussi n'est-ce pas mon dessein, mais seulement de faire que mes lettres lui donnent quelque sorte de divertissement qui soit différent de ceux que je m'imagine qu'elle a en son voyage, lequel je lui souhaite parfaitement heureux, comme sans doute il le sera si votre altesse se résout de pratiquer ces maximes qui enseignent que la félicité d'un chacun dépend de lui-même, et qu'il faut tellement se tenir hors de l'empire de la fortune, que, bien qu'on ne perde pas les occasions de retenir les avantages qu'elle peut donner, on ne pense pas toutefois être malheureux lorsqu'elle les refuse, et pourcequ'en toutes les affaires du monde il y a quantité de raisons pour et contre, qu'on s'arrête principalement à considérer celles qui servent à faire qu'on approuve les choses qu'on voit arriver. Tout ce que j'estime le plus inévitable sont les maladies du corps, desquelles je prie Dieu qu'il vous préserve; et je suis avec toute la dévotion que je puis avoir, etc.

A MADAME LOUISE,

PRINCESSE PALATINE, etc.

(Lettre 14 du tome I.)

MADAME,

Je mets au nombre des obligations que j'ai à madame la princesse Élisabeth votre sœur, que, m'ayant commandé de lui écrire, elle ait voulu que ce fût par l'adresse de votre altesse, parceque, sachant combien elle vous chérit, j'espère que mes lettres lui seront moins importunes les recevant en la compagnie des vôtres, et qu'elles lui donneront plus de joie que si elles alloient toutes seules, et aussi pourceque cela me donne occasion de vous pouvoir assurer par écrit que je suis, etc.

A MADAME ÉLISABETH [1],

PRINCESSE PALATINE, etc.

(Lettre 25 du tome I.)

MADAME,

J'ai reçu une très grande faveur de votre altesse, en ce qu'elle a voulu que j'apprisse par ses lettres le succès de son voyage, et qu'elle est arrivée heureusement en un lieu où étant grandement estimée et chérie de ses proches, il me semble qu'elle a autant de biens qu'on en peut souhaiter avec raison en cette vie : car, sachant la condition des choses humaines, ce seroit trop importuner la fortune, que d'attendre d'elle tant de grâces qu'on ne pût pas même en imaginant trouver aucun sujet de fâcherie. Lorsqu'il n'y a point d'objets présents qui offen-

---

[1] « La princesse Élisabeth ayant reçu dans son voyage la lettre de M. Descartes où il lui marque le jugement qu'il fait du *Prince* de Machiavel, attendit qu'elle fût arrivée à Berlin pour lui récrire. M. Descartes ayant reçu cette lettre de la princesse Élisabeth, par le ministère de la princesse Louise, récrivit alors aux deux princesses les deux lettres qui font la 15e et la 16e lettre de ce 1er volume. Elles ne sont pas datées, mais j'estime cependant qu'elles sont écrites du 20 octobre 1646, parceque la 17e du 1er volume est une réponse postérieure à celle-ci, et datée cependant fixement du 15 décembre 1646. »

sent les sens, ni aucune indisposition dans le corps qui l'incommode, un esprit qui suit la vraie raison peut facilement se contenter; et il n'est pas besoin pour cela qu'il oublie ni qu'il néglige les choses éloignées, c'est assez qu'il tâche à n'avoir aucune passion pour celles qui lui peuvent déplaire; ce qui ne répugne point à la charité, pourcequ'on peut souvent mieux trouver des remèdes aux maux qu'on examine sans passion, qu'à ceux pour lesquels on est affligé. Mais comme la santé du corps et la présence des objets agréables aident beaucoup à l'esprit pour chasser hors de soi toutes les passions qui participent de la tristesse, et donner entrée à celles qui participent de la joie, ainsi réciproquement, lorsque l'esprit est plein de joie, cela sert beaucoup à faire que le corps se porte mieux, et que les objets présents paroissent plus agréables; et même aussi j'ose croire que la joie intérieure a quelque secrète force pour se rendre la fortune plus favorable. Je ne voudrois pas écrire ceci à des personnes qui auroient l'esprit foible, de peur de les induire à quelque superstition; mais au regard de votre altesse, j'ai seulement peur qu'elle se moque de me voir devenir trop crédule : toutefois j'ai une infinité d'expériences, et avec cela l'autorité de Socrate, pour confirmer mon opinion. Les expériences sont que j'ai souvent remarqué que les choses que j'ai faites avec un cœur gai, et sans aucune répugnance intérieure, ont coutume de me succéder heureusement; jusque là même que dans les jeux de hasard, où il n'y a que la fortune seule qui règne, je l'ai toujours éprouvée plus favorable ayant d'ailleurs des sujets de joie, que lorsque j'en avois de tristesse. Et ce qu'on nomme communément le génie de Socrate n'a sans doute été autre chose, sinon qu'il avoit accoutumé de suivre ses inclinations intérieures, et pensoit que l'évènement de ce qu'il entreprenoit seroit heureux lorsqu'il avoit quelque secret sentiment de gaieté, et au contraire qu'il seroit malheureux lorsqu'il étoit triste. Il est vrai pourtant que ce seroit être superstitieux de croire autant à cela qu'on dit qu'il faisoit; car Platon rapporte de lui que même il demeuroit dans le logis toutes les fois que son génie ne lui conseilloit point d'en sortir. Mais touchant les actions importantes de la vie, lorsqu'elles se rencontrent si douteuses que la prudence ne peut enseigner ce qu'on doit faire, il me semble qu'on a grande raison de suivre le conseil de son génie, et qu'il est utile d'avoir une forte persuasion que les choses que nous entreprenons sans répugnance, et avec la liberté qui accompagne d'ordinaire la joie, ne manqueront pas de nous bien réussir. Ainsi j'ose ici exhorter votre altesse, puisqu'elle se rencontre en un lieu où les objets présents ne lui donnent que de la satisfaction, qu'il lui plaise aussi contribuer du sien pour tâcher à se rendre contente; ce qu'elle peut, ce me semble, aisément, en n'arrêtant son esprit qu'aux choses présentes, et ne pensant jamais aux affaires qu'aux heures où le courrier est prêt de partir. Et j'estime que c'est un bonheur que les livres de votre altesse n'ont pu lui être apportés sitôt qu'elle les attendoit; car leur lecture n'est pas si propre à entretenir la gaieté qu'à faire venir la tristesse, principalement celle du livre de ce docteur des princes, qui, ne représentant que les difficultés qu'ils ont à se maintenir, et les cruautés ou perfidies qu'il leur conseille, fait que les particuliers qui le lisent ont moins de sujet d'envier leur condition que de la plaindre. Votre altesse a parfaitement bien remarqué ses fautes et les miennes; car il est vrai que c'est le dessein qu'il a eu de louer César Borgia qui lui a fait établir des maximes générales pour justifier des actions particulières qui peuvent difficilement être excusées : et j'ai lu depuis ses discours sur Tite-Live, où je n'ai rien remarqué de mauvais; et son principal précepte, qui est d'extirper entièrement ses ennemis, ou bien de se les rendre amis, sans suivre jamais la voie du milieu, est sans doute toujours le plus sûr, mais lorsqu'on n'a aucun sujet de craindre ce n'est pas le plus généreux. Votre altesse a aussi fort bien remarqué le secret de la fontaine miraculeuse, en ce qu'il y a plusieurs pauvres qui en publient les vertus, et qui sont peut-être gagés par ceux qui en espèrent du profit. Car il est certain qu'il n'y a point de remède qui puisse servir à tous les maux; mais plusieurs ayant usé de celui-là, ceux qui s'en sont bien trouvés en disent du bien, et on ne parle point des autres. Quoi qu'il en soit, la qualité de purger qui est en l'une de ces fontaines, et la couleur blanche avec la douceur et la qualité rafraîchissante de l'autre, donnent occasion de juger qu'elles passent par des mines d'antimoine ou de mercure, qui sont deux mauvaises drogues, principalement le mercure : c'est pourquoi je ne voudrois pas conseiller à personne d'en boire. Le vitriol et le fer des eaux de Spa sont bien moins à craindre; et pourceque l'un et l'autre diminue la rate et fait évacuer la mélancolie, je les estime. Car votre altesse me permettra, s'il lui plaît, de finir cette lettre par où je l'ai commencée, et de lui souhaiter principalement de la satisfaction d'esprit et de la joie, comme étant non seulement le fruit qu'on attend de tous les autres biens, mais aussi souvent un moyen qui augmente les grâces qu'on a pour les acquérir; et bien que je ne sois pas capable de contribuer à aucune chose qui regarde votre service, sinon seulement par mes souhaits, j'ose pourtant assurer que je suis plus parfaitement qu'aucun autre qui soit au monde, etc.

A MADAME LOUISE,

PRINCESSE PALATINE, etc.

(Lettre 16 du tome I.)

Madame,

La lettre que j'ai eu l'honneur de recevoir de Berlin me fait connoître que j'ai de grandes obligations à votre altesse; et considérant que celles que j'écris et que je reçois passent par de si dignes mains, il me semble que madame votre sœur imite la souveraine divinité, qui a coutume d'employer l'entremise des anges pour recevoir les soumissions des hommes qui leur sont beaucoup inférieurs, et pour leur faire savoir ses commandements. Et pourceque je suis d'une religion qui ne me défend point d'invoquer les anges, je vous supplie d'avoir agréable que je vous en rende grâces, et que je témoigne ici que je suis avec beaucoup de dévotion, etc.

A MADAME ÉLISABETH [1],

PRINCESSE PALATINE, etc.

(Lettre 17 du tome I.)

MADAME,

Je n'ai jamais trouvé de si bonnes nouvelles en aucune des lettres que j'ai eu ci-devant l'honneur de recevoir de votre altesse, que j'ai fait en ces dernières du 29 novembre; car elles me font juger que vous avez maintenant plus de santé et plus de joie que je ne vous en ai vu auparavant; et je crois qu'après la vertu, laquelle ne vous a jamais manqué, ce sont les deux principaux biens qu'on puisse avoir en cette vie. Je ne mets point en

---

[1] « La 17e lettre du 1er volume, page 60, est de M. Descartes à la princesse Élisabeth Palatine. Elle n'est point datée; mais comme M. Descartes répond à une lettre de la princesse, du 29 novembre 1646 (voyez page 61 de la lettre), il y a de l'apparence qu'elle est écrite vers le 25 décembre 1646. Il écrivoit à la princesse, qui étoit pour lors à Berlin. Voyez, page 62 de cette lettre, comme il parle du livre de Reg., qui a été achevé d'imprimer le 15 septembre 1646; qui plus est, page 61 de cette lettre, il conseille à cette princesse de ne plus faire de remèdes, et au surplus, à cause que c'étoit au commencement de l'hiver, tout cela me fait fixer avec grande raison cette lettre au 15 décembre 1646. »

compte ce petit mal pour lequel les médecins ont prétendu que vous leur donneriez de l'emploi ; car encore qu'il soit quelquefois un peu incommode, je suis d'un pays où il est si ordinaire à ceux qui sont jeunes, et qui d'ailleurs se portent fort bien, que je ne le considère pas tant comme un mal que comme une marque de santé et un préservatif contre les autres maladies. Et la pratique a bien enseigné à nos médecins des remèdes certains pour le guérir, mais ils ne conseillent pas qu'on tâche à s'en défaire en une autre saison qu'au printemps, pourcequ'alors les pores étant plus ouverts, on peut mieux en ôter la cause : ainsi votre altesse a très grande raison de ne vouloir pas user de remèdes pour ce sujet, principalement a l'entrée de l'hiver, qui est le temps le plus dangereux ; et si cette incommodité dure jusqu'au printemps, alors il sera aisé de la chasser avec quelques légers purgatifs, ou bouillons rafraîchissants, où il n'entre rien que des herbes qui soient connues en la cuisine, et en s'abstenant de manger des viandes où il y ait trop de sel ou d'épiceries. La saignée y pourroit aussi beaucoup servir ; mais pourceque c'est un remède où il y a quelque danger, et dont l'usage fréquent abrège la vie, je ne lui conseille point de s'en servir, si ce n'est qu'elle y soit accoutumée ; car lorsqu'on s'est fait saigner en même saison trois ou quatre années de suite, on est presque obligé par après de faire tous les ans de même. Votre altesse fait aussi fort bien de ne vouloir point user des remèdes de la chimie; on a beau avoir une longue expérience de leur vertu, le moindre petit changement qu'on fait en leur préparation, lors même qu'on pense mieux faire, peut entièrement changer leurs qualités, et faire qu'au lieu de médecines ce soient des poisons. Il en est quasi de même de la science entre les mains de ceux qui la veulent débiter sans la bien savoir; car, en pensant corriger ou ajouter quelque chose à ce qu'ils ont appris, ils la convertissent en erreur. Il me semble que j'en vois la preuve dans le livre de Regius, qui est enfin venu au jour: j'en remarquerois ici quelques points, si je pensois qu'il l'eût envoyé à votre altesse; mais il y a si loin d'ici à B.....[1], que je juge qu'il aura attendu votre retour pour vous l'offrir; et je l'attendrai aussi pour vous en dire mon sentiment. Je ne m'étonne pas de ce que votre altesse ne trouve aucuns doctes au pays où elle est qui ne soient entièrement préoccupés des opinions de l'école; car je vois que dans Paris même et en tout le reste de l'Europe il y en a si peu d'autres, que si je l'eusse su auparavant, je n'eusse peut-être jamais rien fait imprimer. Toutefois j'ai cette consolation que, bien que je sois assuré que plusieurs

[1] Berlin.

n'ont pas manqué de volonté pour m'attaquer, il n'y a toutefois encore eu personne qui soit entré en lice; et même je reçois des compliments des pères jésuites, que j'ai toujours cru être ceux qui se sentiroient les plus intéressés en la publication d'une nouvelle philosophie, et qui me le pardonneroient le moins, s'ils pensoient y pouvoir blâmer quelque chose avec raison. Je mets au nombre des obligations que j'ai à votre altesse la promesse qu'elle a faite à M. le duc de B., qui est à Vus, de lui faire avoir mes écrits; car je m'assure qu'avant que vous eussiez été en ces quartiers-là je n'avois point l'honneur d'y être connu; il est vrai que je n'affecte pas fort de l'être de plusieurs; mais ma principale ambition est de pouvoir témoigner que je suis avec une entière dévotion, etc.

A MADAME LOUISE,

PRINCESSE PALATINE, etc.

(Lettre 18 du tome I.)

Madame,

Les anges ne sauroient laisser plus d'admiration et de respect en l'esprit de ceux auxquels ils

---

« La lettre 18ᵉ du 1ᵉʳ volume est de M. Descartes à la princesse daignent apparoître que la lettre que j'ai eu l'honneur de recevoir avec celle de madame votre sœur en a laissé dans le mien; et tant s'en faut qu'elle ait diminué l'opinion que j'avois, au contraire elle m'assure que ce n'est pas seulement le visage de votre altesse qui mérite d'être comparé à celui des anges, et sur lequel les peintres peuvent prendre patron pour les bien représenter, mais aussi que les grâces de votre esprit sont telles, que les philosophes ont sujet de les admirer, et de les estimer semblables à celles de ces divins génies qui ne sont portés qu'à faire du bien, et qui ne dédaignent pas d'obliger ceux qui ont pour eux de la dévotion. Je vous supplie donc de croire que c'est avec un zèle très particulier que je suis, etc.

Louise, maintenant abbesse de Maubuisson. Elle m'a pourtant dit de vive voix que les lettres qui lui sont adressées à elle dans ce 1ᵉʳ volume ne lui ont jamais été écrites, mais à sa sœur Sophie, qui se chargeoit volontiers de faire tenir à sa sœur Élisabeth et à M. Descartes les lettres qu'ils s'écrivoient l'un l'autre. »

A M. CHANUT [1].

(Lettre 32 du tome 1.)

Monsieur,

Si je m'étois donné l'honneur de vous écrire autant de fois que j'en ai eu le désir, depuis que vous êtes passé par ce pays, vous auriez été fort souvent importuné de mes lettres; car il n'y a pas un jour que je n'y aie pensé plusieurs fois. Mais j'ai attendu que j'eusse quelque autre occasion pour écrire à M. Brasset, afin qu'il ne lui semblât pas que je ne le voulusse employer que pour faire tenir des paquets; et cette occasion n'étant pas venue, comme j'avois espéré, je me propose d'aller demain à La Haye, et de lui porter celle-ci pour vous être adressée. La rigueur extraordinaire de cet hiver m'a obligé à faire souvent des souhaits pour votre santé et pour celle de tous les vôtres; car on remarque en ce pays qu'il n'y en a point eu

---

[1] « Cette lettre n'est point datée; mais on voit bien par la lecture de la lettre qu'elle est de la fin de l'hiver 1646. Or, dans le catalogue des lettres écrites au nom de M. Chanut, il y en a une de M. Descartes, du 6 mars 1646, et je ne doute point que ce ne soit celle-ci. Je la date donc du 6 mars 1646. »

de plus rude depuis l'année 1608. Si c'est le même en Suède, vous y aurez vu toutes les glaces que le septentrion peut produire. Ce qui me console, c'est que je sais qu'on a plus de préservatifs contre le froid en ces quartiers-là qu'on en a pas eu France, et je m'assure que vous ne les aurez pas négligés. Si cela est, vous aurez passé la plupart du temps dans un poêle, où je m'imagine que les affaires publiques ne vous auront pas si continuellement occupé, qu'il ne vous soit resté du loisir pour penser quelquefois à la philosophie; et si vous avez daigné examiner ce que j'en ai écrit, vous me pouvez extrêmement obliger en m'avertissant des fautes que vous y aurez remarquées. Car je n'ai encore pu rencontrer personne qui me les ait dites; et je vois que la plupart des hommes jugent si mal, que je ne me dois point arrêter à leurs opinions; mais je tiendrai les vôtres pour des oracles. Si vous avez aussi jeté quelquefois la vue hors de votre poêle, vous aurez peut-être aperçu en l'air d'autres météores que ceux dont j'ai écrit, et vous m'en pourrez donner de bonnes instructions. Une seule observation que je fis de la neige hexagone en l'année 1635 a été cause du traité que j'en ai fait. Si toutes les expériences dont j'ai besoin pour le reste de ma Physique me pouvoient ainsi tomber des nues, et qu'il ne me fallût que des yeux pour les connoître, je me promettrois de l'achever en peu de temps; mais pourcequ'il faut aussi des mains pour les faire, et que je n'en ai point qui y soit propres, je perds entièrement l'envie d'y travailler davantage : ce qui n'empêche pas néanmoins que je ne cherche toujours quelque chose, quand ce ne seroit que *ut doctus emoriar*, et afin d'en pouvoir conférer en particulier avec mes amis, pour lesquels je ne saurois rien avoir de caché. Mais je me plains de ce que le monde est trop grand à raison du peu d'honnêtes gens qui s'y trouvent; je voudrois qu'ils fussent tous assemblés en une ville, et alors je serois bien aise de quitter mon ermitage pour aller vivre avec eux, s'ils me vouloient recevoir en leur compagnie : car outre encore que je fuie la multitude, à cause de la quantité des impertinents et des importuns qu'on y rencontre, je ne laisse pas de penser que le plus grand bien de la vie est de jouir de la conversation des personnes que l'on estime. Je ne sais si vous en trouvez beaucoup aux lieux où vous êtes qui soient dignes de la vôtre; mais pourceque j'ai quelquefois envie de retourner à Paris, je me plains quasi de ce que MM. les ministres vous ont donné un emploi qui vous en éloigne, et je vous assure que si vous y étiez, vous seriez l'un des principaux sujets qui me pourroient obliger d'y aller; car c'est avec une très particulière inclination que je suis, etc.

A M. CHANUT[1].

(Lettre 33 du tome I.)

Monsieur,

J'ai été bien aise d'apprendre, par les lettres que vous m'avez fait l'honneur de m'écrire, que la Suède n'est pas si éloignée d'ici qu'on en puisse avoir des nouvelles en peu de semaines, et ainsi que je pourrai avoir quelquefois le bonheur de vous entretenir par écrit, et de participer aux fruits de l'étude à laquelle je vous vois préparé. Car puisqu'il vous plaît de prendre la peine de revoir mes Principes et de les examiner, je m'assure que vous y remarquerez beaucoup d'obscurités, et beaucoup de fautes, qu'il m'importe fort de savoir, et dont je ne puis espérer d'être averti par aucun autre si bien que par vous. Je crains seulement que vous ne vous dégoûtiez bientôt de cette lecture, à cause que ce que j'ai écrit ne conduit que de fort loin à la morale, que vous avez choisie pour votre principale étude. Ce n'est pas que je ne

---

[1] « Cette lettre est fixement datée d'Egmond, le 15 juin 1646. Voyez les dates des lettres de M. Chanut et les lettres manuscrites. »

sois entièrement de votre avis, en ce que vous jugez que le moyen le plus assuré pour savoir comment nous devons vivre est de connoître auparavant quels nous sommes, quel est le monde dans lequel nous vivons, et qui est le créateur de ce monde, ou le maître de la maison que nous habitons; mais, outre que je ne prétends, ni ne promets en aucune façon que tout ce que j'ai écrit soit vrai, il y a un fort grand intervalle entre la notion générale du ciel et de la terre, que j'ai tâché de donner en mes Principes, et la reconnoissance particulière de la nature de l'homme, de laquelle je n'ai point encore traité. Toutefois, afin qu'il ne semble pas que je veuille vous détourner de votre dessein, je vous dirai en confidence que la notion telle quelle de la physique que j'ai tâché d'acquérir m'a grandement servi pour établir des fondements certains en la morale, et que je me suis plus aisément satisfait en ce point qu'en plusieurs autres touchant la médecine, auxquels j'ai néanmoins employé beaucoup plus de temps. De façon qu'au lieu de trouver les moyens de conserver la vie, j'en ai trouvé un autre bien plus aisé et plus sûr, qui est de ne pas craindre la mort, sans toutefois pour cela être chagrin, comme sont ordinairement ceux dont la sagesse est toute tirée des enseignements d'autrui, et appuyée sur des fondements qui ne dépendent que de la prudence et de l'autorité des hommes. Je vous dirai de plus que pendant que je laisse croître les plantes de mon jardin, dont j'attends quelques expériences pour tâcher de continuer ma Physique, je m'arrête aussi quelquefois à penser aux questions particulières de la morale. Ainsi j'ai tracé cet hiver un petit traité de la nature des passions de l'âme, sans avoir néanmoins dessein de le mettre au jour, et je serois maintenant d'humeur à écrire encore quelque autre chose, si le dégoût que j'ai de voir combien il y a peu de personnes au monde qui daignent lire mes écrits ne me faisoit être négligent. Je ne le serai jamais en ce qui regardera votre service, car je suis de cœur et d'affection, etc.

A M. CHANUT.

(Lettre 34 du tome 1.)

Monsieur,

Si je ne faisois une estime tout extraordinaire de votre savoir, et que je n'eusse point un extrême

* « Dans le registre de M. Chanut, cette lettre est marquée le 1ᵉʳ novembre 1646, et la réponse de M. Chanut à cette lettre est du 1ᵉʳ décembre 1646. »

désir d'apprendre, je n'aurois pas usé de tant d'importunité que j'ai fait à vous convier d'examiner mes écrits. Je n'ai guère accoutumé d'en prier personne, et même je les ai fait sortir en public sans être parés, ni avoir aucun des ornements qui peuvent attirer les yeux du peuple, afin que ceux qui ne s'arrêtent qu'à l'extérieur ne les vissent pas, et qu'ils fussent seulement regardés par quelques personnes de bon esprit, qui prissent la peine de les examiner avec soin, afin que je puisse tirer d'eux quelque instruction. Mais bien que vous ne m'ayez pas encore fait cette faveur, vous n'avez pas laissé de m'obliger beaucoup en d'autres choses, et particulièrement en ce que vous avez parlé avantageusement de moi à plusieurs, ainsi que j'ai appris de très bonne part; et même M. Clerselier m'a écrit que vous attendez de lui mes Méditations françoises pour les présenter à la reine du pays où vous êtes. Je n'ai jamais eu assez d'ambition pour désirer que les personnes de ce rang sussent mon nom, et même si j'avois été seulement aussi sage qu'on dit que les sauvages se persuadent que sont les singes, je n'aurois jamais été connu de qui que ce soit en qualité de faiseur de livres : car on dit qu'ils s'imaginent que les singes pourroient parler s'ils vouloient, mais qu'ils s'en abstiennent afin qu'on ne les contraigne point de travailler; et pourceque je n'ai pas eu la même prudence à m'abstenir d'écrire, je n'ai plus tant de loisir ni tant de repos que j'aurois si j'eusse eu l'esprit de me taire. Mais puisque la faute est déjà commise, et que je suis connu d'une infinité de gens d'école, qui regardent mes écrits de travers, et y cherchent de tous côtés les moyens de me nuire, j'ai grand sujet de souhaiter aussi de l'être des personnes de plus grand mérite, de qui le pouvoir et la vertu me puissent protéger. Et j'ai ouï faire tant d'estime de cette reine, qu'au lieu que je me suis souvent plaint de ceux qui m'ont voulu donner la connoissance de quelque grand, je ne puis m'abstenir de vous remercier de ce qu'il vous a plu lui parler de moi. J'ai vu ici M. de la Thuillerie depuis son retour de Suède, lequel m'a décrit ses qualités d'une façon si avantageuse, que celle d'être reine me semble l'une des moindres; et je n'en aurois osé croire la moitié, si je n'avois vu par expérience, en la princesse à qui j'ai dédié mes Principes de philosophie, que les personnes de grande naissance, de quelque sexe qu'elles soient, n'ont pas besoin d'avoir beaucoup d'âge pour pouvoir surpasser de beaucoup en érudition et en vertu les autres hommes. Mais j'ai bien peur que les écrits que j'ai publiés ne méritent pas qu'elle s'arrête à les lire, et ainsi qu'elle ne vous sache point de gré de les lui avoir recommandés. Peut-être que si j'y avois traité de la morale, j'aurois occasion d'espérer qu'ils lui pourroient être plus agréables; mais c'est de quoi je ne dois pas me mêler d'écrire. Messieurs les régents sont si animés contre moi à cause des innocents Principes de physique qu'ils ont vus, et si en colère de ce qu'ils n'y trouvent aucun prétexte pour me calomnier, que si je traitois après cela de la morale, ils ne me laisseroient aucun repos. Car puisque un père N.¹ a cru avoir assez de sujet pour m'accuser d'être sceptique, de ce que j'ai réfuté les sceptiques; et qu'un ministre² a entrepris de persuader que j'étois athée, sans en alléguer d'autre raison, sinon que j'ai tâché de prouver l'existence de Dieu, que ne diroient-ils point si j'entreprenois d'examiner quelle est la juste valeur de toutes les choses qu'on peut désirer ou craindre, quel sera l'état de l'âme après la mort, jusques où nous devons aimer la vie, et quels nous devons être pour n'avoir aucun sujet d'en craindre la perte? J'aurois beau n'avoir que les opinions les plus conformes à la religion, et les plus utiles au bien de l'état qui puissent être, ils ne laisseroient pas de me vouloir faire accroire que j'en aurois de contraires à l'une et à l'autre. Et ainsi je crois que le mieux que je puisse faire dorénavant est de m'abstenir de faire des livres; et ayant pris pour ma devise, *Illi mors gravis incubat, qui notus nimis omnibus,*

¹ Bourdin.
² Voëtius.

ignotus moritur sibi) de n'étudier plus que pour m'instruire, et ne communiquer mes pensées qu'à ceux avec qui je pourrai converser privément, je vous assure que je m'estimerois extrêmement heureux si ce pouvoit être avec vous; mais je ne crois pas que j'aille jamais aux lieux où vous êtes, ni que vous vous retiriez en celui-ci; tout ce que je puis espérer, est que peut-être, après quelques années, en repassant vers la France, vous me ferez la faveur de vous arrêter quelques jours en mon ermitage, et que j'aurai alors le moyen de vous entretenir à cœur ouvert. On peut dire beaucoup de choses en peu de temps, et je trouve que la longue fréquentation n'est pas nécessaire pour lier d'étroites amitiés, lorsqu'elles sont fondées sur la vertu. Dès la première heure que j'ai eu l'honneur de vous voir, j'ai été entièrement à vous, et comme j'ai osé dès lors m'assurer de votre bienveillance, aussi je vous supplie de croire que je ne vous pourrois être plus acquis que je suis, si j'avois passé avec vous toute ma vie. Au reste, il semble que vous inférez, de ce que j'ai étudié les passions, que je n'en dois plus avoir aucune; mais je vous dirai que tout au contraire, en les examinant, je les ai trouvées presque toutes bonnes, et tellement utiles à cette vie, que notre âme n'auroit pas sujet de vouloir demeurer jointe à son corps un seul moment, si elle ne les pouvoit ressentir. Il est vrai que la colère est une de celles dont j'estime qu'il se faut garder, en tant qu'elle a pour objet une offense reçue ; et pour cela nous devons tâcher d'élever si haut notre esprit, que les offenses que les autres nous peuvent faire ne parviennent jamais jusques à nous. Mais je crois qu'au lieu de colère, il est juste d'avoir de l'indignation, et j'avoue que j'en ai souvent contre l'ignorance de ceux qui veulent être pris pour doctes, lorsque je la vois jointe à la malice. Mais je vous puis assurer qu'à votre égard les passions que j'ai sont de l'admiration pour votre vertu, et un zèle très particulier, qui fait que je suis, etc.

A UN SEIGNEUR [1].

(Lettre 54 du tome I.)

Monsieur,

Les faveurs que je reçois par les lettres qu'il a

[1] « Les derniers mots de la lettre 68 des manuscrits de Descartes à Mersenne me persuadent que les trois lettres adressées à un seigneur sont écrites à M. le marquis de Neucastel ; car voici les mots de la lettre : *Les lettres que je vous adresse ne seront pas si long-temps par les chemins qu'a été celle du marquis de Neucastel, à qui je fais réponse.* Ces derniers

plu à votre excellence de m'écrire, et les marques qu'elles contiennent d'un esprit qui donne plus de lustre à sa très haute naissance qu'il n'en reçoit d'elle, m'obligent de les estimer extrêmement; mais il semble, outre cela, que la fortune veuille montrer qu'elle les met au rang des plus grands biens que je puis posséder, pourcequ'elle les arrête par les chemins, et ne permet pas que je les reçoive qu'après avoir fait tous ses efforts pour l'empêcher. Ainsi j'eus l'honneur d'en recevoir une l'année passée, qui avoit été quatre mois à venir de Paris ici, et celle que je reçois maintenant est du 5 janvier; mais parceque M. de B. m'assure que vous avez déjà été averti de leur retardement, je ne m'excuse point de n'y avoir pas plus tôt fait réponse. Et d'autant que les choses dont il vous a plu m'écrire sont seulement des considérations touchant les sciences, qui ne dépendent point des changements du temps ni de la fortune, j'espère que ce que j'y pourrai maintenant répondre ne vous sera pas moins agréable que si vous l'aviez reçu il y a dix mois.

Je souscris en tout au jugement que votre excellence fait des chimistes, et crois qu'ils ne font que dire des mots hors de l'usage commun, pour faire

---

mois font voir que cette lettre, adressée au marquis de Neucastel est datée du 23 novembre 1646, d'Egmond, puisque cette lettre, adressée au P. Mersenne, est de ce jour-là.

semblant de savoir ce qu'ils ignorent. Je crois aussi que ce qu'ils disent de la résurrection des fleurs par leur sel n'est qu'une imagination sans fondement, et que leurs extraits ont d'autres vertus que celles des plantes dont ils sont tirés; ce qu'on expérimente bien clairement, en ce que le vin, le vinaigre et l'eau-de-vie, qui sont trois divers extraits qu'on peut faire des mêmes raisins, ont des goûts et des vertus si diverses. Enfin, selon mon opinion, leur sel, leur soufre et leur mercure ne diffèrent pas plus entre eux que les quatre éléments des philosophes, ni guère plus que l'eau diffère de la glace, de l'écume et de la neige; car je pense que tous les corps sont faits d'une même matière, et qu'il n'y a rien qui fasse de la diversité entre eux, sinon que les petites parties de cette matière qui composent les uns, ont d'autres figures, ou sont autrement arrangées que celles qui composent les autres. Ce que j'espère que votre excellence pourra voir bientôt expliqué assez au long en mes Principes de philosophie, qu'on va imprimer en françois.

Je ne sais rien de particulier touchant la génération des pierres, sinon que je les distingue des métaux, en ce que les petites parties qui composent les métaux sont notablement plus grosses que les leurs, et je les distingue des os, des bois durs, et autres parties des animaux ou végétaux, en ce qu'elles ne croissent pas comme eux par le moyen de quelque suc qui coule par de petits canaux en tous les endroits de leurs corps, mais seulement par l'addition de quelques parties qui s'attachent à elles par dehors, ou bien s'engagent au dedans de leurs pores. Ainsi je ne m'étonne point de ce qu'il y a des fontaines où il s'engendre des cailloux : car je crois que l'eau de ces fontaines entraîne avec soi de petites parties des rochers par où elle passe, lesquelles sont de telles figures, qu'elles s'attachent facilement les unes aux autres lorsqu'elles viennent à se rencontrer, et que l'eau qui les amène étant moins vive et moins agitée qu'elle n'a été dans les veines de ces rochers, les laisse tomber; et il en est quasi de même de celles qui s'engendrent dans le corps des hommes. Je ne m'étonne pas aussi de la façon dont la brique se fait ; car je crois que sa dureté vient de ce que l'action du feu faisant sortir d'entre ses parties, non seulement les parties de l'eau que j'imagine longues et glissantes, ainsi que de petites anguilles, qui coulent dans les pores des autres corps sans s'y attacher, et auxquelles seules consiste l'humidité ou la moiteur de ces corps, comme j'ai dit dans les Météores, mais aussi toutes les autres parties de leur matière qui ne sont pas bien dures et bien fermes, au moyen de quoi celles qui demeurent se joignent plus étroitement l'une à l'autre, et ainsi font que la brique est plus dure que l'argile, bien qu'elle ait des pores plus grands, dans lesquels il entre par après d'autres parties d'eau ou d'air qui la peuvent rendre avec cela plus pesante.

Pour la nature de l'argent vif, je n'ai pas encore fait toutes les expériences dont j'ai besoin pour la connoître exactement; mais je crois néanmoins pouvoir assurer que ce qui le rend si fluide qu'il est, c'est que les petites parties dont il est composé sont si unies et si glissantes, qu'elles ne se peuvent aucunement attacher l'une à l'autre, et qu'étant plus grosses que celles de l'eau, elles ne donnent guère de passage parmi elles à la matière subtile que j'ai nommée le second élément, mais seulement à celle qui est très subtile, et que j'ai nommée le premier élément; ce qui me semble suffire pour pouvoir rendre raison de toutes celles de ses propriétés qui m'ont été connues jusques ici : car c'est l'absence de cette matière du second élément qui l'empêche d'être transparent et qui le rend fort froid; c'est l'activité du premier élément, avec la disproportion qui est entre ses parties et celles de l'air ou des autres corps, qui fait que ses petites gouttes se relèvent plus en rond sur une table que celles de l'eau; et c'est aussi la même disproportion qui est cause qu'il ne s'attache point à nos mains comme l'eau, qui a donné sujet de penser qu'il n'est pas humide comme elle; mais il s'attache bien au plomb et à l'or; c'est pourquoi on peut dire à leur égard qu'il est humide.

J'ai bien du regret de ne pouvoir lire le livre de M. d'Igby, faute d'entendre l'anglois; je m'en suis fait interpréter quelque chose; et pourceque je suis entièrement disposé à obéir à la raison, et que je sais que son esprit est excellent, j'oserois espérer, si j'avois l'honneur de conférer avec lui, que mes opinions s'accorderoient aisément avec les siennes.

Pour ce qui est de l'entendement ou de la pensée que Montagne et quelques autres attribuent aux bêtes, je ne puis être de leur avis; ce n'est pas que je m'arrête à ce qu'on dit, que les hommes ont un empire absolu sur tous les autres animaux; car j'avoue qu'il y en a de plus forts que nous, et crois qu'il y en peut aussi avoir qui aient des ruses naturelles capables de tromper les hommes les plus fins : mais je considère qu'ils ne nous imitent ou surpassent qu'en celles de nos actions qui ne sont point conduites par notre pensée; car il arrive souvent que nous marchons et que nous mangeons sans penser en aucune façon à ce que nous faisons; et c'est tellement sans user de notre raison que nous repoussons les choses qui nous nuisent, et parons les coups que l'on nous porte, qu'encore que nous voulussions expressément ne point mettre nos mains devant notre tête lorsqu'il arrive que nous tombons, nous ne pourrions nous en empêcher. Je crois aussi que nous mangerions comme les bêtes, sans l'avoir appris, si nous n'avions aucune pensée; et l'on dit que ceux qui marchent en dormant passent quelquefois des rivières à la nage, où ils se noieroient étant éveillés. Pour les mouvements de nos passions, bien qu'ils soient accompagnés en nous de pensée, à cause que nous avons la faculté de penser, il est néanmoins très évident qu'ils ne dépendent pas d'elle, pourcequ'ils se font souvent malgré nous, et que par conséquent ils peuvent être dans les bêtes et même plus violents qu'ils ne sont dans les hommes, sans qu'on puisse pour cela conclure qu'elles aient des pensées; enfin il n'y a aucune de nos actions extérieures qui puisse assurer ceux qui les examinent que notre corps n'est pas seulement une machine qui se remue de soi-même, mais qu'il y a aussi en lui une âme qui a des pensées, excepté les paroles, ou autres signes faits à propos de sujets qui se présentent, sans se rapporter à aucune passion. Je dis les paroles, ou autres signes, pourceque les muets se servent de signes en même façon que nous de la voix, et que ces signes soient à propos, pour exclure le parler des perroquets, sans exclure celui des fous, qui ne laisse pas d'être à propos des sujets qui se présentent; bien qu'il ne suive pas la raison; et j'ajoute que ces paroles ou signes ne se doivent rapporter à aucune passion, pour exclure non seulement les cris de joie ou de tristesse, et semblables, mais aussi tout ce qui peut être enseigné par artifice aux animaux; car si on apprend à une pie à dire bonjour à sa maîtresse lorsqu'elle la voit arriver, ce ne peut être qu'en faisant que la prolation de cette parole devienne le mouvement de quelqu'une de ses passions; à savoir, ce sera un mouvement de l'espérance qu'elle a de manger, si l'on a toujours accoutumé de lui donner quelque friandise lorsqu'elle l'a dit; et ainsi toutes les choses qu'on fait faire aux chiens, aux chevaux et aux singes, ne sont que des mouvements de leur crainte, de leur espérance ou de leur joie, en sorte qu'ils les peuvent faire sans aucune pensée. Or il est, ce me semble, fort remarquable que la parole étant ainsi définie ne convient qu'à l'homme seul; car bien que Montagne et Charron aient dit qu'il y a plus de différence d'homme à homme que d'homme à bête, il ne s'est toutefois jamais trouvé aucune bête si parfaite, qu'elle ait usé de quelque signe pour faire entendre à d'autres animaux quelque chose qui n'eût point de rapport à ses passions; et il n'y a point d'homme si imparfait qu'il n'en use : en sorte que ceux qui sont sourds et muets inventent des signes particuliers par lesquels ils expriment leurs pensées : ce qui me semble un très fort argument pour prouver que ce qui fait que les bêtes ne parlent point comme nous, est qu'elles n'ont aucune pensée, et non point que les organes leur manquent. Et on ne peut dire qu'elles parlent entre elles, mais que nous ne les entendons pas; car comme les chiens et quelques autres animaux nous expriment leurs passions, ils nous exprimeroient aussi bien leurs pensées s'ils en avoient. Je sais bien que les bêtes font beaucoup de choses mieux que nous, mais je ne m'en étonne pas; car cela même sert à prouver qu'elles agissent naturellement et par ressorts, ainsi qu'une horloge, laquelle montre bien mieux l'heure qu'il est, que notre jugement nous l'enseigne. Et sans doute que lorsque les hirondelles viennent au printemps, elles agissent en cela comme des horloges. Tout ce que font les mouches à miel est de même nature, et l'ordre que tiennent les grues en volant, et celui qu'observent les singes en se battant, s'il est vrai qu'ils en observent quelqu'un, et enfin l'instinct d'ensevelir leurs morts n'est pas plus étrange que celui des chiens et des chats, qui grattent la terre pour ensevelir leurs excréments, bien qu'ils ne les ensevelissent presque jamais : ce qui montre bien qu'ils ne le font que par instinct, et sans y penser. On peut seulement dire que, bien que les bêtes ne fassent aucune action qui nous assure qu'elles pensent, toutefois, à cause que les organes de leurs corps ne sont pas fort différents des nôtres, on peut conjecturer qu'il y a quelque pensée jointe à ces organes, ainsi que nous expérimentons en nous, bien que la leur soit beaucoup moins parfaite; à quoi je n'ai rien à répondre, sinon que si elles pensoient ainsi que nous, elles auroient une âme immortelle aussi bien que nous; ce qui n'est pas vraisemblable, à cause qu'il n'y a point de raison pour le croire de quelques animaux, sans le croire de tous, et qu'il y en a plusieurs trop imparfaits pour pouvoir croire cela d'eux, comme sont les huîtres, les éponges, etc. Mais je crains de vous importuner par ces discours, et tout le désir que j'ai est de vous témoigner que je suis, etc.

A UN R. P. JÉSUITE.

(Lettre 113 du tome I.)

Mon révérend père,

Je sais que vous avez tant d'occupations qui

---

1 « C'est le P. Noel. Voyez l'appendix de la lettre 5 et 6 du tome III. Je crois cette lettre écrite le 1ᵉʳ de septembre 1646, pour les raisons contenues dans l'appendix. Ainsi je date cette lettre du 1ᵉʳ septembre 1646. »

valent mieux que de lire les lettres d'une personne qui n'est point capable de vous rendre aucun service, que je fais scrupule de vous importuner des miennes, lorsque je n'ai point d'autre sujet de vous écrire que pour vous assurer du zèle que j'ai à vous honorer. Mais pourcequ'il y a ici quelques personnes qui me veulent persuader que plusieurs des pères de votre compagnie parlent désavantageusement de mes écrits, et que cela incite un de mes amis à écrire un Traité dans lequel il veut faire une ample comparaison de la philosophie qui s'enseigne en vos écoles avec celle que j'ai publiée, afin qu'en montrant ce qu'il pense être mauvais en l'une, il fasse d'autant mieux voir ce qu'il juge meilleur en l'autre, j'ai cru ne devoir pas consentir à ce dessein que je ne vous en eusse auparavant averti et supplié de me prescrire ce que vous jugez que je dois faire. L'obligation que j'ai à vos pères de toute l'institution de ma jeunesse, l'inclination très particulière que j'ai toujours eue à les honorer, et celle que j'ai aussi à préférer les voies douces et amiables à celles qui peuvent déplaire, seroient des raisons assez fortes pour m'obliger à prier cet ami de vouloir exercer sa plume sur quelque autre sujet où je ne fusse point mêlé, si je n'étois comme forcé de pencher de l'autre côté par le tort qu'on dit que cela me fait, et par la règle de la prudence, qui m'apprend qu'il vaut beaucoup mieux avoir des ennemis déclarés que couverts; principalement en telle occasion, où n'étant question que d'honneur, d'autant que la querelle éclatera plus, d'autant sera-t-elle plus avantageuse à celui qui aura juste cause. Mais le respect que je vous dois, et l'affection que vous m'avez toujours fait la faveur de me témoigner, a plus de force sur moi qu'aucune autre chose, et fait que je désire attendre vos commandements sur ce sujet; et je ne souhaite rien tant que de vous pouvoir montrer par effet que je suis, etc.

~~~~~~

A UN R. P. JÉSUITE [1].

(Lettre 5 du tome III.)

Mon révérend père,

Encore que la lettre que vous m'avez fait l'hon-

---

[1] « Ce jésuite est le P. Noël; car c'est le P. Noël qui est auteur des deux livres intitulés : *Aphorismi physici*, et *Sol flamma*, imprimés à La Flèche en 1646. Voyez la 68ᵉ des manuscrits de Lahire. Or, dans cette lettre 5, M. Descartes remercie le jésuite à qui il écrit, du présent qu'il lui a fait de ces deux livres; donc c'est au P. Noël qu'il écrit. Cette lettre est fixement datée du 14 décembre 1646. Il répond à une lettre que ce jésuite lui avoit écrite dès le 28 septembre, en réponse d'une qu'il lui avoit envoyée

neur de m'écrire soit du 28 septembre, je ne l'ai néanmoins reçue que depuis huit jours, autrement je n'aurois pas manqué d'y faire réponse plus tôt, pour vous remercier des bons conseils que vous m'avez fait la faveur de me donner, dont je vous suis extrêmement obligé, et pour vous assurer que j'ai dessein de les suivre très exactement. Je vous remercie aussi très humblement des *Aphorismi physici* et du *Sol flamma* qu'il vous a plu m'envoyer. Il n'y a que trois semaines que j'ai reçu ce dernier, et outre que je tiens à honneur d'y être cité en la page cinquième, j'ai été bien aise que les pères de votre compagnie ne s'attachent pas tant aux anciennes opinions, qu'ils n'en osent aussi proposer de nouvelles. Pour les *Aphorismi physici* je ne les ai point encore vus, mais on m'a promis de me les envoyer à la première occasion. Au reste, je vous dirai que, lorsque j'écrivis ci-devant au révérend père Charlet, je n'avois point encore appris qu'il fût provincial de France; je n'étois pas même assuré qu'il fût de retour de l'Amérique, et les choses dont je lui parlois ne venoient point de Paris, mais de Brabant, de Rome, de La Flèche et d'ailleurs; et si je me plaignois à lui, ce n'étoit point

au commencement de septembre de la même année 1646, lorsqu'il étoit dans le dessein de faire faire par un de ses amis le parallèle de sa philosophie, et de la philosophie scolastique et ordinaire. Cette 1re lettre en latin est la 113e du 1er volume. »

qu'il y eût aucuns écrits imprimés contre moi, car cela ne me sauroit jamais offenser ; au contraire, de quelque style et de quelque façon qu'ils puissent être, je croirai toujours qu'ils seront à mon avantage, pourceque, s'ils sont bons, j'aurai du plaisir à y apprendre ou à y répondre, et s'ils ne le sont pas, ils ne serviront qu'à faire voir l'impuissance de ceux qui m'auront attaqué. Ainsi je vous puis assurer que le livre d'instances de M. Gassendi ne m'a jamais tant déplu que m'a plu le jugement qu'en fit le R. P. Mesland avant qu'il s'en allât aux Indes; car il m'écrivit qu'il l'avoit tout lu en fort peu de temps, pourcequ'il n'y avoit rien trouvé contre mes opinions à quoi il ne pût aisément répondre. Mais ce qui me désoblige le plus sont des discours particuliers contre lesquels je vous avoue que je ne sais point d'autre remède que de faire savoir au public que ceux qui les font me sont ennemis, afin qu'on y ajoute moins de créance. Toutefois je ne suis pas si difficile ni si injuste, que je demande qu'un chacun suive mes sentiments, ou que je m'offense de ce que ceux qui en ont d'autres disent franchement ce qu'ils jugent ; j'ai cru seulement que je devois m'opposer à ceux qui s'étudieroient à faire avoir mauvaise opinion aux autres d'une chose de laquelle ils ne parleroient point du tout, s'ils n'en avoient euxmêmes bonne opinion. Et pourceque cela seroit contraire à la probité, je n'ai garde d'imaginer rien de tel des pères de votre compagnie, principalement de ceux de France, où j'ai le R. P. Charlet, de la particulière affection et singulière vertu duquel je ne puis douter. Je vous prie aussi de ne douter aucunement que je ne sois tout à vous de cœur et d'affection, et de me croire, etc.

A UN R. P. JÉSUITE[1].

(Lettre 6 du tome III.)

Mon révérend père,

Les lettres que j'ai eu l'honneur de recevoir de la part de votre révérence m'ont extrêmement obligé, et j'aurai soin d'empêcher autant qu'il sera en mon pouvoir qu'aucun de mes amis ne fasse rien contre les bons conseils que j'y trouve. Ce m'est beaucoup qu'elles m'apprennent que vous ne trouverez point mauvais si, sans attaquer personne

---

[1] « C'est le P. Noël; comparez avec les précédentes. Il est constant qu'il veut parler de la préface des *Principes*, qu'il n'a achevée que vers la fin d'avril 1647. Voyez la 24.ᵉ à Picot, du 26 août 1647, où il lui dit qu'il est si dégoûté de faire des livres, qu'il ne fera peut-être qu'une préface d'une page ou deux. Donc je puis fixer cette lettre au 15 mars 1647. » — Nous plaçons ici cette lettre à cause de son rapport à la précédente.

en particulier, on dit son sentiment en général de la philosophie qui s'enseigne communément partout. C'est un sujet auquel il est malaisé de s'abstenir de tomber, mais pourceque ce qui avoit été commencé par un de mes amis ne m'a pas satisfait, je l'ai prié de ne point continuer; et afin de pouvoir mieux user de toute la circonspection et retenue qui sera requise pour faire que cela n'offense personne, je pense que je prendrai moi-même la plume, non point pour en écrire un long discours, mais pour mettre seulement par occasion dans une préface les choses dont il me semble que ma conscience m'oblige d'avertir le public. Car je puis dire en vérité que, si je n'avois suivi que mon inclination, je n'aurois jamais rien fait imprimer, et que je n'ai point d'autre soin que de m'acquitter de mon devoir, ni d'autre passion que celle qui est excitée par le souvenir des obligations que je vous ai, et qui me fait être, etc.

A MONSIEUR **** [1].

(Lettre 18 du tome II.)

RÉPONSE A UN IMPRIMÉ QUI A POUR TITRE
DE DUOBUS CIRCULIS. (Version.)

Monsieur,

Il me semble qu'il est plus difficile de reconnoître en quoi consiste la difficulté de cette question, que non pas de la démêler après l'avoir connue : car qui voudra considérer qu'il y a dans une roue deux mouvements tout-à-fait différents, l'un qui est droit et l'autre est circulaire, l'un desquels, à savoir le droit, ne contribue en façon quelconque à sa circonvolution, mais qui seul la fait avancer tout entière en même temps suivant une ligne droite sur le plan où elle est appuyée, faisant mouvoir ou avancer chacune de ses parties également vite, et dont l'autre, à savoir le circulaire, ne contribue rien du tout à la faire ainsi avancer sur son plan, mais qui seul fait mouvoir chacune de ses parties

---

[1] « On ne sait à qui cette lettre est adressée. »

à l'entour de son axe, non pas toutefois d'une égale vitesse, mais les plus éloignées de l'axe plus vite, et celles qui en sont plus proches plus lentement, en sorte que ces dernières emploient autant de temps à achever leur petit circuit, que les autres à faire leur plus grand, certainement il n'aura pas sujet de s'étonner, si toutes les parties d'une roue décrivent chacune sur leur plan une ligne également longue, encore qu'elles ne se meuvent pas toutes également vite en rond; car il voit bien que ces deux mouvements sont tout-à-fait différents, et que l'un ne dépend point de l'autre; et même il voit bien qu'il faut nécessairement que cela se fasse ainsi, en sorte que ce seroit un miracle s'il arrivoit autrement : car le mouvement droit étant égal dans toutes les parties de la roue, et le circulaire étant inégal dans les parties qui sont inégalement éloignées de l'axe, il est nécessaire que tandis que toutes se meuvent en même temps également vite d'un mouvement droit, elles se meuvent aussi toutes inégalement d'un mouvement circulaire. D'où peut donc venir cette difficulté? c'est peut-être de ce que ces deux mouvements différents sont considérés comme un seul et même mouvement, et qu'on croit ordinairement que les roues des chariots décrivent toujours sur leur plan une ligne égale à leur circonférence : ce qui toutefois ne peut jamais être exactement vrai, si ce n'est par hasard;

car ce qui fait que ces roues se meuvent suivant une ligne droite, c'est la force des chevaux qui traînent le chariot ou quelque autre semblable, et ce qui fait qu'elles tournent en rond, c'est que ces roues par leur propre poids pressent le plan sur lequel elles sont appuyées, lequel étant inégal et mal poli, elles s'y attachent en quelque façon; et ces deux causes étant tout-à-fait différentes, il est difficile qu'elles puissent jamais produire des effets entièrement égaux : et je m'étonne qu'il y en ait qui se servent de l'exemple de la raréfaction pour expliquer cette difficulté, qui, à mon avis, n'est qu'imaginaire; car on conçoit bien plus aisément deux mouvements différents, dont l'un est plus vite que l'autre (qui est tout ce qu'il y a ici à considérer), que cette raréfaction conçue à la façon de l'école, laquelle je confesse ne pouvoir du tout comprendre.

Dans cet imprimé, page 6, il est dit que chaque partie du plus petit cercle touche seulement une partie du plan qui est au-dessous, ce qui est faux. Car si ce cercle décrit sur ce plan une ligne deux fois plus grande que sa circonférence, chaque partie de cette circonférence touche deux parties de ce plan qui lui sont égales : si elle en décrit une trois fois plus grande, elle en touche trois, etc. Et il ne faut pas trouver étrange si une même ligne devient successivement le segment commun de deux lignes, pourcequ'elle s'applique premièrement à l'une et ensuite à l'autre: comme lorsque je me promène dans une place, mon corps devient le commun segment de toutes les lignes qu'on peut mener du centre de la terre à toutes les parties de cette place.

Sur ces paroles de la page huitième : *car selon quelle proportion laisseroit-il un plus grand ou un moindre espace ?* Réponse. Selon que la force qui cause le mouvement droit est plus grande ou plus petite que celle qui porte et qui détermine au mouvement circulaire ; et je nie que la ligne droite convienne parfaitement avec la circulaire : car pour convenir parfaitement ensemble, toutes les parties de l'une devroient convenir en même temps à toutes les parties de l'autre, et non pas successivement ; et l'exemple de la pièce de drap, de la page 9, n'est pas pareil, car l'application de chaque aune se fait tout en même temps, et non pas ici celle de chaque partie.

Page 11. Cette proposition, *personne ne laisse ce qu'il n'a pas*, est un sophisme : car une plume n'a point les lignes qu'elle laisse sur le papier, lorsqu'elle les trace par son mouvement ; et ce qui suit n'est pas véritable.

Page 16 et 17. La distinction qui est mise entre la raréfaction successive et la permanente, et entre le mouvement naturel et celui qui se fait par accident, est chimérique, et n'a aucun fondement dans les choses : par où tout ce qui reste peut facilement être renversé.

~~~~~~~~~~~~~~~~~~~~~~~~~~~~

A MONSIEUR *****[1].

(Lettre 113 du tome II.)

Monsieur,

Je vous remercie très humblement du livre *De pluvii purpurea*[2], que vous m'avez fait la faveur de m'envoyer; l'observation qu'il contient est belle, et ayant été faite par M. Vendelinus, qui est homme savant aux mathématiques et de très bon esprit, je ne fais point de doute qu'elle ne soit vraie. Je ne vois rien aussi à dire contre les raisons qu'il en donne, pourcequ'en telles matières, dont on n'a pas plusieurs expériences, c'est assez d'imaginer une cause qui puisse produire l'effet proposé, encore qu'il puisse aussi être produit par d'autres, et qu'on ne sache point la vraie. Ainsi je crois fa-

[1] « Cette lettre est très certainement écrite dans le mois d'octobre 1646, comme on peut voir par le grand rapport qu'elle a avec la 64ᵉ des manuscrits de Lahire, datée du 5 octobre 1646. »

[2] « Imprimé à Bruxelles, 1646. »

cilement qu'il peut sortir quelques exhalaisons des divers endroits de la terre, et particulièrement de ceux où il y a du vitriol, qui se mêlant avec l'eau de la pluie dans les nues, la rendent rouge ; mais pour assurer qu'on a justement trouvé la vraie cause, il me semble qu'il faudroit faire voir par quelque expérience, non pas comment le vitriol tire la teinture des roses, mais comment quelques vapeurs ou exhalaisons qui sortent du vitriol, jointes à celles qui sortent du bitume, se mêlant avec celle de l'eau de pluie, la rendent rouge; et ajouter pourquoi les mêmes mines de vitriol et de bitume, demeurant toujours aux mêmes lieux proches de Bruxelles, on n'a toutefois encore jamais remarqué que cette seule fois qu'il y soit tombé de la pluie rouge. Pour la pierre de Boulogne, il y a long-temps que j'en ai ouï parler ; mais je ne l'ai jamais vue, et ainsi je serois téméraire d'en vouloir dire la raison. Pour le livre de M. Leroy, il ne contient pas un mot touchant la métaphysique qui ne soit directement contraire à mes opinions ; et touchant la physique, bien que je n'y aie quasi rien vu que je ne puisse soupçonner qu'il a emprunté de moi, toutefois il y a mis beaucoup de choses que j'estime fausses, en la façon qu'il les a écrites, à cause qu'il les a mal comprises ; comme particulièrement ce qu'il répète deux fois touchant le mouvement des muscles, qu'il a tiré, comme je m'imagine, d'un écrit que je n'ai point encore publié, duquel n'ayant eu sans doute qu'une copie imparfaite et sans figures, je ne m'étonne pas qu'il l'ait mal compris.

Je suis obligé de ne point blâmer l'auteur de l'imprimé qu'il vous a plu m'envoyer, pourceque je vois qu'il a tâché de mettre en pratique quelque chose de ce dont j'ai proposé la théorie en ma dioptrique, où encore que mon principal dessein ait été d'expliquer les lunettes à longue vue, toutefois au commencement du septième ou du huitième discours, j'y ai parlé aussi en passant de celles qui soulagent les défauts de la vue; et tant pour les vieillards qui voient mieux de loin que de près, que pour ceux qui ne peuvent voir que de près, j'ai dit qu'elles doivent être creuses ou concaves du côté qu'on met vers l'œil, et relevées en rond de l'autre côté, et qu'il n'est pas nécessaire que leur figure soit si exacte que celle des autres, de quoi il semble que ce lunetier a voulu faire l'épreuve; mais je ne puis deviner si elle lui a réussi: car les jugeant beaucoup plus difficiles à tailler que les vulgaires, je n'ai jamais tâché d'en faire l'essai, ni n'ai point su qu'aucun autre l'ait fait; et ce qui m'en donne moins bonne opinion, est que je vois que cet imprimé n'est autre chose qu'un galimatias de charlatan, qui montre qu'il n'entend pas ce qu'il dit, et ne tâche qu'à débiter sa drogue; car si les lunettes étoient si bonnes qu'il les vante, il n'en pourroit tant faire qu'on en voudroit acheter, et ainsi n'auroit pas eu besoin de faire cet effort de son esprit pour en publier les louanges. Je suis, etc.

A M. CLERSELIER [1].

(Lettre 118 du tome I.)

Monsieur,

L'espérance que j'ai d'être bientôt à Paris est cause que je suis moins soigneux d'écrire à ceux que j'espère avoir l'honneur d'y voir. Ainsi il y a

---

[1] « La lettre 118ᵉ du 1ᵉʳ volume, page 534, est de M. Descartes à M. Clerselier. Ce qu'il dit des objections de M. Lecomte, page 535, fait assez voir que cette lettre a été écrite l'an 1646. Pour le jour, je la crois écrite le 16 juillet 1646; car dans une autre lettre manuscrite à M. Clerselier, fixement datée du 29 août 1646, M. Descartes dit qu'il y a trois semaines qu'il a reçu les objections de M. Lecomte, qu'il se plaint dans celle-ci n'avoir pas reçues, et la plainte de M. Descartes fut cause que M. Lecomte donna ses objections à M. Clerselier, qui les envoya aussitôt à M. Descartes, qui y satisfit le 29 septembre 1646. Ces objections avoient été communiquées à M. Picot, qui y avoit fait une réponse quelque temps auparavant; l'une et l'autre ayant été envoyée à M. Descartes ne l'empêcha pas d'y faire aussi ses réponses. Tout cela me fait présumer que cette lettre est datée du 16 juillet 1646, jour de poste. »

déjà quelque temps que j'ai reçu celle que vous avez pris la peine de m'écrire; mais j'ai pensé que vous ne vous souciez pas fort d'avoir réponse à la question qu'il vous a plu m'y proposer touchant ce qu'on doit prendre pour *le premier principe*, à cause que vous y avez déjà répondu mieux que je ne saurois faire. J'ajoute seulement que le mot de *principe* se peut prendre en divers sens, et que c'est autre chose de chercher *une notion commune*, qui soit si claire et si générale qu'elle puisse servir de principe pour prouver l'existence de tous les êtres, les *entia*, qu'on connoîtra par après; et autre chose de chercher *un être*, l'existence duquel nous soit plus connue que celle d'aucuns autres, en sorte qu'elle nous puisse servir *de principe* pour les connoître. Au premier sens, on peut dire que *impossibile est idem simul esse et non esse* est un principe, et qu'il peut généralement servir, non pas proprement à faire connoître l'existence d'aucune chose, mais seulement à faire que lorsqu'on la connoît, on en confirme la vérité par un tel raisonnement: *Il est impossible que ce qui est ne soit pas; or je connois que telle chose est, donc je connois qu'il est impossible qu'elle ne soit pas*. Ce qui est de bien peu d'importance, et ne nous rend de rien plus savants. En l'autre sens, le premier principe est *que notre âme existe*, à cause qu'il n'y a rien dont l'existence nous soit plus notoire. J'ajoute aussi que ce n'est pas une condition qu'on doive requérir au premier principe, que d'être tel que toutes les autres propositions se puissent réduire et prouver par lui; c'est assez qu'il puisse servir à en trouver plusieurs, et qu'il n'y en ait point d'autre dont il dépende, ni qu'on puisse plus tôt trouver que lui. Car il se peut faire qu'il n'y ait point au monde aucun principe auquel seul toutes les choses se puissent réduire; et la façon dont on réduit les autres propositions à celle-ci, *impossibile est idem simul esse et non esse*, est superflue et de nul usage; au lieu que c'est avec très grande utilité qu'on commence à s'assurer de *l'existence de Dieu*, et ensuite de celle de toutes les créatures, *par la considération de sa propre existence*.

Le père Mersenne m'avoit mandé que M. Lecomte a pris la peine de faire quelques objections contre ma Philosophie, mais je ne les y ai point encore vues : je vous prie de l'assurer que je les attends, et que je tiens à faveur qu'il ait pris la peine de les écrire.

L'Achille de Zénon ne sera pas difficile à résoudre, si on prend garde que si à la dixième partie de quelque quantité on ajoute la dixième de cette dixième, qui est une centième, et encore la dixième de cette dernière, qui n'est qu'une millième de la première, et ainsi à l'infini, toutes ces dixièmes jointes ensemble, quoiqu'elles soient supposées réellement infinies, ne composent toutefois qu'une quantité finie, savoir une neuvième de la première quantité, ce qui peut facilement être démontré. Car, par exemple, si de la ligne AB on ôte la dixième partie du côté qui est vers A¹ à savoir AC, et qu'au même temps on en ôte huit fois autant de l'autre côté, à savoir BD, il ne reste entre deux que CD qui est égal à AC, puis derechef si de CD on ôte sa dixième partie vers A, à savoir CE, et huit fois autant de l'autre côté, à savoir DF, il ne restera entre deux que EF, qui est la dixième de la toute CD, et si on continue indéfiniment à ôter du côté marqué A un dixième de ce qu'on avoit ôté auparavant, et huit fois autant de l'autre côté, on trouvera toujours entre les deux dernières lignes qu'on aura ôtées qu'il restera une dixième partie de toute la ligne dont elles auront été ôtées, de laquelle dixième on pourra derechef ôter deux autres lignes en même façon; mais si on suppose que cela ait été fait un nombre de fois actuellement infini, alors il ne restera plus rien du tout entre les deux dernières lignes qui auront ainsi été ôtées, et on sera justement parvenu des deux côtés au point G, supposant que AG est la neuvième partie de la toute AB, et par conséquent que BG est octuple de AG; car puisque ce qu'on aura ôté du côté de B aura toujours été octuple de ce qu'on aura

¹ Figure 4.

ôté du côté A, il faut que *l'aggregatum*, ou la somme de toutes ces lignes ôtées du côté de B, qui toutes ensemble composent la ligne BG, soit aussi octuple de AG, qui est l'agrégé de toutes celles qui ont été ôtées du côté de A; et par conséquent si à la ligne AC on ajoute CE, qui est sa dixième partie, et de plus une dixième de cette dixième, et ainsi à l'infini, toutes ces lignes jointes ensemble ne composeront que la ligne AG, qui est la neuvième de la toute AB, ainsi que j'avois entrepris de démontrer. Or cela étant su, si quelqu'un dit qu'une tortue qui a dix lieues d'avance sur un cheval qui va dix fois aussi vite qu'elle ne peut jamais être devancée par lui, à cause que pendant que le cheval fait ces dix lieues la tortue en fait une de plus, et que pendant que le cheval fait cette lieue la tortue avance encore la dixième partie d'une lieue, et ainsi à l'infini, il faut répondre que véritablement le cheval ne la devancera point pendant qu'elle fera cette lieue et cette dixième et $\frac{1}{100}$ et $\frac{1}{1000}$ de lieue, mais qu'il ne suit pas de là qu'il ne la devance jamais, pourceque cette $\frac{1}{10}$ et $\frac{1}{100}$ et $\frac{1}{1000}$ etc., ne font que $\frac{1}{9}$ d'une lieue, au bout de laquelle le cheval commencera de la devancer; et la caption est en ce qu'on imagine que cette neuvième partie d'une lieue est une quantité infinie, à cause qu'on la divise par son imagination en des parties infinies. Je suis infiniment, etc.

A M. DESCARTES [1].

(Lettre 13 du tome II.)

MONSIEUR,

Je vous écrivis dernièrement que, selon vos ordres, j'avois présenté à M. Lecomte un exemplaire de vos Principes de philosophie; que cette belle et nouvelle doctrine nous avoit donné plusieurs fois sujet d'entretien et d'admiration; que dans les conversations que j'avois eues à diverses reprises

---

[1] « Par la lettre manuscrite de M. Descartes à M. Clerselier, datée du 29 août 1646, il appert que M. Descartes avoit reçu dans le paquet de M. Clerselier, trois semaines auparavant, par le ministère du sieur Petit, les objections de M. Lecomte. Ainsi elles avoient été envoyées de Paris le 20 juillet 1646. J'étois d'abord incertain si cette 13° lettre avoit été écrite par le P. Mersenne ou par M. Clerselier; je croyois que c'étoit par M. Clerselier, à cause que les réponses de M. Descartes à ces objections de M. Lecomte lui sont adressées dans la lettre manuscrite de M. Descartes, du 29 août 1646; mais j'ai reconnu depuis que c'avoit été le P. Mersenne qui avoit conduit toute cette rubrique, qui d'abord, par ordre de M. Descartes, avoit fait présent de son livre à M. Lecomte, avoit ensuite sollicité ses objections, enfin les avoit données à M. Picot, pour y répondre et décharger d'autant M. Descartes, et qu'enfin, à la sollicitation de M. Descartes (voyez page 535 de la lettre 118 du 1ᵉʳ volume), il les lui avoit envoyées dans le paquet de M. Clerselier: voir encore les pages 75

avec lui, il m'avoit souvent proposé des difficultés sur quelques points de votre livre, que j'avois trouvées fort considérables, et qui méritoient bien d'être mises sur le papier; que je l'en avois prié, et même pressé; et qu'enfin j'avois obtenu de lui qu'il les rédigeroit par écrit en forme d'objections: vous m'avez témoigné, monsieur, que vous aviez un très grand désir de les voir, je vous les envoie par cet ordinaire, pour satisfaire à votre curiosité. J'y ai joint aussi les réponses claires et judicieuses qu'un de vos amis et des miens, auquel je les avois communiquées, a voulu prendre la peine d'y faire.

OBJECTIONS DE M. LECOMTE
CONTRE LES PRINCIPES DE LA PHILOSOPHIE DE M. DESCARTES.

(Page 166, art. 54. Version.)

Demeurant d'accord des principes que M. Descartes a posés pour fondement de sa nouvelle physique, des figures et de toutes les lois des mouvements

et 80 des objections de M. Lecomte, où il est manifeste que M. Lecomte adresse ses objections au P. Mersenne. Ainsi il est constant que cette lettre est du P. Mersenne, et qu'elle a été envoyée à M. Descartes sur la fin de juillet 1646, et je la fixe au 20 juillet 1646. Pour les objections de M. Lecomte, elles sont de cinq ou six semaines plus anciennes; mais cela n'est pas de conséquence, il suffit que la lettre qui contient les objections soit du 20 juillet 1646. Voyez encore la fin de la lettre 63 du manuscrit de M. de Labire, datée du 7 septembre 1646. »

qu'il a donnés aux petits corps dont il veut que le monde soit composé, il me semble que si la matière du premier élément s'est ainsi augmentée dès le commencement, elle doit encore aujourd'hui croître sans cesse, à cause du mouvement continuel des petits globes du second élément, qui, se rencontrant et se froissant encore maintenant les uns les autres, doivent comme autrefois s'apetisser continuellement, et par conséquent augmenter toujours le premier élément ; et cela étant, le corps du soleil et des étoiles fixes devroit continuellement croître. Ce qui toutefois ne nous paroît point.

RÉPONSE DE M. PICOT.

Vous remarquez fort bien qu'il s'engendre tous les jours de nouveau quelques petites parties de la matière du premier élément ; mais vous deviez aussi prendre garde à ces mots de l'art. 2 de la 4e partie : *Mais les moins subtiles parties de sa matière (à savoir de la matière du premier élément), s'attachant peu à peu les unes aux autres*, etc., *et ainsi prenant la forme du troisième élément.* Car par là vous eussiez vu que les astres n'en doivent pas pour cela croître davantage.

INSTANCE DE M. LECOMTE.

Cette réponse me satisfait entièrement; car du premier élément s'engendre le troisième, et quelquefois aussi la matière du premier et du troisième se convertit en celle du second; et ainsi le second élément est réparé comme M. Descartes l'a remarqué: et en la page 21, article 100, il dit que le troisième élément ne sauroit croître à l'infini.

(Page 196, art. LXXXIII et autres suivants.)

En cet endroit M. Descartes ne prouve pas que les petits globes du second élément se meuvent plus vite en rond vers la circonférence d'un ciel ou d'un tourbillon, que vers le milieu, c'est-à-dire dans notre ciel, qu'ils ne font vers Saturne; mais seulement il montre que l'effort qu'ils font tous pour s'éloigner du centre, fait que les plus grands et les plus pesants prennent le dessus; et ainsi il se peut faire que quelques uns d'entre eux se meuvent plus vite que les autres d'un mouvement droit, ou quasi droit, vers les extrémités d'un tourbillon, mais non pas d'un mouvement circulaire. Et si l'on veut dire que leur mouvement circulaire soit aussi augmenté par cet effort qu'ils font pour s'éloigner du centre de leur mouvement, je demande pourquoi cette loi n'est pas générale par tout un tourbillon, et quelle peut être la raison de la diversité et du retardement qui arrive à une certaine distance, comme vers Saturne.

Et il semble qu'après tant de tours et de révolutions que ces petits globes ont faits depuis six mille ans ou environ, ils devroient à présent être tellement disposés et arrangés que les plus pesants et les plus solides fussent au-dessus des autres; et qu'ils ne devroient plus pour ce sujet changer leur ordre (si ce n'est peut-être par accident), mais seulement suivre le mouvement circulaire de tout le ciel où ils sont.

Et l'exemple que l'on apporte dans la figure suivante ne convient point du tout aux petits globes du second élément : car lorsqu'ils changent leur ordre, ils passent d'un chemin étroit dans un plus large, puisqu'ils se reculent du centre pour s'approcher de la circonférence, et dans cette figure le contraire est représenté.

RÉPONSE DE M. PICOT.

Dans cet article l'auteur veut montrer comment les petits globes, quoique égaux en grandeur, ainsi qu'il les avoit supposés, se meuvent plus vite les uns que les autres; ce qu'il démontre fort bien. Et il n'y a point de doute que les supérieurs ne se meuvent plus vite que les inférieurs au-delà de la sphère de Saturne, puisque les supérieurs parcourent en même temps un plus grand espace que les inférieurs. Et c'est mal inférer que de dire que les plus solides doivent être au-dessus des autres, pourceque l'auteur ne prétend pas que ces globes, pour être plus massifs, s'éloignent davantage du centre du vortice ou du tourbillon, mais seulement ceux qui sont les plus agités, c'est à savoir lorsqu'il arrive que ceux qui sont au-dessus surpassent plus les autres en vitesse, qu'ils ne sont surpassés par eux en grandeur.

INSTANCE.

Mais ces globes ne sauroient être plus agités les uns que les autres, si ce n'est parcequ'ils sont plus solides, ou bien cette agitation sera seulement accidentelle, et par conséquent de peu d'importance.

Mais la principale difficulté de cette seconde objection, qui n'avoit pas été assez clairement proposée la première fois, consiste en ce que je ne vois point pourquoi, par exemple, toute la matière qui se meut circulairement à l'entour du soleil doit être peu à peu par lui retardée jusques à une certaine distance, par exemple, jusqu'à Saturne, et, passé la sphère de Saturne, je ne vois pas non plus d'où cette matière peut recevoir une nouvelle vitesse, pour faire qu'elle puisse aussi peu à peu se mouvoir circulairement plus vite, jusqu'à l'extrémité de son *vortice*, ou, si vous aimez mieux, de son *ciel* et de son *tourbillon*.

Car M. Descartes a supposé que toute la matière étoit divisée en un nombre indéfini de parties qui se mouvoient toutes séparément sur leur propre centre, et qu'une quantité innombrable de ces particules tournoient circulairement autour de certains points, qui font les centres des étoiles fixes, et qui sont séparés les uns des autres par des espaces immenses; et cela supposé il a promis de sauver toutes les apparences.

Mais, dans cet article et dans les suivants, il veut prouver que la matière du ciel se meut plus vite vers le centre et la circonférence que vers le milieu, ou vers un certain point qui n'est pas déterminé; mais j'estime qu'il devoit plutôt demander qu'on lui accordât cela comme une troisième supposition, que non pas d'entreprendre d'en donner la raison; car je ne pense pas qu'aucune loi de la nature ou du mouvement, ni même qu'aucune expérience puisse servir à confirmer une telle proposition. Et il semble que l'imagination, ou l'invention d'un mouvement ainsi composé, a été controuvée par l'auteur, afin que, selon son hypothèse, il pût sauver les apparences des comètes, et même aussi la libration de ses planètes, et les lieux où il les place.

Je demande donc pourquoi, depuis le centre de chaque tourbillon jusqu'à sa circonférence, le mouvement circulaire n'est pas également augmenté ou diminué par degrés, ou pourquoi toute la matière d'un ciel ne fait pas son tour en même temps, et quelle est la raison de la diversité et du retardement qui arrive à une certaine distance du centre.

Contre l'article 84 de cette troisième partie l'on pourroit objecter que, bien que la matière du soleil se meuve très vite, et qu'elle puisse entraîner avec soi les globes du second élément qui lui sont voisins, toutefois, pourceque ces globes sont mêlés parmi l'air qui les environne, lequel étant composé de brisures de plusieurs parties cannelées, et des matières grossières propres à couvrir de taches le corps de l'astre qui est au centre du tourbillon, et par conséquent peu capables d'une grande agitation, de là il semble que ces parties du second élément ne devroient pas se mouvoir si vite proche de la sphère du soleil qu'un peu plus loin, où ces empêchements cessent.

(Page 209, art. xcv.)

Au contraire il me semble que ces taches devroient plutôt paroître vers les pôles que vers l'écliptique, puisque la matière du soleil se meut d'un mouvement plus rapide vers son écliptique

que vers ses pôles, comme il est dit en l'article 84 : car il est certain que l'écliptique, outre un grand nombre de mouvements qui lui sont communs avec tout le reste du corps du soleil, a son mouvement plus rapide que toutes les autres parties.

Or, où le mouvement est plus violent, là aussi, selon les lois de la nature et du mouvement, il se fait une secousse continuelle plus forte; et partant, les taches qui naissent vers l'écliptique devroient s'en éloigner, et être chassées vers les pôles. A quoi l'on peut ajouter que la matière du premier élément, et les petits globes du second, avec l'air d'alentour, et tout ce qu'il y a de corps contigus au soleil, sont aussi emportés d'un mouvement plus rapide vers l'écliptique que vers les pôles.

Mais s'il arrive qu'il naisse quelques taches vers les pôles, elles ne s'en devroient nullement éloigner, à cause du mouvement très vite qui est vers l'écliptique, qui ne leur permet pas de s'approcher vers elle, et leur empêche par ce moyen de s'éloigner des pôles.

Et cela étant, le soleil et les autres astres devroient être couverts de taches vers les pôles, et non pas vers l'écliptique; et toutefois le contraire nous paroît aux taches du soleil.

Ce qui peut être encore confirmé par l'exemple qui est ici apporté. Car nous voyons que comme l'écume qui sort hors des liqueurs qu'on fait bouillir sur le feu est rejetée vers les lieux où ces liqueurs bouillent le moins, de même la matière du soleil qui bout avec violence dans l'écliptique devroit chasser l'écume et les taches vers les parties qui se meuvent et bouillent le moins.

RÉPONSE DE PICOT.

Je ne vois point pourquoi vous voulez que les pôles soient couverts de la matière des taches : car ces petites parties dont les taches sont composées, étant mues d'un mouvement droit depuis les écliptiques des autres tourbillons voisins, sont encore assez agitées lorsqu'elles parviennent au soleil, et qu'elles entrent dans son corps par les pôles, pour ne s'y point arrêter, et passer jusqu'à une certaine distance, avant que de perdre cette agitation en ligne droite, laquelle elles conserveroient peut-être, n'étoit qu'elles se mêlent avec la matière du soleil, qui, étant plus agitée et plus disposée au mouvement que ces petites parties, les chasse vers la circonférence, c'est-à dire vers l'écliptique plutôt que vers les pôles, à cause que la nouvelle matière qui entre sans cesse dans le soleil chasse ces taches vers l'écliptique ; ce qui est confirmé dans tout l'article 96. Et il n'importe pas que le mouvement soit plus vite dans l'écliptique : car il est manifeste que la matière des taches empêche moins l'agitation de la matière du soleil lorsqu'elle est sur sa superficie extérieure que lorsqu'elle est au dedans; et c'est la raison pourquoi la matière qui est nouvellement entrée dans le soleil, étant moins épurée et moins disposée à mouvoir, est incontinent chassée au-dessus.

INSTANCE.

Le lecteur portera son jugement en faveur de qui bon lui semblera.

REMARQUE DE M. CLERSELIER
SUR LA PRÉCÉDENTE OBJECTION.

L'auteur et l'opposant demeurent tous deux d'accord que la matière des taches du soleil est jetée dehors vers l'écliptique, et les parties qui lui sont voisines, comme étant les plus agitées; mais de là l'opposant soutient que ces taches doivent couler ou être chassées vers les pôles, à cause de la rapidité du mouvement qui est vers l'écliptique, et vers les autres parties voisines, ce qui est contre le sens de l'auteur.

Certainement si cette matière dont les taches sont composées demeuroit appuyée sur le corps du soleil après en être sortie, de même que les corps pesants demeurent attachés à la terre, il n'y a point de doute qu'aussitôt elle ne dût couler de l'écliptique vers les pôles, ainsi qu'il est prouvé par l'expérience de l'écume, apportée ici de part et d'autre. Mais, comme dit l'auteur, cette matière qui a une fois été jetée hors du corps du soleil est abandonnée dans un air libre, assez proche pourtant du soleil, et tourne avec lui, sans aucune résistance à son mouvement; et il n'y a point de raison pourquoi elle se dût assembler vers les pôles.

Maintenant pourquoi il n'arrive pas que cette matière ainsi assemblée engendre des taches vers les pôles, c'est ce que le répondant a fort bien expliqué.

(Page 219, art. cviii.)

C'est une chose contraire à l'ordre de la nature, que les parties cannelées de la matière du premier élément passent plus aisément par une tache que par l'air; car il est plus facile aux parties de la matière de passer au travers des corps moins opaques, qu'au travers de ceux qui le sont davantage, et qui pour cela même résistent plus au mouvement des autres corps : et selon M. Descartes, page 218, ces parties cannelées viennent de l'extrémité d'un tourbillon, et se forment des pores ou conduits depuis A jusques à x qui est au-delà de d.

Qui empêche donc qu'elles ne se forment toujours de semblables conduits, depuis x jusques à B, qui est le pôle opposé à celui d'où elles viennent? car l'air, les petits globes du second élément, et la matière du premier, peuvent partout leur donner passage avec une égale facilité; et il n'est pas besoin qu'elles changent leurs cannelures et leurs façons ordinaires de se mouvoir pour continuer leur chemin, et même celui qu'elles ont fait quand elles sont parvenues depuis A jusques à l'astre est justement égal à celui qui leur reste à parvenir depuis l'astre jusques à B.

Et la réponse de l'article 113 ne peut nullement servir : c'est à savoir qu'il est plus facile aux parties cannelées de passer par les taches que par l'air qui les environne, à cause que l'air obéit au mouvement des petits globes du second élément, et ne conserve pas la même situation; car ces petits globes du second élément, et l'air qui est mêlé parmi eux, se meut tout de même depuis d jusques à B qu'il fait depuis A jusques à f.

Et même si cette réponse étoit recevable, on pourroit dire que les parties cannelées devroient plutôt passer de l'extrémité du pôle d'un tourbillon vers l'autre extrémité, que de composer le petit tourbillon dont il est parlé dans l'article 108, d'autant que vers les pôles, les deux premiers élémens et l'air qui se trouve parmi se meuvent lentement et d'un même branle, là où vers l'écliptique ils se meuvent d'un mouvement beaucoup plus rapide et fort divers; et par conséquent il doit être plus facile aux parties cannelées de continuer leur mouvement vers le pôle opposé, que de retourner par l'air et les petits globes du second élément vers l'écliptique, où le mouvement est fort différent de celui des pôles, et où les petits globes du second élément et l'air d'alentour changent continuellement de situation, à cause de la rapidité de leur mouvement.

Enfin, puisque, selon ce qui est dit en la page 218, les parties cannelées ne viennent pas seulement de quelque point du ciel vers l'astre, mais qu'elles viennent de toute la partie du ciel qui est autour du pôle A, vers la partie du ciel marquée IIIQ, et y coulent sans cesse, par quel moyen ces parties cannelées, qui sont venues d'A vers x, pourront-elles retourner par xx vers f, pour composer comme un vortice ou tourbillon autour de l'astre, ou de la terre? car ces parties cannelées rencontreroient en leur retour celles qui viennent comme elles du pôle A, et s'opposant les unes aux autres empêcheroient ce retour; et même celles qui viendroient du pôle opposé pour faire leur retour nuiroient aussi au retour de celles-ci, ce qui semble être fort difficile à ajuster.

RÉPONSE DE PICOT.

Au contraire, ce qui est dit en cet article est conforme à l'ordre de la nature : car dans une tache il se trouve plus de conduits par où les parties cannelées peuvent passer, qu'il ne s'en rencontre dans l'air, et il n'importe pas que l'air transmette la lumière plus facilement que les taches, pourcequ'il peut donner passage à l'action qui cause la lumière, et non pas aux parties cannelées, qui, bien qu'elles soient mises au rang des parties du premier élément, ne sont pas néanmoins des plus subtiles, comme l'auteur a montré ailleurs. Et il y a une raison très manifeste pourquoi les parties cannelées qui sont venues depuis A jusques à x ne peuvent passer jusques à B, qui est que tous les intervalles par où elles pourroient passer sont remplis des petites parties du premier élément, qui, venant des tourbillons voisins, tendent avec grande force de B vers A, et les chassent de toute la force dont elles tendent toutes vers A, laquelle étant plus grande que celle que pourroient avoir les autres de s'avancer vers B, il ne faut pas trouver étrange si elles les contraignent de retourner vers le pôle par où elles sont entrées. Et encore que l'air et les globes du second élément se meuvent plus vite vers l'écliptique que vers les pôles, vous n'en devez pas pour cela conclure que ces parties cannelées doivent continuer leur chemin tout droit vers le pôle opposé, mais seulement qu'elles passent avec moins de facilité au travers de l'air et de ces globes, qu'au travers de ces taches, ce qui est vrai. Et c'est pour cela que M. Descartes a démontré que la plus grande partie de ces petites parties qui sont entrées dans la terre par un certain pôle, retournent vers ce même pôle par la croûte intérieure de la terre.

INSTANCE.

Tout ce qui se meut, se meut autant qu'il peut suivant une ligne droite, selon les lois du mouvement établies par l'auteur : il faut donc considérer en cette occasion quelle est la cause qui empêche que ces parties cannelées ne continuent à se mouvoir d'un pôle à l'autre, suivant une ligne droite.

On répond que tous les intervalles qui sont, par exemple, entre d et B, sont pleins des petites parties du premier élément, et si vous voulez même de parties cannelées, qui, venant de B vers l'astre l avec une force plus grande, contraignent les parties cannelées qui sortent des endroits g d e de cet astre de retourner par l'air xx qui les environne de toutes parts, sans leur permettre de passer tout droit vers B, qui est le pôle opposé.

A quoi je réplique que les parties cannelées, et une infinité d'autres particules très subtiles et très déliées du premier élément, qui tendent des régions du ciel A vers tout l'espace compris entre Q et H, doivent empêcher le retour des parties cannelées qui étant venues d'A ont passé par le milieu de l'astre I. Et l'on ne peut rien alléguer pour rendre raison du retour de ces parties qui ne puisse servir plus probablement à prouver le contraire. Car, premièrement, tous les intervalles qui ne sont pas occupés par les petits globes du second élément sont pleins des parties les plus déliées, et même des parties cannelées du premier, tant vers les pôles que vers les autres parties de l'air. Secondement, les parties cannelées qui viennent des endroits du pôle A et les autres particules du premier élément tendent avec plus de force vers les espaces compris entre Q et l'astre, ou bien entre H et l'astre, que quelques unes d'entre elles qui, étant venues des mêmes parties du pôle, ont déjà passé par le milieu de l'astre I, et s'en retournent pour entrer derechef par f, dans cet astre I. Je veux dire qu'après que les parties cannelées qui viennent d'A ont passé au travers de l'astre I, et qu'elles commencent à retourner de d par l'air qui les environne vers f, elles ne peuvent plus avoir les mêmes forces qu'elles auroient si elles ne se fussent point détournées du droit chemin pour faire ce retour. Et c'est pour cela que les parties cannelées et les autres parties plus déliées, qui viennent des régions du ciel A vers H ou vers Q, et qui n'ont point été ainsi empêchées de suivre le droit chemin, tendent avec plus de force, du moins jusques à H ou jusques à Q, que celles qui étant entrées dans l'astre, et qui en étant sorties par sa partie d, retournent vers f; et cela est très manifeste suivant les lois du mouvement ci-devant établies : car ces parties cannelées sont plus éloignées de la source de leur mouvement quand elles ont traversé l'astre, et quand à leur retour elles sont vis-à-vis de eH ou de gQ, puisqu'alors elles ont fait plus de chemin, que ne le sont celles qui sont venues tout droit jusque là des tourbillons voisins, et qui n'ont point rencontré l'astre en leur chemin. Que si l'on dit que les parties cannelées qui s'en retournent se sont fait et creusé d'autres passages que ceux qui servent aux parties cannelées qui viennent sans se détourner depuis le pôle d'où les unes et les autres sont parties, il seroit aisé de dire que les parties cannelées en pourroient faire autant, afin de continuer tout droit leur chemin, depuis un pôle jusques à l'autre qui lui est opposé.

Enfin, s'il y a quelque autre raison qui puisse confirmer l'opinion proposée par l'auteur, il est vraisemblable qu'elle pourra aussi servir à fortifier cette instance.

M. CLERSELIER
CONTRE L'ARTICLE CVIII, PAGE 219.

Tout bien considéré et examiné, j'avoue que je ne vois pas bien de quelle force les parties cannelées (qui venant d'A ont passé au travers de l'astre I) sont poussées pour faire qu'elles retournent vers l'hémisphère gfc.

Mais si on lit avec attention ce que dit l'auteur en la page 220, on verra manifestement qu'il ne dit pas que toutes ces parties cannelées retournent en arrière, comme y étant contraintes par quelque force qui les y pousse; mais il semble seulement leur attribuer un mouvement irrégulier et désordonné, qui fait que les unes sont brisées et dissipées par les parties de l'air qu'elles rencontrent, les autres emportées dans le ciel (à savoir celles qui se sont trouvées vers les parties du ciel qui sont proche de l'écliptique), et enfin qui fait que les autres étant portées comme par rencontre vers l'hémisphère GFE, entrent derechef dans l'astre par les mêmes conduits qu'elles s'étoient auparavant creusés dans ces taches.

Mais la force de cette objection est telle, qu'il semble qu'elle ferme le passage à ce retour, et qu'elle doive même empêcher ce mouvement irrégulier et désordonné, si ce n'est peut-être que l'on voulût dire que l'air qui est autour de la tache se meut moins vite, et qu'il donne plus aisément passage aux parties cannelées que ne fait le ciel; et que les parties cannelées qui viennent de l'endroit du ciel A ne sont pas en si grand nombre qu'elles puissent toujours s'opposer au chemin de celles que ce mouvement irrégulier fait revenir comme sur leurs pas de la partie du ciel B. J'entendrai volontiers la réponse que fera l'auteur là dessus.

(Page 236, art. cxix.)

La difficulté est touchant le mouvement et le lieu d'une étoile fixe, qui se change ou qui dégénère en planète ou en comète : car quand un astre est emporté par le cours de quelqu'un des vortices ou tourbillons voisins, cet astre ainsi emporté devroit plutôt demeurer vers la circonférence de ce tourbillon, que de passer plus outre, pourceque la matière céleste qui se meut plus vite aux extrémités d'un tourbillon qu'aux autres lieux, jusques à un certain terme, devroit repousser vers les extrémités les corps qui viendroient à entrer dans son tourbillon.

Si l'on dit que cet astre est poussé jusques à un certain terme par un mouvement qui lui est propre, ou par celui qui lui a été imprimé, je le veux bien; mais toujours doit-il après quelque temps être repoussé vers la circonférence du tourbillon qui l'a emporté, au-delà de laquelle il ne peut plus reculer, pourcequ'il en est empêché tout autour par les autres tourbillons voisins; car c'est une loi de la nature, que les corps grands et pesants qui se meuvent autour de quelque centre s'éloignent plus du centre de leur mouvement que ceux qui sont plus légers. Si la chose est ainsi, on ne doit jamais voir de planètes, mais seulement des comètes, ou du moins toutes les planètes devroient être dans la même extrémité du tourbillon, par le cours duquel elles ont été premièrement emportées, et même aussi les comètes.

Et pourtant une planète ne devroit point entrer dans un autre tourbillon, et quand, par quelque rencontre que ce soit, elle y est une fois entrée, elle devroit être rejetée vers les lieux où la matière de ce tourbillon est la moins agitée, c'est-à-dire vers Saturne, dans notre ciel. Car tout de même que quand des eaux vives et courantes laissent entrer dans leur lit quelque corps hétérogène, elles le rejettent après vers les lieux où l'eau est la moins agitée, quelque solidité, grandeur et figure qu'aient ces corps; ainsi, etc.

Et la réponse que vous faites dans la page 237 et dans les suivantes ne satisfait point : c'est à savoir qu'un astre peut être moins propre à retenir les mouvements qui lui ont été une fois imprimés, que tels petits globes du second élément, si, par exemple, la matière de cet astre étoit étendue comme des filets, ou des feuilles d'or.

Car il est constant, par ce qui a été dit ci-dessus, que les astres sont solides, puisqu'ils réfléchissent la lumière; il est constant qu'ils sont ronds; il est constant qu'une étoile fixe ne peut perdre l'étendue de son tourbillon, et être absorbée par un autre, si elle n'est couverte de plusieurs taches, comme d'autant de croûtes, qui sont des corps solides qui réfléchissent la lumière; et par conséquent les astres sont pesants, solides, et fort grands. Et le plus ou moins de pesanteur, de solidité et d'étendue qui se rencontre en eux, peut seulement être cause qu'ils soient chassés plus lentement ou plus vite vers l'extrémité du tourbillon dont ils sont enveloppés, mais cela n'empêchera pas qu'enfin ils n'y parviennent, puisque la matière du premier et du second élément, joignant leurs forces ensemble, les y pousse peu à peu sans cesse. Car, à dire le vrai, il me semble que cette libration des planètes, que l'on suppose être distantes les unes des autres de tant de lieues, n'est pas concevable; et je voudrois qu'on me montrât quelque exemple semblable dans la nature.

Car tout de même que nous voyons dans les exemples apportés en la page 239 qu'une masse d'or ou de plomb pourroit recevoir telle figure qu'elle seroit capable d'une moindre agitation qu'une boule de bois plus petite et plus légère qu'elle, et que néanmoins cette inégalité de poids ou de figure n'empêche pas que cette masse et ce bois abandonnés en l'air ne parviennent enfin au même terme, à savoir à la terre (si plus lentement ou plus vite n'importe), ainsi, etc.

Le même se voit aussi dans une eau courante, c'est à savoir que les corps qui nagent dedans sont toujours portés vers l'extrémité de ses bords, plus vite ou plus lentement, selon que leurs figures sont plus ou moins capables de recevoir d'impulsion; ainsi les astres qui nagent dans le tourbillon où nous sommes doivent enfin être portés, de quelque figure ou solidité qu'ils soient, jusques aux extrémités de notre tourbillon, au-delà desquelles ils ne peuvent plus être poussés, à cause, comme il a été dit, qu'ils sont retenus par les autres tourbillons voisins; et si dans le tourbillon où ils sont il y a quelque endroit où la matière soit moins agitée qu'aux autres, ils doivent être chassés vers cet endroit-là, et y demeurer.

Enfin, quelles que soient les autres planètes, il est certain que la terre que nous habitons est ronde, qu'elle est épaisse, solide et grande; et que selon les lois de la nature et du mouvement ci-dessus rapportées, elle doit être chassée jusques à la circonférence du tourbillon de notre soleil, et qu'elle ne peut s'arrêter en aucun lieu, jusques à ce qu'elle soit parvenue à la sphère de Saturne, où le mouvement est plus lent.

Enfin, dis-je, si la terre où nous sommes a été autrefois un astre, et qu'après avoir été couverte de taches, et emportée par le cours de la matière du ciel et du soleil, elle s'en soit approchée jusqu'où elle est maintenant, il semble, selon ce qui a été dit auparavant, qu'elle devroit tous les jours s'éloigner un peu du soleil : car plus un astre qui a été emporté par un autre a de solidité, d'autant plus se doit-il éloigner de l'astre qui l'a emporté. Or il est très manifeste que notre terre doit être à présent plus solide qu'elle n'étoit autrefois, parceque la matière du premier élément qui est enfermée dans son centre se couvre toujours peu à peu de plusieurs taches, et que dans ce centre où elle est elle ne peut pas facilement être renouvelée par une nouvelle matière qui y survienne, à cause que ces taches ne donnent pas un passage si libre aux petites parties du premier élément qu'elles faisoient autrefois avant qu'elle en fût tout-à-fait couverte. A quoi l'on peut ajouter qu'étant continuellement foulée par le grand nombre de ses habitants, elle doit tous les jours de plus en plus devenir solide : ce qui se peut dire avec autant de raison et d'apparence que ce que dit ailleurs M. Descartes, à savoir que la direction de l'aimant peut être changée par les hommes : et toutefois plusieurs astrologues assurent le contraire, et tiennent que la terre doit approcher du soleil, bien loin de s'en éloigner, et disent que déjà elle s'en est beaucoup approchée.

RÉPONSE DE M. PICOT.

Vous n'avez pas, ce me semble, assez pris garde à ce que l'auteur dit des corps diaphanes et de la pesanteur; car comment un astre qui a été emporté par un autre tourbillon pourroit-il demeurer balancé et suspendu vers la circonférence de ce tourbillon par qui il a été emporté, si les petits globes qui sont vers la circonférence de ce même tourbillon sont plus agités, et par conséquent plus légers que cet astre? et je ne vois pas pourquoi étant une fois ainsi suspendu, il se reculeroit ou s'approcheroit du centre. Quant à ce que vous ajoutez que les astres sont plus solides que les particules du ciel, pourcequ'ils réfléchissent la lumière, vous ne prenez pas garde qu'il y a des corps qui, bien qu'ils soient diaphanes, ne laissent pas d'être capables de plus d'agitation que les opaques, ce qui est démontré dans les articles 121, 122, 123. Et puisque nous voyons que dans les fleuves les fétus et les corps moins disposés au mouvement sont repoussés vers les bords, vous deviez conclure que les astres doivent être chassés vers le centre, et non pas vers la circonférence du tourbillon, dont la raison est que les parties de l'eau étant plus agitées que ces fétus, tendent avec plus de force à continuer leur mouvement en ligne droite, et ainsi elles les écartent de leur cours, et les rejettent vers les bords; et si vous prenez la peine de lire l'art. 160, vous verrez comme une planète ne parvient pas jusques au centre de son tourbillon, mais demeure suspendue à une certaine distance, et vous y trouverez la démonstration de tout ce que vous demandez.

Vous n'aurez pas aussi de peine à comprendre que la terre que nous habitons n'est pas fort solide, si vous prenez garde à sa formation ; et il est facile de concevoir d'autres corps beaucoup plus solides ; et il n'y a point de doute qu'il n'y en puisse avoir dans la nature ; mais de savoir si par succession de temps une planète ne pourroit point s'éloigner du centre de son tourbillon, ou peut-être aussi s'en approcher de plus près, ce n'est pas ici le lieu d'en faire la recherche. Quant à ce que vous dites que les hommes en foulant la terre de leurs pieds la peuvent rendre plus solide, vous cesserez d'avoir cette pensée, si vous faites comparaison entre la force des hommes et celle de la matière céleste qui coule autour de la terre ; et il semble que notre auteur ait voulu insinuer la même chose que vous, sur la fin du troisième article de la quatrième partie. Mais il y a sans doute beaucoup d'autres causes qui peuvent faire que cette matière qui est au dedans de l'astre vers I ne soit pas ainsi condensée, et personne ne les peut toutes savoir. C'est pourquoi, puisque nous savons que la terre est suspendue à la distance où elle est, cela se fait sans doute pourcequ'elle a telle proportion avec les globes célestes qui coulent autour d'elle. Et il n'est pas vrai que la matière du premier élément, qui est vers le centre, ne se renouvelle pas ; car il en entre toujours de nouvelle par les pôles de la terre avec les parties cannelées, mais elle ne se purifie pas ainsi que fait celle du soleil.

Sur la figure de la planche 3.

Quelqu'un pourroit demander, en considérant le cours d'une comète, dépeint en la figure de cette planche, ce que deviendra enfin cette comète. Et, à dire le vrai, il semble d'abord que cela répugne à la raison, de s'imaginer qu'elle puisse passer toujours et éternellement de vortice en vortice, ou de tourbillon en tourbillon, et être emportée d'un mouvement si extraordinaire; et d'autre côté, la solidité, la figure, la grandeur d'une comète, semblent s'opposer à ce qu'elle puisse descendre assez bas vers un astre pour pouvoir devenir l'une de ses planètes. Que deviendra donc enfin une telle comète? Sera-t-elle toujours emportée en différents tourbillons, ou demeurera-t-elle dans l'un plutôt que dans l'autre? Car, si ce que vous nous avez dit de la solidité des comètes, de la matière des tourbillons qui est la même partout, et des mouvements de cette matière qui sont presque semblables, est véritable, il semble qu'il n'y ait pas lieu de croire qu'une comète puisse se convertir en planète dans un tourbillon plutôt que dans un autre, vu principalement que toute la différence que vous établissez entre eux ne consiste que dans leur petitesse ou grandeur.

RÉPONSE.

Vous vous mettez en peine du mouvement d'une comète, pourceque vous pensez qu'il soit extraordinaire, quoique néanmoins il soit ordinaire et régulier, en sorte que si la disposition de tous les tourbillons pouvoit être comprise par l'entendement humain, on pourroit prédire les comètes aussi certainement que les éclipses de lune.

(Page 275, art. cxlix.)

Si la lune est emportée par la matière du ciel qui environne la terre, et si elle doit se mouvoir plus vite, à cause que son corps est plus petit, je ne vois point de raison pourquoi la lune étant en A, ne continue pas son cours jusqu'à la terre et ne la vient point heurter, ni pourquoi quand elle est parvenue en C, elle ne doit pas s'éloigner davantage de la terre en continuant d'aller vers Z. Car il est impossible de concevoir comment la lune, contre le mouvement de la matière céleste, qui se meut beaucoup plus vite que la terre et elle, comme il est dit en la page 327, et qui l'emporte vers Z, peut nonobstant cela suivre un cours tout contraire et aller de C par D vers A, car elle se mouvroit en même temps de deux mouvements contraires, et dont les directions seroient opposées;

ce qui seroit tout-à-fait semblable aux mouvements que quelques astronomes ont voulu donner au soleil et aux astres pour sauver la plupart des phénomènes, mais que ceux qui attribuent le mouvement à la terre, rejettent avec raison.

Enfin, en l'article 153 il est dit que la matière du ciel se meut moins vite entre C et A qu'entre B et D; ce qui toutefois me semble contrarier à cette loi ci-devant établie, et qui est commune à tous les tourbillons, qui est que plus la matière est proche de S, c'est-à-dire du soleil ou de quelque autre astre, et plus vite elle se meut; et selon cette loi, la matière qui est vers D doit être emportée plus vite que celle qui est vers C, et celle-ci plus vite que celle qui est vers B, à cause que la vitesse du mouvement va toujours diminuant depuis le soleil jusqu'à Saturne. Et cette difficulté sera encore plus grande si la lune et la terre se meuvent, étant environnées de toutes parts de la matière céleste du tourbillon du soleil qui les emporte; et il ne me paroît pas assez si, selon M. Descartes, elles se meuvent ainsi toutes deux étant environnées de le matière du ciel du soleil, ou bien si elles sont encore à présent enveloppées de cette matière céleste qu'elles avoient auparavant qu'elles fussent emportées par le tourbillon du soleil.

RÉPONSE DE M. PICOT.

La cause qui empêche que la lune étant proche de la terre n'approche pas néanmoins si près d'elle qu'elle la touche, est la matière céleste qui communique à la lune une telle agitation, que lorsqu'elle est arrivée vers A elle l'oblige de s'éloigner de la terre, et de former à l'entour d'elle un petit tourbillon. Et ce qui fait qu'elle ne s'éloigne pas plus loin vers Z quand elle est vers C, est qu'elle se meut plus aisément dans ce tourbillon que hors d'icelui, à cause que la matière céleste y est plus agitée. Mais pour cela il n'est pas vrai que la lune soit portée contre le mouvement de la matière céleste, puisqu'au contraire elle obéit à son mouvement, et que, pendant le cours d'une année, elle est emportée dans l'écliptique avec la terre et tout le tourbillon qu'elle forme suivant le cours de la matière céleste.

Maintenant c'est une chose conforme à toutes les lois du mouvement que la matière céleste se meuve moins vite entre C et A qu'entre B et D; et on en voit tous les jours l'expérience dans les fleuves, dont l'eau coule d'autant plus vite que son lit est plus étroit; et encore que la matière céleste se meuve d'autant plus vite en rond qu'elle est plus proche du soleil, ce n'est pas à dire pour cela qu'elle avance plus en ligne droite, pourceque les petits globes de la matière céleste qui est proche du soleil surpassent moins les autres en vitesse qu'ils ne sont surpassés par eux en grandeur.

(Page 289, art. ix de la 4ᵉ partie.)

Le corps M doit s'éloigner du centre I, du moins au-delà de l'air AB, selon ce qui a été dit auparavant. Et l'expérience même nous enseigne que les corps célestes, avec peu de force, passent facilement par l'air; et si le corps M est la terre, ou même un corps plus solide qu'elle, et qu'AB soit l'air, qui empêchera que du moins les parties de la terre ne soient chassées au-delà de l'air, par le mouvement de la matière du premier élément, qui est contenu en I.

Ce qui se confirme de ce que le corps de la terre, selon ce qui a été dit ci-dessus, n'a pas été engendré tout à la fois, mais seulement par parties, et petit à petit : et de quelque façon que ces parties aient été faites au commencement, et même pour peu de mouvement qu'elles aient eu, il a fallu néanmoins pour faire une vraie terre, telle qu'elle est à présent, que toutes ses parties les unes après les autres aient auparavant été rendues solides; ce qui n'a pu se faire sans avoir été chassées de côté et d'autre dans l'air et dans le ciel, par le mouvement rapide du premier élément qui est en I.

Car, encore qu'on voulût dire que la terre au commencement de sa formation fût semblable à un tas de laine, toutefois il n'est pas concevable que pour ce sujet elle ne pût être mue, et chassée du moins dans l'air voisin : car l'air est toujours moins solide qu'elle ; et ainsi elle devoit au moins chercher sa place au-delà de cet air ; et elle n'a point dû demeurer dans le lieu où l'on décrit qu'elle est ici, c'est à savoir si proche du centre de l'astre I.

Et il ne sert de rien, pour répondre à cette objection, de dire que la terre est mue par la matière céleste qui l'environne, et non pas par la matière du premier élément, qui est enfermée dans son centre, comme il est dit dans la page 300, art. 22. Car ici je considère la terre au commencement de sa formation, et avant que d'avoir été absorbée par un autre tourbillon, à savoir quand elle se mouvoit par la matière de son propre tourbillon, et qu'elle commençoit à se couvrir de taches, et étoit prête à passer dans le tourbillon de notre soleil.

RÉPONSE DE M. PICOT.

Les taches qui composoient l'air, et qui étoient éparses à quelques distances de la terre, quand elle étoit sur le point d'être emportée par le tourbillon du soleil, ont été pressées par la force des autres tourbillons, et ainsi ont fait plusieurs écorces, lesquelles peuvent être, ou continues, à savoir quand elles sont composées de parties semblables à celles des branches d'arbres qui sont accrochées les unes aux autres, ou bien leur matière peut être fluide en quelques lieux, à savoir quand elle est composée de parties dont les figures sont pliantes et glissantes. Et la raison qui fait que ces parties glissantes et celles qui sont entrelacées ensemble ne s'éloignent point d'I vers A et vers B, est que les parties de l'air et du ciel qui sont vers A et vers B sont beaucoup plus agitées qu'elles. Car encore que celles qui sont vers M soient beaucoup plus grosses, de ce néanmoins qu'elles peuvent plus facilement communiquer l'agitation qu'elles ont aux autres qui sont plus déliées que d'en recevoir d'elles aucune, ces plus déliées doivent toujours se mouvoir et s'éloigner davantage du centre de leur mouvement que ne font les autres, et ainsi doivent repousser les plus grosses vers le centre. Ce que l'expérience nous confirme : car un boulet de canon qui est tiré en l'air a plus d'agitation et de force que l'air qu'il laisse au-dessous de lui; mais pourcequ'il communique peu à peu cette agitation aux parties de l'air, et qu'il n'en reçoit d'elles aucune, après avoir transféré toute l'agitation qu'il avoit reçue du premier élément, il est enfin repoussé par elles et par la matière céleste vers le centre, c'est-à-dire vers la terre.

Sur la figure de la planche 16.

La matière du premier et second élément, comme aussi l'air, remplissent facilement tous les lieux abandonnés par les autres corps plus grossiers; et, selon cette loi, quand la lune est en B elle ne doit pas plutôt presser l'air et les deux autres premiers éléments vers la terre que vers le ciel, où ils peuvent couler et se glisser : au contraire il est plus facile à ces deux subtils éléments et à l'air de monter et de se mouvoir au-dessus de la lune, que de lui faire faire un si grand effort contre la terre, qui est massive et fort éloignée de la déplacer de son centre, et de presser ou abaisser les eaux.

Et il est aisé de concevoir que si la lune approchoit de la terre à un mille près, rien de nouveau ne devroit pour cela paroître sur la terre, sinon que l'air et la matière céleste iroient vers les lieux délaissés par la lune, et couleroient au-dessus d'elle.

Et encore qu'on accordât que l'air et la matière céleste fussent poussés par la lune vers la terre, ils devroient plutôt se retirer aux côtés de la terre A et C, 5 et 7, que de causer ces grands mouvements à l'eau et à la terre; car l'air cède plus facilement à l'air que la terre à l'eau.

Si le petit tourbillon de la terre et de la lune étoit enfermé dans un mur d'airain, et que la matière céleste n'eût point ses chemins libres et ouverts de tous côtés, et que la lune, ou quelque autre corps semblable, vînt à entrer de nouveau dans ce petit tourbillon, elle pourroit peut-être par ce moyen imprimer un tel mouvement aux eaux et à la terre; mais le cours, l'entrée et la sortie est libre de toutes parts à la matière céleste et à l'air, et la lune occupant toujours en quelque endroit sa place dans la nature, il n'y a point de raison pourquoi elle puisse imprimer à la matière céleste et à l'air un mouvement assez grand pour faire qu'ils pressent les eaux et chassent la terre hors de son lieu; et je ne vois pas pourquoi il est nécessaire que l'air et la matière céleste soient pressés entre la lune et la terre; car il suffit, s'il arrive que la lune approche de la terre plus qu'à l'ordinaire, que quelques parties de l'air et de la matière céleste montent et coulent au-dessus de la lune.

Si dans un canal large de quatre pieds et plein d'une eau courante je mettois vis-à-vis l'une de l'autre deux grosses boules de bois, en sorte qu'elles fussent éloignées de deux pieds, il couleroit entre ces boules autant d'eau que deux pieds en pourroient comprendre; mais si on vient à approcher ces deux boules ou seulement l'une d'icelles, en sorte qu'elles ne soient plus éloignées l'une de l'autre que d'un pied, qu'arrivera-t-il de là, sinon que quelques parties de l'eau qui couloient auparavant entre ces boules, couleront après cela vers les bords; car il ne doit paroître aucun autre mouvement extraordinaire dans l'eau ni autour de ces globes, pourcequ'il n'entre rien de nouveau dans le canal: et si l'eau qui coule est également agitée et également courante de toutes parts, les deux globes susdits couleront également séparés l'un de l'autre; et si on les approche l'un de l'autre, l'eau qui passoit entre les deux passera d'un autre côté sans violence.

RÉPONSE DE M. PICOT.

Si vous eussiez pris garde à la nature de la pesanteur, vous eussiez vu que la terre est environnée de toutes parts de la matière du ciel, tout de même que si elle étoit entourée d'un mur d'airain; car les parties de la matière qui sont dans ce tourbillon sont tellement balancées, qu'elles ne peuvent sortir de leur place et s'écarter le moins du monde sans que quelque cause les y oblige; et cependant vous n'en apportez ici aucune.

Pour la raison qui fait que le centre de la terre change continuellement de place, à cause de la présence de la lune, elle se voit dans le même article où l'auteur dit que la place de la terre n'est déterminée dans ce tourbillon que par l'égalité des forces de la matière céleste: de même il a aussi été démontré, que lorsque l'espace entre lequel coule la matière céleste est rendu plus étroit, là aussi elle coule plus vite; et quant à ce que vous n'admettez pas que pour cela il s'ensuive qu'elle presse davantage la superficie de l'air et de l'eau, vous le niez sans aucune raison : car l'expérience montre que lorsqu'un corps fluide est pressé, il fait effort pour se mettre au large, et pour couler vers les lieux où il pourra être moins pressé.

(Page 328, art. L.)

L'eau de la mer en la plupart de ses bords ne se meut ni régulièrement, ni d'une manière qui puisse rendre facile la raison de son mouvement : car il y a plusieurs mers qui sont sans flux et sans reflux; en quelques unes la mer monte en quatre heures, et en emploie huit à descendre; en d'autres elle monte en sept heures et descend en cinq. Dans la Nouvelle-France, ainsi que m'ont assuré divers pilotes qui y ont navigué, la mer se meut sans aucune règle ni mesure, principalement le long des côtes; car les marées sont quelquefois huit jours à couler vers un même côté, et puis coulent deux heures durant de l'autre; quelquefois les marées se changent trois ou quatre fois en un jour; néanmoins dans le fleuve Saint-Laurent et en quelques autres les marées sont plus réglées.

(Page 329, art. li.)

Aux solstices les marées sont plus grandes qu'entre les solstices et les équinoxes, et néanmoins, selon la raison qu'on en a ici apportée, les marées devroient toujours diminuer de plus en plus jusqu'aux solstices, et croître aussi toujours de plus en plus depuis les solstices jusqu'aux équinoxes, ce qui est contre l'expérience.

(Réponse à la page 328, art. l.)

Il peut y avoir beaucoup de variétés dans les flux et dans les reflux; et, encore qu'on en puisse apporter plusieurs, toutefois il n'y en a aucune qui soit vraie dont on ne puisse rendre raison par ce qui a déjà été expliqué; mais il ne faut pas ajouter foi aux narrations qui se font, si elles ne sont faites par des personnes expérimentées et qui aient examiné les choses de fort près.

(Réponse à la page 329, art. li.)

J'ai toujours ouï dire aux nautoniers, et à plusieurs autres qui ont fait les mêmes observations, que les marées sont plus grandes aux équinoxes qu'aux solstices, et je ne sais pas sur quoi vous fondez le contraire.

(Page 330, art. LI.)

Selon les observations qui ont été faites dans les navigations, il est certain que l'air et l'eau en plusieurs endroits de la terre sont portés vers l'occident; et néanmoins, si, de ce qui a été dit ci-dessus, on peut colliger tous les mouvements accordés à l'air et à la matière céleste, le contraire nous devroit apparoître.

Car il a été dit en plusieurs lieux que la terre est mue de son mouvement journalier par la matière céleste qui l'environne et qui coule et pénètre dans ses pores; et en l'article 22 et 49 de la IV° partie, il est dit que la matière céleste se meut quelque peu plus vite que la lune et la terre, qu'elle emporte avec elle. Il est encore parlé, dans le même article 49, d'une autre vitesse de la matière céleste qui environne la terre, c'est à savoir celle qui est causée par le passage plus étroit qui est fait à la matière céleste par l'opposition du corps de la lune; et ainsi tous les mouvements de la matière céleste qui environne la terre tendent tous vers l'orient. Comment donc sera-t-il possible que, contre l'impression de tous ces mouvements, cette même matière céleste, l'air et l'eau, puissent être portés vers l'occident qui est sa partie opposée, comme en effet ils y sont portés : de plus, ce mouvement de l'air et de l'eau vers l'occident, ainsi qu'il est ici décrit, ne diffère en rien de ce mouvement de réciprocation qui fait le flux et le reflux, et devroit, en l'espace de six heures et douze minutes, parcourir la quatrième partie de la terre, et après cela courir du côté opposé; ce qui toutefois n'arrive pas: ainsi, par exemple, si un homme étoit en E et qu'il allât vers F, il se sentiroit frappé par l'air d'une autre manière que s'il étoit en F et qu'il allât vers G, ainsi que chacun peut aisément juger par l'inspection seule de la figure; car, en allant d'F vers G, la cause qui fait le gonflement que dit M. Descartes, cesse, pourceque l'espace G, 7, est plus large que F, 6.

RÉPONSE.

Il est vrai que la matière céleste fait mouvoir la terre autour de son propre essieu; mais cela n'empêche pas que la lune ne fasse que l'air et l'eau s'enflent toujours vers l'occident. Et parceque vous vous abusez souvent, en ce que vous croyez qu'il y a de la contrariété en divers mouvements, vous devez remarquer que le mouvement n'est pas contraire au mouvement, mais bien que la détermination vers un côté est contraire à la détermination vers l'autre.

Et ce mouvement diffère du flux et du reflux de la mer, en ce que la lune allant d'occident en orient, pousse les eaux des parties orientales vers les plus occidentales d'un flux continuel. Et je ne vois pas pourquoi ce flux ne doit pas être continuel, puisque la nature des corps contigus est telle, que, lorsqu'ils sont fluides, sitôt que quelqu'un d'eux est pressé et affaissé, il presse son voisin, et ainsi tous les autres de suite.

(Page 426, art. CLV.)

On attribue ici plus de vertu au retour des parties cannelées qui sortent d'une pierre d'aimant, qu'au cours ordinaire qu'elles ont du septentrion au midi et du midi au septentrion ; car, avant que cet aimant fût divisé en deux pièces, selon un plan parallèle à ses pôles, les parties cannelées du premier élément l'obligeoient à prendre une situation conforme à celle de son cours ordinaire, et maintenant elles lui font prendre une situation contraire à celle-là; de quoi néanmoins je ne vois pas qu'on allègue aucune raison suffisante. Et il semble que l'on veuille donner à ces parties cannelées deux vertus différentes, et la force de faire prendre à l'aimant toutes sortes de situations : car si le contraire paroissoit, et que la pièce d'aimant, qu'on tient pendue à un filet au-dessus de l'autre, gardât la même direction et situation qu'elle avoit auparavant que d'être divisée, on pourroit dire que ces parties cannelées suivant toujours leur cours ordinaire, obligeroient aussi cette pièce d'aimant à se dresser toujours d'une même façon, de même que si elle n'étoit point divisée de son tout.

Mais ce qui arrive aux pierres d'aimant, et au fer qui en a été touché, et aux pièces qui ont été divisées, quand on les suspend à un filet, et qu'on les met l'une sur l'autre, n'arrive pas de même quand on les dispose d'une autre manière Car si vous approchez deux boussoles sur un même plan, leurs aiguilles tourneront vers le septentrion la même partie qu'auparavant.

Mais si l'on en met une justement et directement au-dessus de l'autre, pour lors elles sembleront contester entre elles à qui gardera son ordinaire situation vers le septentrion; car l'une des deux, et peut-être celle qui a le moins de vertu, sera contrainte de tourner son pôle boréal vers le midi, qui est le pôle qui lui étoit auparavant ennemi. Comment donc pourra-t-on accorder ensemble cette diversité d'effets, si nous attribuons toute la vertu de l'aimant au simple mouvement des parties cannelées?

RÉPONSE DE M. PICOT.

On n'attribue aucune nouvelle vertu aux parties cannelées; mais puisque celles qui sortent de la pièce de dessous AB sont australes, c'est-à-dire sont entrées par son pôle austral, et sorties par la boréal, elles doivent faire tourner la pièce de dessus a,b, et la disposer en telle sorte qu'elles puissent entrer par a et sortir par b. Supposé que A est le pôle austral de la pièce de dessous, par lequel entrent les parties cannelées qui viennent du pôle austral du monde, et sortent par B, son pôle boréal, lesquelles par conséquent ne peuvent entrer dans la pièce de dessus par b, à cause que c'est son pôle boréal, qui n'est propre qu'à recevoir les parties cannelées qui viennent du pôle boréal du monde. Mais pourceque la pièce de dessus est pendue à un filet, les parties cannelées, qui sortent du pôle boréal de la pièce de dessous, la disposent aisément à prendre la situation qui est la plus commode pour faire que les parties cannelées qui sortent de B, pôle boréal de la pièce de dessous, puissent passer par a, pôle austral de celle qui est au-dessus.

Mais ce qui fait que les boussoles étant en un même plan regardent toutes deux le septentrion comme auparavant, c'est qu'elles sont assez éloignées l'une de l'autre, et que cette vertu ne se communique que dans un certain espace qui est leur sphère d'activité. Car il est manifeste que les parties cannelées qui viennent du pôle austral, et qui sortent par le pôle boréal d'une des aiguilles, doivent entrer dans l'autre par son pôle austral et sortir par le boréal.

(Page 431, art. CLXIII.)

Un fer bien battu, trempé et poli, ne devroit pas avec la même facilité donner passage aux parties cannelées, comme il feroit s'il n'avoit pas été pressé avec tant de force et d'industrie par les marteaux et par la trempe ; car les parties cannelées sont de petits corps, et le marteau, la trempe et la polissure doivent ce semble boucher les pores et les passages, et rendre les chemins ou les ouvertures plus difficiles à être traversées par les parties cannelées ; et par conséquent un fer moins battu devroit recevoir plus facilement la vertu de l'aimant qu'un autre qui l'est davantage : ce qui toutefois ne se rapporte pas à l'expérience. Si donc nous voulons savoir pourquoi le fer commun ne reçoit pas si facilement la vertu magnétique qu'un fer poli ou un acier, ce n'est pas des parties cannelées qu'il en faut tirer la raison.

RÉPONSE DE M. PICOT.

Encore que l'acier soit poli, néanmoins pourcequ'il a toujours tant de conduits, qu'il y pourroit entrer plus de parties cannelées qu'il n'y en entre en effet, à cause qu'il n'y en a pas en grande abondance dans l'air, le marteau ou la polissure n'empêche point leur effet ; et il est certain qu'il demeure toujours un plus grand nombre de ces conduits dans l'acier, qu'il n'y en a pour l'ordinaire dans le fer commun; et ceux qui y demeurent sont plus parfaits, pour les raisons que l'auteur a apportées.

(Page 442, art. CLXXIV.)

J'ai vu une expérience de deux petites pirouettes dont les axes étoient de fer, et d'une pierre d'aimant qui les élevoit en l'air l'une après l'autre, qui me fournit ici de sujet pour faire une objection. On faisoit tourner sur une table l'une de ces pirouettes, et puis on lui présentoit la pierre d'aimant qui l'attiroit en l'air, et étant ainsi suspendue, et ne touchant l'aimant presqu'en un seul point, elle faisoit plusieurs tours, et même beaucoup plus qu'elle n'en eût fait si on l'eût laissée tourner sur la table. Après cela on faisoit tourner l'autre pirouette sur la même table, et on approchoit l'axe de la première, qui étoit déjà élevée et attachée à l'aimant, près de l'axe de la seconde, et aussitôt elle étoit attirée en l'air et se tenoit suspendue à l'autre, ne touchant l'axe de la première qu'en un seul point. Ces deux pirouettes, ainsi élevées et suspendues, tournoient un fort long temps sans que le mouvement de l'une nuisit au mouvement de l'autre, en quelque sens qu'on les fît tourner, et quoique leurs déterminations fussent souvent contraires.

Mais si cela est, comme l'expérience le fait voir, comment les parties cannelées pourront-elles passer par ces deux roues ou pirouettes ? car l'une ayant un mouvement dont la détermination est contraire à celle de l'autre, s'opposera au passage de ces parties cannelées ; d'autant que si la détermination de l'une est propre à leur permettre le passage, celle de l'autre y sera nécessairement contraire. Un exemple pourra rendre ceci plus clair. Si une vis est tournée d'une façon propre pour passer par un écrou dont les écuelles soient disposées pour la recevoir, et que cet écrou se meuve par exemple vers l'occident ; si étant mu de cette façon il facilite l'entrée de cette vis, il est sans difficulté que si cet écrou étoit mû à contre-sens, c'est à savoir vers l'orient, il en empêcheroit l'entrée, comme il est manifeste à toute personne qui se veut donner la peine d'y penser. Cela se peut voir encore en un petit pressoir ; car la vis ne pourra jamais entrer dans l'écrou du pressoir si cet écrou n'est immobile, ou que son mouvement soit tel qu'il facilite l'entrée de la vis : car s'il se meut à contre-sens il en empêchera l'entrée.

Ces deux pirouettes de fer étant donc suspendues à un aimant immobile ne pourront pas toutes deux donner passage aux parties cannelées, et par conséquent il faut chercher une autre raison de l'attraction et de la suspension de ces deux pirouettes, qui ne laissent pas de demeurer long-temps suspendues, quoiqu'elles tournent à contre-sens. On en pourroit dire autant d'une seule qui tourne tantôt d'un côté tantôt d'un autre; car il n'y a pas d'apparence qu'elle dût aussi facilement et aussi long-temps se tenir suspendue à l'aimant, en tournant d'un sens qu'en tournant de l'autre : ce qui toutefois se voit par expérience.

Mais je m'aperçois bien tard, mon révérend père, que j'abuse trop long-temps de votre patience, et que cet écrit, quoique court, ne laissera pas de vous causer beaucoup d'ennui, si vous prenez la peine de le lire. Permettez-moi cependant de vous faire souvenir que je n'ai écrit ces objections que pour contenter votre curiosité, après que vous m'en avez fort pressé; et si je n'ai pas bien réussi, ou si votre attente est trompée, que c'est vous, mon révérend père, qui vous en devez à vous-même la satisfaction; la nouveauté et la sublimité de la doctrine, et la portée de mon esprit, que vous connoissez aussi bien que moi, achèveront envers vous mes excuses.

RÉPONSE DE M. PICOT.

Je n'ai point encore vu l'expérience que vous apportez ici; mais encore que deux pirouettes tournassent à contre-sens, l'une vers l'orient et l'autre vers l'occident, les parties cannelées n'entreroient pas moins aisément dans l'une que dans l'autre, pourcequ'elles tournent sans cesse, les unes vers une partie, et les autres vers la partie opposée; et ce qu'on pouvoit seulement objecter, à savoir que le mouvement droit de ces particules devoit rendre ces pirouettes immobiles, est très bien résolu dans le même article.

S'il y a encore quelque chose qui vous donne de la peine, vous m'obligerez beaucoup de me le faire savoir, et je tâcherai autant que je pourrai de vous satisfaire : car quant à ce que vous avez jusques ici objecté, je ne doute point, si vous y prenez garde, que vous n'en trouviez la solution dans mes réponses.

Quant à ce que vous objectez ici sur la fin, à savoir qu'une vis, etc., cela ne vient que de ce que vous n'avez pas pris garde que ces conduits, dans une pirouette de fer qui tourne, doivent être considérés comme immobiles; car, en effet, les uns ne se meuvent point au regard des autres. Et s'il y avoit dans une chambre mille pressoirs dont les écrous fussent diversement tournés et rayés, de quelque côté que se pût mouvoir la chambre, les vis ne laisseroient pas d'entrer dans les écrous propres à les recevoir, aussi facilement que si la chambre étoit immobile, pourvu que tous ces pressoirs n'eussent point d'autre mouvement que le mouvement général de la chambre.

BRIÈVE RÉPONSE
DE M. DESCARTES
AUX OBJECTIONS ET INSTANCES DE M. LECONTE.

(Lettre 14 du tome II. Version.)

Je laisse la première objection, pourcequ'il dit avoir déjà été entièrement satisfait par M. Picot.

Je reconnois par la seconde que je n'ai pas assez expliqué ma pensée dans l'article 83. Car mon dessein n'a point été de montrer en cet endroit *que les globes les plus pesants et les plus grands vont au-dessus de ceux qui sont plus petits* : car au contraire je n'ai supposé en eux aucune pesanteur, ni aucune différence quant à la solidité, mais j'ai seulement tâché de prouver qu'on ne pouvoit feindre qu'ils eussent été au commencement si égaux en solidité, en grandeur et en mouvement, qu'on n'y trouvât par après de l'inégalité, du moins en leur mouvement; laquelle inégalité j'ai démontrée de ce que plusieurs d'entre eux doivent passer en même temps par des chemins tantôt plus étroits et tantôt plus larges, et que quelques uns de ceux qui se meuvent également vite, lorsqu'ils passent par un chemin fort large, devoient devancer les autres, lorsqu'ils viennent à un plus étroit, et ainsi doivent commencer à se mouvoir plus vite; comme il paroît par l'exemple de la première figure de la planche 8. Et j'ai apporté deux raisons pour prouver que les chemins par où ils passent sont tantôt plus étroits, tantôt plus larges: la première, parceque les vortices ou tourbillons qui sont à l'entour ne sont pas égaux, et la deuxième parceque l'endroit du tourbillon dans lequel ils sont doit être plus étroit vis-à-vis du centre de chacun des tourbillons voisins que vis-à-vis des autres parties. Ainsi l'on peut voir dans la figure de la planche troisième que les globes qui se meuvent circulairement dans le tourbillon AEIO passent par un espace plus étroit entre S et N qu'entre S et F, parceque ces tourbillons ne sont pas égaux; et que l'espace aussi par où ils passent est plus étroit dans la ligne droite qui peut être menée de S à F, qu'entre celle qui peut être menée de S à E. Or de cela seul que quelques globes ont une fois commencé à se mouvoir plus vite que les autres, encore que du reste on les imagine être égaux, j'ai pensé qu'il étoit évident, par les lois du mouvement que j'avois auparavant établies, qu'ils doivent retenir par après cette même vitesse, tandis qu'il n'y a point de cause qui la leur puisse ôter; et par conséquent qu'ils doivent occuper le lieu le plus haut, ou le plus éloigné du centre du tourbillon que n'est le cercle HQ.

Et je ne mets aucune différence entre un mouvement et un autre, de ce que l'un est droit et l'autre circulaire, ainsi qu'il semble que fait M. Lecomte, ni aussi entre l'agitation accidentelle et celle qui ne l'est pas, comme il fait en son instance, d'autant que par quelque cause que ce soit qu'un corps soit agité, et pour accidentelle que cette cause puisse être, il ne doit jamais perdre par après son agitation, s'il ne survient quelque autre cause qui la lui ôte; et cette même agitation pourra aussi bien faire qu'il se meuve d'un mouvement circulaire que d'un mouvement droit, si l'on suppose une cause qui le détermine à cela; et ici la figure circulaire de chaque tourbillon, et la situation des autres tourbillons voisins qui l'environnent de toutes parts, sont les causes qui déterminent le mouvement des globes du second élément, contenus dans chaque tourbillon, à être circulaire. Or la même raison qui prouve que les petits globes les plus éloignés du centre de chaque tourbillon se meuvent plus vite jusqu'à un certain terme que ceux qui en sont plus proches, sert aussi à prouver au contraire que ceux-ci se meuvent plus lentement; mais c'est une autre raison qui fait qu'il n'en va pas de même depuis ce terme jusqu'au centre du tourbillon; de quoi nous parlerons ci-après.

Au reste je ne nie pas que ces différences qui arrivent aux mouvements de la matière céleste ne soient nécessaires pour expliquer les phénomènes des planètes et des comètes, et que cela ne m'ait obligé à les examiner soigneusement; mais cela n'empêche pas que je ne croie que la vérité n'en ait été bien démontrée de ma première hypothèse, suivant les lois de la mécanique.

A ce qui est objecté contre l'article 84, je réponds que la matière des taches et de l'air qui est autour du soleil est à la vérité susceptible de fort peu d'agitation, c'est-à-dire qu'elle ne peut retenir long-temps le mouvement qu'elle a reçu, si les autres corps qui sont autour d'elle y répugnent; mais que néanmoins elle ne laisse pas de suivre plus facilement le mouvement de la matière subtile qui s'échappe continuellement du soleil, que ne font les petits globes du second élément. Tout de même que nous voyons que les fétus, les feuilles et les plumes sont emportés plus facilement par les vents que non pas les pierres, lesquelles néanmoins sont susceptibles d'une plus grande agitation.

(Sur ce qui a été objecté contre l'art. xcv, page 209.)

Il a été très bien objecté que, dans les liqueurs qui bouillent, l'écume est chassée par le bouillon vers les parties où le mouvement est le plus lent; mais il a aussi été très bien répondu que pour cela la matière des taches est chassée par le soleil vers le ciel, pourcequ'il y a moins de mouvement en lui que dans le soleil; et même vers l'écliptique du ciel plutôt que vers les pôles, à cause que la nouvelle matière qui coule continuellement par les pôles vers le soleil pousse ces taches vers l'écliptique, ce qui sera peut-être rendu plus clair par cet exemple. Concevons deux fleuves qui coulent, l'un d'A vers S, et l'autre de B vers S, et que leurs eaux qui se rencontrent en S, et qui ont égale force, ont creusé une grande fosse, à savoir d, e, f, g, dans laquelle, comme elles sont mêlées ensemble, elles tournent en rond, et que de là elles s'écoulent vers M, et vers Y [1] : et pensons que par le choc mutuel qui se fait de ces eaux, en l'espace d, e, f, g, il s'engendre quantité d'écume; d'où il sera aisé de concevoir que cette écume ne sauroit aller vers A ni vers B, c'est-à-dire vers les pôles, mais qu'elle doit tourner quelque temps sur la superficie de l'eau qui est en S, et après cela s'écouler vers M et vers y, c'est-à-dire vers l'écliptique.

(Contre l'art. CVIII, page 219.)

L'opacité d'un corps n'empêche pas que d'autres corps ne puissent passer au travers, mais seulement sa densité ou dureté, laquelle néanmoins n'empêche pas non plus le passage des autres corps, lorsqu'il y a dans ce corps des pores assez grands

[1] Figure 11.

pour recevoir ceux qui y doivent passer. Ainsi les parties cannelées passent plus aisément par les pores ou canaux des taches, pour denses qu'elles soient, que par l'air qui est autour d'elles. Car la densité des particules de cet air est plus grande que celle des particules de la matière du premier élément, qui se rencontre seule dans ces conduits, à cause que c'est d'elle seule qu'ils peuvent être remplis.

Ce qui est proposé ensuite dans l'instance peut facilement être résolu par l'exemple des deux fleuves que je viens d'apporter. Car si l'eau du fleuve qui vient d'A vers S étoit d'une autre couleur que l'eau de l'autre fleuve, nous pourrions voir à l'œil que les particules de l'eau qui viennent d'A continuent de couler au-delà du point S, jusques à une certaine petite distance, comme l'eau feroit de S vers d, et qu'après elle retourne de d par g, et par e vers f, et qu'ainsi elle compose un petit tourbillon ; et que tout de même les autres particules qui viennent de B vers S continuent de couler jusques à f, et non pas au-delà vers A ; ce qui se rapporte entièrement à ce que j'ai dit des parties cannelées.

(Sur la page 235, art. CXIX.)

Je n'ai rien à ajouter ici à la réponse qui a été faite, sinon que la superficie de la terre que nous habitons n'a de hauteur ou d'épaisseur qu'environ une ou deux lieues, laquelle est peu considérable, si on la compare à sa cavité intérieure, dont le diamètre est de plus de deux mille lieues; et si l'on faisoit une sphère concave de plomb ou d'or, ou de quelque autre matière très pesante, dont l'épaisseur n'eût pas plus grande proportion au diamètre de sa cavité que celle de 2 à 2000, cette sphère, comparée avec un globe solide de la même matière, seroit fort légère. Pour ce qui est de savoir si maintenant dans les cavités de la terre il s'engendre quelque chose de semblable aux taches, ou s'il ne s'y en engendre pas, je ne l'ai point défini dans le troisième article de la quatrième partie, où j'en ai traité; car on peut apporter des raisons pour et contre. Enfin, je ne vois pas qu'il soit vraisemblable de dire que les hommes en marchant sur la terre la rendent plus solide : car le mouvement est plutôt la cause de la raréfaction que de la condensation, et même nous voyons dans les chairs, dans le bois, et dans les autres corps, quels qu'ils soient, que lorsqu'ils se corrompent et qu'il s'y engendre des animaux, ils n'en sont pas rendus pour cela plus denses, mais plutôt plus rares.

(Sur la figure de la planche III.)

Je n'ai aussi rien à ajouter ici, sinon qu'il me semble qu'on peut aussi facilement concevoir qu'une comète en passant par divers tourbillons décrit de très grands circuits, qu'il est facile de concevoir qu'une planète tourne toujours autour du centre d'un seul et même tourbillon, jusqu'à ce qu'enfin, comme il n'y a rien qui soit immuable dans le monde, et les comètes, et les planètes, et même les étoiles fixes soient détruites.

(Sur la page 275, art. cxlix.)

La lune n'est point emportée contre le mouvement de la matière céleste, mais elle lui obéit entièrement, bien qu'elle n'en acquière pas toute la vitesse, et c'est la raison pourquoi elle ne va pas d'A vers T; car la terre et toute la matière céleste qui est contenue dans le petit tourbillon ABCD, tournant autour du centre T, la lune, qui est emportée par cette matière céleste, doit aussi tourner autour du même centre T, et non pas être portée vers lui : et étant parvenue à C, elle ne doit pas s'écarter vers Z, mais elle doit être rejetée vers D, pourceque la matière céleste dans laquelle elle est contenue l'y conduit.

Bien qu'il ait été dit que la matière céleste qui tourne autour du soleil se meuve d'autant plus vite qu'elle est plus proche de lui, il ne s'ensuit pas pour cela que les parties de cette matière céleste, qui sont contenues dans le petit tourbillon ABCD, doivent être emportées plus vite autour du soleil quand elles sont vers D que quand elles sont vers B, d'autant que toutes celles qui sont contenues dans le petit tourbillon ABCD, s'accordant toutes ensemble à faire un autre mouvement autour du centre T, qui fait que tantôt elles s'approchent du soleil, et tantôt s'en éloignent, eu égard à cette vitesse qu'elles empruntent du soleil, elles ne doivent point être considérées comme séparées les unes des autres, mais comme faisant toutes ensemble un seul corps, qui tourne tout à la fois en un an autour du centre S.

Et il n'importe pas que nous croyions ou que nous ne croyions pas que la terre et la lune soient encore enveloppées de la même matière céleste dont elles étoient enveloppées auparavant qu'elles ne tournassent autour du soleil, pourvu que nous sachions que la matière dont elles sont à présent enveloppées ne peut être fort différente de celle qui est vers K et vers L : car étant fluides, si ses parties étoient beaucoup plus subtiles, elles approcheroient davantage vers S; et si elles étoient beaucoup plus grosses, elles s'en éloigneroient davantage, et d'autres succèderoient en leurs places.

(Sur la page 289 et sur la figure de la planche 13.)

Ce que j'ai écrit de la pesanteur peut faire aisément concevoir pourquoi le corps M ne doit pas s'éloigner davantage du centre I; car je ne nie pas que toutes les parties du tourbillon M ne tâchent de s'éloigner du point I, mais je nie qu'elles puissent trouver quelque lieu où elles puissent se retirer, parceque toute la matière qui l'environne tâche aussi de s'éloigner de ce même point I, et a plus de force pour s'en éloigner que n'en a le corps M.

(Sur la figure de la planche 16.)

Il a été très bien répondu que la matière du tourbillon ABCD ne se contient pas moins dans ses limites que si elle étoit entourée d'un mur d'airain.

Pour ce qui est du canal plein d'une eau courante, si l'on met au dedans de lui le corps dur I, de quelque matière qu'il soit, pourvu qu'il ne se meuve point, ou, ce qui revient à la même chose, pourvu qu'il se meuve plus lentement que l'eau, de même que la lune tourne plus lentement que la matière céleste qui l'environne, la présence de ce globe fera que l'eau pressera plus les côtés de ce canal en A et en B, qu'aux autres endroits : au moyen de quoi, si ces côtés sont de telle nature qu'ils puissent facilement être pliés, de même que la terre peut facilement être remuée de sa place et changer le lieu de son centre, ils se courberont quelque peu en A et en B, et là le canal deviendra un peu plus large; il est bien vrai que ces côtés ne se courberont peut-être pas davantage en B qu'en A;

mais je ne vois pas ce que de là on peut conclure contre ce que j'ai écrit.

(Sur la page 328, art. L.)

La diversité des bords, des détroits et des vents, fournit des raisons assez suffisantes pour expliquer toutes les variétés des flux et reflux; mais je ne me souviens point d'avoir jamais lu ni même ouï dire que les flux et les reflux soient plus grands aux solstices qu'entre les équinoxes et les solstices; et je serois bien aise de savoir par qui cela a été observé, quoique pourtant je ne m'étonnerois pas si cela se trouvoit véritable en quelques endroits, pourcequ'il y a plusieurs causes qui peuvent servir à rendre les flux et les reflux plus grands ou plus petits.

(Sur la page 330, art. LIII.)

Tous les mouvements de la terre et de la matière céleste, et même ceux de l'eau et de l'air, que nous avons dit se faire d'occident en orient, n'empêchent pas l'autre mouvement de l'eau et de l'air, que nous avons dit aussi se faire d'orient en occident, et qui est causé par la pression continuelle de la lune; et nous nous apercevons plus sensiblement de celui-ci que de tous ces autres mouvements, encore qu'il soit beaucoup plus lent qu'eux, à cause que nous sommes mus nous-mêmes de toutes ces autres sortes de mouvements, et que celui-là seul n'imprime point son mouvement en nous, par la même raison qu'étant assis dans un vaisseau, nous apercevons plus facilement le mouvement d'une tortue qui va très lentement dans le même navire de la proue vers la poupe, que nous n'apercevons le mouvement même du navire qui va vers la partie opposée, quoique son mouvement soit beaucoup plus vite.

(Sur la page 556, art. CLV.)

Nous attribuons plus de vertu au retour des parties cannelées, quand, sortant des pôles d'une pièce d'aimant qui a beaucoup de force, elles retournent par les pôles de l'autre, que nous n'en attribuons à leur premier cours, à savoir, quand, sortant des pôles de la terre, elles entrent par ceux d'un aimant; dont la raison est que la terre est un aimant fort foible, pour la raison qui est couchée en l'article 166, et que nous supposons que l'aimant dont nous parlons ici est beaucoup plus fort, et que pour cela même nous pensons qu'il y a beaucoup plus de parties cannelées qui s'assemblent autour de cet aimant, et qui composent comme un petit tourbillon autour de lui, qu'il n'y en a en un autre lieu autour de la terre, ce qui fait qu'il a beaucoup plus de force et de vertu. Pour l'expérience tirée du livre du père

Fournier, M. Picot y a, ce me semble, entièrement satisfait.

(Sur la page 471, art. CLXIII.)

Un fer bien battu, trempé et poli, etc. On joint ici plusieurs choses ensemble qui me semblent devoir être distinguées : car un fer qui a été endurci par la trempe donne plus facilement passage aux parties cannelées que celui qui n'a pas été ainsi endurci, pourcequ'il a des passages bien mieux ordonnés que l'autre, ainsi que j'ai expliqué autre part ; et un fer poli ne reçoit pas en lui plus facilement ni aussi plus difficilement les parties cannelées, qu'un autre qui n'est pas poli ; mais ces parties cannelées, sortant de l'un de ses pôles pour retourner vers l'autre, gardent entre elles un ordre plus exact et moins interrompu, ce qui fait que la vertu magnétique paroît plus grande dans un fer ou dans un aimant quand il est poli et qu'il a même une figure oblongue et uniforme disposée selon son axe, que dans un autre qui est rude et sans forme. Pour ce qui est du fer qui a été battu par le marteau, je ne pense pas qu'on ait jamais observé qu'il admette plus facilement les parties cannelées que celui qui n'a pas été ainsi battu ; au contraire, si après qu'un fer a été trempé on le met aussitôt sous le marteau, il perd toute la dureté qu'il a acquise par la trempe, ainsi que m'ont assuré plusieurs serruriers; et ainsi il n'y a point de doute qu'il est rendu moins propre à recevoir les parties cannelées.

AU R. P. MERSENNE [1].

D'Egmond, ce 22 mars 1646.

(Lettre 85 du tome III.)

Mon révérend père,

Encore qu'il n'y ait que huit jours que je vous ai écrit, je trouve deux choses dans votre dernière auxquelles je ne veux pas différer de répondre. La première est que M. de Roberval dit que je n'ai pas résolu le lieu de Pappus, et qu'il a un autre sens que celui que je lui ai donné; sur quoi je vous supplie très humblement de lui vouloir demander de ma part quel est cet autre sens, et qu'il prenne la peine de le mettre par écrit, afin que je le puisse mieux entendre; car puisqu'il dit qu'il s'est offert de me le démontrer lorsque j'étois à Paris (comme de fait je crois qu'il m'en a dit

---

[1] « Cette lettre est bien datée. Voyez la 56ᵉ des lettres de M. de Lahire. »

quelque chose, mais je n'en ai qu'une mémoire fort confuse), il ne me doit pas refuser cette faveur; et, afin de l'y obliger d'autant plus, je m'offre en récompense de l'avertir des principales fautes que j'ai remarquées dans son Aristarque. L'autre point de votre lettre auquel je ne veux pas différer de répondre est la question touchant la grandeur que doit avoir chaque corps, de quelque figure qu'il soit, étant suspendu en l'air par l'une de ses extrémités pour y faire ses tours et retours égaux à ceux d'un plomb pendu à un filet de longueur donnée. Car je vois que vous faites grand état de cette question, et je vous en ai écrit si négligemment il y a huit jours, que même je ne me souviens pas de ce que je vous en ai mandé, aussi que vous ne m'en aviez proposé qu'un seul cas. La règle générale que je donne en ceci est que, comme il y a un centre de gravité dans tous les corps qui descendent librement en l'air à cause de leur pesanteur, ainsi tous ceux qui sont mus autour de quelque point par la même pesanteur ont un centre de leur agitation, et que tous les corps dans qui ce centre d'agitation est également distant du point par lequel ils sont suspendus font leurs tours et retours en temps égaux, pourvu toutefois qu'on excepte ce que la résistance de l'air peut changer dans cette proportion; car elle retarde bien plus les corps légers et ceux dont la figure est fort éloignée de la sphérique que les autres.

Or, pour trouver ce centre d'agitation, je donne les règles suivantes. 1° Si le corps n'a qu'une dimension sensible, comme AD[1], que je suppose être un cylindre qui a si peu de grosseur qu'il n'y a que sa largeur seule à considérer, son centre d'agitation est en l'endroit de ce corps qui passe par le centre de gravité du triangle ABC, lorsqu'il décrit ce triangle par son mouvement, à savoir, au point *e*, qui laisse un tiers de la longueur AD vers la base.

2° Si ce corps a deux dimensions sensibles, comme le plan triangulaire ABC, dont je suppose les côtés AB et AC être égaux, et qu'il se meut autour du point A et ensemble de l'essieu FG, en sorte que la ligne BC est toujours parallèle à cet essieu, alors son centre d'agitation est dans le point de la ligne AD perpendiculaire à sa base BC, lequel passe par le centre de gravité de la pyramide que décrit ce triangle lorsqu'il se meut en cette façon, à savoir, au point O; en sorte que OD est un quart de la ligne AD. Et il est à remarquer que, soit qu'on suppose la base de cette pyramide (laquelle base est une partie quadrangulaire d'une superficie cylindrique) fort étroite, soit qu'on la suppose fort large, pourvu qu'aucun de ses côtés n'excède le demi-cercle, le

---

[1] Figure 12.

centre de gravité y divise toujours la perpendiculaire en même façon.

3° Si ce plan triangulaire ABC se meut autour du point A en un autre sens, à savoir, autour de l'essieu AD perpendiculaire à FG, en sorte que les points B et C s'entresuivent, alors pour trouver son centre d'agitation je ne le cherche plus dans la ligne AD, mais dans l'un des côtés AB ou AC, et je décris le trapèze HIKL, dont le diamètre HK est égal au côté AB ou AC, et toutes les lignes droites qu'on y peut inscrire en les ordonnant à angles droits à ce diamètre, comme 11, 22, 33 et 77 sont égales à autant de parties de circonférences de cercles ayant leurs centres au point A, qui peuvent être inscrites dans le triangle ABC, et qui divisent les côtés en même raison que HK, comme sont 11, 22, 33 et 77. Puis j'imagine que ce trapèze étant mû quelque peu (c'est-à-dire en sorte que chacun de ses points décrive moins qu'un demi-cercle) autour du point H et de l'essieu FG, décrit un solide qui a six faces, duquel solide je cherche le centre de gravité, et je dis que le point du diamètre HK, qui passe par ce centre de gravité en décrivant ce solide, est le centre d'agitation demandé.

4° Enfin, si le corps duquel on demande le centre d'agitation a trois dimensions sensibles, de quelque figure qu'il puisse être, comme ABCD, pour le trouver, je décris premièrement une figure plate, comme HIKLMN, dont les deux moitiés HIKL et HNML doivent être égales et semblables, et le diamètre HL égal au diamètre du plus grand cercle que décrive ce corps ADCB, lorsqu'il se meut autour du centre A[1]; à savoir, il doit être égal à la ligne AE, si ce corps se meut autour de l'essieu FG, et il doit être égal à la ligne AC, s'il se meut autour d'un autre essieu qui coupe FG à angles droits, et toutes les lignes droites qu'on peut décrire dans cette figure HIKLMN ordonnées à angles droits au diamètre HL, comme IN, KM, etc., doivent avoir entre elles même proportion que les superficies cylindriques, qui sont des sections de ce corps ABCD faites par des cylindres décrits autour du même essieu autour duquel il se meut, et qui divisent son diamètre en semblables parties : par exemple, si ce corps se meut autour de l'essieu FG, qu'il y ait même proportion entre les lignes IN et KM, qu'il y a entre les parties des superficies cylindriques représentées par les lignes 1B et D2, inscrites dans ce corps, et que IN et KM divisent HL, en même raison que 1B et D2 divisent AE, et ainsi des autres. Puis j'imagine que cette superficie HIKLMN, étant mue quelque peu (c'est-à-dire en sorte que chacun de ses points fasse moins qu'un demi-cercle) autour de l'essieu FHG, décrit

[1] Figure 13.

un solide, duquel solide je cherche le centre de gravité, et je dis que le point du diamètre HL, qui passe par ce centre de gravité, en décrivant ce solide, par exemple le point O, divise HL en même raison que ce centre d'agitation demandé divise AE, le diamètre du corps donné. Je n'ajoute point les raisons de tout ceci, car il ne me reste ni temps ni papier. Je suis, etc.

A M. DE CAVENDISH[1],

CHEVALIER ANGLOIS.

D'Egmond, ce 30 mars 1646.

(Lettre 86 du tome III.)

Monsieur,

Je tiens à beaucoup d'honneur qu'il vous ait plu me proposer une question touchant laquelle quelques autres n'ont pu vous satisfaire ; mais j'ai bien peur de le pouvoir encore moins, parceque mes raisonnements ne s'accordent pas avec les expériences que vous avez pris la peine de m'envoyer;

---

[1] « Cette lettre est bien datée du 30 mars 1646. Voyez la 57.ᵉ des manuscrits de Lahire. »

et toutefois je vous avoue ingénument que je ne puis encore apercevoir en quoi ils manquent. C'est pourquoi je les exposerai ici tels qu'ils sont, afin de les soumettre à votre jugement, et que vous me fassiez, s'il vous plaît, la faveur de m'instruire.

Il y a environ un mois que le révérend père Mersenne m'ayant proposé la même difficulté, je lui fis réponse que comme il y a un centre de gravité dans tous les corps selon lequel ils descendent librement en l'air, ainsi ceux qui se meuvent étant suspendus ont un centre de leur agitation, lequel règle la durée de ce que vous nommez leurs vibrations, en sorte que tous ceux dans qui ce centre d'agitation est également distant de l'essieu autour duquel ils se meuvent font leurs vibrations en temps égal. Mais j'exceptois néanmoins très expressément ce que la résistance de l'air peut changer dans cette proposition. Puis supposant qu'on avoit soin en faisant les expériences d'éviter cette résistance de l'air, et n'examinant que les figures où elle n'est pas sensible, à cause que sa quantité ne peut être déterminée par raison, je m'arrêtois seulement à chercher ce centre d'agitation par les règles de la géométrie, lesquelles je pense infaillibles dans ce point. Et voici celles que je donnois.

Ayant, par exemple, le corps ABCD[1], tant irrégulier qu'on le voudra supposer (ce qui s'entend

[1] Figure 14.

toutefois en telle sorte que sa figure ne fasse point que la résistance de l'air soit sensible, et que par conséquent il n'ait pas beaucoup d'épaisseur), je détermine premièrement l'essieu FG, autour duquel je suppose qu'il fait ses vibrations, et la perpendiculaire AE, qui rencontre cet essieu à angles droits, et passe par le centre de gravité de ce corps: puis imaginant une infinité de cylindres de diverses grandeurs, qui ont tous pour essieu la ligne FG, et qui coupent ce corps, je décris une figure plate AHEI, qui a pour diamètre la perpendiculaire AE, et dans laquelle toutes les lignes droites ordonnées en même façon des deux côtés à angles droits à cette perpendiculaire, comme sont 2, 6 et 1, 5, ont entre elles même raison que les pyramides dont le sommet est au point A, et qui ont des bases égales aux parties des superficies des cylindres susdits, lesquelles se trouvent dans ce corps; en sorte que prenant à discrétion dans cette perpendiculaire AE les points 1 et 2, l'ordonnée 1, 5 ait même raison à l'ordonnée 2, 6 que toute la pyramide A 33, dont la base 33 est partie d'une superficie cylindrique à la pyramide A 44, qui a aussi pour base la superficie commune à ce corps et au cylindre qui le coupe aux points 4, 4. Puis enfin je cherche le centre de gravité de cette figure plate, et je dis que le centre d'agitation du corps donné ABCD est dans la perpendiculaire AE, au même point où est ce centre de gravité; de quoi j'ajouterai ici la démonstration.

Premièrement, comme le centre de gravité est tellement situé au milieu d'un corps pesant, qu'il n'y a aucune partie de ce corps qui puisse par sa pesanteur détourner ce centre de la ligne suivant laquelle il descend, dont l'effet ne soit empêché par une autre partie qui lui est opposée, et qui a justement autant de force qu'elle, d'où il suit que ce centre de gravité se meut toujours en descendant par la même ligne qu'il feroit s'il étoit seul, et que toutes les autres parties du corps dont il est le centre fussent ôtées; ainsi ce que je nomme le centre d'agitation d'un corps suspendu est le point auquel se rapportent si également les diverses agitations de toutes les autres parties de ce corps, que la force que peut avoir chacune d'elles à faire qu'il se meuve plus ou moins vite qu'il ne fait, est toujours empêchée par celle d'un autre qui lui est opposée; d'où il suit aussi (*ex definitione*) que ce centre d'agitation se doit mouvoir autour de l'essieu auquel il est suspendu avec la même vitesse qu'il feroit si tout le reste du corps dont il est parti étoit ôté, et par conséquent de même vitesse que feroit un plomb pendu à un filet à même distance de l'essieu FG.

Après cela je considère qu'il n'y a rien qui empêche que ce centre d'agitation ne soit au même point auquel est le centre de gravité, sinon que les parties les plus éloignées de l'essieu autour duquel ce corps se meut sont plus agitées que celles qui en sont plus proches ; d'où je conclus qu'il doit être dans quelque point de la perpendiculaire AE, dans laquelle je suppose qu'est aussi le centre de gravité, pourcequ'au regard des parties qui sont des deux côtés de cette perpendiculaire également distante de l'essieu FG, il n'y a aucune différence entre les propriétés de ces deux centres ; mais il doit être dans un point de cette perpendiculaire plus éloigné de cet essieu que n'est celui de gravité, pourceque ce sont les parties qui en sont les plus éloignées qui ont le plus d'agitation.

Enfin, je considère que toutes les autres parties de ce corps qui sont également distantes de cet essieu FG, c'est-à-dire qui sont dans la superficie d'un même cylindre, lequel a aussi FG pour son essieu, sont également agitées, et que celles qui sont dans la superficie d'un autre cylindre plus grand ou plus petit, qui a aussi FG pour essieu, sont plus ou moins agitées à raison de ce que le diamètre de leur cylindre est plus ou moins grand que le diamètre du précédent ; et par conséquent qu'il y a même raison entre la force de l'agitation qu'ont ensemble toutes les parties de ce corps qui sont dans la superficie du premier cylindre, et celle qu'ont toutes les parties du même corps qui sont dans la superficie du second, qu'il y a entre les pyramides ou autres solides de même espèce, quels qu'ils soient, qui ont leurs bases égales à ces superficies cylindriques, et leurs hauteurs égales aux diamètres ou demi-diamètres des mêmes cylindres. Car la force de leur agitation ne se mesure pas seulement par leur vitesse, dont la différence est représentée par les différentes hauteurs de ces solides, mais aussi par la diverse quantité de leur matière, laquelle est représentée par les diverses grandeurs des bases ; d'où il suit évidemment que le centre de la gravité de la figure plate décrite ci-dessus tombe au même point dans la perpendiculaire AE que le centre d'agitation demandé, qui est ce que j'avois à démontrer.

Mais pourceque les expériences que vous m'avez fait la faveur de m'envoyer semblent être fort éloignées de ce calcul, il faut encore ici que je tâche d'en dire la raison, laquelle je crois procéder de ce que les figures des corps qu'on a examinés rendent la résistance de l'air fort sensible. Car pour les triangles isocèles, je m'assure que s'ils avoient été suspendus par l'angle opposé à leur base, et qu'on les eût fait mouvoir autour d'un essieu, auquel cette base eût toujours été parallèle, on eût trouvé, aussi bien dans ceux dont l'angle opposé à la base est de soixante ou de quatre-vingt-dix ou de cent vingt degrés, que dans celui de vingt, que la perpendiculaire tirée de cet angle sur sa base eût toujours eu à peu près la proportion de quatre à trois avec le plomb, ou, comme vous le nommez, le funependule, dont les vibrations sont *isochrones*, suivant ce que j'ai ci-devant écrit au révérend père Mersenne. Mais si on fait mouvoir ces triangles dans un autre sens, en sorte que les angles à la base se haussent et se baissent l'un après l'autre, et non point également en même temps (ce que je juge qu'on a fait en vos expériences), cette proportion entre la perpendiculaire et le funependule doit être beaucoup plus grande que de quatre à trois; et elle doit être d'autant plus grande que l'angle opposé à la base est plus obtus, comme j'avois aussi mandé au révérend père Mersenne. Et je pense que l'expérience qui suit peut suffire pour démontrer que cela ne vient que de la résistance de l'air.

Si un bâton ou autre corps long, comme PQ, également gros des deux côtés, est tellement suspendu par son milieu au point A[*], qu'il soit en parfait équilibre, il n'y a personne qui n'avoue que la moindre force est suffisante pour faire hausser et baisser les deux bouts P et Q à toutes sortes d'inclinations, et qu'il n'y a rien que la résistance de l'air qui empêche que cette même force ne le puisse hausser et baisser avec la même vitesse

[*] Figure 15.

qu'elle se peut mouvoir étant seule (car je comprends ici sous ce nom de résistance de l'air, ce que les autres appellent la tardiveté ou l'inclination au repos, qu'ils pensent être naturelle à tous les corps; et je lui donnerois encore un autre nom, si j'entreprenois d'expliquer toute cette matière suivant mes Principes, mais cela requerroit beaucoup de temps); de façon que le plomb B attaché au filet AB, que je suppose égal à la ligne AP ou AQ, faisant ses vibrations en certains temps, si on attache ce même plomb B à l'un des bouts du bâton P ou Q (ou bien aussi à quelque autre endroit que ce soit du demi-cercle PBQ, lequel je suppose si léger qu'il n'apporte en ceci aucun changement qui soit sensible), il n'y a rien qui l'empêche de faire ses vibrations aussi vite qu'auparavant, sinon la résistance que fait l'air au mouvement de ce bâton; mais on trouvera par expérience que si ce plomb n'est point fort gros et pesant à comparaison du bâton, il fera ses vibrations beaucoup plus lentement; en le faisant ainsi mouvoir avec lui, que s'il n'étoit attaché qu'à un filet. Si donc on fait exactement cette expérience, et qu'après on considère le triangle ACD[1] tellement suspendu en A, que lorsque son angle D descend de G vers E, son autre angle C monte vers F, on verra clairement qu'il n'y a la plupart du temps

[1] Figure 16.

qu'une petite partie de ce triangle qui ait de la force pour le mouvoir, et que tout le reste ne sert qu'à retarder ses vibrations, en même façon que le bâton PQ retarde celles du plomb B; car au point où il est maintenant, toute sa partie CAE qui est au-delà de la perpendiculaire AE, et une autre partie de l'autre côté qui lui est égale, à savoir EAN, sont en équilibre, ainsi que les deux côtés du bâton AP, AQ, si bien qu'il ne reste que DAN qui agisse et qui représente le plomb B; et à mesure que l'angle D descend vers E, cette partie DAN devient plus petite, et l'autre NAC devient plus grande; ce qui étant calculé et ajouté à ce que j'avois ci-devant mandé au révérend père Mersenne, je ne doute point qu'il ne s'accorde avec toutes les expériences, pourvu qu'elles soient faites exactement. Mais il y a beaucoup de choses à observer afin de ne se pas méprendre en les faisant, et qu'il n'y ait point d'autres additions ou déductions à faire en ce calcul. Car premièrement, la longueur du fune-pendule ne doit être comptée que depuis le principe de son mouvement A jusques au centre d'agitation du plomb B, lequel n'est pas sensiblement différent de son centre de gravité; puis il faut avoir soin que l'épaisseur des lames dont on fait ces triangles soit fort égale dans toutes leurs parties, et que la pointe de l'angle par lequel ils sont suspendus se

¹ Figure 17.

rapporte bien justement à l'essieu autour duquel ils se meuvent.

Au reste, monsieur, j'ai bien peur que vous ne blâmiez ma témérité, de ce que j'ose ainsi déterminer des choses qui dépendent de l'expérience, sans que j'en aie fait l'épreuve auparavant; mais je vous supplie de croire que c'est le zèle que j'ai à vous obéir qui m'a porté à écrire ici mon sentiment sans aucune réserve; comme je suis aussi sans aucune réserve, etc.

OBSERVATION DE M. DE ROBERVAL,

SUR LE SUJET DE LA PRÉCÉDENTE LETTRE DE M. DESCARTES A M. CAVENDISH, OU IL MARQUE SES FAUTES.

(Lettre 87 du tome III.)

Nous convenons de définition, M. Descartes et moi, touchant le point qu'il appelle le centre d'agitation, lequel nous nommons ici le centre de percussion, mais sa conclusion est entièrement différente de la mienne, de laquelle pourtant j'ai la démonstration absolue ; il y a donc quelque défaut en son raisonnement. C'est ce que je prétends ici vous faire paroître. A cet effet, entre plusieurs figures que je pouvois choisir, je me suis arrêté à un secteur d'un cylindre droit, dans lequel j'espère vous faire voir si clairement ce défaut, qu'il vous sera facile de connoître qu'il a lieu dans toutes les autres figures solides, même dans toutes les figures planes, desquelles l'essieu du mouvement n'est pas dans le plan d'icelles, mais perpendiculaire ou oblique à ce plan; et je crois M. Descartes trop amateur de la vérité pour ne les pas avouer, s'il prend la peine de considérer mes raisons.

Soit donc un secteur de cylindre droit ABCDE FGH[1], duquel l'essieu, tant du cylindre que de l'agitation du secteur, soit la ligne droite AB; ce secteur étant compris des deux parallélogrammes rectangles AD, AF, qui ont pour côté commun l'essieu AB; des deux secteurs de cercles ACGE, FHD retranchés des bases du cylindre; et de la portion de la superficie cylindrique CGE retranchée par ces parallélogrammes et secteurs de cercles; et ayant divisé en deux également l'essieu AB au point I, soit mené par ce point un plan parallèle aux bases du cylindre, lequel plan coupera le secteur de cylindre, et la section sera un secteur de cercle, comme ILNM, égal et parallèle aux précédents ACGE et BDHF; de ce secteur ILNM soient les demi-diamètres IL, IM, et l'arc LNM, lequel soit coupé en deux également au point N, auquel soit mené le demi-diamètre IN, et prolongé en dehors vers N autant qu'il en est besoin. Entendons aussi que cette ligne IN soit perpendiculaire à

---

[1] Figure 18.

l'horizon, et que AB soit de niveau. Davantage soit IP les trois quarts de IN, et ayant mené LM, corde de l'arc LNM, soit entendu que comme l'arc LNM est à sa corde LM, ainsi les deux tiers du demi-diamètre IN soient à IO, portion du même demi-diamètre. Nous avons démontré que ce point O est le centre de gravité, tant du secteur de cylindre AH que du secteur du cercle ILNM. Que si au contraire on entend que comme la corde LM est à son arc LNM, ainsi soit IP (trois quarts de IN) à IQ portion de IN, nous avons aussi démontré que le point Q sera le centre de percussion ou d'agitation tant du secteur de cylindre AH, que du secteur de cercle ILNM.

Toutefois, suivant le raisonnement de M. Descartes, il faudroit que ce centre de percussion ou d'agitation, tant du secteur de cylindre AH que du secteur de cercle ILNM, fût au point P, qui est aux trois quarts de la ligne IN, et ce en tout secteur grand ou petit, même au demi-cylindre et au demi-cercle, ce qui est tout contraire à notre raisonnement, qui fait voir que le véritable centre Q est toujours plus éloigné d'I que P, et ce d'autant plus que le secteur approchera plus près d'un demi-cercle ou d'un demi-cylindre, n'étant pas toutefois plus grand; jusque là, que si l'arc étoit d'un quart plus grand que sa corde, le centre de percussion seroit le point N, et l'arc étant encore plus grand, ce centre seroit hors le secteur au-delà de N.

Mais notre démonstration est trop longue pour ce lieu; voyons donc le défaut de celle de M. Descartes, ainsi que nous nous sommes proposé. Et pour ce faire menons des points LM les lignes droites LS, MS, qui touchent l'arc LMN, et qui se rencontrent au point S, dans le demi-diamètre IN prolongé : partant les angles ILS, IMS seront droits. De même ayant pris dans l'arc LNM deux autres points T, V, également éloignés de part et d'autre du point N, soient menées les touchantes TR, VR, qui s'entre-coupent au point R, dans le même demi-diamètre IN prolongé; et ainsi derechef ayant mené les demi-diamètres IT, IV, les angles ITR, IVR seront droits; il en sera de même de tous les points éloignés également de part et d'autre du point N. Enfin, par les lignes AB et IN soit mené un plan ABHG, qui coupera le secteur AH en deux autres secteurs égaux, et formera le rectangle ABHG, duquel les côtés AG et BH couperont aussi en deux également les secteurs des cercles ACGE et BDHF, et par les points G, N, H soient menées des lignes droites qui touchent les arcs CE, LM, DF, lesquelles touchantes soient ZG4, XNY, et 6H7, qui seront perpendiculaires aux demi-diamètres AG, IN, BH.

M. Descartes fait donc NX égale à NY; puis dans

le demi-diamètre ou perpendiculaire IN, ayant pris tel autre point qu'on voudra, comme le point 3, et par ce point entendant une autre superficie cylindrique alentour de l'essieu AB, il veut que comme la pyramide dont le sommet est I, et la base égale à la superficie cylindrique CGHF est à la pyramide dont le sommet est I, et la base égale à la superficie cylindrique qui passe par 3, et qui est comprise dans le secteur AH, ainsi soit l'ordonnée NX à une autre 3-8 qui lui soit parallèle, et ainsi d'une infinité d'autres points que l'on pourra entendre être trouvés comme ce point 8; par tous lesquels points une figure plate étant décrite de part et d'autre de son diamètre IN qui la coupe en deux également, il prétend que le centre de gravité de cette figure plate sera le centre d'agitation du secteur AH, ou de tout autre corps pour lequel on aura suivi les règles de cette construction. Or il est clair que les pyramides dont il parle sont ici entre elles comme le carré de NI au carré de I 3; et pourtant l'ordonnée XN étant à 8, 3 comme ces pyramides, c'est-à-dire comme le carré NI au carré I 3, le centre de gravité de la figure plate (qui est ici un triligne aigu parabolique) sera au point, qui selon son intention seroit aussi le centre d'agitation du secteur AH.

Son raisonnement est que toutes les parties qui sont dans la superficie de quelque cylindre droit, duquel AB est l'essieu, sont également agitées; et que celles qui sont dans la superficie d'un autre cylindre plus grand ou plus petit, qui a aussi AB pour essieu, sont plus ou moins agitées, à raison de ce que leur distance de l'essieu AB est plus ou moins grande; d'où s'ensuit qu'il y a même raison entre la force d'agitation qu'ont ensemble toutes les parties de ce corps qui sont dans la superficie du premier cylindre, et celles qu'ont toutes les parties du même corps qui sont dans la superficie du second cylindre, qu'il y a entre les pyramides qui ont leurs bases égales à ces superficies cylindriques et leurs hauteurs égales aux demi-diamètres des mêmes cylindres; d'où il suit évidemment, dit-il, que le centre de gravité de la figure plate décrite ci-dessus tombe au même point dans la perpendiculaire IN que le centre d'agitation demandé.

Le défaut de ce raisonnement est qu'il considère l'agitation seule des parties du corps agité, oubliant la direction de l'agitation de chacune de ces parties; laquelle direction change et est différente dans tous les points qui sont inégalement éloignés du plan vertical AH, quoique ces points soient dans une même superficie cylindrique alentour de l'essieu AB; car la direction du point L, par exemple, est la touchante LS, soit que ce point agité pousse de L vers S, ou qu'au contraire il tire vers la partie opposée. Pareillement la direction du point M est MS, la direction du point T est TR, la direction du point V est VR, etc. Tellement que quoique l'agitation de tous ces points soit égale, toutefois la différence de leur direction change l'effet de cette agitation pour deux chefs : le premier, qu'à l'égard de la perpendiculaire IN, ils tirent ou poussent par des points différents S, R, etc.; le second, que leurs lignes de direction font des angles inégaux avec cette perpendiculaire. En un mot de tous les points qui sont dans la superficie cylindrique CGHF, il n'y a que ceux qui sont dans la ligne GH qui agissent et fassent leur effort par le point N sur la perpendiculaire IN, tous les autres se faisant en dehors entre N et S; et pourtant le centre d'agitation de tous ces points, c'est-à-dire de cette superficie, est aussi entre N et S, et non pas au point N, comme il le faudroit pour faire que le raisonnement de M. Descartes fût bon. Et de fait, pour avoir ce centre, il faut entendre que comme l'arc LM est à sa corde LM, ainsi le demi-diamètre IN soit à IS, et le point S sera le centre demandé; que si on fait le même pour toutes les autres superficies cylindriques, alentour de l'essieu AB, moindres que CGHF, et comprises dans le secteur AH, on viendra à une conclusion tout autre que celle de M. Descartes.

Je passe sous silence que dans toute autre ligne que IN, pourvu qu'elle soit menée du point I dans le plan ILNM, on peut assigner un centre de percussion, et que tous ces centres sont dans un lieu.

Je passe encore que quoique le centre de percussion ou d'agitation fût assigné comme dessus, il ne paroît pas qu'il fût la règle ou distance requise pour les vibrations ou balancements des corps, auquel balancement le centre de gravité contribue quelque chose, aussi bien que le centre d'agitation. Car ce centre de gravité est la cause de la réciprocation de ce balancement de droite à gauche et de gauche à droite, vu que s'il n'y avoit que l'agitation, le mouvement seroit continuel d'une même part alentour de l'essieu.

Toutefois jusqu'ici les expériences se sont accordées d'assez près avec mes conclusions du centre d'agitation, d'où j'ai conclu que le centre d'agitation y contribue plus que le centre de gravité.

LE CENTRE DE PERCUSSION D'UNE LIGNE DROITE AB, TOURNANT CIRCULAIREMENT AUTOUR DU POINT FIXE A, PAR M. DE ROBERVAL, EN 1646.

Soit la ligne AB indéfiniment divisée ès points A, G, F, E, B, etc. Considérant la force d'agitation de chacun de ces points, il est certain que leurs forces sont entre elles comme leurs agitations, ou comme leurs vitesses ou chemins, c'est-à-dire comme les arcs semblables BCD, ELH, FMI, etc., sont entre eux.

C'est-à-dire comme les distances ou rayons du

point immobile A jusques à chacun arc, telles que sont AB, AE, AF, etc., ou encore comme les sous-tendantes BD, EH, FI, etc., ou encore comme les lignes du triangle ABD.

Or, comme lesdites lignes BD, EH, FH, etc., sont entre elles, ainsi leurs forces de pesanteur sont entre elles (par les éléments de mécanique, si on les prend pour des puissances de semblable direction); donc les forces des agitations des points B, E, F, etc., de la ligne AB, sont entre elles comme les forces de pesanteur des lignes BD, EH, FI, etc., sont entre elles.

Et partant, le centre des forces d'agitation de la somme des points B, E, F, etc. (c'est-à-dire de toute la ligne AB), est semblablement posé entre les points extrêmes A et B, que le centre de pesanteur de toutes les lignes BD, EH, FI, etc. (c'est-à-dire du triangle ABD), entre la ligne extrême BD et le point A, comme a démontré Lucas Valérius dans son traité *De centro gravitatis*.

Or le centre de pesanteur du triangle ABD divise AP en Q, en sorte que AQ est double de PQ; donc aussi O, centre d'agitation de la droite AB, divise AB en O, en sorte que AO est double de BO; partant est trouvé le centre d'agitation d'une droite AB, ce qu'il falloit, etc.

¹ Figure 19.

A MONSIEUR ***[1].

RÉPONSE A LA PRÉCÉDENTE.

(Lettre 88 du tome III.)

Monsieur,

Je vous remercie très humblement de la faveur qu'il vous a plu me faire de m'envoyer les objections de M. de Roberval; et pourcequ'il n'y a rien au monde que je souhaite tant que d'être instruit et averti de mes fautes, je suis toujours bien aise de voir les écrits de ceux qui ont dessein de me reprendre. Je vous remercie aussi de ce qu'il vous plait me permettre de n'y répondre qu'à mon loisir; mais je ne vois pas qu'il m'ait donné de la matière pour m'occuper beaucoup de temps, car il n'y a que l'explication de sa figure qui rende son écrit un peu long : il eût pu en épargner les deux tiers, et rendre son discours plus clair et plus facile, sans rien diminuer de la force de ses raisons, si, au lieu du secteur de cylindre, il eût seulement proposé le secteur de cercle ILNM.

[1] « Cette lettre est datée d'Egmond, le 15 juin 1646, à M. de Cavendish. Voyez la 62ᵉ des manuscrits de Lahire. »

Sa première objection, qui est que mon raisonnement doit être défectueux, puisque j'en tire une autre conclusion qu'il ne fait du sien, lequel il veut que je reçoive pour très certain, sans toutefois me dire quel il est, ne prouve à mon égard autre chose, sinon qu'il veut que je défère davantage à son autorité qu'à mes raisons.

Sa seconde et dernière objection est que je considère l'agitation seule des parties du corps agité, oubliant la direction de l'agitation de chacune de ses parties, laquelle il dit devoir être considérée pour deux chefs : le premier, qu'à l'égard de la perpendiculaire IN ils tirent ou poussent par des points différents ; le second, que leurs lignes de direction font des angles inégaux avec cette perpendiculaire. A quoi je réponds facilement, en niant qu'il faille ici considérer que cette diverse direction se rapporte à une certaine perpendiculaire ; et les deux raisons dont il use pour le prouver, n'étant fondées que sur la détermination de cette perpendiculaire, n'ont aucune force et s'évanouissent avec elle. Car bien que la perpendiculaire de l'espace dans lequel se font les vibrations, c'est-à-dire la ligne tirée du point par lequel le mobile est suspendu vers le centre de la terre, et aussi celle de ce mobile tirée du même point vers le point où est son centre de gravité, lorsqu'il n'est attaché à rien, doivent être considérées pour examiner la quantité de ses vibrations, ou l'empêchement que celles de ses parties qui sont en équilibre font au mouvement de celles qui n'y sont pas, ou choses semblables ; toutefois il est évident qu'au regard de son agitation, il n'y a en lui aucune perpendiculaire plus considérable que toutes les autres lignes menées du point I dans le plan ILNM, et que M. de Roberval semble avoir déjà reconnu cette vérité, quand il a mis sur la fin de son écrit que (vu que toutes celles de ses parties qui sont dans une même superficie, également distantes de l'essieu sur lequel il tourne, se meuvent également vite, et sont par conséquent également agitées) *dans toute autre ligne que IN on peut assigner un centre de percussion*, en quoi je suis d'accord avec lui ; et la raison est que tous les points de ce plan, qui sont également distants du point I, sont également agités, et le lieu dans lequel sont tous ces centres est la circonférence d'un cercle. C'est pourquoi, étant amateur de la vérité, il doit avouer qu'il s'est mépris, si dans sa prétendue démonstration, pour mesurer l'agitation des divers points d'une même superficie cylindrique, il les a rapportés à quelque perpendiculaire déterminée, au regard de laquelle cette agitation fût inégale. Comme aussi je trouve qu'il s'est mépris où il a pensé que le centre de gravité du mobile contribuât quelque autre chose à la mesure de ses vibrations, que ce qu'y contribue le centre d'agitation : car le mot de centre de gravité est relatif aux corps qui se meuvent librement en l'air, ou bien qui sont appuyés sur quelque autre corps sans se mouvoir; de façon que ceux qui sont suspendus à quelque essieu, autour duquel ils se meuvent, n'ont aucun centre de gravité au regard de cette position et de ce mouvement, mais seulement un centre d'agitation. C'est pourquoi, au lieu de dire que le centre de gravité est cause de la réciprocation de droite à gauche, il devoit seulement dire que c'est la gravité ou pesanteur du mobile qui en est cause, sans parler du centre de cette gravité, lequel n'est rien en ce cas qu'une chimère; et ce qu'il dit passer sous silence ne fait rien contre moi; car, par la définition du centre d'agitation que j'ai donnée, et de laquelle il dit convenir avec moi, tous les corps dans qui ce centre est également distant de l'essieu autour duquel ils se meuvent font leurs vibrations en temps égal. Maintenant, monsieur, je vous supplie de vouloir juger auquel des deux raisonnements je dois plutôt donner créance, ou bien au mien propre, qui me semble très évident et très vrai, et qui a été vu et examiné par M. de Roberval, sans qu'il y ait rien pu trouver à redire en quoi je ne voie très clairement qu'il s'est mépris; ou bien au sien, lequel je n'ai point vu, et dans lequel néanmoins, par ce peu qu'il en a déclaré, je remarque deux fautes bien signalées : l'une, qu'il imagine une perpendiculaire à laquelle il rapporte différemment l'agitation des diverses parties du mobile qui sont dans une même superficie cylindrique, laquelle agitation néanmoins est égale en toutes, à cause qu'elles se meuvent également vite, et que c'est en cette seule vitesse que consiste leur agitation; l'autre, qu'il imagine aussi un centre de gravité où il n'y en a point, pourcequ'il est changé en celui d'agitation[1]. Je suis, etc.

AU R. P. MERSENNE[2].

(Lettre 89 du tome III.)

Mon révérend père,

Il y a environ un mois que j'ai reçu votre pénultième du premier décembre; mais pourceque je vous avois écrit fort peu auparavant, et qu'elle ne contenoit rien qui désirât une prompte réponse, et que vous me promettiez de m'envoyer à huit

[1] « La suite de cette lettre est dans la 62ᵉ des manuscrits de Lahire. »
[2] « Cette lettre n'est pas datée ; mais, sur les premiers mots de la lettre, il est clair qu'elle est du 10 janvier 1647. »

jours de là une lettre que vous aviez faite pour la défense de M. de Roberval, j'ai attendu jusqu'ici à vous répondre; mais encore que je n'eusse point reçu votre dernière du cinquième de ce mois, j'avois résolu de vous écrire à ce voyage pour vous demander de vos nouvelles. Vous me mandiez dans votre précédente que les prédicateurs sont contraires à ma philosophie, à cause qu'elle leur fait perdre leurs belles comparaisons touchant la lumière; mais, s'ils y veulent penser, ils en pourront tirer de plus belles de mes Principes, pourceque les mêmes effets demeurants, desquels seuls ces comparaisons sont tirées, il n'y a que la façon d'expliquer ces effets qui est différente, et je pense que la mienne est la plus intelligible et la plus facile. Ainsi, pour expliquer les qualités des corps glorieux, ils peuvent dire qu'elles sont semblables à celles de la lumière, et tâcher de faire bien concevoir quelles sont ces qualités, et comment elles se trouvent en elle; sans pour cela prétendre que les rayons sont des corps, car ce seroit dire une fausseté; et sans vouloir persuader que les corps glorieux ont les qualités qu'on leur attribue par la seule force de la nature, ce qui seroit aussi faux ; mais il suffit que les rayons soient corporels, c'est-à-dire que ce soit des propriétés de quelques corps, pour persuader que d'autres semblables propriétés peuvent être mises par miracle dans les corps des bienheureux. On m'a dit qu'il y a un ministre à Leyde qui est estimé le plus éloquent de ce pays, et le plus honnête homme de sa profession que je connoisse (il se nomme Hay[1]), qui se sert souvent de ma philosophie en chaire, et en tire des comparaisons et des explications qui sont fort bien reçues; mais c'est qu'il l'a bien étudiée, ce que n'ont peut-être pas fait ceux qui se plaignent qu'elle leur ôte leurs vieilles comparaisons, au lieu qu'ils devroient se réjouir de ce qu'elle leur en fournira de nouvelles.

Pour vos exemplaires du livre de Viète, vous les devez avoir reçus il y a long-temps; car lorsque le sieur Elzevier en donna un pour moi à M. Hogelande, il lui dit qu'il les avoit envoyés dans la balle du sieur Petit. Je vous ai obligation de celui que vous m'avez donné, et vous en remercie; mais tant s'en faut que j'en désire davantage, que même, si vous voulez que je donne ici à quelque autre celui que j'ai, je m'en passerai fort aisément; car je ne crois pas qu'il y ait rien que je doive apprendre, et il y a long-temps que je n'étudie plus en mathématiques. Toutefois je ne les ai pas encore tant oubliées, qu'il ne m'ait été fort aisé de faire l'analyse de la règle de M. de Roberval pour les vibrations des triangles; car, voyant que vous assurez par votre lettre qu'elle s'accorde toujours avec

---

[1] « Heydanus, Heyde. »

l'expérience, j'ai tâché de l'examiner; mais, outre que les expériences en telles matières ne peuvent jamais être fort exactes, sa règle, de la façon qu'il la propose, est comme une étrivière qui s'alonge et s'accourcit autant que l'on veut, ou comme les oracles de la déesse de Syrie, qui se pouvoient tourner en tous sens. C'est pourquoi j'admire grandement votre bonté de vous être laissé persuader qu'elle se rapporte à l'expérience, sans que toutefois il vous ait donné le moyen de trouver le juste de son calcul, lequel je crois qu'il ne sait pas lui-même; mais le voici. Ayant le triangle ABC[1], pour trouver la distance depuis B jusques au centre de percussion H, suivant sa règle, comme vous me l'avez écrite dans votre lettre du quinzième septembre, je fais comme la perpendiculaire BD est à DC, qui est la moitié de la base, ainsi DC est à une autre ligne que je nomme N; et derechef comme BD est à N, ainsi N est à une autre ligne que je nomme M; puis ajoutant trois vingtièmes de M avec la moitié de N, et les $\frac{3}{4}$ de BD, j'ai le juste de ce qu'on trouve par son épouvantable calcul proposé d'une façon peu intelligible; par exemple, si DC est égal à BD, N et M lui seront aussi égales, et pour ce que $\frac{3}{20}$ et $\frac{1}{2}$ et $\frac{3}{4}$ ajoutés ensemble font $\frac{7}{5}$ la longueur du funependule isochrone, H sera $\frac{7}{5}$ de la ligne BD. Tout de même si BD est 1, et DC 2, N.

[1] Figure 20.

sera 4, et M sera 16, et BH la longueur du funependule sera $5\frac{1}{20}$, c'est-à-dire $\frac{1}{20}$ de 16, une moitié de 4, et trois quarts d'un; et mettant toujours un pour BD, si DC est 3, BH est $17\frac{1}{2}$; si DC est 4, BH est $47\frac{1}{20}$; si DC est 5, BH est 107; et si DC est 10, BH est $1550\frac{1}{2}$, et ainsi des autres; de quoi je m'offre d'envoyer la démonstration à M. de Beaune. Or maintenant vous pouvez voir si sa règle s'accorde avec l'expérience, en lui demandant premièrement le juste du funependule en quelques triangles par sa supputation, pour voir si elle s'accorde avec celle-ci; car s'il ne les peut pas supputer, comment peut-il, sinon avec une hardiesse merveilleuse, assurer qu'elle s'accorde avec l'expérience; et s'il les suppute, ce que je ne crois pas qu'il puisse faire, je m'assure que lorsque vous en viendrez à l'expérience vous la trouverez fort éloignée du juste calcul. Car je vois que, posant l'angle ABC de 150 degrés, vous dites que BH est seulement quatre fois aussi long que BD, au lieu qu'il devroit être plus de 32 fois aussi long, suivant sa règle. J'admire votre bonté, de ce que vous souffrez qu'il vous paie de si fausse monnoie. Je suis bien aise de ce que vous avez fait voir les pièces du procès à M. de Beaune; car je sais qu'il est très capable d'en juger, et j'acquiescerai très volontiers à son jugement. Je suis, etc.

A MONSIEUR *** [1].

(Lettre 90 du tome III.)

MONSIEUR,

Je ne vois rien dans les questions que vous avez pris la peine de m'envoyer de la part du R. P. Mersenne à quoi il ne me semble avoir déjà répondu dans la lettre que j'ai eu ci-devant l'honneur de vous écrire, ou dans celles que je lui ai adressées. Car, premièrement, sur ce qu'il dit que les triangles dont l'angle opposé à la base est fort aigu, comme lorsqu'il n'est que de vingt ou vingt-cinq degrés, font leurs vibrations en temps égal, soit qu'ils soient suspendus en la façon que j'ai proposée, soit en celle dont il s'étoit servi pour les examiner, je n'ai autre chose à répondre, sinon que la différence peut bien n'être pas sensible dans ses expériences, mais qu'il est certain néanmoins qu'il y en a, puisqu'elle paroît si évidemment aux triangles dont l'angle est obtus. Puis, à ce qu'il demande, que je lui détermine par règle combien doivent

[1] « M. de Cavendish. Cette lettre est fixement datée du 15 mai 1646. Voyez la 61.e des manuscrits de Lahire. »

durer les vibrations des triangles suspendus à sa
façon, j'ai déjà ci-devant répondu que tout ce qui
retarde ces vibrations davantage qu'en l'autre façon, pour laquelle j'ai donné une règle universelle,
ne vient que de ce que j'ai nommé l'empêchement
de l'air, la quantité duquel je ne crois pas pouvoir
être déterminée par le seul raisonnement, mais
bien par l'expérience; et il me semble que j'ai ci-
devant écrit la façon dont on peut faire cette expérience. Il veut aussi que je détermine les vibrations
des triangles pendus par la base en la façon que j'ai
proposée, à quoi il m'est aisé de répondre que tous
les triangles ainsi suspendus ont leur perpendiculaire double du funependule, dont les vibrations
sont isochrones; par exemple, si CD¹ est la perpendiculaire du triangle qui se meut autour de l'essieu
AB, faisant ED égal à EC, je dis que CE est la longueur du funependule isochrone; et cela suit clairement de la règle que j'ai donnée : car prenant à discrétion dans cette perpendiculaire les points F et H,
également distants du milieu E, puis menant les
lignes FGHI parallèles à la base, le rectangle CFG
est toujours égal au rectangle CHI; et par conséquent la figure dont il faudroit chercher le centre
de gravité, suivant ma règle, pour avoir le centre
d'agitation de ce triangle, seroit quadrangulaire,
et auroit son centre de gravité au point E. Enfin

¹ Figure 21.

quand il ajoute que je lui dise ce qu'il faut faire pour trouver le centre d'agitation d'une pyramide, ou d'un cône pendu par la pointe ou par la base, il témoigne ne se pas souvenir de la règle que j'avois envoyée, parcequ'elle ne contient autre chose que ce qu'il faut faire pour trouver ce centre dans toute sorte de corps, et par conséquent aussi dans ceux-là, et il peut fort aisément être calculé par géométrie; c'est pourquoi j'en laisserai, s'il vous plaît, le soin à M. de Roberval, pendant que j'attends les instructions qu'il vous a plu me faire espérer de sa part. Il ne me sauroit rien venir de la vôtre que je n'estime, et je suis, etc.[1].

Et par conséquent aussi dans ceux-là. A savoir, lorsque la pyramide ou le cône est suspendu par la pointe, sa hauteur doit être à la longueur du fune-pendule comme 5 à 4, suivant ma règle; et elle se trouvera vraie dans tous les cônes ou pyramides dont l'angle qu'on nomme *angulus per axem* est fort aigu, à cause que l'empêchement de l'air n'y est pas sensible; mais il n'en est pas de même de ceux où cet angle est moins aigu, ni aussi de ceux qui sont suspendus par leur base, à cause que cet empêchement est alors toujours sensible; ce qui fait que je n'ajoute point ici où est leur centre d'agitation, qui est néanmoins fort aisé à trouver.

[1] « Ici finit la lettre. L'article suivant n'étoit pas dans l'original que j'ai eu de M. de Lahire. »

C'est pourquoi je pense devoir laisser à M. de Roberval le soin de les chercher; en attendant ses instructions, je suis, etc.

A MONSIEUR *** [1].

(Lettre 91 du tome III.)

Monsieur,

Je mets au nombre des obligations que je vous ai, que vous n'ayez pas voulu que je reçusse de vous la dernière lettre de M. de Roberval; et je le tiens pour un effet de votre courtoisie, parceque cette lettre contenant plusieurs invectives, et point du tout de doctrine, comme elle ne méritoit pas d'être lue de vous, aussi n'aurois-je pas fait grande perte de ne la point voir. Mais le P. Mersenne a voulu que j'y fisse réponse, et l'affection que je sais qu'il a pour moi a été cause que je n'ai pu manquer de lui obéir. Cependant, afin que vous ne peu-

---

[1] « Il n'est pas marqué à qui cette lettre est adressée; mais il est évident que c'est à M. le chevalier de Cavendish. Voyez le dernier alinéa de la 67.ᵉ des manuscrits de Lahire, et comparez-le avec le commencement de celle-ci. Cette lettre n'est pas datée; mais la 67.ᵉ des manuscrits de Lahire étant datée d'Egmond, du 2 novembre 1646, je date celle-ci du 10 novembre 1646. »

siez pas que le désir de contredire à un homme pour qui je n'ai pas toute l'estime qu'en font plusieurs, et que j'ai su dès long-temps n'être pas fort ardent à tâcher de m'obliger, m'ait fait écrire aucune chose contre mon sentiment, je répéterai ici en peu de mots tout ce qui me semble pouvoir être dit touchant la cause de la durée des vibrations de chaque corps. Premièrement, je fais distinction entre ce qui fait mouvoir le corps et ce qui l'empêche, puis aussi entre ce qui peut être déterminé par le raisonnement, et ce qui ne le peut être que par l'expérience. Les causes qui le font mouvoir sont la pesanteur de celles de ses parties qui descendent, et l'agitation tant de celles qui descendent que de celles qui montent. Les causes qui l'empêchent sont la pesanteur de celles qui montent, et la résistance de l'air, laquelle résistance est considérable en deux façons : la première consiste en ce que les parties de l'air peuvent n'être pas disposées à sortir de leur place si vite que le corps qui se meut tend à y entrer; et cette résistance n'est ici guère sensible, d'autant que les vibrations des corps suspendus sont assez lentes; l'autre n'appartient pas tant à l'air grossier que nous respirons, qu'à la matière subtile qui est dans les pores de tous les corps terrestres, laquelle fait que lorsque ces corps sont en parfait équilibre, bien que la raison semble persuader que la moindre force soit capable de les mouvoir, on trouve néanmoins, par expérience, que cette force doit avoir quelque proportion avec leur grandeur, et la vitesse dont elle les meut. Et cette résistance n'a point lieu dans les triangles ou autres corps suspendus en la façon que j'ai décrite, à cause que toutes leurs parties descendent ensemble, ou montent ensemble; mais elle en a beaucoup dans les corps plats suspendus en l'autre façon, à cause qu'il y a presque toujours un de leurs côtés qui monte pendant que l'autre descend; et le plus petit de ces deux côtés est en équilibre avec une portion de l'autre qui lui est égale, ainsi qu'il me semble avoir remarqué dans la première lettre que j'ai eu l'honneur de vous écrire sur ce sujet. Or l'effet général de la pesanteur est que les vibrations de chaque corps doivent avoir certaine proportion avec les mouvements des cieux; et c'est ce qui fait qu'un funependule de telle longueur doit faire justement mille vibrations, par exemple, en une heure, et non plus ni moins; mais cela ne peut être déterminé par le raisonnement, mais par l'expérience seule : c'est pourquoi je ne m'y suis point arrêté, et j'ai seulement examiné l'autre effet, qui est la diverse vitesse des vibrations de divers corps comparés les uns aux autres, comme lorsqu'un triangle est comparé avec un funependule, etc.; à quoi la pesanteur et l'agitation contribuent conjointement, en telle sorte qu'on ne les peut considérer l'une sans l'autre, et c'est ainsi que je les ai considérées pour former la règle que j'ai ci-devant écrite. Pour l'empêchement qui vient de la pesanteur des parties qui montent, en tant qu'elles ne sont point en équilibre avec d'autres qui descendent, je ne me suis point aussi arrêté à l'examiner, à cause qu'ayant même rapport dans tous les corps avec l'agitation que ces mêmes parties acquièrent en descendant, il ne peut causer aucune variété dans leurs vibrations; si bien qu'il ne reste que l'empêchement de l'air, lequel j'ai excepté très expressément dans ma règle, à cause que sa quantité ne peut aucunement être déterminée par le raisonnement, mais seulement par l'expérience, et même j'ai donné la façon de faire cette expérience et averti en quel sens les corps plats doivent être suspendus, afin que cet empêchement y soit moins sensible; de façon que je ne vois point encore à présent que je puisse ajouter ni changer aucune chose en cette règle. Et comme ledit sieur de Roberval me semble peu habile de s'être embarrassé en des imaginations superflues, en considérant le centre de gravité dans un corps qui est suspendu, et la direction de tous ses points rapportés à je ne sais quelle perpendiculaire, pour déterminer par ses raisonnements une question qui est purement de fait; il me semble aussi fort injuste de dire que ma règle ne s'accorde pas à l'expérience, à cause que l'expérience montre que ce que j'en ai excepté en doit être véritablement excepté, et de m'accuser d'avoir failli, pourceque je n'ai pas suivi les chemins par lesquels il s'est égaré.

Pour la difficulté que vous trouvez dans l'article 153 de la quatrième partie de mes Principes, j'ai tâché de l'ôter par l'article 56 de la seconde partie, où je prouve qu'un corps dur, tant gros qu'il soit, peut être déterminé à se mouvoir par la moindre force lorsqu'il est environné tout autour d'un corps fluide; comme ici les aimants O et P sont environnés d'air, et la force qui les détermine à s'approcher l'un de l'autre est que l'air qui est entre eux deux vers S est poussé plus fort par la matière subtile qui sort de ces deux aimants, et qui agit conjointement contre lui, que celui qui est vers R et T n'est poussé par la matière subtile qui ne sort que de l'un de ces mêmes aimants; d'où vient que cet air doit aller de S vers R et T, et ainsi pousser les aimants O et P l'un vers l'autre. Au reste, monsieur, je suis bien glorieux de ce que la première difficulté que vous me faites l'honneur de me proposer est au 153ᵉ article de la dernière partie, car cela me fait espérer que vous n'en aurez point trouvé en ce qui précède; mais je n'ai point de plus grande ambition que de vous pouvoir assurer que je suis, etc.

AU R. P. MERSENNE [1].

(Lettre 92 du tome III.)

Mon révérend père,

Je vois par votre lettre du dix-septième février que vous supposez que je vous ai envoyé une règle pour les vibrations des triangles suspendus à votre façon, ce qui n'a aucunement été mon intention, mais seulement de vous faire voir la fausseté de celle que vous a donnée M. de Roberval, en désembarrassant son calcul, et vous montrant que lorsqu'on le prend juste il est tout autre qu'il ne vous a voulu persuader. En sorte qu'au lieu qu'il dit que l'angle de 150 degrés donne 4, il donne plus de 32 par son calcul, lorsqu'il est fait justement en la façon qu'il veut qu'il soit fait, laquelle j'ai seulement réduite à une autre façon plus aisée, afin de le pouvoir faire justement. Et ce que je vous ai mandé que je pouvois démontrer n'est autre chose, sinon que sa règle embarrassée donne le même nombre lorsqu'on en fait bien exactement

---

[1] « Cette lettre étant une réponse de M. Descartes à une lettre du P. Mersenne, datée du 17 février 1647, peut-être de mars 1647. »

le calcul que donne l'autre règle que je vous ai envoyée ; mais ni l'une ni l'autre n'ont aucun rapport avec les vibrations des triangles. Et afin qu'il ne puisse feindre que j'aie manqué en changeant quelque circonstance de sa règle, je la transcrirai ici de mot à mot, comme vous me l'avez envoyée dans une lettre du quinzième septembre 1646. Vous verrez, s'il vous plaît, si elle est bien.

Soit divisé l'arc DI en tant d'arcs égaux qu'on voudra (le plus sera le meilleur, et la division infinie donnera le juste), posé qu'il soit divisé par degrés, soient prises les sécantes d'un degré, de deux, de trois, etc. ; de chacune de ces sécantes soit pris le cube, et tous ces cubes soient ajoutés ensemble pour avoir leur somme ; puis soit prise la somme desdites sécantes, laquelle soit multipliée par le sinus total, pour avoir le produit de cette multiplication ; par ce produit soit divisée la somme des cubes susdits pour avoir le quotient de cette division ; enfin par une règle de trois soit fait comme le sinus total à ce quotient, ainsi les $\frac{2}{7}$ de la ligne BD à un quatrième, qui sera la distance depuis B jusques au centre de percussion nommé H. Or, je dis que si un ange (car ce n'est pas un travail dont un homme soit capable) veut prendre la peine de diviser l'arc DI en tant de parties qu'elles soient entièrement insensibles, et d'achever ensuite tout le calcul qui est proposé par cette règle, la somme qu'il trouvera sera la même que celle qui se trouve par l'autre calcul que je vous ai envoyé. Et ainsi que l'angle ABC étant de 150 degrés, BH ne sera pas seulement quadruple de BD, comme il vous a voulu persuader, mais plus de trente-deux fois aussi longue; c'est de quoi je me suis offert d'envoyer la démonstration.

Je me suis sans doute mépris, si j'ai écrit BC pour DC. Il suit de mes Principes que l'agitation de la matière subtile doit être plus grande au lieu où est le point de réflexion dans un miroir parabolique, à raison de ce que la lumière y est plus grande. Et j'ai démontré dans la Dioptrique que, lorsque deux miroirs sont d'inégale grandeur, et de figure semblable, le plus grand ne brûle pas plus fort que le petit *intensive*, mais seulement *extensive*, ainsi qu'un petit charbon de feu brûle autant *intensive* qu'un plus gros de même bois.

AU R. P. MERSENNE.

(Lettre 93 du tome III.)

LE 20 AVRIL 1646 [1].

Mon révérend père,

Il y a environ trois semaines que j'ai écrit à M. de Cavendish touchant les difficultés que vous proposez, et je ne doute point qu'il ne vous fasse voir ma lettre, à cause que j'y ai fait mention de celle que je vous avois écrite auparavant touchant le même sujet. C'est pourquoi je n'en dirai ici autre chose, sinon que la grande différence qui est entre les vibrations des triangles obtus, ou de ceux qui sont suspendus par leurs bases, et le calcul que j'en avois fait pour tous les triangles en général, ne vient que de la cause que j'avois nommée l'empêchement de l'air, laquelle, comme j'avois, ce me semble, dit ci-devant, est beaucoup plus considérable aux triangles obtus qu'aux autres. Or, je crois que la quantité de cet empêche-

[1] « Cette lettre est bien datée d'Egmond, le 20 avril 1646. Voyez la 18ᵉ des manuscrits de Labire. »

ment ne se peut déterminer que par l'expérience. C'est pourquoi j'avois seulement considéré les triangles suspendus par un angle, et lorsque leur base demeure parallèle à l'essieu autour duquel ils se meuvent, pour rendre cet empêchement moins sensible : car je ne présume pas tant de moi-même, que d'entreprendre d'abord de rendre raison de tout ce qu'on peut avoir expérimenté; mais je crois que la principale adresse qu'on puisse employer en l'examen des expériences consiste à choisir celles qui dépendent de moins de causes diverses et desquelles on peut le plus aisément découvrir les vraies raisons.

Je vous envoie ici quelques unes des fautes que j'ai remarquées dans l'Aristarque, et je vous dirai ici, entre nous, que j'ai tant de preuves de la médiocrité du savoir et de l'esprit de son auteur, que je ne puis assez admirer qu'il se soit acquis à Paris tant de réputation; car enfin, outre son invention de la roulette qui est si facile qu'elle auroit pu être trouvée par une infinité d'autres aussi bien que par lui, s'il étoit arrivé qu'ils l'eussent cherchée, je n'ai jamais rien vu de sa façon qui ne puisse servir à prouver son insuffisance; comme, premièrement, ce qu'il écrivit pour défendre la règle de M. de Fermat contre moi, où il mit plusieurs choses inutiles; puis lorsqu'il pensoit avoir trouvé une omission et une faute dans ma Géométrie, où toutefois il s'étoit trompé dans l'un et dans l'autre; puis lorsque je lui envoyai la solution de trois questions qu'il confessa ne pouvoir trouver, et dont il ne pouvoit pas même entendre les solutions si M. de Beaune ne lui eût aidé, bien qu'il eût brouillé plusieurs mains de papier pour tâcher de faire un petit calcul, que j'y avois omis à dessein, sans qu'il en pût venir à bout. Je n'ajoute point qu'il n'a jamais su trouver la question que M. de Beaune nous proposa à tous, et dont je n'ai point appris que personne que moi lui ait envoyé la solution, car elle étoit assez difficile. Mais quand je n'aurois jamais rien vu de lui que son Aristarque, où il suppose *tanquam ex mechanicæ vel geometriæ vel opticæ principiis notissima*, des choses qui sont apertement fausses, je ne pourrois juger de lui autre chose, sinon qu'il pense être beaucoup plus habile qu'il n'est, et que c'est plutôt en faisant le capable et en méprisant les autres qu'il s'est acquis quelque réputation, que non pas en produisant quelque chose de son esprit qui la méritât.

Il n'a pas besoin de demander permission pour répondre à ce que je vous envoie contre son livre; car c'est une chose qu'il a droit de faire encore que je ne le voulusse pas, comme je l'aurai aussi de dire mon sentiment de ce qu'il a trouvé à reprendre dans ma Géométrie quand je l'aurai vu. Mais jusqu'ici je ne sache point qu'elle contienne aucune chose que je voulusse y avoir mise autrement que je n'ai fait, ni en quoi je pense avoir manqué à l'ordre ou à la vérité des choses que j'ai écrites; seulement y ai-je omis quantité de choses qui auroient pu servir à la rendre plus claire, ce que j'ai fait à dessein, et je ne voudrois pas y avoir manqué. Au reste, pourceque j'ai remarqué par quelques unes de vos lettres précédentes qu'on vous en avoit parlé avec mépris, je vous dirai encore ici que je ne crois pas que ni M. de Roberval ni aucun de ceux qui ne seront pas plus habiles que lui soient capables d'apprendre tout ce qu'elle contient en toute leur vie; et ainsi que je n'ai pas besoin de la refaire ni d'y ajouter rien de plus pour la rendre recommandable à la postérité. Rien ne m'avoit ci-devant fait proposer de la refaire que pour l'éclaircir en faveur des lecteurs; mais je vois qu'ils sont la plupart si malins que j'en suis entièrement dégoûté. J'ai vu le *Bonaventura Cav.* étant dernièrement à Leyde, mais je n'ai fait qu'en parcourir les propositions pendant un quart d'heure, pourceque le jeune Schooten, que vous avez vu à Paris, et qui est maintenant professeur à Leyde en la place de son père, m'assuroit que ce Cavalieri ne fait autre chose que démontrer par un nouveau moyen des choses qui ont déjà été démontrées ailleurs, et que ce nouveau moyen n'est autre que l'un de ceux dont je me suis servi pour démontrer la roulette, en supposant que deux triangles curvilignes différents étoient égaux, pourceque toutes les lignes droites tirées en même sens en l'un qu'en l'autre étoient égales ; si cela est, la clef qui a commencé d'ouvrir l'esprit de C¹, comme vous m'avez écrit cidevant, n'a pas encore toutes les façons qu'elle peut avoir, et son esprit doit être encore fermé à beaucoup de ressorts : car j'en sais mille plus importantes, et j'en ai mis quantité dans ma Géométrie ; mais il ne les y trouvera pas aisément, puisque si chacun n'est expliqué par un gros livre, il ne les connoît pas¹. Si vous voyez M. Picot, je vous prie de lui dire que j'ai reçu ses lettres, mais que je ne puis encore lui envoyer la suite de sa version, pourceque je n'ai encore su trouver un quart d'heure en tout un an qu'il y a que j'en suis à cet article, pour éclaircir en quelque chose mes règles du mouvement. Je suis si dégoûté du métier de faire des livres, que je ne m'y saurois mettre en aucune façon. Je ne manquerai pas toutefois

---

[1] « Robinel. »

[2] « M. Lecomte ne doit pas douter que je ne tienne à faveur qu'il ait pris la peine de me faire des objections, et que je ne tâche d'y répondre sitôt que je les aurai reçues. J'ai connu autrefois M. Lecomte, qui étoit trésorier général de l'extraordinaire des guerres, et bon ami de M. Levasseur, ami aussi de M. Chanut. Je ne sais si ce sera le même. Si vous voyez M. Picot, etc. »

de lui envoyer dans quinze jours ce qu'il m'a demandé, et je suis passionnément son serviteur, comme aussi je suis, etc.

AU R. P. MERSENNE [1].

(Lettre 95. Version du tome III.)

Mon révérend père,

Je ne prends jamais la plume qu'avec quelque sorte de déplaisir quand je ne puis, sans faire violence à la vérité, porter un jugement des écrits qu'on m'a donnés à examiner qui puisse plaire à leurs auteurs, en quoi je puis dire sans feintise que je suis fort éloigné de l'humeur de certaines personnes, qui ne sauroient se taire que lorsqu'ils ne trouvent rien qu'ils puissent reprendre. Et c'est ce qui m'a empêché jusqu'ici de vous dire le jugement que je fais de cet aristarque supposé que vous m'avez envoyé à ce dessein par deux diverses voies, et dont j'ai reçu depuis long-temps les exemplaires. Mais, puisque vous m'en priez derechef, et que vous me faites la grâce de m'avertir

[1] « Du 20 avril 1646, d'Egmond. Voyez la 60ᵉ des manuscrits de Lahire. »

que celui qui en est l'auteur dit avoir trouvé quelque chose à redire dans ce que j'ai publié depuis neuf ans touchant la géométrie, pour l'obliger à me faire voir les fautes qu'il dit être dans mon écrit, je veux bien vous dire ici en peu de mots ce qu'il me semble du sien.

Toutes et quantes fois que nous avançons ou supposons quelque chose pour en expliquer une autre, ce que nous avançons et supposons ainsi doit toujours être plus probable, plus évident et plus simple, ou enfin plus connu en quelque manière que ce soit que cette autre que nous voulons expliquer par son moyen, autrement cela ne peut servir à la faire mieux connoître. Que si quelqu'un, pour chaque chose qu'il a voulu expliquer, en a non seulement supposé autant d'autres aussi inconnues, mais un plus grand nombre, et même moins croyables, et qu'avec cela ce qu'il a voulu conclure ne suive pas de ses suppositions, certainement il ne doit pas prétendre d'avoir rien fait qui soit digne de recommandation.

Je n'ai remarqué dans tout ce livre que trois choses qui appartiennent au système du monde, et trois autres qui ne lui appartiennent pas proprement, dont l'auteur a tâché de dire ou d'expliquer les causes. La première, que le soleil, la terre et les autres plus considérables parties du monde, gardent entre elles une certaine situation; la seconde, qu'elles se meuvent toutes circulairement; la troisième, que néanmoins leurs mouvements ne sont pas parfaitement circulaires, mais un peu irréguliers; à quoi se rapporte tout ce qu'il a dit avec beaucoup de discours de la déclinaison de la lune, des apogées, des périgées et de la précession ou avancement des équinoxes. Les trois autres choses sont du flux et du reflux de la mer, de la génération des comètes (qu'il considère comme des météores) et de l'apparence de leur queue; tout le reste de ce qui est contenu dans ce livre n'est qu'un extrait de ce qui se trouve dans Copernic et dans Kepler, et n'est soutenu ou illustré d'aucune raison, mais est supposé comme vrai et indubitable : par exemple, que la matière des cieux est fluide; que toutes les planètes se meuvent autour du soleil; que la terre doit être mise au rang des planètes, et choses semblables.

Or, pour exprimer le premier point, qui concerne la situation des parties de l'univers, il suppose premièrement que le soleil est extrêmement chaud, ou plutôt qu'il a une grande vertu d'échauffer; et que la matière dont le monde est composé est fluide, liquide, perméable et transparente, qui a cela de propre de pouvoir être raréfiée ou condensée, selon que la chaleur est plus forte ou plus foible. 2° Qu'un corps dense plongé dans un liquide plus rare n'y peut demeurer, mais qu'il se porte vers les parties plus denses du liquide, si ce liquide a des parties d'une différente densité. 3° Que toute la matière de l'univers, et chacune de ses parties, a une certaine propriété, par la vertu de laquelle toute cette matière s'unit et s'assemble en un seul corps continu, dont toutes les parties ont inclination et font effort pour se joindre les unes aux autres, en s'attirant réciproquement l'une l'autre, pour être le plus étroitement jointes qu'il est possible. 4° Que toutes et chacune des parties de la terre, de l'eau et de l'air, ont aussi une propriété toute semblable, par laquelle elles s'attirent aussi réciproquement l'une l'autre et font effort pour se joindre; en sorte que chacunes d'elles (et ce que je dis ici des parties de la terre ou de l'air se doit aussi entendre de celles qui composent ou qui environnent les autres planètes) ont en soi ces deux vertus, l'une qui les joint avec les autres parties de leur planète, et l'autre qui les unit avec le reste des parties de l'univers. Toutes lesquelles choses sont sans doute beaucoup moins intelligibles que la seule situation des parties de l'univers, qu'il a eu dessein d'expliquer par leur moyen.

Car, premièrement, l'expérience ne nous apprend pas moins que le soleil échauffe, que la matière du monde est fluide, liquide, perméable et diaphane, et que plusieurs corps peuvent être raréfiés par la chaleur, que nous savons par la même expérience que le soleil et les autres astres gardent entre eux la situation qu'ils ont en effet. Et nous comprenons bien plus aisément comment de cela seul que, dès le commencement du monde, ils ont eu cette situation, et que l'on n'apporte point de raison pourquoi ils l'aient dû changer par après, il suit qu'ils doivent encore la retenir, que nous ne comprenons comment le soleil échauffe, et comment la raréfaction est une suite ou un effet de sa chaleur. Car nous voyons bien qu'il a été nécessaire que dès le commencement du monde tous les corps aient eu entre eux quelque situation ; et pourceque nous ne voyons point de raison pourquoi ils aient dû en avoir une autre plutôt que celle qu'ils ont, on ne doit point aussi demander pourquoi ils ont celle-là plutôt qu'une autre. Mais nous ne voyons pas si clairement que le soleil ait dû avoir la vertu d'échauffer, ni ce que c'est que la chaleur, ni ce que c'est que d'être fluide, liquide, perméable et diaphane ; ou ce que c'est que la raréfaction, ni comment elle suit de la chaleur : car, au contraire, l'expérience même nous montre que certains corps se condensent par la chaleur, bien loin de se raréfier ; comme on peut voir dans la glace, laquelle étant médiocrement échauffée se convertit en eau, qui est plus dense qu'elle.

Mais ce qu'il suppose ensuite est bien plus absurde, c'est à savoir qu'un corps dense plongé dans un liquide plus rare n'y peut demeurer, mais qu'il se porte vers les parties plus denses du liquide : car, pour concevoir cela, il faut s'imaginer que chaque corps, ou chaque partie de la matière de l'univers, qui peut être plus dense ou plus rare que celle qui lui est voisine, a en soi-même un principe de mouvement, c'est-à-dire est animée d'une âme qui lui est particulière ; car l'on dit ordinairement que l'âme est le principe du mouvement.

Enfin, ce qu'il ajoute est très absurde, c'est à savoir que chaque partie de la matière dont l'univers est composé a une certaine propriété au moyen de laquelle elles se portent toutes les unes vers les autres, et s'attirent réciproquement l'une l'autre, et de même que chacune des parties de la terre a une autre propriété toute pareille, à l'égard des autres parties terrestres, laquelle néanmoins n'empêche point l'effet de la première. Car pour concevoir cela, il ne faut pas seulement supposer que chaque partie de la matière de l'univers est animée, et même animée de plusieurs diverses âmes qui ne s'empêchent point l'une l'autre ; mais même que ces âmes sont intelligentes, et toutes divines, pour pouvoir connoître ce qui se passe en des lieux fort éloignés d'elles, sans aucun courrier qui les en avertisse, et pour y exercer leur pouvoir.

Car il suppose qu'elles ont une telle vertu, que si, par exemple, S* est le soleil, T la terre, AA l'air qui environne la terre, DD des parties du ciel plus épaisses, et *rr* plus rares; que dis-je? chacune des parties de la terre T tendent vers DD, et qu'au contraire toutes celles de l'air d'alentour tendent vers *rr*, quoique pourtant elles ne laissent pas de demeurer suspendues, comme on les voit ici dépeintes, entre DD et *rr*, par la force de certaines autres vertus, qui, attachant toutes les parties de l'air à la terre, empêchent qu'elles ne se séparent et ne se déjoignent d'ensemble. Or par quel instinct toutes les parties de la terre peuvent-elles deviner qu'elles doivent tendre vers DD plutôt que vers *rr*, où tend tout l'air qui l'environne? et par quelle force ou vertu peuvent-elles réciproquement attirer la matière qui est vers DD, si elles ne sont douées d'une connoissance et d'une puissance toute divine?

S'il est ainsi permis de feindre toutes sortes de vertus dans chaque corps, certainement il ne sera pas difficile d'en inventer de telles, qu'on puisse par leur moyen expliquer très facilement toutes sortes de phénomènes. Mais, néanmoins, toutes celles que notre auteur a supposées ne sont pas suffisantes pour inférer ce qu'il en a voulu conclure : à savoir, que toute la matière de l'univers se doit assembler en un globe parfait, au centre du-

---

* Figure 22.

quel soit le soleil, qui raréfie cette matière inégalement, c'est-à-dire qui raréfie davantage celle qui est proche de lui, que celle qui en est plus éloignée : car de là, au contraire, on doit conclure que toutes les parties plus denses de la matière doivent se rendre vers le centre, et que celles qui sont plus rares se doivent porter vers la circonférence. En sorte que si le corps du soleil est tant soit peu dur, tel qu'il le suppose être par après, la figure du monde doit être bossue ou enflée, et le soleil doit être placé au sommet de cette bosse, ou tumeur. Par exemple, si O est le centre du monde, vers lequel se soient rendues et écoulées les parties plus denses de la matière, il doit à la vérité y avoir autant de matière entre ce centre et la circonférence du monde CC[1] d'un côté que de l'autre; mais néanmoins cette circonférence doit être plus éloignée du centre du côté où est le soleil S, qu'aux autres endroits, à cause que le soleil rend toute la matière qui est proche de lui plus rare, et par conséquent étendue dans un plus grand espace.

Tout ce qui est contenu dans le reste du livre ne vaut pas mieux, comme je le ferai voir aisément, si jamais il en est besoin; mais n'ayant presque ici examiné que les quatre premières pages de son livre, si j'avois entrepris d'examiner le reste avec une pareille exactitude, nous ne pourrions sans

---

[1] Figure 23.

ennui, moi écrire, et vous lire tant de choses ; c'est pourquoi pour cette fois je n'ajouterai ici rien de plus, sinon que je suis entièrement à vous.

AU R. P. MERSENNE[1].

(Lettre 96 du tome III.)

Mon révérend père,

Si ce que j'avois écrit de l'aristarque, dont je vous ai envoyé les censures, n'eût été vrai, il ne seroit pas si en colère qu'il est ; mais c'est la vérité qui l'a piqué, et c'est le dépit de n'avoir point de bonnes raisons pour se défendre qui le fait passer aux invectives. Il dit premièrement que je me suis contredit ; mais ses propres paroles suffisent pour faire voir l'injustice de son accusation[2]. *Vide supra*

---

[1] « D'Egmond, le 2 novembre 1646. Voyez la 66ᵉ des manuscrits de Lahire. »

[2] « Accusation. Ses paroles sont qu'en ma deuxième lettre je nie que, pour les vibrations réciproques d'un corps balancé librement autour d'un essieu, il faille considérer la direction de chacun des points de ce corps, rapportée à une certaine perpendiculaire, comme celle qu'on dresse vers le centre de la terre, afin de déterminer dans cette perpendiculaire le centre d'agitation, et que toutefois en ma première j'avois assuré que ce centre est dans cette perpendiculaire ; en quoi il prétend qu'il y a une con-

M usque ad B. Je nie aussi qu'au regard de l'agitation d'un corps suspendu, il y ait en lui quelque perpendiculaire plus considérable que les autres lignes : j'entends plus considérable, en telle sorte que la direction de tous les points de ce corps lui doive être rapportée, ainsi que prétendoit l'aristarque ; mais je ne laisse pas d'accorder que le centre de cette agitation est dans la même perpendiculaire à laquelle il a voulu que cette direction fût rapportée ; et il n'y a en cela aucune apparence de contradiction.

En second lieu, il dit qu'il n'a point pensé à me donner sa démonstration, ni à faire passer son autorité pour objection. Et ainsi il avoue que le tiers de son premier écrit, qui ne contient rien du tout que cela, est inutile, à savoir depuis ces mots, *Nous concevons*, etc., jusques à ceux-ci, *Mais notre démonstration est trop longue*, etc., où, par ces mots de *nous* et de *notre*, il me fait souvenir du capitan de la comédie ; et on lui peut dire comme à celui de

tradiction manifeste. Et moi je prétends qu'il n'y en a point ; car, quoique j'aie dit en ma première que le centre d'agitation est en la perpendiculaire dressée vers le centre de la terre, je n'ai pas dit pour cela que pour trouver ce centre il faille considérer la direction de chacun des points du corps balancé, rapportée à une certaine perpendiculaire, qui est ce que je nie en ma seconde. Car c'est autre chose de dire que le centre d'agitation est en cette perpendiculaire, ce qui est vrai, et autre chose de dire qu'il faille, pour trouver ce centre, rapporter la direction de tous les points à cette perpendiculaire, ce que je nie, parcequ'il est faux et impertinent. Je nie aussi qu'au regard de...

Térence : *Labore alieno partam gloriam verbis sæpe in se transmitit, qui habet salem, qui in te est.*

En troisième lieu, il dit qu'il soutient diverses choses; mais, pourceque qu'il n'en prouve aucune, on les peut joindre avec sa démonstration prétendue qu'il réserve *in pectore*, et dire que ce sont des discours du capitan.

En quatrième lieu, il persiste dans l'erreur de son premier écrit, où il prétend que ce qu'on nomme le centre de gravité contribue à la détermination de ce que j'ai nommé le centre d'agitation; et il la défend d'une façon fort magistrale, en forgeant un principe mécanique, lequel il veut que je respecte comme un oracle qui sort de sa bouche. Son principe prétendu est que quand un même corps est porté de deux différentes puissances, chacune a son centre particulier : ce que je maintiens n'être pas généralement vrai; car lorsque ces deux différentes puissances sont tellement jointes que l'une dépend entièrement de l'autre, comme ici, où l'agitation dépend de la pesanteur, elles ne peuvent avoir qu'un même centre; et son erreur consiste en ce qu'il imagine que le point qu'on nomme centre de gravité est quelque chose d'absolu qui retient toujours une même force dans les corps pesants, au lieu qu'il est relatif, et ne peut être dit centre de gravité, qu'en tant que toutes les parties du corps où il est sont également libres à descendre, ou sont également empêchées. C'est pourquoi ici, où le côté du mobile par lequel il est suspendu est moins libre que les autres, ce centre de gravité change de place, et n'est point différent du centre d'agitation : ce qu'on verra fort clairement, si on considère que la pesanteur et l'agitation sont deux puissances qui concourent à faire que les corps descendent en ligne droite quand ils sont libres, aussi bien qu'à faire qu'ils aillent et reviennent de côté et d'autre quand ils sont suspendus; mais néanmoins que ces deux puissances n'ont qu'un même centre, en sorte que le point qu'on nomme le centre de gravité dans un corps qui descend librement en l'air est aussi le centre de l'agitation qu'il a pour lors, et le point que j'ai nommé le centre d'agitation en ceux qui sont suspendus peut aussi être nommé le centre de leur gravité, en tant qu'ils sont ainsi suspendus.

Au reste, ce qu'il dit, que l'expérience contredit constamment à mes conclusions, est une chose très fausse; car, en mes conclusions, j'ai excepté ce que j'ai dit pouvoir être nommé l'empêchement de l'air, ou la tardiveté naturelle des corps, ou bien, pour m'expliquer par circonlocution, l'empêchement que font les parties qui sont en équilibre au mouvement de celles qui n'y sont pas; la quantité duquel empêchement j'ai dit ne pouvoir être déterminée que par l'expérience, et même j'ai employé toute la moitié de ma première lettre à donner le moyen de faire cette expérience. Et enfin j'ai dit qu'il n'y avoit que les corps plats, suspendus en la façon que j'ai décrite, où cet empêchement n'est point sensible; c'est pourquoi, afin que l'expérience s'accorde entièrement avec mes conclusions, il faut que le calcul que j'ai fait ne se trouve vrai qu'aux cas où j'ai dit que cet empêchement n'est pas sensible, et qu'en tous les autres les vibrations soient plus tardives; et pourceque cela se trouve par expérience, il est évident que l'expérience s'accorde très constamment avec mes conclusions. Mais, au contraire, l'aristarque, en se vantant d'avoir déterminé par son raisonnement ce qui ne le peut être que par l'expérience, fait voir qu'il n'entend pas assez ce qu'il dit, et qu'il ne sait quasi rien en cette matière que ce qu'il a pu apprendre de mes lettres; il est seulement habile en cela, qu'il retient ses démonstrations *in pectore*, afin que je n'en découvre pas les défauts.

Pour ce qu'il ajoute à la fin, que je lui ai reproché sa longueur, je ne l'ai pu lire sans rire; car il m'a fait souvenir d'un petit nain, qui, ayant ouï que quelqu'un se moquoit de sa grosse tête, pensoit que cela fût à son avantage, et qu'on lui reprochoit d'être trop grand. J'ai dit en passant qu'il eût pu épargner beaucoup de paroles, s'il eût fait considérer un secteur de cercle au lieu d'un secteur de cylindre, pour l'avertir honnêtement que tout ce qu'il avoit écrit de ce cylindre étoit superflu, et n'est bon qu'à embarrasser les lecteurs; et ainsi je me suis moqué de voir un écrit de trois petits feuillets, dont les préambules inutiles en contiennent plus de deux, à savoir jusques à ces mots : *Le défaut de ce raisonnement*, etc. En sorte que c'est un nain qui a une tête si monstrueuse, qu'elle est deux fois plus grosse que le reste du corps, et en laquelle il y a bien peu de sens. Voilà ce qu'il nomme lui reprocher sa longueur.

Il m'a fallu rire aussi en voyant sa conclusion, en laquelle il menace ma Géométrie, et ce que j'ai écrit contre l'aristarque; car il m'a fait souvenir derechef du capitan, lequel, après avoir été[1] battu, ne laisse pas de continuer ses rodomontades, et demeure toujours victorieux et invincible.

La première preuve de ses armes qu'il a faite contre moi, ce fut lorsqu'il voulut maintenir une règle *ad inveniendam maximam*, dans laquelle j'avois dit qu'il manquoit quelque chose; et il y réussit si mal, que M. de Fermat, qui étoit auteur de cette règle, témoigna le désavouer, en insérant adroitement dans sa réponse les choses que j'avois dit manquer à sa règle.

La seconde fut lorsqu'il pensoit avoir trouvé

---

[1] « Berné et souffleté d'une pantoufle. »

une omission et une faute dans ma Géométrie, où je lui fis voir très clairement qu'il se trompoit dans l'une et dans l'autre.

Je puis mettre pour la troisième un grand nombre de questions de géométrie que vous m'envoyâtes par après de sa part, de toutes lesquelles je vous envoyai les solutions telles qu'on les pouvoit donner; et, en ayant trouvé quelques unes impossibles, je reconnus qu'il me proposoit des choses qu'il ignoroit, afin de les apprendre sans m'en savoir gré; ce qui m'obligea de vous prier que vous ne m'envoyassiez plus aucunes questions de sa part, s'il ne confessoit auparavant qu'il ne les pouvoit résoudre, et vous m'en envoyâtes trois de cette sorte, la solution desquelles je vous envoyai sans aucun délai au voyage suivant. Et pour voir jusques où alloit sa science, j'y laissai deux calculs sans être achevés, desquels il ne se put jamais démêler; mais il fallut que M. de Beaune lui enseignât la façon de les achever.

La quatrième preuve de ses armes est la question que le même M. de Beaune proposa par après à lui et à moi, laquelle je résolus; mais pour lui, jamais il n'y a su mordre. Après ces divers essais qui lui avoient si mal réussi, s'il ne vouloit pas me rendre la reconnoissance qu'il me devoit, il m'auroit au moins laissé en paix, s'il avoit eu plus de retenue. Mais pourcequ'il s'est encore vanté depuis qu'il avoit trouvé quelque chose à reprendre dans ma Géométrie, j'ai voulu l'obliger à dire ce que c'est; et, pour cet effet, je vous ai mandé ce que je trouvois à redire dans les premières pages de l'aristarque, où il y a tant de fautes contre le bon sens, que j'aimerois mieux ¹ ne me mêler jamais d'écrire, que de voir qu'on pût dire de moi, avec autant de vérité, de telles choses; mais, pour lui, encore qu'il y ait déjà sept ou huit mois que cela s'est passé, il se contente toutefois de persister dans ses vanteries, et de menacer de loin ²; ce qui m'oblige aussi de persister à faire si peu d'état de tout ce qu'il peut dire, que je ne daignerai pas même dire dorénavant aucune chose de sa part, si ce n'est que vous, ou quelques autres qui s'y entendent, m'assuriez qu'elle méritera d'être lue, et qu'il aura mieux rencontré qu'il n'a de coutume. Je suis, etc.

¹ « *Être berné et souffleté avec une pantoufle.* »
² « *A la façon du capitan, ce qui...* »

A MONSIEUR *** [1].

(Lettre 99 du tome III.)

Monsieur,

Je vous remercie très humblement des lettres que vous m'avez fait la faveur de m'envoyer, et des nouvelles dont il vous a plu me faire part. M. Pollot me vient d'écrire qu'il a été appelé par votre moyen à la profession en philosophie et mathématique de la part de son altesse. Je me réjouis d'apprendre qu'on veuille ainsi faire fleurir les sciences dans une ville où j'ai autrefois été soldat. Il y a quelque temps que le professeur m'envoya un écrit du second fils de M. de Zuytlichem, touchant une invention de mathématique qu'il avoit cherchée; et encore qu'il n'y eût pas tout-à-fait trouvé son compte (ce qui n'étoit pas étrange, pourcequ'il

---

[1] « Je ne sais à qui cette lettre est adressée; c'est peut-être à M. Brasset; elle n'est pas datée; mais comme M. Descartes parle ici de l'école illustre de Breda, dont l'ouverture ne s'est faite que le 26 de septembre 1646 (voyez la lettre de M. Huyghens au P. Mersenne, datée du 12 septembre 1646), je ne puis mettre cette lettre qu'au 1ᵉʳ octobre 1646. »

cherchoit une chose qui n'a jamais pu être trouvée de personne), il s'y étoit pris de tel biais, que cela m'assure qu'il deviendra excellent en cette science, en laquelle je ne vois presque personne qui sache rien. Pour le sieur N., c'est un personnage en qui je ne pense plus du tout; ses entreprises sont si décriées, que je ne crois pas qu'il y ait dorénavant aucun homme un peu raisonnable qui fasse état de tout ce qu'il sauroit dire ou écrire. Que si, nonobstant cela, on veut qu'il soit *ecclesiarum belgicarum decus et ornamentum*, ainsi qu'il se qualifie lui-même, et qu'on l'estime plus nécessaire à votre église que saint Jean-Baptiste n'a été à celle de tous les chrétiens, ainsi que soutiennent quelques uns de ses idolâtres, et que pour ce sujet on lui veuille donner un octroi de dire tout ce que bon lui semble, à cause que saint Jean n'a point feint d'appeler les juifs engeance de vipères, ce n'est pas à moi à m'en formaliser; puisqu'il en attaque tant d'autres, qui ont incomparablement plus de pouvoir que moi, je ne dois pas trouver étrange s'il ne m'épargne pas non plus. Je dois plutôt croire qu'il a cet octroi particulier de parler d'un chacun comme bon lui semble, et qu'il n'est pas permis de dire la vérité de ses vices, même lorsqu'on y est contraint par justice, ainsi que m'apprend son procès contre Schoockius, sans qu'on se mette au hasard d'être condamné par ceux qui le maintiennent. Je n'avois point su qu'il eût rien fait imprimer contre MM. les chanoines; mais Schookius me semble si froid à défendre sa propre cause, que je ne le juge pas fort propre à défendre la leur. Et même je ne sais si la nouvelle qu'on me vient d'apprendre est vraie ou non; mais on m'écrit qu'il a perdu son procès à Utrecht, faute d'avoir pu vérifier les choses qu'il avoit produites. Quoi qu'il en soit, permettez-moi que je vous dise ici en liberté que lorsque j'avois écrit contre lui, le droit du jeu étoit qu'il me répondît aussi par écrit, et non pas qu'il implorât le secours de son magistrat, comme il a fait; mais lorsqu'il écrit contre un des membres des états de la province, le droit du jeu est qu'on lui fasse son procès, et non pas qu'on s'amuse à faire contre lui des livres. Le trop de retenue de ceux qui ont un juste pouvoir, et le trop d'audace de ceux qui le veulent usurper, est toujours ce qui trouble et qui ruine les républiques.

" Pour ce qui est de la difficulté que vous me faites l'honneur de me proposer touchant l'optique, je réponds qu'il est très vrai que les rayons qui viennent de l'objet doivent être *divergentes*, ou au moins parallèles, lorsqu'ils entrent dans l'œil, et non point *convergentes*, pour rendre la vision dis-

---

* « Cet alinéa, jusqu'à la fin de la lettre, est de la lettre 88 de ce volume, comme on le peut voir par le manuscrit que j'ai de M. de Lahire, n° 62. »

tincte; d'où il suit que si le verre convexe AB, fait que les rayons qui viennent du point D soient *convergentes*, et s'assemblent au point C, l'œil étant mis au point C ne pourra voir distinctement l'objet mis au point D; mais ce même verre, qui fait que les rayons qui viennent du point D s'assemblent au point C, fait aussi que ceux qui viennent d'un autre point plus proche, par exemple du point E, sont parallèles ou divergents lorsqu'ils entrent dans l'œil mis au point C, non pas exactement comme ils doivent être en venant tous d'un même point, mais avec si peu de différence qu'elle n'est aucunement sensible : c'est pourquoi l'objet étant mis au point E pourra être vu assez distinctement par l'œil C, et même l'objet étant au point D pourra être vu par l'œil mis au point F. De sorte que si on met l'objet un peu plus proche de ce verre, comme vers E, ou bien qu'on en recule l'œil un peu davantage, comme vers F, alors les rayons qu'il enverra vers l'œil de chaque point seront à peu près parallèles, ou bien *divergentes*, non pas à la vérité comme s'ils venoient exactement d'un même point; mais il s'en faudra si peu, que cela n'empêchera pas la vision d'être assez distincte. Je suis, etc.

Figure 24.

FIN DU TOME NEUVIÈME.

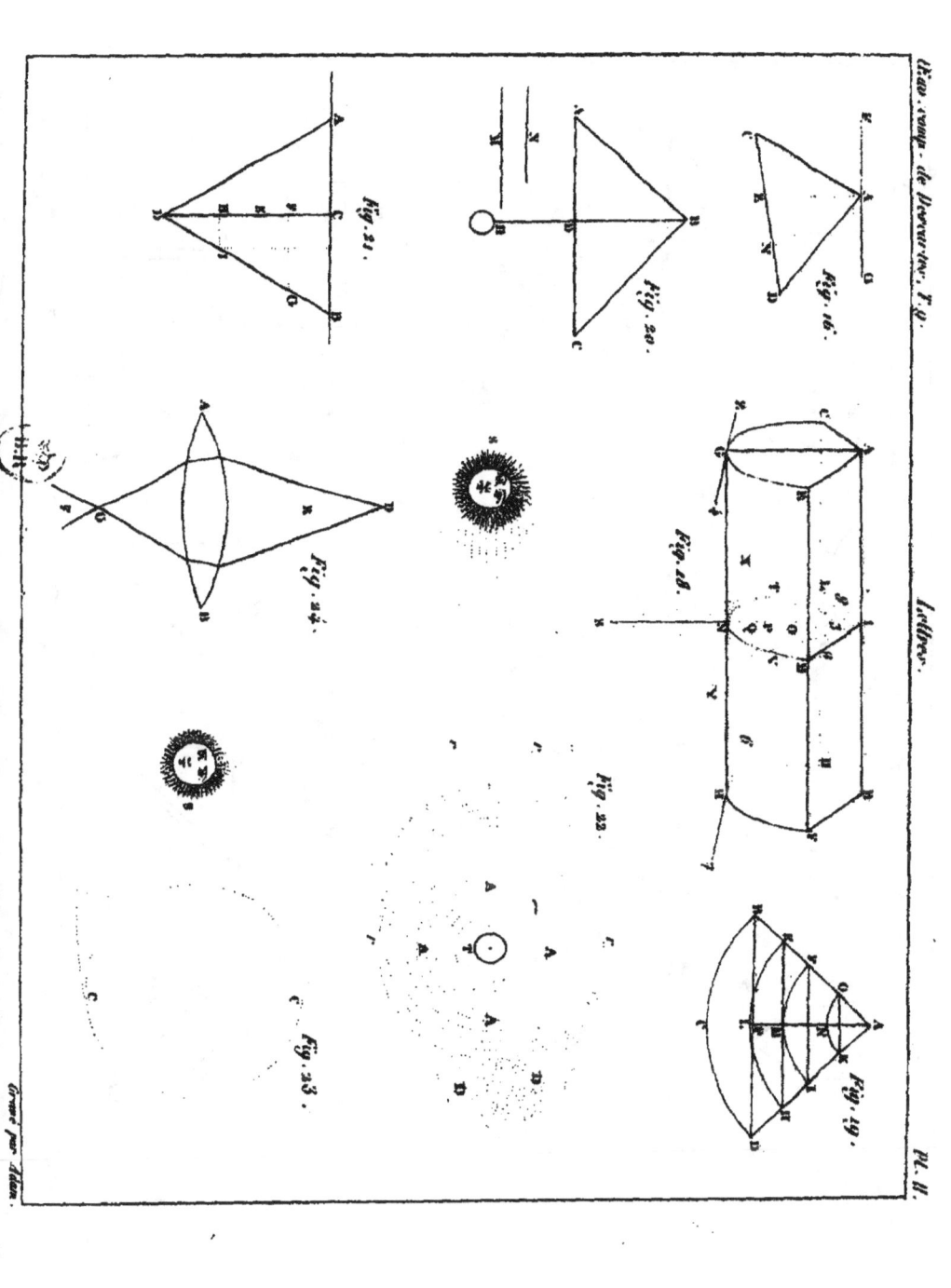

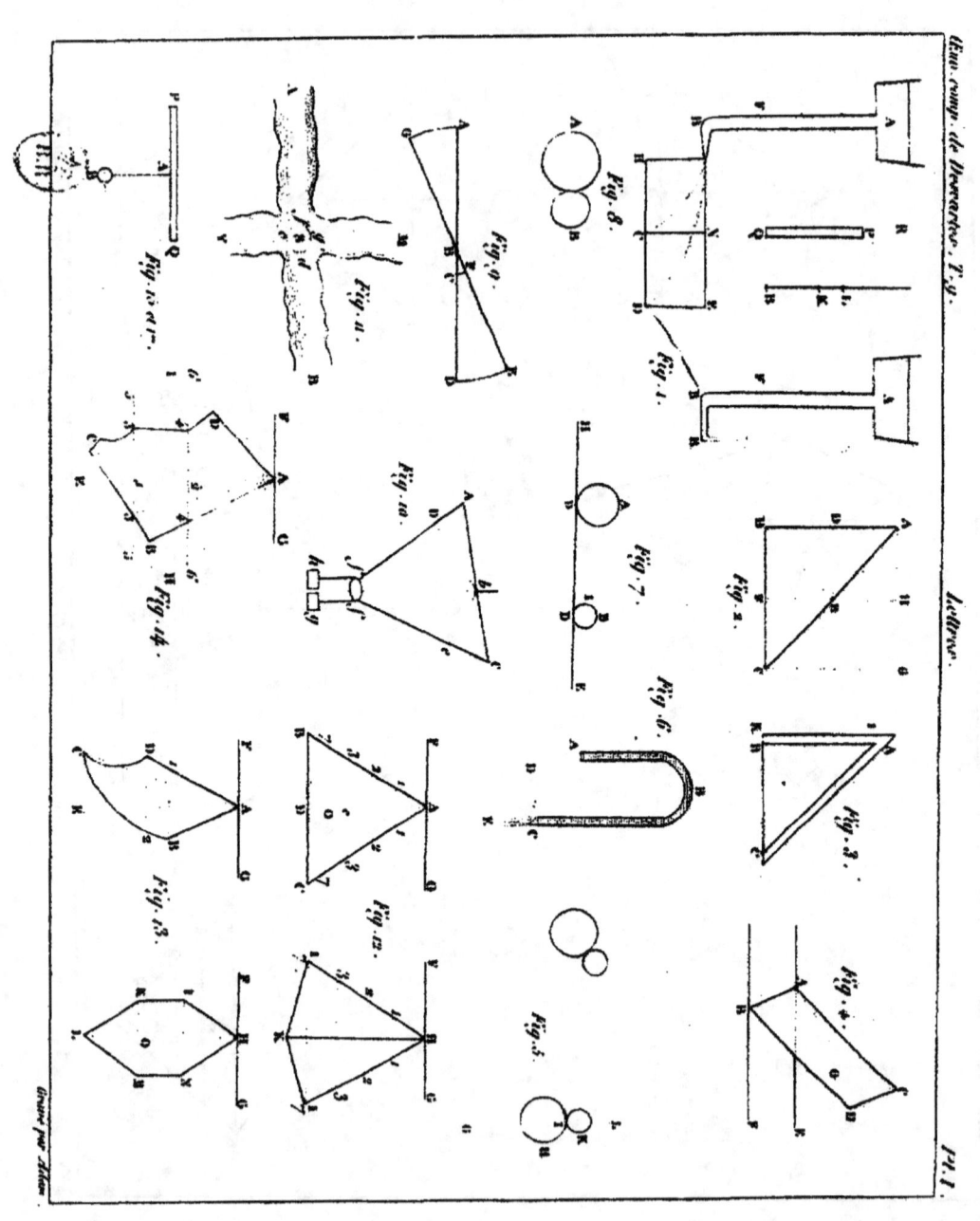

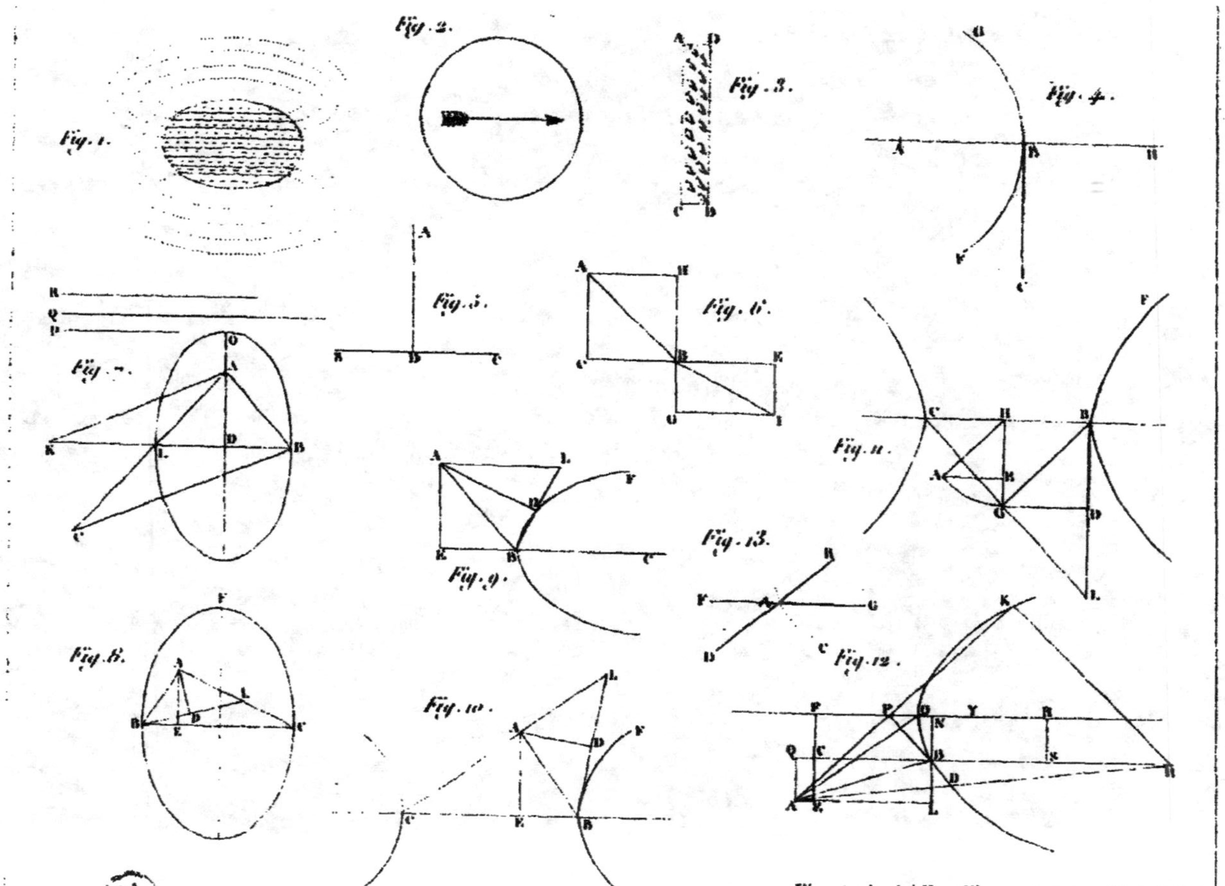

Fig. 14, 15, 16 (Voy. Fig. 47, 48, 49, Pl. 3 T. VI)

Gravé par Adam.

www.ingramcontent.com/pod-product-compliance
Lightning Source LLC
Chambersburg PA
CBHW070410230426
43665CB00012B/1314